Zur Dogmatik der Anschaffungsnebenkosten

Europäische Hochschulschriften

Publications Universitaires Européennes
European University Studies

Reihe II
Rechtswissenschaft

Série II Series II
Droit
Law

Bd./Vol. 5347

PETER LANG
Frankfurt am Main · Berlin · Bern · Bruxelles · New York · Oxford · Wien

Britta Höwer

Zur Dogmatik der Anschaffungsnebenkosten

Unter besonderer Berücksichtigung der Bilanzierung von ERP-Software

PETER LANG
Internationaler Verlag der Wissenschaften

Bibliografische Information der Deutschen Nationalbibliothek
Die Deutsche Nationalbibliothek verzeichnet diese Publikation in der Deutschen Nationalbibliografie; detaillierte bibliografische Daten sind im Internet über http://dnb.d-nb.de abrufbar.

Zugl.: Köln, Univ., Diss., 2012

Gedruckt auf alterungsbeständigem,
säurefreiem Papier.

D 38
ISSN 0531-7312
ISBN 978-3-631-63830-9

www.peterlang.de

Inhaltsverzeichnis

Abkürzungsverzeichnis XXIII

1. Teil: Einleitung 1

2. Teil: Darstellung des Untersuchungsgegenstands „Anschaffungsnebenkosten 7

Kapitel 1: Abgrenzung zwischen Anschaffungsnebenkosten und Anschaffungshauptkosten 7

§ 1 Definition von Haupt- und Nebenkosten einer Anschaffung 7

§ 2 Vornahme der Abgrenzung zwischen Anschaffungspreis und den zusätzlichen Aufwendungen 8

A. Zur Einordnung als Gegenleistung als Abgrenzungskriterium 8

B. Zum Beruhen auf einer vertraglichen Abrede als Abgrenzungskriterium 9

C. Zur Beeinflussung der Höhe des Erwerbsentgelts als Abgrenzungskriterium 9

D. Stellungnahme und Zusammenfassung zur Abgrenzung zwischen Haupt- und Nebenkosten 11

Kapitel 2: Die heute anerkannten Formen der Anschaffungsnebenkosten 11

§ 1 Erwerbsnebenkosten 13

A. Definition 13

B. Grunderwerbsteuer als Beispiel für anerkannte Erwerbsnebenkosten 15

§ 2 Kosten der Betriebsbereitschaft 17

A. Definition 17

B. Die Kosten der Betriebsbereitschaft in der Rechtsprechung des Bundesfinanzhofs 18

C. Montage- und Fundamentierungskosten als Beispiel für anerkannte Kosten der Betriebsbereitschaft 21

§ 3 Zusammenfassung zu den heute anerkannten Formen der Anschaffungsnebenkosten 22

3. Teil: Entwicklung einer Dogmatik der Anschaffungsnebenkosten 23

Kapitel 1: Grundlagen einer Dogmatik der Anschaffungsnebenkosten 23

§ 1 Überblick über die heranzuziehenden Rechtsfertigungsmaßstäbe 23

A. Festlegung der handels- und steuerrechtlichen Bilanzzwecke als Rechtfertigungsmaßstäbe 24

B. Die Zwecke der Handelsbilanz 25

I. Ermittlung des handelsrechtlichen Jahresüberschusses 25

II. Zweck des Gesellschafterschutzes 26

III. Zweck des Gläubigerschutzes 26

IV. Informationszweck 27

V. Zusammenfassung und Festlegung der Vorgehensweise bei Kollision zweier Zwecke 29

C. Die Zwecke der Steuerbilanz 30

I. Gewinnermittlung entsprechend der wirtschaftlichen Leistungsfähigkeit 31

II. Gewinnermittlung entsprechend der Gleichmäßigkeit der Besteuerung 33

III. Zusammenfassung 34

§ 2 Maßgeblichkeitsprinzip 34

A. Inhalt des Maßgeblichkeitsprinzips 35

B. Auslegung des Maßgeblichkeitsgrundsatzes vor dem Hintergrund der Anschaffungsnebenkosten 35

I. Auslegung entsprechend dem Wortlaut des § 5 Abs. 1 Satz 1 Hs. 1 EStG 35

II. Auslegung entsprechend dem Willen des Gesetzgebers 36

III. Auslegung entsprechend der Systematik – Heranziehung des sogenannten Bewertungsvorbehalts gem. § 5 Abs. 6 EStG 37

IV. Auslegung entsprechend dem Sinn und Zweck 38

V. Ergebnis der Auslegung 39

C. Untersuchung der steuerbilanziellen Rechtfertigung des Auslegungsergebnisses 39

I. Zur Rechtfertigung im Hinblick auf die Gewinnermittlung entsprechend der wirtschaftlichen Leistungsfähigkeit 39

II. Zur Rechtfertigung im Hinblick auf die Gewinnermittlung entsprechend der Gleichmäßigkeit der Besteuerung 40

D. Ergebnis der Untersuchung des Maßgeblichkeitsgrundsatzes im Kontext der Anschaffungsnebenkosten 41

§ 3 Vorsichtsprinzip 41

A. Inhalt des Vorsichtsgrundsatzes 42

B. Zur Anwendbarkeit des Vorsichtsgrundsatzes im Kontext der Anschaffungsnebenkosten 43

C. Konkretisierung des Vorsichtsprinzips im Hinblick auf die Anschaffungsnebenkosten 44

I. Zur Notwendigkeit und Möglichkeit einer weiteren Konkretisierung des Vorsichtsprinzips 44

II. Entwicklung einer zusätzlichen Konkretisierung des Vorsichtsprinzips 45

1. Wortlaut des § 252 Abs. 1 Nr. 4 HGB als Ausgangspunkt 45

2. Auslegung des § 252 Abs. 1 Nr. 4 HGB entsprechend dem Willen des Gesetzgebers 45

3. Auslegung entsprechend der systematischen Stellung des § 252 Abs. 1 Nr. 4 HGB 46

4. Auslegung entsprechend dem Sinn und Zweck des § 252 Abs. 1 Nr. 4 HGB 46

5. Zur Tragfähigkeit der Auslegung des § 252 Abs. 1 Nr. 4 HGB, insbesondere mit Blick auf Europäisierung und Internationalisierung der Rechnungslegung 49

a) Untersuchung des Auslegungsergebnisses mit Blick auf die Vierte EG-Richtlinie 50

b) Untersuchung des Auslegungsergebnisses mit Blick auf die International Accounting Standards 52

III. Ergebnis zur Konkretisierung des Vorsichtsprinzips und Auswirkungen auf die Dogmatik der Anschaffungsnebenkosten 53

D. Beurteilung der Rechtfertigung des Vorsichtsprinzips vor dem Hintergrund der unterschiedlichen Bilanzzwecke 54

I. Untersuchung der handelsbilanziellen Rechtfertigung des Konkretisierungsansatzes 54

1. Zur Rechtfertigung im Hinblick auf den Zweck des Gesellschafterschutzes 54
2. Zur Rechtfertigung im Hinblick auf den Zweck des Gläubigerschutzes 55
a) Blickwinkel der Ausschüttungsbegrenzung 56
b) Blickwinkel des Fortbestands der Vermögensmasse 56
3. Zur Rechtfertigung im Hinblick auf den Informationszweck 58
II. Untersuchung der steuerbilanziellen Rechtfertigung des Konkretisierungsansatzes 60
1. Zur Rechtfertigung im Hinblick auf die Gewinnermittlung entsprechend der wirtschaftlichen Leistungsfähigkeit 60
2. Zur Rechtfertigung im Hinblick auf die Gewinnermittlung entsprechend der Gleichmäßigkeit der Besteuerung 62
a) Blickwinkel der Gleichbehandlung buchführungspflichtiger Gewerbetreibender untereinander 62
b) Blickwinkel der Gleichbehandlung zwischen buchführungspflichtigen Gewerbetreibenden und Beziehern anderer Einkunftsarten 63
E. Ergebnis der Untersuchung des Vorsichtsprinzips 65
§ 4 Gebot der Erfolgsneutralität 66
A. Zur Auslegung des Gebots der Erfolgsneutralität 66
I. Inhalt des Erfolgsneutralitätsprinzips entsprechend der herrschenden Meinung 66
II. Verhältnis des Gebots der Erfolgsneutralität zu den mit ihm im Zusammenhang stehenden Prinzipien 68
1. Verhältnis zum Realisationsprinzip 68
2. Verhältnis zum Gebot der periodengerechten Gewinnermittlung bzw. Periodisierung 69
III. Ergebnis zur Auslegung des Gebots der Erfolgsneutralität 70
B. Beurteilung der Rechtfertigung des Erfolgsneutralitätsprinzips vor dem Hintergrund der unterschiedlichen Bilanzwecke 71
I. Untersuchung der handelsbilanziellen Rechtfertigung des Gebots der Erfolgsneutralität 71

1. Zur Rechtfertigung im Hinblick auf den Zweck des Gesellschafterschutzes 71

2. Zur Rechtfertigung im Hinblick auf den Zweck des Gläubigerschutzes 73

a) Blickwinkel des Fortbestands der Vermögensmasse 73

b) Blickwinkel der Ausschüttungsbegrenzung 74

3. Zur Rechtfertigung im Hinblick auf den Informationszweck 75

a) Berücksichtigung des Informationsbedürfnisses unternehmensfremder Dritter 75

b) Berücksichtigung des Informationsbedürfnisses der Unternehmensleitung 76

II. Untersuchung der steuerbilanziellen Rechtfertigung des Gebots der Erfolgsneutralität 77

1. Zur Rechtfertigung im Hinblick auf die Gewinnermittlung entsprechend der wirtschaftlichen Leistungsfähigkeit 78

a) Separate Betrachtung des Erfolgsneutralitätsprinzips 78

b) Einbeziehung des Grundsatzes der Periodisierung 79

2. Zur Rechtfertigung im Hinblick auf die Gewinnermittlung entsprechend der Gleichmäßigkeit der Besteuerung 82

a) Berücksichtigung des theoretischen Gerüsts des Erfolgsneutralitätsprinzips 82

b) Berücksichtigung der Anwendungswirklichkeit 83

C. Ergebnis der Untersuchung des Gebots der Erfolgsneutralität 85

§ 5 Zusammenfassung zu den Grundlagen einer Dogmatik der Anschaffungsnebenkosten 86

Kapitel 2: Entwicklung von Maßstäben zur Qualifikation von Anschaffungsnebenkosten 86

§ 1 Zur Vorgehensweise bei der Maßstabsentwicklung 87

§ 2 Quantitative Betrachtung als Maßstab 87

A. Inhaltliche Ausgestaltung des Maßstabs 88

I. Auslegung des Maßstabs entsprechend dem Wortlaut sowie dem Sinn und Zweck 88

II. Nähere Bestimmung des „Umfangs der Aufwendungen“ 89

III. *Zwischenergebnis* 90
B. Zur Rechtfertigung der quantitativen Betrachtung 90
C. Ergebnis zur Heranziehung der quantitativen Betrachtungsweise als Maßstab 92
§ 3 Qualitative Betrachtung als Maßstab 93
A. Inhaltliche Ausgestaltung des Maßstabs 93
I. *Auslegung entsprechend dem Wortlaut und daraus folgende Verdrängung einer allgemeinen qualitativen Betrachtungsweise* 93
II. *Zur Möglichkeit eines anderen Verständnisses von „Qualität" – Auslegung des Maßstabs nach seinem Sinn und Zweck* 94
III. *Zwischenergebnis* 95
B. Zur Rechtfertigung der qualitativen Betrachtung, insbesondere im Hinblick auf die Verknüpfung mit der Intensität von Leistungen 96
C. Ergebnis zur Heranziehung der qualitativen Betrachtung als Maßstab 97
§ 4 Prinzipieller Unterschied zwischen angeschafftem und eingesetztem Wirtschaftsgut als Maßstab 98
A. Herleitung des Maßstabs 98
B. Inhaltliche Ausgestaltung des Maßstabs 99
C. Zur Rechtfertigung des prinzipiellen Unterschieds zwischen angeschafftem und eingesetztem Wirtschaftsgut 100
I. *Untersuchung der Rechtfertigung im Hinblick auf das Vorsichtsprinzip* 100
II. *Untersuchung der Rechtfertigung im Hinblick auf die Abgrenzung zur Herstellung* 101
D. Ergebnis zur Heranziehung des prinzipiellen Unterschieds zwischen ange-schafftem und eingesetztem Wirtschaftsgut als Maßstab 103
§ 5 Werterhöhung des Wirtschaftsguts als Maßstab 103
A. Herleitung des Maßstabs 104
B. Inhaltliche Ausgestaltung des Maßstabs 105
I. *Inhaltliche Begrenzung des Maßstabs auf die subjektive Werterhöhung des Wirtschaftsguts* 105
II. *Vorliegen einer Werterhöhung bei Erhalt eines Gegenwerts* 107

III. Zur betragsmäßigen oder ideellen Bestimmung des erhaltenen Gegenwerts 108

IV. Zwischenergebnis 110

C. Zur Rechtfertigung der Werterhöhung des Wirtschaftsguts als Maßstab 110

D. Beurteilung der Übertragbarkeit des Maßstabs auf andere Einkunftsarten 112

E. Ergebnis zur Heranziehung der Werterhöhung des Wirtschaftsguts als Maßstab 114

§ 6 Vertragliche Verbindung zwischen angeschafftem Wirtschaftsgut und getätigten Aufwendungen als Maßstab 115

A. Herleitung des Maßstabs 115

B. Inhaltliche Ausgestaltung des Maßstabs 116

C. Zur Rechtfertigung der vertraglichen Verbindung zwischen angeschafftem Wirtschaftsgut und getätigten Aufwendungen 116

D. Ergebnis zur Heranziehung der vertraglichen Verbindung zwischen angeschafftem Wirtschaftsgut und getätigten Aufwendungen als Maßstab 118

§ 7 Verpflichtung zur Vornahme der jeweiligen Anschaffungsaufwendung als Maßstab 118

A. Herleitung des Maßstabs 118

B. Inhaltliche Ausgestaltung des Maßstabs 119

I. Auslegung entsprechend dem Wortlaut 119

II. Auslegung entsprechend dem Sinnzusammenhang 120

C. Zur Rechtfertigung der Verpflichtung zur Vornahme der Aufwendung 121

D. Ergebnis zur Heranziehung der Verpflichtung zur Vornahme der Aufwendung als Maßstab 123

§ 8 Ergebnis zur Entwicklung von Qualifikationsmaßstäben 123

Kapitel 3: Unterstützung des Maßstabs der Werterhöhung durch die Abgrenzung der Anschaffungsnebenkosten zu Herstellungskosten und Betriebsausgaben 124

§ 1 Zur Notwendigkeit der Unterstützung des Maßstabs der Werterhöhung 124

§ 2 Überblick über die vorzunehmenden Abgrenzungen zu Herstellungskosten und Betriebsausgaben 125

A. Überblick über die Abgrenzung zu Herstellungskosten 126
B. Überblick über die Abgrenzung zu Betriebsausgaben 126
C. Zusammenfassung 127
§ 3 Abgrenzung zwischen Anschaffungsnebenkosten und Herstellungs kosten zur Unterstützung des Maßstabs der Werterhöhung 128
A. Inhaltliche Beschränkung der Abgrenzung durch den Maßstab der Werterhöhung 128
B. Abgrenzung zwischen Versetzung in Betriebsbereitschaft und nachträglicher Herstellung 130
I. Mögliche Abgrenzungskriterien 131
1. Erhöhung des Nutzungswerts oder Verlängerung der Nutzungsdauer 131
a) Herleitung der Kriterien 131
b) Zur Übertragbarkeit der Kriterien auf die Abgrenzung zwischen Versetzung in Betriebsbereitschaft und nachträglicher Herstellung 131
c) Zusammenfassung der Abgrenzungskriterien zu dem Kriterium der Erhöhung des Nutzungspotenzials 132
d) Beurteilung der Anwendbarkeit 133
2. Gleichartigkeit, Funktionsgleichheit und Gleichwertigkeit 134
a) Herleitung der Kriterien 134
b) Beurteilung der Anwendbarkeit 134
(1) Zur Anwendbarkeit der Gleichartigkeit 134
(2) Zur Anwendbarkeit der Funktionsgleichheit 135
(3) Zur Anwendbarkeit der Gleichwertigkeit 136
(4) Ergebnis 136
3. Beruhen auf einem eigenständigem Investitionsentschluss 136
a) Herleitung des Kriteriums 136
b) Beurteilung der Anwendbarkeit 137
4. Tragung des Risikos der erfolgreichen Anpassung 137
a) Herleitung des Kriteriums 137
b) Beurteilung der Anwendbarkeit 138

c) Ergebnis ... 139

II. Zusammenfassung zur Abgrenzung zwischen Versetzung in Betriebsbereitschaft und nachträglicher Herstellung ... 139

C. Abgrenzung zwischen nachträglichen Anschaffungsnebenkosten und nachträglichen Herstellungskosten anhand der Funktionsgleichheit ... 140

D. Anwendbarkeit der Funktionsgleichheit bei sogenanntem anschaffungsnahem Aufwand ... 141

I. Zum Begriff des anschaffungsnahen Aufwands ... 142

II. Anschaffungsnahe Instandsetzungs- und Modernisierungsaufwendungen als Anschaffungsnebenkosten ... 143

1. Vorliegen von Erhaltungsaufwand als möglicher Anhaltspunkt ... 144

2. Widerspruch des § 6 Abs. 1 Nr. 1a EStG zu § 255 HGB und Art. 35 der Vierten EG-Richtlinie als Anhaltspunkt ... 144

3. Zusammenfassung ... 145

III. Ergebnis zur Anwendbarkeit der Funktionsgleichheit bei anschaffungsnahem Aufwand ... 146

E. Zusammenfassung zur Abgrenzung zwischen Anschaffungsnebenkosten und Herstellungskosten ... 146

§ 4 Abgrenzung zwischen Anschaffungsnebenkosten und Betriebsausgaben zur Unterstützung des Maßstabs der Werterhöhung ... 147

A. Abgrenzung zu Betriebsausgaben anhand des zeitlichen Zusammenhangs zwischen Anschaffung und Aufwendung ... 147

I. Beginn des Anschaffungsvorgangs – insbesondere Einordnung von Aufwendungen vor Erwerbsentscheidung als Anschaffungsnebenkosten ... 148

1. Aufnahme erster Handlungen zum Erwerb eines bestimmten Gegenstands ... 149

a) Darstellung des Ansatzes ... 149

b) Beurteilung der Anwendbarkeit im Hinblick auf das Merkmal „Erwerb eines bestimmten Wirtschaftsguts“ ... 150

(1) Gleichheitsrechtliche Bedenken hinsichtlich des Abstellens auf ein „bestimmtes“ Wirtschaftsgut ... 150

(2) Anwendbarkeit des Ansatzes im Hinblick auf eine gleichheitskonforme Auslegung ... 151

(3) Zusammenfassung 152
2. Suche nach einem geeigneten Objekt 152
a) Darstellung des Ansatzes 152
b) Verhältnis zum erstgenannten Ansatz – „Suche nach einem geeigneten Objekt“ als Unterfall der Handlung zum Erwerb eines „bestimmbaren“ Wirtschaftsguts 153
3. Stellungnahme bezüglich der „Handlung zum Erwerb eines bestimmbaren Wirtschaftsguts“ 153
a) Zur Anwendbarkeit des modifizierten Ansatzes im Hinblick auf die Rechtsprechung des Achten Senats des Bundesfinanzhofs 154
b) Zur Anwendbarkeit des modifizierten Ansatzes im Hinblick auf das Vorsichtsprinzip und den Maßstab der Werterhöhung 155
4. Ergebnis zum Beginn des Anschaffungsvorgangs 156
II. Ende des Anschaffungsvorgangs – Erreichen des betriebsbereiten Zustands 157
1. Objektive Betrachtungsweise 158
a) Inhalt der Betrachtungsweise 158
b) Beurteilung der Anwendbarkeit 159
(1) Zur Beachtung der Folgerichtigkeit bei der Bestimmung der Betriebsbereitschaft 160
(2) Gleichheitsrechtliche Bedenken mit Blick auf die erforderlichen Typisierungen 160
(3) Ergebnis 161
2. Subjektive Betrachtungsweise 162
a) Inhalt der Betrachtungsweise 162
b) Beurteilung der Anwendbarkeit 164
(1) Verstoß gegen tragende Prinzipien der Anschaffungsnebenkosten 164
(2) Förderung von Gestaltungsspielräumen durch Ab-stellen auf die erste Inbetriebnahme 164
(3) Ergebnis 165
3. Auf den Entscheidungen des Neunten Senats des Bundesfinanzhofs vom 12.09.2001 beruhende Ansätze zur Betriebsbereitschaft 165

a) Zweistufige subjektiv-objektive Betrachtungsweise 166
(1) Eignung des Wirtschaftsguts für den vorgesehenen Zweck als objektive Stufe 166
(a) Inhalt der Betrachtungsweise 166
(b) Herleitung der Eignung des Wirtschaftsguts als objektive Stufe aus den Entscheidungen des Neunten Senats vom 12.09.2001 167
a. Zum Vorliegen einer originären Aussage des Neunten Senats 167
b. Ermittlung des dem Wort „erforderlich" zukommenden Gehalts 168
(2) Funktionstüchtigkeit als objektive Stufe 169
(a) Inhalt der Betrachtungsweise 169
(b) Herleitung der Funktionstüchtigkeit als objektive Stufe aus den Entscheidungen des Neunten Senats vom 12.09.2001 170
b) Zweistufige objektive Betrachtungsweise bei Gewinneinkünften 171
(1) Inhalt der Betrachtungsweise 171
(2) Beurteilung der Anwendbarkeit 172
c) Zusammenfassung 172
4. Stellungnahme zu den dargestellten Sichtweisen 173
5. Gesamtergebnis zum Ende des Anschaffungsvorgangs 174
III. Zur Qualifikation von Aufwendungen nach erreichter Betriebsbereitschaft als nachträgliche Anschaffungsnebenkosten 174
1. Fassung unter den Anschaffungsnebenkostenbegriff 175
a) Herleitung und Inhalt des Ansatzes 175
b) Beurteilung der Anwendbarkeit 176
(1) Umgehung des notwendigen zeitlichen Zusammenhangs mit dem Anschaffungsvorgang 176
(2) Fehlen eines finalen Zusammenhangs zwischen nachträglichen Anschaffungsnebenkosten und Erwerb bzw. Versetzung in Betriebsbereitschaft 177
2. Ursächlicher Zusammenhang mit der Anschaffung 178
a) Herleitung und Inhalt des Ansatzes 178

b) Beurteilung der Anwendbarkeit im Hinblick auf die Erhöhung der Benutzbarkeit des Wirtschaftsguts 179
c) Beurteilung der Anwendbarkeit im Hinblick auf die geforderte Werterhöhung des Wirtschaftsguts 179
d) Ergebnis 181
3. Unmittelbarer wirtschaftlicher Zusammenhang mit der Anschaffung 181
a) Herleitung und Inhalt des Ansatzes 181
b) Beschränkung des Ansatzes auf den zwangsläufigen Anfall im Gefolge der Anschaffung 182
c) Beurteilung der Anwendbarkeit 182
4. Wertbildende Aufwendung aufgrund eines gesonderten Entschlusses 183
a) Herleitung und Inhalt des Ansatzes 183
b) Beurteilung der Anwendbarkeit 183
(1) Erfordernis einer Werterhöhung – kein ausschließliches Merkmal nachträglicher Anschaffungsnebenkosten 183
(2) Fehlen eines gesonderten Entschlusses bei nachträglichen Anschaffungsnebenkosten 184
5. Sicherung des ersten betriebsbereiten Zustands des Wirtschaftsguts 185
a) Herleitung und Inhalt des Ansatzes 185
b) Beurteilung der Anwendbarkeit 185
(1) Zur Erfassung von Herstellungskosten oder Betriebsausgaben als nachträgliche Anschaffungsnebenkosten im Kontext von Instandsetzung und Modernisierung 185
(2) Zur Einbeziehung von Erhaltungsaufwendungen in die nachträglichen Anschaffungsnebenkosten 187
6. Ausdehnung des Leistungsgrads des Wirtschaftsguts 188
a) Herleitung und Inhalt des Ansatzes 188
b) Beurteilung der Anwendbarkeit 188
(1) Anwendbarkeit im Hinblick auf die Entlehnung des IAS 16.23 1998 zugrunde liegenden Gedankens 189
(2) Ausdehnung des Leistungsgrads als exklusives Merkmal der nachträglichen Anschaffungsnebenkosten 190

(3) Zur Erfassung von Herstellungskosten als nachträgliche Anschaffungsnebenkosten 190
7. Ermöglichung einer gänzlich anderen Nutzung 191
a) Herleitung und Inhalt des Ansatzes 191
b) Beurteilung der Anwendbarkeit 191
8. Ergebnis zur Qualifikation von Aufwendungen nach erreichter Betriebsbereitschaft als nachträgliche Anschaffungsnebenkosten 192
IV. Zusammenfassung zur Abgrenzung zwischen Anschaffungsnebenkosten und Betriebsausgaben anhand des zeitlichen Zusammenhangs 193
B. Abgrenzung zu Betriebsausgaben anhand des finalen Zusammenhangs zwischen Anschaffung und Aufwendung 194
I. Verständnis des Finalitätserfordernisses entsprechend der herrschenden Meinung 194
1. Inhalt des finalen Zusammenhangs 194
2. Objektive oder subjektive Bestimmung der Finalität? 195
II. Weitere Möglichkeiten der Verknüpfung zwischen Aufwendung und Anschaffung 196
1. Entscheidungsbezug von Aufwendungen 197
a) Herleitung und Inhalt des Ansatzes 197
b) Beurteilung der Anwendbarkeit 197
2. Kausale Verknüpfung zwischen Aufwendung und Anschaffung 198
a) Herleitung und Inhalt des Ansatzes 198
b) Beurteilung der Anwendbarkeit 199
(1) Zur Beachtung der Folgerichtigkeit im Hinblick auf vorweggenommene Aufwendungen 199
(2) Mangelnde Praktikabilität einer kausalen Verknüpfung 200
3. Veranlassungszusammenhang zwischen Aufwendung und Anschaffung 201
a) Herleitung und Inhalt des Ansatzes 201
b) Beurteilung der grundsätzlichen Anwendbarkeit 202
(1) Berücksichtigung vorweggenommener Aufwendungen als Anschaffungsnebenkosten 202

(2) Berücksichtigung der jeweiligen Umstände des Einzelfalls 203

(3) Parallelität zwischen Betriebsausgaben und Anschaffungsnebenkosten 204

c) Zur Vereinbarkeit des Veranlassungszusammenhangs mit § 255 Abs. 1 HGB und daraus resultierende Konsequenzen 205

4. Stellungnahme zur Möglichkeit der steuerbilanziellen Ersetzung des Finalitätserfordernisses durch den Veranlassungszusammenhang 207

III. Ergebnis zur Abgrenzung zu Betriebsausgaben anhand der Finalität 208

C. Abgrenzung zu Betriebsausgaben anhand des Erfordernisses der Einzelzuordenbarkeit von Aufwendungen 209

I. Auslegung des Erfordernisses der Einzelzuordenbarkeit entsprechend der herrschenden Meinung 209

II. Betrachtung alternativer Auslegungen des Erfordernisses der Einzelzuordenbarkeit 211

1. Erfassung sogenannter unechter Gemeinkosten 212

a) Herleitung und Inhalt des Ansatzes 212

b) Beurteilung der grundsätzlichen Anwendbarkeit 214

2. Erfassung sogenannter produktionsbezogener Gemeinkosten 215

a) Herleitung und Inhalt des Ansatzes 215

b) Beurteilung der Anwendbarkeit 215

(1) Zur grundsätzlichen Rechtfertigung eines Rückgriffs auf IAS 2.10 ff. 2003 215

(2) Zur Möglichkeit der Herleitung aus IAS 2.10 ff. 2003 – Fehlen eines Hinweises auf die Einbeziehung produktionsbezogener Gemeinkosten 216

3. Zwischenergebnis zu den alternativen Auslegungen des Erfordernisses der Einzelzuordenbarkeit 217

III. Stellungnahme zur Erfassung unechter Gemeinkosten als Anschaffungsnebenkosten 217

1. Zur Vereinbarkeit mit dem Vorsichtsprinzip 217

2. Rechtsgrundlage für die Erfassung unechter Gemeinkosten 218

a) Rechtsgrundlage für die handelsbilanzielle Erfassung unechter Gemeinkosten bei Bilanzierung nach IAS 218

b) Rechtsgrundlage für die Erfassung unechter Gemeinkosten bei fehlender Bilanzierung nach IAS 219

(1) Zur Ableitung aus IAS 16.16 (b) i.V.m. 16.19 (d) 2003 219

(2) Zur Ableitung aus § 255 Abs. 1 Satz 1 Hs. 2 HGB in gemeinschaftsrechtskonformer Auslegung 220

IV. Ergebnis zum Erfordernis der Einzelzuordenbarkeit 221

D. Ergebnis der Abgrenzung zwischen Anschaffungsnebenkosten und Betriebsausgaben 222

§ 5 Zusammenfassung zur Unterstützung des Maßstabs der Werterhöhung durch die Abgrenzungen zu Herstellungskosten und Betriebsausgaben 222

4. Teil: Anwendung der Ergebnisse zur Einordnung von Anschaffungsnebenkosten auf die Einführung von Enterprise Resource Planning-Software (ERP-Software) 225

Kapitel 1: Funktionsweise der ERP-Software und die verschiedenen Phasen der Implementierung 225

§ 1 Funktionsweise einer ERP-Software 225

§ 2 Phasen der Implementierung einer ERP-Software und regelmäßig vorgenommene Anpassungsarbeiten 226

Kapitel 2: Abgrenzung zwischen Versetzung in Betriebsbereitschaft und nachträglicher Herstellung bei Anpassung einer ERP-Software 229

§ 1 Abgrenzung zur nachträglichen Herstellung bei Anpassung einer ERP-Software entsprechend den Vorgaben des Bundesfinanzministeriums vom 18.11.2005 232

A. Erwägungen des Bundesfinanzministeriums zur Abgrenzung zwischen Versetzung in Betriebsbereitschaft und Herstellung 232

B. Verknüpfung der Erwägungen des Bundesfinanzministeriums zu einem Abgrenzungskriterium 233

C. Beurteilung der Anwendbarkeit des Abgrenzungskriteriums bei Anpassung einer ERP-Software 234

I. Zur Einschränkung der nachträglichen Herstellung aufgrund des Erfordernisses einer Quellcodeänderung 234

II. Erfordernis der „Wesentlichkeit" einer Quellcodeänderung – zur Bestimmbarkeit anhand der Erwägungen des Bundesfinanzministeriums 236

§ 2 Abgrenzung zur nachträglichen Herstellung bei Anpassung einer ERP-Software entsprechend der Funktionsgleichheit 238

A. Beurteilung der grundsätzlichen Anwendbarkeit der Funktionsgleichheit auf die Änderung des Quellcodes 238

B. Anwendung auf die Anpassung einer ERP-Software 239

I. Allgemeine Voraussetzungen einer zu Funktionsungleichheit führenden Quellcodeänderung 239

II. Einordnung von Customizing, Schnittstelleneinrichtung und Modifikation entsprechend der Funktionsgleichheit 240

C. Ergebnis zur Abgrenzung zwischen nachträglicher Herstellung und Versetzung in Betriebsbereitschaft bei Anpassung einer ERP-Software 242

Kapitel 3: Einordnung von Beratungs- und Planungsaufwendungen im Vorfeld der Implementierung einer ERP-Software 242

§ 1 Beurteilung der grundsätzlichen Anwendbarkeit des Ansatzes zum Beginn des Anschaffungsvorgangs 243

A. Zur Anwendbarkeit trotz entgegenstehender Ansicht des Bundesfinanzministeriums 243

B. Zur abweichenden Maßgeblichkeit des Vertragsschlusses als Beginn des Anschaffungsvorgangs 245

§ 2 Bestimmung des Beginns des Anschaffungsvorgangs bei Implementierung einer ERP-Software 246

A. Zeitpunkt des Vorliegens einer „grundsätzlichen" Erwerbsentscheidung 247

B. Zeitpunkt der Tätigung der Erwerbsentscheidung nach außen 248

C. Ergebnis zum Beginn des Anschaffungsvorgangs bei Einführung einer ERP-Software 248

§ 3 Zur Werterhöhung durch Beratungs- und Planungsaufwendungen bei Anschaffung einer ERP-Software 249

§ 4 Zusammenfassung zur Qualifikation von Planungs- und Beratungsaufwendungen vor Implementierung einer ERP-Software 250

Kapitel 4: Einordnung der weiteren Aufwendungen zur Implementierung einer ERP-Software 251

§ 1 **Aufwendungen zur Datenmigration** 252
A. Zur Tätigung der Aufwendungen vor Betriebsbereitschaft der ERP-Software 253
B. Zur Werterhöhung der ERP-Software durch Aufwendungen zur Datenmigration 254
§ 2 **Aufwendungen für Probeläufe** 255
A. Zur Tätigung der Aufwendungen vor Betriebsbereitschaft der ERP-Software 255
B. Zur Werterhöhung der ERP-Software durch Aufwendungen für Probeläufe 257
§ 3 **Aufwendungen für Piloteinsätze** 258
A. Zur Tätigung der Aufwendungen vor Betriebsbereitschaft der ERP-Software 259
B. Zur Einordnung der Aufwendungen für einen Piloteinsatz als nachträgliche Anschaffungsnebenkosten 260
§ 4 **Aufwendungen für Mitarbeiterschulungen** 261
A. Zur Tätigung der Aufwendungen vor Betriebsbereitschaft der ERP-Software 262
B. Zur Werterhöhung der ERP-Software durch Aufwendungen für Mitarbeiterschulungen 264
§ 5 **Ergebnis der Einordnung der weiteren Aufwendungen zur Implementierung einer ERP-Software** 265
Kapitel 5: Einordnung von Aufwendungen für Wartung und Updates nach erfolgreicher Implementierung einer ERP-Software 265
§ 1 **Aufwendungen für die Wartung der implementierten ERP-Software** 266
A. Zur Sicherung des betriebsbereiten Zustands der ERP-Software durch Wartungsaufwendungen 267
B. Zur Werterhöhung der ERP-Software durch Wartungsaufwendungen 268
§ 2 **Aufwendungen für Programmupdates** 269
A. Definition des Begriffs „Update“ unter Abgrenzung von Upgrade und Generationswechsel 269
B. Einordnung von Aufwendungen für Updates 271

I. Zur Werterhöhung der ERP-Software durch Aufwendungen für Updates 273
1. Aspekt der Anpassung an technische Neuerungen 273
2. Aspekt der Behebung von Fehlern des Auslieferungszustands 274
3. Ergebnis zur Werterhöhung der ERP-Software durch Aufwendungen für Updates 274
II. Zur Sicherung des betriebsbereiten Zustands der ERP-Software durch Aufwendungen für Updates 274
1. Aspekt der Anpassung an technische Neuerungen 275
2. Aspekt der Behebung von Fehlern des Auslieferungszustands 275
C. Ergebnis zur Einordnung der Aufwendungen für Updates 277
Kapitel 6: Ergebnisse der Einordnung von Aufwendungen bei Implementierung einer ERP-Software 277

5. Teil: Abschließende Betrachtung zur Dogmatik der Anschaffungsnebenkosten 279
Kapitel 1: Ergebnisse der Untersuchung 279
Kapitel 2: Ausblick auf weitere Problemfälle bei der Einordnung von Aufwendungen als Anschaffungsnebenkosten 281

Literaturverzeichnis 285

Abkürzungsverzeichnis

a.A.	andere Ansicht/ Auffassung
a.Anf.	am Anfang
aaO.	am angegebenen Ort
ABAP	Advanced Business Application Language
Abl.	Amtsblatt
Abs.	Absatz
Abt.	Abteilung
ADS	Adler/ Düring/ Schmaltz
a.E.	am Ende
AEUV	Vertrag über die Arbeitsweise der Europäischen Union
a.F.	alte Fassung
AfA	Absetzung für Abnutzung
AfaA	Absetzung wegen/ für außergewöhnliche Abnutzung
AG	Die Aktiengesellschaft (Zeitschrift)
AktG	Aktiengesetz
Anm.	Anmerkung
AO	Abgabenordnung
Art.	Artikel
Aufl.	Auflage
Az.	Aktenzeichen
BB	Betriebs-Berater (Zeitschrift)
BBK	Buchführung, Bilanz, Kostenrechnung, Zeitschrift für das gesamte Rechnungswesen (Zeitschrift)
BC	Zeitschrift für Bilanzierung, Rechnungswesen und Controlling (Zeitschrift)
Bd.	Band
Beck'sches HdR	Beck'sches Handbuch der Rechnungslegung
Beck'sches IFRS-Handb.	Beck'sches IFRS-Handbuch
Beil.	Beilage
BFH	Bundesfinanzhof
BFH/NV	Sammlung amtlich nicht veröffentlichter Entscheidungen des Bundesfinanzhofs
BGB	Bürgerlicher Gesetzbuch
BGBl.	Bundesgesetzblatt
Bilanz-Handb.	Bilanz-Handbuch

BilMoG	Bilanzrechtsmodernisierungsgesetz
BiRiLiG	Bilanzrichtlinien-Gesetz
BMF	Bundesfinanzministerium
Bonner Handb.	Bonner Handbuch
BR-Drs.	Bundesrats-Drucksache
BStBl. I	Bundessteuerblatt, Teil I
BStBl. II	Bundessteuerblatt, Teil II
BStBl. III	Bundessteuerblatt, Teil III
BT-Drs.	Bundestags-Drucksache
Buchst.	Buchstabe
bzw.	beziehungsweise
DB	Der Betrieb (Zeitschrift)
d.h.	das heißt
DStJG	Deutsche Steuerjuristische Gesellschaft, Tagungsbände
DStR	Deutsches Steuerrecht (Zeitschrift)
DStRE	Deutsches Steuerrecht Entscheidungsdienst
DStZ	Deutsche Steuer-Zeitung (Zeitschrift)
EDV	Elektronische Datenverarbeitung
EG	Europäische Gemeinschaft
EGV	Vertrag zur Gründung der Europäischen Gemeinschaft
EHP	Enhancement Package
Einf.	Einführung
ERP	Enterprise Resource Planning
EStG	Einkommensteuergesetz
EStR	Einkommensteuerrichtlinien
EU	Europäische Union
EuGH	Europäischer Gerichtshof
EWG	Europäische Wirtschaftsgemeinschaft
f.	folgend
ff.	fortfolgend
FG	Finanzgericht
FinSen	Finanzsenator
Fn.	Fußnote
FR	Finanz-Rundschau (bis 1990); Finanz-Rundschau für Einkommensteuer, Körperschaftsteuer und Gewerbesteuer (bis 1999); Finanz-Rundschau Ertragsteuerrecht (Zeitschrift)

FS	Festschrift
gem.	gemäß
GG	Grundgesetz
ggf.	gegebenenfalls
GmbH	Gesellschaft mit beschränkter Haftung
GmbHG	Gesetz betreffend die GmbH
GoB	Grundsätze ordnungsmäßiger Buchführung/ Bilanzierung
GrEStG	Grunderwerbsteuergesetz
Großkomm. AktG	Großkommentar AktG
Großkomm. HGB	Großkommentar HGB
GrS	Großer Senat
GuV	Gewinn- und Verlustrechnung
h.A.	herrschende Ansicht/ Auffassung
HdJ	Handbuch des Jahresabschlusses
HdR	Handbuch der Rechnungslegung
HFA	Hauptfachausschuss (IDW)
HGB	Handelsgesetzbuch
HGB-E	Entwurf zum HGB
H/H/R	Herrmann/Heuer/Raupach
h.M.	herrschende Meinung
Hs.	Halbsatz
HTML	Hyper Text Markup Language
HuRB	Handbuch unbestimmter Rechtsbegriffe
IAS	International Accounting Standards
IASB	International Accounting Standards Board
i.d.S.	in diesem Sinne
IDW	Institut der Wirtschaftsprüfer in Deutschland e.V.
i.E.	im Ergebnis
IFRS	International Financial Reporting Standards
INF	Die Information über Steuer und Wirtschaft (Zeitschrift)
i.S.d.	im Sinne des
ISO	International Standards Organisation
ISO 9000	Kurzbezeichnung für die internationale Qualitätsmanagement-Normenfamilie ISO 9000 bis 9004 der ISO
i.S.v.	im Sinne von
IT	Information Technology

i.V.m.	in Verbindung mit
i.w.S.	im weiteren Sinne
JbFfSt	Jahrbuch der Fachanwälte für Steuerrecht
K/S/M	Kirchhof/ Söhn/ Mellinghoff
m.E.	meines Erachtens
MüKo AktG	Münchener Kommentar zum AktG
MüKo HGB	Münchener Kommentar zum HGB
m.w.N.	mit weiteren Nachweisen
n.F.	neue Fassung
Nr.	Nummer
NWB	Neue Wirtschafts-Briefe
o.ä.	oder ähnliches
o.g.	oben genannt
RegE	Regierungsentwurf
RGBl.	Reichsgesetzblatt
Rn.	Randnummer
RS	Stellungnahmen zur Rechnungslegung (IDW)
Rspr.	Rechtsprechung
Rz.	Randzeichen
S.	Seite
SAP	Systeme, Anwendung und Produkte in der Datenverarbeitung (Aktiengesellschaft)
SAP R/3	Version der von SAP angebotenen ERP-Software
Slg.	Sammlung
s.o.	siehe oben
sog.	sogenannt
StÄndG	Steueränderungsgesetz
Stbg	Die Steuerberatung (Zeitschrift)
StbJb	Steuerberater-Jahrbuch
StBp	Die Steuerliche Betriebsprüfung (Zeitschrift)
Stpfl.	Steuerpflichtiger
StRO I	Die Steuerrechtsordnung, Band I
StRO II	Die Steuerrechtsordnung, Band II
StRO III	Die Steuerrechtsordnung, Band III
StuB	Steuern und Bilanzen (Zeitschrift)
StuW	Steuer und Wirtschaft (Zeitschrift)
StVj	Steuerliche Vierteljahresschrift (Zeitschrift bis 1993)
Tz.	Textzeichen

u.a.	unter anderem
u.ä.	und ähnliches
US-GAAP	Generally Accepted Accounting Principles (USA)
u.U.	unter Umständen
v.	vom
Verf.	Verfasserin
vgl.	vergleiche
v.H.	von Hundert
WoBauFördG	Wohnungsbauförderungsgesetz
WP	Wirtschaftsprüfer
WPg	Die Wirtschaftsprüfung (Zeitschrift)
WP-Handb.	WP-Handbuch
XHTML	Extensible Hyper Text Markup Language
z.B.	zum Beispiel
Zfbf	Schmalenbachs Zeitschrift für betriebswirtschaftliche Forschung
ZRP	Zeitschrift für Rechtspolitik
z.T.	zum Teil

1. Teil: Einleitung

„Anschaffungskosten sind gleich Kaufpreis zuzüglich der Anschaffungsnebenkosten“[1]. Dies führte *Hast* bereits im Jahr 1935 aus. An der Richtigkeit dieser Aussage hat sich bis zum heutigen Tag nichts geändert. So sieht § 255 Abs. 1 Satz 2 HGB vor, dass zu den Anschaffungskosten[2] auch die Nebenkosten gehören.

Wie sich dem von *Hast* entlehnten Zitat entnehmen lässt, haben die Anschaffungskosten und deren Nebenkosten schon eine lange Tradition im deutschen (Steuer-) Bilanzrecht.[3] Insofern verwundert es nicht, dass die Anschaffungsnebenkosten in hohem Maße durch Literatur und höchstrichterliche Rspr. geprägt sind. So vertrat der BFH im letzten Jahrhundert in zahlreichen Entscheidungen den sog. engen Anschaffungskostenbegriff. Bekannt ist hier vor allem der Beschluss des Großen Senats aus 1966, in dem der Senat betonte, dass Anschaffungskosten nur diejenigen Aufwendungen seien, die getätigt werden, um das Wirtschaftsgut in die eigene Verfügungsmacht zu überführen.[4] Im Gegensatz dazu hatte sich die Lehre überwiegend bereits dem sog. weiten Anschaffungskostenbegriff angeschlossen und erfasste als Nebenkosten auch diejenigen Aufwendungen, die der Versetzung des Vermögensgegenstands bzw. Wirtschaftsguts[5] in Betriebsbereitschaft dienen.[6]

Trotz dieser Divergenz zwischen Rspr. und Literatur, die gravierende Auswirkungen auf den Umfang der zu aktivierenden Anschaffungsaufwendungen

---

1 Hast, Grundsätze ordnungsmässiger Bilanzierung für Anlagegegenstände, S. 35.

2 Unter „Kosten“ sind hier ausschließlich sog. pagatorische Kosten zu verstehen, da die Bewertung zu Anschaffungskosten nur von tatsächlich angefallenen Aufwendungen getragen werden soll, vgl. Mellerowicz in: Großkomm. AktG, § 153, Anm. 28; Thiel/Lüdtke-Handjery, Bilanzrecht, § 6 II 1, Rn. 516; Scheffler, Besteuerung von Unternehmen, Bd. II, S. 167.

3 Vgl. Claussen in: Kölner Kommentar AktG, § 255 HGB, Rn. 5.

4 Vgl. BFH v. 22.08.1966, Az. GrS 2/66, BStBl. III, S. 672 (674). Diese Rechtsprechungslinie war allerdings keineswegs kontinuierlich. Z.T. war der BFH auch der Ansicht, dass der Begriff der Anschaffungskosten alle Aufwendungen umfasse, die ein Unternehmen mache, um das Wirtschaftsgut in der für den Betrieb geeigneten Form zu erhalten, vgl. BFH v. 13.08.1957, Az. I 18/57 U, BStBl. III 1957, S. 349 (349).

5 Im Folgenden soll zur Wahrung der Übersichtlichkeit lediglich der Begriff des Wirtschaftsguts verwendet werden, soweit eine Differenzierung zwischen Handels- und Steuerbilanz entbehrlich ist.

6 Stellvertretend: Dahl, Die Aktivierung der Sachanlagegüter, S. 54; ADS, 4. Aufl., § 153 AktG, Tz. 14.

hatte, stellte der Gesetzgeber die Erfassung von Anschaffungsnebenkosten und deren Umfang über Jahrzehnte hinweg gesetzlich nicht klar. Erst das AktG 1937[7] verschaffte dem Begriff der Anschaffungskosten überhaupt Eingang in die gesetzlichen Grundlagen der deutschen Rechnungslegung.[8] Seit dem AktG 1965[9] bilden Anschaffungskosten die Bewertungsgrenze bei der Rechnungslegung von Aktiengesellschaften.[10] Eine ausdrückliche Regelung der Anschaffungsnebenkosten blieb der Gesetzgeber aber gleichwohl weiterhin schuldig. Erst nachdem der Große Senat 1978 von dem engen Anschaffungskostenbegriff leicht abgerückt war[11] und die sog. EG-Bilanzrichtlinie[12] in nationales Recht umzusetzen war, wurde durch das Bilanzrichtlinien-Gesetz[13] vom 19.12.1985[14] mit § 255 Abs. 1 HGB eine gesetzliche Regelung auch der Anschaffungsnebenkosten geschaffen, die von allen Kaufleuten zu beachten ist.[15]

Doch auch die Einführung dieser Vorschrift hat nicht dafür gesorgt, dass man das Ausmaß der Aktivierung von Anschaffungsnebenkosten als geklärt bezeichnen könnte. Zwar sieht § 255 Abs. 1 Satz 2 HGB, wie eingangs erwähnt, vor, dass auch Nebenkosten zu den Anschaffungskosten zu zählen sind. Indes enthält diese Aussage des Gesetzes keinerlei Hinweis darauf, was Nebenkosten sind bzw. unter welchen Voraussetzungen Aufwendungen als solche zu erfassen sind. Auch Rspr., Literatur und Finanzverwaltung liefern hierzu seit der Anerkennung des weiten Anschaffungskostenbegriffs[16] durch den BFH m.E. keine entscheidenden Impulse mehr.[17] Vielmehr scheint eine Art Stillstand eingetreten zu sein.

---

7 RGBl. I 1937, S. 107 ff..

8 Zuvor hatte § 261 HGB 1897 (vgl. RGBl. 1897, S. 219 ff.) lediglich vorgesehen, dass ein erworbener Vermögensgegenstand zu „Anschaffungspreisen" zu bewerten sei.

9 BGBl. I 1965, S. 1089 ff..

10 Für die übrigen Kaufleute und Gesellschaften, die ihre Rechnungslegung ausschließlich am HGB auszurichten hatten, musste der Wertansatz zu Anschaffungskosten weiterhin aus den GoB abgeleitet werden.

11 Vgl. BFH v. 12.06.1978, Az. GrS 1/77, BStBl. II 1978, S. 620 (625).

12 Vierte Richtlinie 78/660/EWG v. 25.07.1978, Abl. L 222 v. 14.8.1978, S. 11 ff.. Im Folgenden auch als Vierte EG-Richtlinie bezeichnet.

13 Nachfolgend als „BiRiLiG" abgekürzt.

14 BGBl. I 1985, S. 2355 ff..

15 § 255 Abs. 1 HGB soll Art. 35 Abs. 2 der Vierten EG-Richtlinie umsetzen.

16 Diese Anerkennung ist durch die Entscheidung des Großen Senats vom 12.06.1978 eingeleitet worden, vgl. Fn. 11.

17 In neuerer Zeit hat sich zwar Leuschner mit Anschaffungskosten auseinander gesetzt und sich dabei auch kurz den Nebenkosten gewidmet, vgl. Leuschner, Die Anschaffungskosten, S. 109 ff.. Indes hat die Autorin hauptsächlich die Frage bearbeitet, ob die

Diesem Stillstand will die nachfolgende Untersuchung entgegenwirken und zur Beantwortung der Frage, unter welchen Voraussetzungen Aufwendungen als Anschaffungsnebenkosten in Handels- und Steuerbilanz zu aktivieren sind, auf dogmatischer und praktischer Ebene beitragen.

Zur Bestimmung der Voraussetzungen für eine Aktivierung von Anschaffungsnebenkosten auf dogmatischer Ebene gilt es zunächst diejenigen Prinzipien herauszuarbeiten, die der Dogmatik der Anschaffungsnebenkosten zugrunde zu legen sind (siehe S. 23 ff.). In Betracht kommen hier das Vorsichtsprinzip sowie das Gebot der Erfolgsneutralität[18]. Gleiches gilt für das Maßgeblichkeitsprinzip[19], als § 255 Abs. 1 HGB über § 5 Abs. 1 Satz 1 EStG n.F. auch für die Steuerbilanz zu beachten ist.[20] Ist auf diese Weise bestimmt worden, welche Prinzipien die dogmatischen Grundlagen bilden, so gilt es – unabhängig von § 255 Abs. 1 HGB – einen Maßstab zu entwickeln[21], der diesen bei der Qualifikation von Anschaffungsnebenkosten ausreichend Rechnung trägt (vgl. S. 86 ff.).

Anschaffungskosten informative Werte darstellen. Weiterhin finden sich einige Ausarbeitungen beispielsweise zur Einordnung von Aufwendungen für Due Diligence als Anschaffungskosten, die auch die Nebenkosten erwähnen, vgl. z.B. Engler, BB 206, S. 747 ff.; Peter/Graser, DStR 2009, S. 2032 (2033 f.). Indes beschäftigen sich auch diese Autoren m.E. lediglich mit dem status quo der Anschaffungs(neben)kosten.

18 Die Erfassung der Nebenkosten entsprechend der h.M. gewährleistet, dass der Anschaffungsvorgang weitestgehend erfolgsneutral ist und sich nur über Abschreibungen bzw. Absetzungen für Abnutzung (kurz: AfA) erfolgswirksam auswirkt, vgl. statt vieler: Kleindiek in: Großkomm. HGB, § 255, Rn. 4; Moxter, Bilanzrechtsprechung, S. 184.

19 Allerdings wird sich die Untersuchung auf die Bestimmung der Reichweite dieses Grundsatzes bei Anschaffungsnebenkosten beschränken.

20 Das Fehlen einer eigenen steuerbilanziellen Begriffsbestimmung ist daher im Grundsatz unschädlich. Zwar hatte der Regierungsentwurf eines EStG 1975 eine gesetzliche Definition der Anschaffungskosten vorgesehen, vgl. Art. 21, § 28 Abs. 1 RegE eines Dritten Steuerreformgesetzes v. 09.01.1974, BT-Drs. 7/1470. Diese ist aber letztendlich nicht in das EStG übernommen worden. Teilweise wird die Geltung des § 255 Abs. 1 HGB auch aus der identischen Verwendung des Begriffs der Anschaffungskosten in Bilanzrecht und Steuerbilanzrecht abgeleitet, vgl. Kleindiek in: Großkomm. HGB, § 255, Rn. 5. Diese Identität soll u.a. laut Claussen darin wurzeln, dass sich die bilanzrechtliche Definition der Anschaffungskosten am Steuerrecht orientiert, vgl. Claussen in: Kölner Kommentar AktG, § 255 HGB, Rn. 9.

21 Ggf. wird zur Herleitung der Qualifikationsmaßstäbe auch auf die „International Accounting Standards“ (kurz: IAS) zurückgegriffen werden. Zwar sind diese vom „International Acounting Standards Board“ (kurz: IASB) in „International Financial Reporting Standards“ (kurz: IFRS) umbenannt worden, vgl. Weber-Grellet, Europäisches Steuerrecht, § 23, Rn. 42. Gleichwohl soll hier auf die Bezeichnung IAS abgestellt werden, zumal auch die EG-Verordnung zur Anwendung der internationalen Rechnungsle-

Um eine umfassende Beachtung der herausgearbeiteten Prinzipien sowie des entwickelten Qualifikationsmaßstabs sicherzustellen, sind die aus § 255 Abs. 1 HGB ableitbaren Voraussetzungen für die Aktivierung von Anschaffungsnebenkosten anschließend daraufhin zu untersuchen, ob sie mit diesen in Einklang stehen (siehe S. 124 ff.). Ggf. ist eine alternative Auslegung der jeweiligen Voraussetzung zu suchen, die diesen Einklang fördert.[22]

Sind sämtliche Anforderungen herausarbeitet worden, die an Anschaffungsnebenkosten zu stellen sind, so werden diese abschließend auf ihre praktische Anwendbarkeit überprüft (siehe S. 225 ff.). Als Anwendungsbeispiel soll hierbei die in der Praxis äußerst kostenintensive[23] Einführung einer Enterprise Resource Planning-Software[24] herangezogen werden. Veranlasst ist dies durch die m.E. nicht zufriedenstellenden Vorschläge[25] zur – wegen § 5 Abs. 2 EStG erforderlichen[26] – Einordnung des sog. Customzings[27] als Anschaffungs- oder Herstellungsvorgang[28] und zur Qualifikation der weiteren Implementierungsaufwen-

---

gungsstandards den Begriff „IAS“ verwendet, vgl. EG-Verordnung Nr. 1606/2002 v. 19.07.2002, Abl. L 243 v. 11.09.2002, S. 1 ff..

22 Ähnlich zur Entwicklung von Qualifikationsmaßstäben (vgl. Fn. 21), so wird auch im Rahmen einer abweichenden Auslegung ggf. auf die Voraussetzungen für die Aktivierung von Anschaffungs(neben)kosten entsprechend IAS zurückgegriffen.

23 Ein Beispiel, dass die durch die Implementierung verursachten Kosten für ein Unternehmen deutlich macht, findet sich bei Peter, vgl. Peter, DB 2003, S. 1341 (1342).

24 Im Folgenden als ERP-Software bezeichnet.

25 Auf höchstrichterliche Rspr. kann hier nicht zurückgegriffen werden, als sich der BFH mit der Problematik der Bilanzierung von ERP-Software bislang noch nicht befasst hat, vgl. diesbezüglich auch: Hoffmann, BC 2007, S. 38 (39).

26 Für das Bilanzrecht gilt diese Notwendigkeit nicht mehr, da das in § 248 Abs. 2 HGB a.F. enthaltene Verbot der Aktivierung unentgeltlich erworbener, immaterieller Vermögensgegenstände durch das BilMoG (vgl. BGBl. I 2009, S. 1102 ff..) so modifiziert worden ist, dass nicht entgeltlich erworbene, immaterielle Vermögensgegenstände in der Handelsbilanz aktiviert werden dürfen bzw. können (vgl. § 248 Abs. 2 Satz 1 HGB n.F.). Dieses Wahlrecht ist laut Förster/Schmidtmann steuerlich nicht nachzuvollziehen, vgl. Förster/Schmidtmann, BB 2009, S. 1342 (1344). Insofern wird die Regelung in § 5 Abs. 2 EStG in Bezug auf das Steuerrecht eine steuerbilanzielle Durchbrechung des Maßgeblichkeitsgrundsatzes darstellen.

27 Beim sog. Customizing handelt es sich um die Anpassung der ERP-Software an die betriebsspezifischen Bedürfnisse des Anwenderunternehmens. Vgl. hierzu eingehender S. 228.

28 Vgl. statt vieler: Scharfenberg/Marquardt, DStR 2004, S. 195 ff.; Haun/Golücke, BB 2004, S. 651 ff.; Hoffmann, StuB 2006, S. 56 ff..

dungen, wie beispielsweise für Schulungen[29], als Anschaffungsnebenkosten.[30] Dabei versteht man unter einer ERP-Software[31] eine integrierte Software, die auf Basis standardisierter Module alle oder wesentliche Teile der Geschäftsprozesse aus betriebswirtschaftlicher Sicht informationstechnisch unterstützt.[32] Die zur Verfügung stehenden Systemfunktionalitäten liefern dabei aktuelle Informationen auf Basis von erfassten und verarbeiteten Daten und ermöglichen eine unternehmensweite Planung, Steuerung und Kontrolle.[33]

---

29 So nimmt beispielsweise Babon an, dass Schulungsaufwendungen als Anschaffungsnebenkosten zu aktivieren seien, vgl. Babon, StBp 2001, S. 68 (71). Hingegen geht die h.M. davon aus, dass diese Aufwendungen lediglich Betriebsausgaben darstellen sollen, vgl. statt vieler Scharfenberg/Marquardt, DStR 2004, S. 195, Fn. 12; Kuhner in: HdJ, Abt. II/1, Rn. 324.

30 Indes stellt sich die Frage nach Anschaffungsnebenkosten bei Implementierung von ERP-Software nur, wenn ein entgeltlicher Erwerb der Software und keine laufende Nutzung vorliegt, vgl. Tonner in: Bordewin/Brandt, EStG, § 5, Rn. 340, Stichwort „Software"; Kupsch in: Bonner Handb., § 248 HGB, Rn. 25.

31 Für eine ausführlichere Darstellung der Funktionsweise sowie der verschiedenen Phasen der Einführung einer ERP-Software vgl. S. 225 ff..

32 Vgl. Hesseler/Görtz, Basiswissen ERP-Systeme, S. 5.

33 Vgl. Hesseler/Görz, aaO., S. 5 f.

2. Teil: Darstellung des Untersuchungsgegenstands „Anschaffungsnebenkosten“

Bevor allerdings entsprechend der vorstehend beschriebenen Vorgehensweise in die Grundlagen der Dogmatik eingestiegen werden kann, ist zunächst zu klären, worum es sich bei dem Untersuchungsgegenstand „Anschaffungsnebenkosten“ handelt. Dies soll anhand der Abgrenzung zu den Hauptkosten einer Anschaffung sowie der Darstellung der heute anerkannten Formen der Nebenkosten geschehen.

Kapitel 1: Abgrenzung zwischen Anschaffungsnebenkosten und Anschaffungshauptkosten

§ 1 Definition von Haupt- und Nebenkosten einer Anschaffung

Bereits aus dem Wortlaut des § 255 Abs. 1 Satz 2 HGB lässt sich herleiten, dass sich die Anschaffungskosten in Haupt- und Nebenkosten unterteilen lassen.[34]

Der Anschaffungspreis wird vorrangig durch den Kaufpreis gebildet[35] und kann als „Gegenleistung für die Lieferung des angeschafften Wirtschaftsguts“[36] bezeichnet werden. Er spiegelt demzufolge die Intention des Erwerbers wider, das Wirtschaftsgut zu erwerben.

Demgegenüber stellen die Nebenkosten alle zusätzlichen Aufwendungen neben dem Anschaffungspreis dar.[37] Dies bedeutet im Umkehrschluss, dass lediglich der Anschaffungspreis und die ihm zurechenbaren Bestandteile als Hauptkosten einer Anschaffung in Betracht gezogen werden können.

---

34 Als weitere Bestandteile der Anschaffungskosten sind nachträgliche Anschaffungskosten sowie Anschaffungskostenminderungen zu nennen, vgl. statt vieler: Knop/Küting in: HdR, § 255 HGB, Rn. 17. Indes sollen diese hier weitgehend unberücksichtigt bleiben, da sie aufgrund ihres nachträglichen Auftretens das Schicksal der mit ihnen zusammenhängenden Haupt- bzw. Nebenkosten im Hinblick auf die Abgrenzung teilen.

35 Stellvertretend: Ellrott/Brendt, Beck'scher Bilanzkommentar, § 255 HGB, Rn. 51.

36 Herrmann in: Frotscher, EStG, § 6, Rz. 110.

37 Ähnlich: Stobbe in: H/H/R, EStG, § 6, Anm. 292.

Aus der Eigenschaft der Anschaffungsnebenkosten als „zusätzliche Aufwendungen“ neben der Gegenleistung für den Erhalt des Wirtschaftsguts folgt, dass zu deren Bestimmung zu fragen ist, unter welchen Voraussetzungen Aufwendungen zu dem Anschaffungspreis bzw. seinen Bestandteilen zu zählen sind. Nur wenn diese Voraussetzungen nicht erfüllt sind, können Aufwendungen als Nebenkosten in Betracht kommen.

§ 2 Vornahme der Abgrenzung zwischen Anschaffungspreis und den zusätzlichen Aufwendungen

A. Zur Einordnung als Gegenleistung als Abgrenzungskriterium

Zieht man die o.g. Definition des Anschaffungspreises heran, so ist zu fragen, ob die Aufwendung eine Gegenleistung[38] für die Lieferung des Wirtschaftsguts darstellt.[39] Dabei muss es zur Bestimmung des Gegenleistungscharakters auf die Sicht der Vertragsparteien sowie deren vertragliche Gestaltungen und nicht auf diejenige des objektiven Geschäftsverkehrs ankommen.[40] Denn auch ein überhöhter, nicht dem Marktwert entsprechender Anschaffungspreis, welcher auf Kaufpreisverhandlungen der Vertragsparteien wurzelt, führt nach allgemeiner Ansicht zu Anschaffungskosten.[41] Nichts anderes kann für die Frage gelten, ob eine Aufwendung als Gegenleistung einzustufen ist.

Das erste Kriterium zur Abgrenzung zwischen Haupt- und Nebenkosten kann somit wie folgt gefasst werden: Stellt eine Aufwendung aus Sicht der Vertragsparteien eine Gegenleistung für die Lieferung des Wirtschaftsguts dar, so ist die Aufwendung dem Anschaffungspreis, d.h. den Hauptkosten, zuzuordnen.

---

38 Nach Wehrheim/Renz sollen auch die Anschaffungsnebenkosten als mit der Anschaffung untrennbar verbundene Gegenleistungen zu bezeichnen sein, vgl. Wehrheim/Renz, Die Steuerbilanz, S. 41. Der Unterschied zu dem Anschaffungspreis als Gegenleistung besteht jedoch darin, dass die Nebenkosten nicht zwingend gegenüber dem Veräußerer geleistet werden müssen, wohingegen dies in Bezug auf den Anschaffungspreis stets der Fall sein wird.

39 So ähnlich: Stobbe in: H/H/R, EStG, § 6, Anm. 285; Federmann, Bilanzierung nach Handelsrecht, Steuerrecht und IAS/IFRS, S. 422.

40 Ähnlich: Kahle in: Baetge/Kirsch/Thiele, § 255 HGB, Rn. 61, als es auf den in der Rechnung ausgewiesenen Betrag ankommt. Ähnlich auch: Kusterer in: Heidelberger Kommentar HGB, § 255, Rn. 2.

41 Vgl. statt vieler Herrmann in: Frotscher, EStG, § 6, Rz. 113.

B. Zum Beruhen auf einer vertraglichen Abrede als Abgrenzungskriterium

Des Weiteren könnte man darauf abstellen, dass die Anschaffungshauptkosten aufgrund einer vertraglichen Abrede zwingend an die Gegenpartei zu entrichten sein müssten.[42]

Die Folge eines solchen Kriteriums wäre indes, dass auch ein Entgelt für die Montage des angeschafften Wirtschaftsguts dem Anschaffungspreis zuzuordnen wäre, sofern der Veräußerer sich durch Abschluss eines weiteren Vertrags mit dem Erwerber zusätzlich zur Montage verpflichtet hätte. Diese Einordnung würde aber nicht der Zielrichtung des Montageentgelts entsprechen. So wird dieses aufgewendet, um das angeschaffte Wirtschaftsgut durch die Montage am Einsatzort einsatzbereit zu machen. Der Zweck, den das Montageentgelt verfolgt, stimmt damit mit dem Zweck des Anschaffungspreises, nämlich den Erwerb des Wirtschaftsguts erst zu ermöglichen, nicht überein.

Da die Hauptkosten entsprechend dem vorstehend bejahten Kriterium stets Gegenleistung für den Erwerb darstellen müssen, kann es zur Abgrenzung zwischen Haupt- und Nebenkosten nicht auf ein weiteres Kriterium ankommen, welches diese Wertung durch Einbeziehung von Aufwendungen ohne Gegenleistungscharakter wieder aushebelt.

Ein Abstellen auf das Beruhen auf einer vertraglichen Abrede ist demnach nicht möglich.

C. Zur Beeinflussung der Höhe des Erwerbsentgelts als Abgrenzungskriterium

Eventuell könnte man den Hauptkosten auch alle Aufwendungen zuordnen, die Einfluss auf die Höhe des Entgelts haben, das an den Verkäufer zum Erwerb des Wirtschaftsguts zu entrichten ist. Dies würde in dem vorstehend angeführten Beispiel des zusätzlichen Montageauftrags dazu führen, dass das Montageentgelt keinesfalls dem Anschaffungspreis zuzuordnen wäre, da dieses grundsätzlich nicht zu einer Erhöhung des Kaufpreises führt.

Indes kann sich ein Einfluss auf die Höhe des Erwerbsentgelts auch in einer für den Erwerber günstigen Weise bemerkbar machen. Dies zeigt die Konstellation, dass der o.g. Montageauftrag zu einem verbilligten Kaufpreis, d.h. zu ei-

---

42 So ähnlich: Mayer-Wegelin in: Bordewin/Brandt, EStG, § 6, Rn. 60a. Allerdings komme es darauf an, „dass die Verträge zeitgleich abgeschlossen werden und einen wirtschaftlichen einheitlichen Vorgang bilden", vgl. Mayer-Wegelin in: Bordewin/Brandt, EStG, § 6, Rn. 60a.

nem Rabatt, führt. Um dies berücksichtigen zu können, ist der Einfluss auf die Höhe des Entgelts so auszulegen, dass sowohl für den Erwerber negative als auch positive Einflüsse erfasst werden. Dem folgend könnte man auf den ersten Blick durchaus erwägen, das Montageentgelt als Bestandteil des Anschaffungspreises einzuordnen[43], als der Montageauftrag den Kaufpreis für den Erwerber günstig beeinflusst hat.[44] Gleiches gilt für den vom Veräußerer gewährten Rabatt.

Allerdings steht die Berücksichtigung positiver Einflüsse bei den Hauptkosten nur dann außer Zweifel, wenn auch bei Nebenkosten Minderungen zu berücksichtigen sind. Denn nur dann würde verhindert, dass sämtliche positive Faktoren zwangsläufig als Bestandteil des Anschaffungspreises qualifiziert würden.

Zwar lässt sich eine Berücksichtigung mindernder Nebenkosten nicht unmittelbar aus dem Wortlaut des § 255 Abs. 1 Satz 3 HGB herleiten, als dieser lediglich die Anschaffungspreisminderungen nennt. Gleichwohl wird übereinstimmend angenommen, dass mit der Anschaffung im Zusammenhang stehende Ermäßigungen der Aufwendungen einschließlich der Nebenkosten zu einer Minderung der Anschaffungskosten führen[45], sobald sie tatsächlich eingetreten sind.[46]

Zu beachten ist schließlich, dass es nicht ausreichend sein kann, wenn der Einfluss auf den Kaufpreis lediglich mittelbarer Natur ist. Eine Berücksichtigung sämtlicher einflussnehmender Faktoren würde der Informationsfunktion der Handelsbilanz (siehe hierzu S. 27 f.) und dem steuerbilanziell maßgebenden Leistungsfähigkeitsprinzip (vgl. S. 31 f.) widersprechen. Demzufolge kommt das Montageentgelt nicht als Bestandteil des Anschaffungspreises in Betracht,

---

43 Die unstreitige Zuordnung eines Entgelts zur Montage des Wirtschaftsguts zu den Anschaffungsnebenkosten (siehe hierzu S. 21 f.) sei an dieser Stelle zur Verdeutlichung unberücksichtigt gelassen.

44 Zwar führt der Montageauftrag dazu, dass der Erwerber zusätzliche Aufwendungen tätigen muss und der Gesamtbetrag der Anschaffungsaufwendungen dadurch ansteigt. Indes ist hier allein der Einfluss auf den Kaufpreis bzw. das Entgelt maßgeblich, welches der Erwerber zum Erhalt des Wirtschaftsguts an den Veräußerer entrichtet.

45 Stellvertretend: Kulosa in: Schmidt, EStG, § 6, Rn. 98; Fischer in: Kirchhof, EStG, § 6, Rn. 42.

46 Umstritten ist, wann sich die Wirkung der Minderung entfalten soll. Fischer geht davon aus, dass nur eine Wirkung für die Zukunft in Frage kommt, vgl. Fischer in: Kirchhof, EStG, § 6, Rn. 42. Dagegen nimmt Werndl eine Entfaltung der Wirkung auch für die Vergangenheit an, vgl. Werndl in: K/S/M, EStG, § 6, Rn. B 122 ff..

als es seine Grundlage in einem zusätzlichen Montagevertrag hat[47] und damit die Höhe des Kaufpreises nur mittelbar beeinflusst. Dieses Ergebnis wird zusätzlich dadurch bestätigt, dass das Montageentgelt unstreitig den Anschaffungsnebenkosten zugeordnet wird (vgl. Fn. 43).

Lediglich der eingeräumte Rabatt hat unmittelbaren Einfluss auf den Kaufpreis und ist somit als „ersparte" Aufwendung als Bestandteil des Anschaffungspreises zu berücksichtigen.

D. Stellungnahme und Zusammenfassung zur Abgrenzung zwischen Haupt- und Nebenkosten

Mit Blick auf das erstgenannte Kriterium ist abschließend noch zu klären, ob mit diesem auch die Qualifikation des beispielhaft herangezogenen Rabatts als Bestandteil des Anschaffungspreises gelingt. Hierbei stößt man rasch an die Grenzen der Anwendbarkeit. Der Rabatt stellt nicht „Gegenleistung" im gemeinten Sinne dar, sondern mindert diese vielmehr. Es ist daher offensichtlich, dass das Kriterium der Einordnung als Gegenleistung nicht zur Erfassung positiver Faktoren im o.g. Sinn herangezogen werden kann. Es empfiehlt sich daher eine Kombination mit dem vorstehend bejahten Kriterium, welches einen unmittelbaren Einfluss auf die Höhe des Erwerbsentgelts fordert.[48]

Die Abgrenzung zwischen Haupt- und Nebenkosten der Anschaffung ist demgemäß anhand einer Kombination der beiden bejahten Kriterien vorzunehmen. Bestandteil des Anschaffungspreises sind daher diejenigen Aufwendungen, die entweder Gegenleistung für die Lieferung des Wirtschaftsguts darstellen oder unmittelbaren Einfluss auf die Höhe des Erwerbsentgelts haben.

Kapitel 2: Die heute anerkannten Formen der Anschaffungsnebenkosten

Entsprechend der vorstehenden Abgrenzung können nur diejenigen zusätzlichen Aufwendungen Anschaffungsnebenkosten sein, die weder Gegenleistung für den

---

47 Hintergrund dieser trennenden Betrachtung sind die verschiedenen Zielrichtungen der Verträge. Daran ändert eine tatsächliche Verknüpfung durch zeitgleichen Abschluss nichts.

48 Dieser Kombination steht auch keine Überschneidung der Anwendungsbereiche entgegen, als das erste Kriterium ausschließlich bei getätigten Aufwendungen herangezogen werden kann.

Erwerb des Wirtschaftsguts sind noch die Höhe des Erwerbsentgelts unmittelbar beeinflussen.

Da die Anschaffungsnebenkosten auch[49] zu den Anschaffungskosten gehören (vgl. § 255 Abs. 1 Satz 2 HGB), kann dies entsprechend dem Satz 1 des § 255 Abs. 1 HGB aber nur dann gelten, wenn die zusätzlichen Aufwendungen dem Erwerb des Wirtschaftsguts oder dessen Versetzung in betriebsbereiten Zustand dienen. Dem folgend, nimmt die überwiegende Meinung an, dass sich Anschaffungsnebenkosten in Erwerbsnebenkosten und Kosten der Betriebsbereitschaft unterteilen lassen.[50]

---

49 Aufgrund der Verwendung des Worts „auch" in § 255 Abs. 1 Satz 2 HGB wird überwiegend davon ausgegangen, dass die gesonderte Erwähnung der Nebenkosten lediglich klarstellend sei, vgl. beispielsweise ADS, 6. Aufl., § 255 HGB; Tz. 21. Ähnlich: Kusterer in: Heidelberger Kommentar HGB, § 255, Rn. 4. Deutlicher als die Regelung in § 255 Abs. 1 HGB war in diesem Zusammenhang die Definition der Anschaffungskosten in § 260 Abs. 2 HGB-E (Entwurf des BiRiLiG v. 26.08.1983, BT-Drs. 10/317, S. 13), welche zwar nicht den Begriff der Nebenkosten beinhaltet hat, aufgrund ihrer Konzeption aber deutlich gemacht hat, dass Erwerbsnebenkosten und Kosten der Betriebsbereitschaft die Anschaffungsnebenkosten neben dem Anschaffungspreis darstellen. Letztlich ist die Definition der Anschaffungskosten in § 255 Abs. 1 HGB allerdings in der Fassung der Beschlussempfehlung des Rechtsausschusses in Kraft getreten, vgl. BT-Drs. 10/4268, S. 11.

50 Stellvertretend: Stobbe in: H/H/R, EStG, § 6, Anm. 292; Glade, Rechnungslegung und Prüfung nach dem BiRiLiG, Rn. 515. Letztlich ist die Differenzierung zwischen Erwerbsnebenkosten und Kosten der Betriebsbereitschaft für die ertragsteuerliche Bewertung aber praktisch ohne Bedeutung, vgl. Ortmann-Babel in: Lademann, EStG, § 6, Anm. 225. Die Erwerbsnebenkosten und die Kosten der Betriebsbereitschaft werden z. T. auch nicht als die einzigen Formen der Anschaffungsnebenkosten angesehen. So gehen einige davon aus, dass es sich bei sog. Transportnebenkosten um eine weitere Form handeln soll, vgl. Morck in: Koller/Roth/Morck, HGB, § 255, Rn. 2.

§ 1 Erwerbsnebenkosten[51]

A. Definition

Erwerbsnebenkosten werden nach herrschendem Auffassung als Aufwendungen neben dem eigentlichen Kaufpreis[52] bezeichnet, die getätigt werden, um die wirtschaftliche Verfügungsmacht[53] bzw. das wirtschaftliche Eigentum[54] des Wirtschaftsguts zu erlangen.[55] Dabei werden die einzubeziehenden Erwerbsnebenkosten überwiegend in Aufwendungen des Vertragsschlusses und der Überführung[56] des Gegenstands von der fremden in die eigene Verfügungsgewalt unterteilt.[57]

Der BFH hat seit jeher anerkannt, dass Aufwendungen, die getätigt werden, um das Wirtschaftsgut in die eigene wirtschaftliche Verfügungsmacht zu verbringen, zu den Anschaffungsnebenkosten zählen.[58] Nach früher vertretener Auffassung des BFH sollten sogar ausschließlich Erwerbsnebenkosten von den Anschaffungsnebenkosten erfasst werden, da der Anschaffungsvorgang bereits nach Erlangung der wirtschaftlichen Verfügungsmacht beendet sei.[59] Dies mag zum einen darauf zurückgehen, dass die ersten gesetzlichen Fixierungen der An-

---

51 Teilweise wird der Begriff der Erwerbsnebenkosten auch als Synonym für den Begriff der Anschaffungsnebenkosten verwendet, so wohl Horschitz/Groß/Fanck, Bilanzsteuerrecht und Buchführung, S. 200. Nach hier vertretener Ansicht sind die Erwerbsnebenkosten jedoch als Unterform der Anschaffungsnebenkosten neben den Kosten der Betriebsbereitschaft zu verstehen.

52 Vgl. Biergans, Einkommensteuer, S. 351.

53 Vgl. Stobbe in: H/H/R, EStG, § 6, Anm. 292; Federmann, aaO., S. 422.

54 Tiedchen verwendet diese Formulierung zur Bestimmung des Beginn des Anschaffungsvorgangs, vgl. Tiedchen in: MüKo AktG, § 255 HGB, Rn. 12.

55 Nach a.A. werden die Erwerbsnebenkosten aufgewendet, um den angeschafften Gegenstand in betriebsbereiten Zustand zu versetzen, vgl. Morck in: Koller/Roth/Morck, HGB, § 255, Rn. 2. Diese Ansicht verkennt jedoch, dass die Erwerbsnebenkosten nach ihrer Zielrichtung die Aufwendungen zur Erlangung der wirtschaftlichen Verfügungsmacht erfassen sollen und nicht der Erlangung der Betriebsbereitschaft dienen; vgl. hierzu auch Stobbe in: H/H/R, EStG, § 6, Anm. 292.

56 Von einigen Autoren werden die Aufwendungen zur Überführung des Wirtschaftsguts nicht zu den Erwerbsnebenkosten, sondern zu den Transportnebenkosten gezählt, vgl. Morck in: Koller/Roth/Morck, HGB, § 255, Rn. 2.

57 Vgl. Ordelheide in: FS Felix, S. 223 (229).

58 Stellvertretend: BFH v. 22.08.1966, Az. GrS 2/66, BStBl. III 1966, S. 672 (674).

59 Vgl. BFH v. 19.4.1977, Az.: VIII R 44/74, BStBl. II 1977, S. 600 (600). So auch Schulze zur Wiesche, FR 1982, S. 105 (106).

schaffungskosten stets nur den Anschaffungspreis erfassten[60]. Zum anderen könnte diese enge begriffliche Fassung darauf beruhen, dass die Erwerbsnebenkosten dem Anschaffungspreis im Gegensatz zu den Kosten der Betriebsbereitschaft wesentlich näher stehen. Dies lässt sich bereits aus der gleichen Zielrichtung von Anschaffungspreis und Erwerbsnebenkosten, nämlich der Förderung des Erwerbs, ableiten.[61]

Auch nach heute herrschendem Verständnis sind die Erwerbsnebenkosten fester Bestandteil der Anschaffungsnebenkosten.[62] Selbstverständlich erfasst dieses Verständnis heute auch die Betriebsbereitschaftskosten. So nimmt man insgesamt an, dass zu den Anschaffungsnebenkosten sämtliche, anlässlich des Erwerbs und im Zusammenhang mit ihm entstehenden Kosten bis zur Betriebsbereitschaft des angeschafften Wirtschaftsguts gehören.[63]

Die Erwerbsnebenkosten erfassen damit sämtliche Aufwendungen, die in einem unmittelbaren Zusammenhang mit dem Erwerb des Wirtschaftsguts stehen und „ihren Rechtsgrund in der Herstellung seiner betrieblichen Verfügbarkeit haben“[64], und können daher auch noch anfallen, wenn schon Aufwendungen zur Versetzung in betriebsbereiten Zustand getätigt werden.

---

60 Vgl. § 261 HGB 1897, RGBl. 1897, S. 219 ff.

61 Dafür spricht auch die teilweise Verwendung des Begriffs „Erwerbskosten“, so beispielsweise Ordelheide in: FS Felix, S. 223 (229).

62 Stellvertretend: ADS, § 255 HGB, Rn. 22 ff.

63 Vgl. Kusterer in: Heidelberger Kommentar HGB, § 255, Rn. 4. So für die steuerbilanzielle Betrachtung Werndl in: K/S/M, EStG, § 6, Rn. B 83.

64 Werndl in: K/S/M, EStG, § 6, Rn. B 83. Es ist davon auszugehen, dass Werndl mit dem Begriff „betriebliche Verfügbarkeit“ die Erlangung der wirtschaftlichen „Verfügungsmacht“ meint und Verfügbarkeit nicht i.S.v. Einsatzbereitschaft versteht.

B. Grunderwerbsteuer als Beispiel für anerkannte Erwerbsnebenkosten[65]

Als klassisches Beispiel für Aufwendungen, die unter Erwerbsnebenkosten zu fassen sind, ist die Grunderwerbsteuer zu nennen.[66] Dabei zählte die Grunder-

---

65 Hingegen ist die Einbeziehung sog. Fremdfinanzierungskosten bis heute nicht geklärt. Die h.M. geht davon aus, dass Geldbeschaffungskosten und Zinsen für Fremdkapital dem Grundsatz nach keine aktivierungsfähigen Anschaffungsnebenkosten darstellen, vgl. statt vieler: Glade, aaO., Rn. 530; Fasold, welcher darstellt, dass diese h.M. auch unter Geltung der alten Rechtslage, also vor dem BiRiLiG, in Literatur und Praxis favorisiert worden ist, Fasold, DB 1980, S. 12 (13). So auch Mathiak, der diesen Ausschluss auch auf die Herstellungskosten ausgeweitet wissen will, vgl. Mathiak, DStJG 7 (1984), S. 97 (127); Thiel/Lüdtke-Handjery, aaO., § 6 II 1, Rn. 519. Trotz dieser grundsätzlichen Nichterfassung geht die Lehre wohl überwiegend von der Möglichkeit der Aktivierung von Fremdkapitalzinsen aus, wenn die aufgenommenen Kredite dazu dienen, die Anschaffung von Gütern mit längerer Bauzeit durch Anzahlungen zu finanzieren, vgl. statt vieler: ADS, 6. Aufl., § 255 HGB, Tz. 36; Küting, DB 1984, S. 1 (2). a.A.: Kahle in: Baetge/Kirsch/Thiele, § 255 HGB, Rn. 80. Da in diesen Fällen das Fremdkapital des Veräußerers und in der Folge die in den Kaufpreis einfließenden Fremdkapitalzinsen geschmälert werden (vgl. Hartmann, Anschaffungen in Handels- und Steuerrecht anhand typischer Fälle, S. 73), wäre eine Aktivierung der durch die An- und Vorauszahlungen höheren Fremdkapitalzinsen auf Seiten des Erwerbers als Anschaffungsnebenkosten denkbar, soweit die Kosten Einzelkosten darstellen (siehe Knop/Küting in: HdR, § 255 HGB, Rn. 40). Voraussetzung ist u.a. nach ADS jedoch, dass tatsächlich ein enger Zusammenhang zwischen den Fremdfinanzierungskosten und den Anschaffungskosten besteht und dass ihre Amortisation durch die künftige Ertragskraft der finanzierten Anlagen erwartet werden kann, vgl. ADS, 6 Aufl., § 255 HGB, Tz. 38. Zu beachten ist, dass ferner streitig ist, ob in diesem Ausnahmefall eine Aktivierungspflicht oder nur ein Aktivierungswahlrecht der Fremdkapitalzinsen besteht, siehe ADS, 6. Aufl., § 255 HGB, Tz. 38 (Aktivierungswahlrecht); Knop/Küting in: HdR, § 255 HGB, Rn. 40 (Aktivierungspflicht); Umkehrschluss aus Scheffler, aaO., Bd. II, S. 170 (Aktivierungspflicht), Claussen in: Kölner Kommentar AktG, § 255 HGB, Rn. 34 (Aktivierungspflicht). Eine Einbeziehung der Fremdkapitalzinsen in die Anschaffungsnebenkosten könnte auch dann als möglich erachtet werden, wenn ein Kredit gerade zur Beschaffung eines bestimmten Gegenstands aufgenommen wird, da in diesem Fall eine direkte Beziehung zum Kaufgegenstand vorhanden ist. Eine solche direkte Beziehung ist beispielsweise bei Zinsen im Rahmen eines Zielkaufs als gegeben anzusehen (so wohl Trumpler laut Husemann, Grundsätze ordnungsmäßiger Bilanzierung für Anlagegegenstände, S. 95, sowie laut Dahl, aaO., S. 55). Zu beachten ist jedoch, dass Trumpler die Frage der Einbeziehung der Geldbeschaffungskosten in die Anschaffungskosten für das Handelsrecht eigentlich ohne Einschränkung bejaht und zusätzlich die Ansicht vertritt, dass diese Zurechnung auch für das Steuerrecht gelten müsste, siehe hierzu Trumpler, Die Bilanz der Aktiengesellschaft, S. 50.

werbsteuer bereits zu den anerkannten Beispielen der Erwerbsnebenkosten[67], als die Anschaffungskosten noch in § 153 AktG normiert waren.[68] Dies liegt vor allem darin begründet, dass die Steuer unmittelbar mit der Beschaffung zusammenhängt.[69] Indes ist eine Aktivierung nur möglich, wenn die Grunderwerbsteuer von dem Grundstückserwerber übernommen wird.[70] Dies gilt entsprechend der Rspr. des Ersten Senats BFH jedoch dann nicht, wenn die Grunderwerbsteuer auf einer Anteilsvereinigung i.S.d. § 1 Abs. 3 Nr. 1 GrEStG beruht.[71]

Wird die Grunderwerbsteuer entsprechend der o.g. Vorgabe vom Erwerber getragen und zählt sie demzufolge zu den Erwerbsnebenkosten (d.h. liegt keine Anteilsvereinigung vor), so macht dies zum einen deutlich, dass grundsätzlich auch öffentliche Abgaben Anschaffungsnebenkosten darstellen können[72] und dass der Einordnung als Erwerbsnebenkosten trotz der anders anmutenden Begrifflichkeit gleichwohl nicht zwangsläufig ein Vertrag vorgehen muss. Zum anderen wird anhand des Beispiels der Grunderwerbsteuer vernehmlich, dass

---

66 Statt vieler: Ortmann-Babel in: Lademann, EStG, § 6, Anm. 225. Im Gegensatz dazu ist die Anerkennung von Prozesskosten als Anschaffungsnebenkosten jedoch keineswegs unproblematisch, vgl. Husemann, aaO., S. 91. Nach h.A. gehören sie nur dann zu den Nebenkosten, wenn mit dem Prozess von vornherein zu rechnen ist und im Hinblick darauf der Kaufpreis bereits ermäßigt worden ist, vgl. Biergans, aaO., S. 327.

67 Wollny nimmt die Einordnung der Grunderwerbsteuer zu den Erwerbsnebenkosten nicht vor, sondern stellt lediglich fest, dass die Grunderwerbsteuer zu den Anschaffungskosten bei Erwerb eines Grundstücks gehört, vgl. Wollny, BB 1988, S. 1572 (1574).

68 Stellvertretend: ADS, 4. Aufl., § 153 AktG, Rn. 14.

69 Vgl. Husemann, aaO., S. 91. Behält man die oben angeführte Aufteilung der Erwerbsnebenkosten in Aufwendungen des Vertragsschlusses und Aufwendungen der Überführung des Wirtschaftsguts bei, so ist die Grunderwerbsteuer den Aufwendungen des Vertragsschlusses zuzuordnen, vgl. Ordelheide in: FS Felix, S. 223 (229).

70 Auf diese Einschränkung weist auch Trumpler hin, vgl. Trumpler, aaO., S. 26. Dass dies nicht bei jedem Erwerbsvorgang der Fall sein muss, ergibt sich bereits aus der Regelung zur Steuerschuldnerschaft in § 13 GrEStG.

71 So BFH v. 20.04.2011, Az. I R 2/10, DStR 2011, S. 1169 (1170). Denn Gegenstand der Besteuerung ist in diesem Fall nicht der Anteilserwerb, sondern die durch ihn begründete Zuordnung aller Anteile in einer Hand, vgl. BFH v. 20.04.2011, Az. I R 2/10, DStR 2011, S. 1169 (1171).

72 Allerdings ist bei gesetzliche festgelegten Aufwendungen sorgfältig zu prüfen, ob der nach h.M. erforderliche Zweckzusammenhang zwischen Aufwendungen und Anschaffung gegeben ist, vgl. Umkehrschluss aus BFH v. 20.04.2011, Az. I R 2/10, DStR 2011, S. 1169 (1171).

Nebenkosten auch dann zu aktivieren sind, wenn sie u.U. erst längere Zeit nach dem Erwerb des Wirtschaftsguts anfallen.[73]

§ 2 Kosten der Betriebsbereitschaft[74]

A. Definition

Als zweite Unterform der Anschaffungsnebenkosten umfassen die Kosten der Betriebsbereitschaft[75] diejenigen Anschaffungsaufwendungen[76], welche getätigt werden, um das Wirtschaftsgut für betriebliche Zwecke einsatzfähig zu machen.[77] Dabei ist der Begriff der Versetzung in Betriebsbereitschaft weit auszulegen[78], so dass er u.a. auch als „Versetzung in den Zustand der Nutzungsfähigkeit"[79] verstanden werden kann.[80]

---

73 Siehe Glade, aaO., Rn. 521.

74 Escher bezeichnet Kosten der Betriebsbereitschaft als zusätzliche Anschaffungskosten, vgl. Escher, Der Umfang der Aktivierungspflicht bei den Ausgaben für das Sachanlagevermögen in Handels- und Steuerbilanz, S. 44. Ähnlich: BFH v. 20.04.2011, Az. I R 2/10, DStR 2011, S. 1169 (1170), als der Senat die Formulierung „Folgekosten des Erwerbsvorgangs" verwendet.

75 Die Kosten der Betriebsbereitschaft sind von Fürst als Ausgaben, die zur Versetzung des Wirtschaftsguts „in den am Bilanzstichtag bestehenden Zustand aufgewendet werden", bezeichnet worden, vgl. Fürst, Bilanzierungsansätze in der Praxis, S. 64. Da Fürst ausschließlich diese Form neben den Erwerbsnebenkosten anführt, liegt die Annahme, dass es sich hierbei um die Kosten der Betriebsbereitschaft handelt, nahe.

76 Folgt man hingegen Claussen, so sind die Kosten der Betriebsbereitschaft nicht den Nebenkosten zuzuordnen, vgl. Claussen in: Kölner Kommentar AktG, § 255 HGB, Rn. 35. Daraus ist zu folgern, dass Claussen diese wohl als Anschaffungshauptkosten einordnet. Entsprechend der vorgenommenen Abgrenzung ist diese Einordnung indes abzulehnen, weil Kosten der Betriebsbereitschaft bereits keine Gegenleistung für den Erhalt des Wirtschaftsguts darstellen (siehe S. 8).

77 Vgl. Biergans, aaO., S. 328. Maßnahmen zur Erhaltung der Betriebsbereitschaft sind hingegen nicht mehr erfasst, siehe Ordelheide in: FS Felix, S. 223 (234). Wenn das angeschaffte Wirtschaftsgut den ihm zugedachten Betriebszweck erfüllen kann, so kann es auch dem letztlich geplanten Einsatz zur Erzielung von Einkünften dienen; so ähnlich Kupsch, StbJb 1989/90, S. 93 (115).

78 Vgl. Tiedchen in: MüKo AktG, § 255 HGB, Rn. 20.

79 Tiedchen in: MüKo AktG, § 255 HGB, Rn. 20.

80 In Bezug auf andere Wirtschaftsgüter als Anlagegegenstände, die bei Zugang mit Anschaffungskosten zu bewerten sind, bedeutet die Betriebsbereitschaft hingegen die „Fähigkeit, verwendet, eingesetzt oder verbraucht zu werden" (Ordelheide in: FS Felix, S. 223 (233)). Zu beachten ist allerdings, dass umstritten ist, ob auch beim Umlaufver-

Obwohl es sich bei diesen Aufwendungen bei zivilrechtlicher Betrachtung der Anschaffung eigentlich um „Anschaffungsnebenkosten nach der eigentlichen Anschaffung“[81] handelt, sind sie nach heutiger Auffassung[82] und aufgrund ihrer Erwähnung in § 255 Abs. 1 Satz 1 HGB unter die Anschaffungsnebenkosten zu fassen.[83] Gleichwohl haben die Kosten der Betriebsbereitschaft ihre Bedeutung nicht nur als Unterform der Anschaffungsnebenkosten gewonnen. Da sie in der sog. „zweite Phase des Anschaffungsvorganges i.w.S.“[84] anfallen, formulieren sie vielmehr zugleich auch das Ende des Anschaffungsvorgangs. Dieser ist abgeschlossen, wenn das angeschaffte Wirtschaftsgut betriebsbereit ist.[85]

B. Die Kosten der Betriebsbereitschaft in der Rechtsprechung des Bundesfinanzhofs

Wie bereits bei der Darstellung der Erwerbsnebenkosten deutlich geworden ist, war die Erfassung von Betriebsbereitschaftskosten früher keineswegs unbestritten. Bis zur Verankerung in § 255 Abs. 1 Satz 1 HGB war in der höchstrichterlichen Rspr. lange nicht eindeutig geklärt, ob diese Anschaffungsaufwendungen als Bestandteil der Nebenkosten anzuerkennen sein sollten.[86] Dies soll zum Anlass genommen werden, nachfolgend die Entwicklung der Betriebsbereitschaftskosten in der Rspr. des BFH kurz zu skizzieren.[87]

---

mögen Kosten der Versetzung in Betriebsbereitschaft aktivierungspflichtig sind, siehe Darstellung bei Tiedchen in: MüKo AktG, § 255 HGB, Rn. 20.

81 Jurowsky/Graetz/v. Campenhausen, Bilanzsteuerrecht, S. 137.

82 Stellvertretend: Kupsch, StbJb 1989/90, S. 93 (110).

83 Vgl. Ordelheide in: FS Felix, S. 223 (233); Streim, HuRB, S. 78 (78).

84 Streim, HuRB, S. 78 (78). Ähnlich: Wohlgemuth/Radde in: Beck'sches HdR, Stand 12/2011, B 162, Rn. 96.

85 Vgl. Streim, HuRB, S. 78 (78). Durch die „Verlagerung“ des Endes des Anschaffungsvorgangs hin zur Erreichung des betriebsbereiten Zustands wird der geforderten, wirtschaftlichen Betrachtungsweise Rechnung getragen, vgl. beispielsweise Moxter, StuW 1989, S. 232 (232); Tipke, StRO III, S. 1291. Die Frage, wann die Betriebsbereitschaft erreicht ist, ist Gegenstand zahlreicher Diskussionen und wird daher noch näher beleuchtet werden, vgl. S. 157 ff..

86 Vgl. Darstellung bei Ortmann-Babel in: Lademann, EStG, § 6, Anm. 226.

87 Dabei erhebt die Darstellung der Entscheidungen keinen Anspruch auf Vollständigkeit. Dies gilt sowohl für die ausgewählten Entscheidungen an sich als auch für deren genauen Inhalt. da eine in allen Aspekten detailgetreue Auseinandersetzung den Rahmen der Untersuchung überschreiten würde.

Noch in dem bereits erwähnten Beschluss vom 22.08.1966[88] vertrat der BFH den engen Anschaffungskostenbegriff[89] und betonte, dass Anschaffungskosten nur diejenigen Aufwendungen seien, die getätigt werden, „um das Wirtschaftsgut von einem anderen zu erwerben, oder [...] um es von der fremden in die eigene wirtschaftliche Verfügungsmacht zu überführen“[90]. Arbeiten, die nach Erlangung der wirtschaftlichen Verfügungsmacht an dem Wirtschaftsgut ausgeführt würden, dienten nicht dazu, dieses zu erwerben, sondern es in seinem Zustand zu verändern oder zu erhalten.[91] Diese Aufwendungen seien daraufhin zu untersuchen, ob sie Herstellungsaufwand oder Erhaltungsaufwand darstellen.[92]

Zu dieser Entscheidung setzt sich der Große Senat mit Beschluss vom 12.06.1978[93] insofern in Widerspruch, als er feststellte, dass zu den Anschaffungskosten auch Aufwendungen gehören, „die dazu dienen, das erworbene Wirtschaftsgut erstmals in einen dem angestrebten Zweck entsprechenden (betriebsbereiten) Zustand zu versetzen“[94]. Zugleich hebt der Senat aber hervor, dass diese Auffassung nicht im Widerspruch zu der Begriffsbestimmung der Anschaffungskosten in der Entscheidung aus dem Jahr 1966 stehe.[95]

---

88 BFH v. 22.08.1966, Az. GrS 2/66, BStBl. III 1966, S. 672 ff.. Dem Beschluss lag die vom Vierten Senat vorgebrachte Rechtsfrage zugrunde, ob erhebliche Aufwendungen, die in zeitlichem Anschluss an den Erwerb von Wirtschaftsgütern auf diese getätigt werden, stets als Anschaffungskosten zu behandeln seien.

89 Hingegen nahm der Erste Senat in der Entscheidung des BFH vom 13.08.1957 (BFH v. 13.08.1957, Az. I 18/57 U, BStBl. III 1957, S. 349 ff.) an, dass der Begriff der Anschaffungs(neben)kosten wirtschaftlich zu bestimmen sei und die Aufwendungen umfasse, „die ein Unternehmer macht, um das Wirtschaftsgut in der für den Betrieb geeigneten Form zu erhalten“ (BFH v. 13.08.1957, Az. I 18/57 U, BStBl. III 1957, S. 349 (349)). Diese Formulierung lässt die Vermutung aufkommen, dass der Senat bereits damals Kosten der Betriebsbereitschaft als von den Anschaffungsnebenkosten erfasst angesehen hat.

90 BFH v. 22.08.1966, Az. GrS 2/66, BStBl. III 1966, S. 672 (674); so auch BFH v. 31.07.1967, Az. I 219/63, BStBl. II 1968, S. 22 (23).

91 So BFH v. 22.08.1966, Az. GrS 2/66, BStBl. III 1966, S. 672 (674).

92 So BFH v. 22.08.1966, Az. GrS 2/66, BStBl. III 1966, S. 672 (674).

93 BFH v. 12.06.1978, Az. GrS 1/77, BStBl. II 1978, S. 620 ff..

94 BFH v. 12.06.1978, Az. GrS 1/77, BStBl. II 1978, S. 620 (625). Die im Streitfall angefallenen Abbruchkosten will der Senat aber nur dann den Anschaffungsnebenkosten für das Grundstück zuordnen, wenn das aufstehende Gebäude bereits in Abbruchsabsicht erworben worden ist und kein neues Gebäude errichtet werden soll, so BFH v. 12.06.1978, Az. GrS 1/77, BStBl. II 1978, S. 620 (625).

95 Dies begründet der Senat damit, dass der tatsächliche Abbruch eines zuvor angeschafften Gebäudes lediglich den bereits bei der Erbringung des Erwerbspreises angestrebten

Nachdem der Erste Senat in seinem Urteil vom 01.04.1981[96] der in der Entscheidung aus dem Jahr 1978 angeklungenen Entwicklung entgegen getreten war[97], bestätigte erst das Urteil des Neunten Senats vom 12.12.1985[98] die endgültige Kehrtwende hin zur Erfassung der Betriebsbereitschaftskosten. In diesem konstatiert der Senat, dass Anschaffungskosten nach überwiegender neuer Rspr. nicht nur die eigentlichen Erwerbskosten seien, sondern auch die „Aufwendungen, die geleistet werden, um das Wirtschaftsgut erstmals in einen dem angestrebten Zweck entsprechenden (betriebsbereiten) Zustand zu versetzen"[99]. Damit sei die Entscheidung des Großen Senats aus dem Jahre 1966, in welcher allein auf den Übergang der wirtschaftlichen Verfügungsmacht abgestellt wurde, überholt.[100] Aus dieser Aussage des Senats geht nunmehr eindeutig hervor, dass die Erfassung der Betriebsbereitschaftskosten als Anschaffungsnebenkosten als gefestigte Rspr. betrachtet wird.[101] Dementsprechend stellt eben dieser Senat in dem Urteil vom 24.02.1987[102] fest, dass neben dem Anschaffungspreis auch alle Aufwendungen zu den Anschaffungskosten gehören, die im Zusammenhang mit dem Erwerb des Wirtschaftsguts stehen, soweit diese Aufwendungen dem ein-

---

Erfolg und Zustand herstelle, vgl. BFH v. 12.06.1978, Az. GrS 1/77, BStBl. II 1978, S. 620 (625).

96 BFH v. 01.04.1981, Az. I R 27/79, BStBl. II 1981, S. 660 ff..

97 In dem zugrunde liegenden Fall hatte der Kläger Eisenbahnwaggons angeschafft. Die Deutsche Bundesbahn hatte einen Einsatz dieser Waggons auf dem Schienennetz mit der Auflage verknüpft, dass die Wagen entsprechend umgerüstet werden. Der Senat nahm insofern an, dass die streitigen Umrüstungskosten ihrer Natur nach Herstellungskosten seien, da sie getätigt wurden, um das Wirtschaftsgut erstmals in einen dem angestrebten Zweck entsprechenden Zustand zu versetzen, vgl. BFH v. 01.04.1981, Az. I R 27/79, BStBl. II 1981, S. 660 (661). Mathiak nimmt in diesem streitigen Fall an, dass die Umrüstungskosten Herstellungskosten darstellten, da sie ebenso wie andere anschaffungsnahe Aufwendungen auf einem gesonderten Entschluss beruhen; die erstmalige Betriebsbereitschaft bestehe in diesem Fall lediglich in den Einverleibungen des Wirtschaftsguts in das Betriebsvermögen, vgl. Mathiak, DStJG 7 (1984), S. 97 (120).

98 BFH v. 12.02.1985, Az. IX R 114/83, BStBl. II 1985, S. 690 ff..

99 BFH v. 12.02.1985, Az. IX R 114/83, BStBl. II 1985, S. 690 (691); so auch BFH v. 14.11.1985, Az. IV R 170/83, BStBl. II 1986, S. 60 (61) (Seeleichter/Pontons), als der Senat annimmt, dass im Einzelfall auch nach dem Zeitpunkt des Erwerbs noch Aufwendungen anfallen, welche als Anschaffungsnebenkosten einzuordnen sind.

100 Vgl. BFH v. 12.02.1985, Az. IX R 114/83, BStBl. II 1985, S. 690 (691).

101 Auffällig an diesem Urteil ist jedoch, dass der BFH in Parallelität zu der Entscheidung vom 12.06.1978 wiederum nur die Kosten der Betriebsbereitschaft als Anschaffungsnebenkosten bezeichnet und ihnen sogar die Erwerbskosten gegenüberstellt, siehe BFH v. 12.02.1985, Az. IX R 114/83, BStBl. II 1985, S. 690 (691).

102 BFH v. 24.02.1987, Az. IX R 114/82, BStBl. II 1987, S. 810 ff..

zelnen Wirtschaftsgut zugeordnet werden könnten.[103] Die höchstrichterliche Rspr. war damit endgültig bei dem weiten Anschaffungskostenbegriff angekommen.

C. Montage- und Fundamentierungskosten als Beispiele für anerkannte Kosten der Betriebsbereitschaft[104]

Als anerkannte Beispiele für Kosten der Erlangung der Betriebsbereitschaft[105] sind Montage- und Fundamentierungskosten zu nennen.[106] Die Einbeziehung dieser Aufwendungen in die Anschaffungsnebenkosten wurzelt darin, dass nach Abschluss des Transports zum geplanten Standort des Wirtschaftsguts nicht zwangsläufig auch dessen betriebsbereiter Zustand gegeben ist.[107] Es können u.U. weitere Maßnahmen notwendig sein, „die zwar keine konstruktiven Merk-

---

103 So BFH v. 24.02.1987, Az. IX R 114/82, BStBl. II 1987, S. 810 (812); diese Auffassung des BFH wird bestätigt durch das Urteil vom 03.07.1997, Az. III R 114/95, BStBl. II 1997, S. 811 ff..

104 Dass die Kosten der Betriebsbereitschaft zu den Anschaffungsnebenkosten zählen, ist in der Literatur teilweise nicht anerkannt. Zwar nehmen die Vertreter dieser Ansicht an, dass Anschaffungsnebenkosten alle Aufwendungen sind, die im Zusammenhang mit dem Erwerb stehen, so Claussen in: Kölner Kommentar AktG, § 255 HGB, Rn. 35. Es wird aber vertreten, dass diese Aufwendungen, obgleich sie den Kosten der Betriebsbereitschaft nahe seien, aufgrund der Erfassung an anderer Stelle in § 255 Abs. 1 HGB diese aber dennoch nicht beinhalten, so Claussen in: Kölner Kommentar AktG, § 255 HGB, Rn. 35. Der Richtigkeit dieser Auffassung steht schon die Erwähnung der Nebenkosten in § 255 Abs. 1 Satz 2 HGB unter Verweisung auf den ersten Satz der Vorschrift („auch") entgegen . Da dieser festlegt, dass Anschaffungskosten die Aufwendungen umfassen, die getätigt werden, um den Vermögensgegenstand zu erwerben und um ihn in betriebsbereiten Zustand zu versetzen, wird deutlich, dass die Nebenkosten als Bestandteile der Anschaffungskosten sowohl die Erwerbskosten als auch die Kosten der Betriebsbereitschaft erfassen sollen. Die Annahme, dass die Kosten der Betriebsbereitschaft überhaupt nicht zu den Anschaffungsnebenkosten gehörten, ist daher bereits mit dem Wortlaut des § 255 Abs. 1 HGB nicht vereinbar.

105 Folge des engen Anschaffungskostenbegriffs: nach Schulze zur Wiesche fallen die Montagekosten im sog. Herstellungsbereich und nicht im Verschaffungsbereich an, da die Anschaffung bereits mit Verschaffung der Verfügungsmacht beendet ist, vgl. Schulze zur Wiesche, FR 1982, S. 105 (106 f.).

106 Statt vieler: Stobbe in: H/H/R, EStG, § 6, Anm. 295; Herrmann in: Frotscher, EStG, § 6, RZ. 134.

107 Siehe Streim, HuRB, S. 78 (82).

male des erworbenen Objekts verändern, aber erst die Voraussetzungen dafür schaffen, daß der Vermögensgegenstand Leistungen abgeben kann"[108].

Allerdings können Montage- und Fundamentierungskosten trotz ihrer allseitigen Anerkennung als Kosten der Betriebsbereitschaft gleichwohl im Hinblick auf das Einzelkostenerfordernis (vgl. hierzu S. 209 ff.) problematisch sein. So wird hinsichtlich solcher Maßnahmen teilweise vertreten, dass die anfallenden Aufwendungen nur dann Anschaffungsnebenkosten seien, wenn sie durch Inanspruchnahme Dritter anfallen.[109] Demzufolge sei das Einzelkostenerfordernis eng auszulegen. Nach a.A. ist hingegen eine weite Auslegung dieses Erfordernisses im Zusammenhang mit Montage- und Fundamentierungskosten zu verlangen, so dass diese selbst dann Anschaffungsnebenkosten darstellen, wenn „die Arbeitsgänge selbst erbracht werden"[110].

§ 3 Zusammenfassung zu den heute anerkannten Formen der Anschaffungsnebenkosten

Die beiden Unterformen der Anschaffungsnebenkosten, welche als Abschluss der Darstellung des Untersuchungsgegenstands beleuchtet worden sind, sind heute zwar weitgehend anerkannt. Allerdings macht dies die Beantwortung der Frage, wann Aufwendungen als Anschaffungsnebenkosten zu aktivieren sind, keineswegs überflüssig. Denn die Zuordnung zu Erwerbsnebenkosten oder Kosten der Betriebsbereitschaft kann nur dann erfolgen, wenn feststeht, dass eine Anschaffungsaufwendung unter die Nebenkosten zu fassen ist. Unter welchen Voraussetzungen dies der Fall ist, wird im Folgenden untersucht werden.

---

108 Streim, HuRB, S. 78 (82) unter dem Gesichtspunkt „Maßnahmen den Einsatzort betreffend".

109 So Husemann, aaO., S. 91 f.. So auch van der Velde, DB 1964, S. 526 (528), da im Falle der Selbstvornahme geringfügiger Anschlussarbeiten Gemeinkosten der Anschaffung vorlägen.

110 Niehus/Scholz, Rechnungslegung und Prüfung der GmbH nach neuem Recht, § 42, Rn. 70, wobei Niehus/Scholz wohl sogar davon ausgehen, dass es für die Einordnung als Anschaffungsnebenkosten nicht schädlich ist, wenn die Montagearbeiten als eine Art Herstellung anzusehen sind.

3. Teil: Entwicklung einer Dogmatik der Anschaffungsnebenkosten

Nachdem vorstehend zur Darstellung des Untersuchungsgegenstands neben der Abgrenzung zwischen Hauptkosten und Nebenkosten einer Anschaffung eine Bestandsaufnahme hinsichtlich der heute anerkannten Formen von Nebenkosten getätigt worden ist, soll sich nun der Dogmatik der Anschaffungsnebenkosten gewidmet werden.

Wie bereits erwähnt, wird dabei das Ziel verfolgt, einen Lösungsansatz zu finden, anhand dessen Aufwendungen als Anschaffungsnebenkosten qualifiziert werden können.

Kapitel 1: Grundlagen einer Dogmatik der Anschaffungsnebenkosten

Ausgangspunkt dieses Lösungsansatzes ist die Feststellung, welche Prinzipien die dogmatische Grundlage der Aktivierung von Nebenkosten bilden. Im Rahmen dieser Feststellung gilt es die in Betracht kommenden Prinzipien, namentlich Maßgeblichkeitsprinzip, Gebot der Erfolgsneutralität sowie Vorsichtsprinzip (vgl. S. 34 ff.), und ihre Ausgestaltung im Kontext von Anschaffungsnebenkosten auf die handels- und steuerbilanzielle Rechtfertigung zu untersuchen. Denn nur so kann eine Behandlung von Anschaffungsnebenkosten in Handels- und Steuerbilanz ermöglicht werden, die frei von Wertungswidersprüchen ist.

Ist auf diese Weise ermittelt worden, welche Prinzipien die dogmatische Grundlage der Aktivierung von Anschaffungsnebenkosten bilden, so gilt es anschließend, einen Maßstab zu entwickeln, der für eine ausreichende Beachtung der Wertung dieser Prinzipien bei der Einordnung von Aufwendungen als Nebenkosten sorgt (vgl. hierzu S. 86 ff.).

§ 1 Überblick über die heranzuziehenden Rechtfertigungsmaßstäbe

Um die Rechtfertigung der o.g. Prinzipien betrachten zu können, ist zuvor zu bestimmen, anhand welcher Maßstäbe dies geschehen soll.

A. Festlegung der handels- und steuerrechtlichen Bilanzzwecke als Rechtfertigungsmaßstäbe

Wie in der Einleitung hervorgehoben, geht es im Rahmen der vorliegenden Arbeit um die Beantwortung der Frage, unter welchen Voraussetzungen Aufwendungen als Anschaffungsnebenkosten in Handels- und Steuerbilanz zusätzlich zu den Hauptkosten zu aktivieren sind. Es besteht daher eine unmittelbare Auswirkung des Untersuchungsergebnisses sowohl auf die Handelsbilanz als auch auf die Steuerbilanz. Dies gilt erst recht für die zu untersuchenden Prinzipien, als durch sie die erwähnten Voraussetzungen erst geformt werden. Insofern kommen als Rechtsfertigungsmaßstäbe der möglicherweise der Aktivierung von Nebenkosten zugrundezulegenden Prinzipien einzig die Zwecke von Handels- und Steuerbilanz in Betracht. Denn eine Rechtfertigung[111] der beschriebenen Auswirkung dieser Prinzipien auf die jeweilige Bilanz kann überhaupt nur dann zu bejahen sein, wenn diese nicht mit den Zwecken der Bilanz in Widerspruch steht.

Bestätigt wird diese Notwendigkeit des Abstellens auf die verschiedenen Bilanzzwecke dadurch, dass es sich bei diesen um „Schutzzwecke"[112] handelt, denen es obliegt, die Interessen der betroffenen Personen- bzw. Interessengruppen zu schützen.[113] Die Handels- oder Steuerbilanz trägt durch die Berücksichtigung der Bilanzzwecke zum Schutz dieser Interessengruppen bei. Aufgrund der o.g. Auswirkung der Prinzipien auf Handels- und Steuerbilanz, aus welcher sich auch Folgen für die zu schützenden Interessengruppen ergeben, sind diese Schutzzwecke zwingend auch bei der Einordnung von Anschaffungsnebenkosten zu berücksichtigen. Nur so kann ein Eingriff in die Grundrechte der betroffenen Gruppen, insbesondere in Art. 3 Abs. 1 und Art. 14 Abs. 1 GG, verhindert werden.

Prinzipien, die die Dogmatik der Anschaffungsnebenkosten ausgestalten, können demgemäß nur dann gerechtfertigt sein, wenn aus ihrer Anwendung kein solcher Eingriff resultiert und sie daher in Einklang mit den (Schutz-) Zwecken der Bilanzen stehen.

---

111 Es ist zu beachten, dass der im Folgenden oftmals verwendete Begriff „Rechtfertigung" keinesfalls als Rechtfertigung im verfassungsrechtlichen Sinn zu verstehen ist.

112 Moxter in: FS Beisse, S. 347 (348).

113 Auch Beisse selbst scheint anzunehmen, dass die Bilanzzwecke bzw. -funktionen einen solchen Schutz beabsichtigen, vgl. Beisse in FS Beusch, S. 77 (78).

B. Die Zwecke der Handelsbilanz

Als Zwecke der Handelsbilanz sind allgemein die Dokumentation der Geschäftsvorfälle, die Rechenschaftslegung, die Schuldendeckungskontrolle, die Grundlage der Gewinnverteilung sowie – bei Kapitalgesellschaften – die Ausschüttungssperre zu nennen.[114] Auf den Kern reduziert fasst *Beisse* die Zwecke der Handelsbilanz zusammen, als er ausführt, die Bilanz „diene nicht nur dem Gesellschafterinteresse [...], sondern auch dem Schutze Dritter, dem Informationsbedürfnis einer allgemeiner Öffentlichkeit und potentieller Investoren."[115]

I. Ermittlung des handelsrechtlichen Jahresüberschusses

Zunächst dient die handelsrechtliche Bilanz der Ermittlung des erwirtschafteten Jahresüberschusses[116], der letztlich, je nach Gesellschaftsform, an die Gesellschafter ausgeschüttet werden kann bzw. entziehbar ist.[117] Dieser Zweck fällt entsprechend *Schreiber* aufgrund der wirtschaftlichen Realität primär auf und steht daher bei der bilanzrechtlichen Rechtsfindung zwangsläufig im Vordergrund.[118] Die handelsrechtlichen Bilanzierungsprinzipien seien gerade auf diesen Ausschüttungsbemessungszweck objektiv zugeschnitten.[119]

Trotz dieses wohl grundlegenden Stellenwerts der Ermittlung des Jahresüberschusses soll dieser Zweck gleichwohl nicht als Rechtfertigungsmaßstab herangezogen werden. Die Ermittlung des Überschusses stellt keinen ausreichend differenzierenden Maßstab dar, als sie der Begrifflichkeit nach die einschränkungslose Erfassung von Aufwendungen als Nebenkosten ermöglichen würde. Notwendig ist aber ein Rechtfertigungsmaßstab, der Anforderungen an die als Anschaffungsnebenkosten zu erwägenden Anschaffungsaufwendungen stellt.

---

114 Stellvertretend: Frotscher in: Frotscher, EStG, § 5, Rz. 11.

115 Beisse in: FS Beusch, S. 77 (78).

116 Vgl. Winnefeld, Bilanz-Handb., Kapitel Einf., Rn. 16. Allerdings sei gegenüber den anderen Zwecken der Handelsbilanz keine Interessendominanz festzustellen, vgl. Winnefeld, Bilanz-Handb., Kapitel Einf., Rn. 16.

117 Vgl. Schreiber in: Blümich, EStG, Stand 10/2008, § 5, Rn. 212. So auch noch Buciek in: Blümich, EStG, Stand 11/2011, § 5, Rn. 212. Siehe ebenfalls: Schütz, Der Maßgeblichkeitsgrundsatz gemäß § 5 Abs. 1 EStG – ein Fossil?, S. 192.

118 So Schreiber in: Blümich, EStG, Stand 10/2008, § 5, Rn. 212.

119 So Schreiber in: Blümich, EStG, Stand 10/2008, § 5, Rn. 212.

II. Zweck des Gesellschafterschutzes

Die Ablehnung der Ermittlung des Jahresüberschusses gilt indes nicht für den o.g. Aspekt der Ausschüttungsbemessung[120], da aus diesem ein Rechtfertigungsmaßstab abgeleitet werden kann.

Betrachtet man hierzu den Hintergrund der Bemessung, so wird deutlich, dass diese der „Gewährleistung einer Mindestausschüttung an die Gesellschafter“[121] bzw. der „Festlegung eines grundsätzlich ausschüttungsfähigen Betrags“[122] dient. Auf diese Weise bezweckt der handelsrechtliche Jahresabschluss auch einen Schutz der Gesellschafter, die an der das Unternehmen betreibenden Gesellschaft beteiligt sind.[123] Wird das Unternehmen lediglich von einem Einzelkaufmann betrieben, so ist auf die Möglichkeit der Entnahme des Jahresüberschusses aus dem Betriebsvermögen, d.h. auf den Inhaberschutz, abzustellen.

III. Zweck des Gläubigerschutzes

In gewissem Widerspruch zu dem Schutz der Gesellschafter bzw. Unternehmensinhaber steht der Zweck, die Gläubiger des Unternehmens zu schützen.[124] Dieser Zweck der Handelsbilanz stellt nach traditionellem Verständnis den Hauptschutzzweck dar, als die Gläubiger nach deutschem Rechtsverständnis grundsätzlich im Vordergrund stehen.[125] Dieser Stellenwert des Gläubigerschut-

---

120 Von Krawitz als „Zahlungsbemessung“ und von Ballwieser zusätzlich als „Einkommensmessung“ bezeichnet, vgl. Krawitz, DStR 1997, S. 886 (887); Ballwieser in: FS Clemm, S. 1 (7).

121 Krawitz, DStR 1997, S. 886 (887).

122 Ballwieser in: FS Clemm, S. 1 (7).

123 Dies soll nach Leffson vor allem für diejenigen Gesellschafter der Fall sein, die nicht an der Geschäftsführung beteiligt sind, vgl. Leffson, Die Grundsätze ordnungsmäßiger Buchführung, S. 42.

124 Vgl. Krawitz, DStR 1997, S. 886 (887). Die gesetzlichen Regelungen des Jahresabschlusses dienen daher dem Interessenausgleich zwischen den verschiedenen Adressaten, vgl. Krawitz, DStR 1997, S. 886 (887). Auch Winnefeld stellt fest, dass die Handelsbilanz überwiegend dem Gläubigerschutz dient, nimmt jedoch an, dass dies der Bilanz vom Gesellschaftsrecht aufoktroyiert worden ist, vgl. Winnefeld, Bilanz-Handb., Kapitel Einf, Rn. 44. So ähnlich auch Königbauer, der allerdings verstärkt auf den Ausschüttungsgedanken abstellt und diesen durch die Beachtung des Gläubigerschutzes begrenzt sieht, vgl. Königbauer, Das Maßgeblichkeitsprinzip im Spannungsfeld zwischen Handelsrecht und Steuerrecht, S. 20.

125 Vgl. Weber-Grellet, DB 1997, S. 385 (391). Strobl in: FS Clemm, S. 389 (394). Der Gläubigerschutz war der Hauptbeweggrund für ein Tätig werden des Gesetzgebers im Bereich des Handelsrechts, vgl. Leffson, aaO., S. 42. Allerdings treten neben diesen zunehmend Informationszwecke, vgl. Hey in: Tipke/Lang, § 17, Rz. 47.

zes kommt vor allem darin zum Ausdruck, dass die GoB sich entsprechend *Beisse* als „Ausprägungen des Gläubigerschutzes“[126] darstellen.

Als Gläubigerschutz wird dabei der Schutz derjenigen bezeichnet, „die mit dem Unternehmen in einer Rechtsbeziehung stehen, wobei insbesondere synallagmatische Schuldverhältnisse angesprochen sind.“[127] Zu dieser schutzbedürftigen Gruppe zählen daher auch Arbeitnehmer des Unternehmens, d.h. letztlich alle, die mit dem Unternehmen in wirtschaftlichem Kontakt stehen.[128] Dabei besteht der geforderte Schutz vor allem vor überhöhten Ausschüttungen an die jeweiligen Gesellschafter[129] und verlangt daher eine Ausschüttungsbegrenzung zur Sicherung des Haftungskapitals.[130]

IV. Informationszweck

Ein weiterer, handelsbilanzieller Zweck ist in der „qualifizierten Information über das bilanzierende Unternehmen“[131] zu sehen. Verlangt wird ein den tatsächlichen Verhältnissen entsprechendes Bild[132], damit die Empfänger der Information in die Lage versetzt werden, die für ihre Entscheidung wichtigen wirtschaftlichen Veränderungen des Unternehmens zu erkennen.[133]

Auf der einen Seite ist dieser Informationszweck auf Rechenschaftslegung gegenüber Gesellschaftern, Gläubigern und Dritten gerichtet[134], andererseits

---

126 Beisse in: FS Beusch, S. 77 (78). Im Gegensatz dazu sei die Rechnungslegung nach IAS und US-GAAP allein am Anlageinteresse des am Kapitalmarkt auftretenden Publikums orientiert, vgl. Beisse in: FS Beusch, S. 77 (92).

127 Budde/Steuber, AG 1996, S. 542 (544).

128 Vgl. Budde/Steuber, AG 1996, S. 542 (544).

129 Vgl. Moxter in: FS Beisse, S. 347 (348). Insofern ist Ziel des Gläubigerschutzes, einen Gewinn im Jahresabschluss auszuweisen, der unbedenklich ausgeschüttet werden kann, vgl. Strobl in: FS Clemm, S. 389 (395).

130 Vgl. Krawitz, DStR 1997, S. 886 (887); Ballwieser in: FS Clemm, S. 1 (8). Bei Personengesellschaften vermag das Argument der Erschwerung der Übertragung von Haftungskapital aber nur bedingt zu greifen, vgl. Ballwieser in: FS Clemm, S. 1 (8).

131 Wohlgemuth in: FS Wysocki, S. 45 (47). Dieses Ziel will Wohlgemuth über die Festlegung aller Wertansätze oder über Bewertungsfreiheiten und Berichtspflichten erreichen, vgl. Wohlgemuth in: FS Wysocki, S. 45 (48 f.).

132 So Wohlgemuth in: FS Wysocki, S. 45 (47) mit ausführlichen Erwägungen zur Frage, wie das Informationsziel in Einzel- und Konzernabschluss herbeigeführt werden kann.

133 Vgl. Winnefeld, Bilanz-Handb., Kapitel Einf, Rn. 20; Budde/Steuber, AG 1996, S. 542 (544).

134 Vgl. Baetge, Möglichkeiten der Objektivierung des Jahreserfolges, S. 15 f.. Ballwieser weist in diesem Kontext darauf hin, dass es vorteilhaft sein könnte, den Schutz der Gläubiger durch unverzerrte Information statt durch vorsichtige Gewinnermittlung zu

dient er aber auch der unternehmensinternen Information zur Unternehmenssteuerung und -kontrolle.[135] Die Rechenschaftsverpflichtung ist damit grundsätzlicher Natur. Sie entsteht allein „aufgrund der wirtschaftlichen Betätigung des Unternehmens und richtet sich [...] an alle, die mit dem Unternehmen in Kontakt stehen, mithin primär an die Öffentlichkeit."[136]

Zu beachten ist aber, dass der Informationszweck vergangenheitsorientiert ist, da die Bilanz lediglich Ergebnisse der Vermögensänderungen vergangener Geschäftsvorfälle enthält.[137] Dementsprechend kann sie nur eingeschränkt dem Schutz künftiger Investoren bzw. Anteilseigner dienen.

Im Gegensatz dazu unterliegt die Rechnungslegung nach IAS und US-GAAP dem Primat des Investorenschutzes, d.h. auch des Schutzes künftiger Anteilseigner.[138] Dies bedeutet zugleich, dass der Informationszweck der Bilanz in der anglo-amerikanischen Bilanzierungspraxis gegenüber den anderen genannten Zwecken dominiert[139] und nicht wie im nationalen Bilanzrecht „hinter die Objektivierung und Verlässlichkeit"[140] zurücktritt. Der Investor soll durch den Jahresabschluss die wirtschaftliche Leistungsfähigkeit des Unternehmens einschätzen und aufgrund der dargestellten Informationen entscheiden können, ob eine Investition lohnenswert erscheint.[141] Insofern ist die Bilanz deutlicher auf die „Entscheidungsrelevanz der Rechnungslegung"[142] ausgelegt.

---

bewirken, vgl. Ballwieser in: FS Clemm, S. 1 (24). Dies entspricht dem Regelungszweck der IAS, vgl. Strobl in: FS Clemm, S. 389 (392).

135 Vgl. Winnefeld, Bilanz-Handb., Kapitel Einf, Rn. 45, 47; Moxter in: FS Beisse, S. 347 (349). Ähnlich: Baetge, aaO., S. 24. Eine entsprechende Selbstinformationspflicht des Unternehmens wird durch strafrechtliche Sanktionen abgesichert, vgl. Moxter in: FS Beisse, S. 347 (349).

136 Budde/Steuber, AG 1996, S. 542 (543). Budde/Steuber führen ferner aus, dass das Recht des Unternehmens auf informationelle Selbstbestimmung gem. Art. 2 Abs. 1 GG daher nicht absolut sein kann, da es ansonsten jede Auskunft gegenüber Dritten verweigern könnte, vgl. Budde/Steuber, AG 1996, S. 542 (543).

137 Vgl. Winnefeld, Bilanz-Handb., Kapitel Einf, Rn. 22.

138 Vgl. Buciek in: Blümich, EStG, Stand 11/2011, § 5, Rn. 212. Ähnlich: Strobl in: FS Clemm, S. 389 (392).

139 Vgl. Winnefeld, Bilanz-Handb., Kapitel Einf, Rn. 62; Krawitz, DStR 1997, S. 886 (887). Strobl in: FS Clemm, S. 389 (392). Siehe auch Darstellung bei Ballwieser in: FS Clemm, S. 1 (20 ff.)

140 Winnefeld, Bilanz-Handb., Kapitel Einf, Rn. 62.

141 Vgl. Winnefeld, Bilanz-Handb., Kapitel Einf, Rn. 62. Dies wird als sog. „decision usefulness"-Ansatz bezeichnet, vgl. Strobl in: FS Clemm, S. 389 (392).

142 Winnefeld, Bilanz-Handb., Kapitel Einf, Rn. 62.

V. *Zusammenfassung und Festlegung der Vorgehensweise bei Kollision zweier Zwecke*

Die der Dogmatik der Anschaffungsnebenkosten zugrundezulegenden Prinzipien müssen von der handelsbilanziellen Warte aus somit mit dem Zweck des Gläubigerschutzes, des Gesellschafterschutzes sowie mit dem Informationszweck in Einklang stehen, um Rechtfertigung zu erfahren. Dabei ist deutlich geworden, dass diese Zwecke maßgebend durch die verschiedenen Adressaten des Jahresabschlusses und deren Bedürfnisse im Hinblick auf ihr Verhältnis zu dem jeweiligen Unternehmen bestimmt werden.

Am Beispiel des Verhältnisses zwischen Gesellschafter- und Gläubigerschutz sowie dem unterschiedlichen Stellenwert des Gläubigerschutzes nach nationaler und internationaler Rechnungslegung ist zu Tage getreten, dass die verschiedenen Bilanzzwecke durchaus kollidieren können.[143] Diese Gefahr einer Kollision wird dadurch verschärft, dass das Verhältnis zwischen den verschiedenen Zwecken der Handelsbilanz innerhalb der Literatur noch nicht abschließend geklärt ist.[144] Indes soll die Lösung einer möglichen Kollision hier nicht von einer Entscheidung über das Verhältnis der Bilanzzwecke zueinander abhängig gemacht werden. Vielmehr erscheint es vorzugswürdig, entsprechend *Schreibers* Vorschlag zur Kollision rechtlicher Obersätze ggf. eine wertende Güterabwägung heranzuziehen.[145]

Sollte sich daher nachfolgend eine Kollision der Zwecke dadurch ergeben, dass die Rechtfertigung mit Blick auf den einen Zweck zu bejahen und unter Berücksichtigung eines anderen Zwecks zu verneinen ist, so wird diese im Wege der Abwägung der betroffenen Güter bzw. Interessen zu lösen sein.

---

143 Vgl. Frotscher in: Frotscher, EStG, § 5, Rz. 11.

144 Siehe Darstellung bei Schütz, aaO., S. 190 f.

145 So Schreiber in: Blümich, EStG, Stand 10/2008, § 5, Rn. 213. Zwar könnte man meinen, dass Schreibers Darlegung nur auf die Kollision verschiedener GoB, d.h. Bilanzierungsprinzipien, anzuwenden ist. Dem steht jedoch entgegen, dass die GoB letztlich nur Konkretisierungen der verschiedenen Bilanzzwecke darstellen. Dies wird durch Schreibers Erläuterungen bestätigt, nach welchen diese Prinzipien auf die Bilanzzwecke zugeschnitten sind, vgl. Schreiber in: Blümich, EStG, Stand 10/2008, § 5, Rn. 212. Aus diesem Verhältnis zwischen Zweck und Prinzip folgt, dass auch im Fall der Kollision von Bilanzzwecken, als den Prinzipien übergeordnete Einheit, eine wertende Güterabwägung vorzunehmen ist.

C. Die Zwecke der Steuerbilanz

Während die Handelsbilanz mehrere Zwecke erfüllen kann (s.o.), dient die Steuerbilanz nur der Ermittlung des „wirklichen Gewinns“[146]. Dies ist derjenige Gewinn, „der bei dem einzelnen Stpfl. nach dem Grundsatz der Besteuerung nach der Leistungsfähigkeit der Besteuerung zugrunde zu legen ist, und der nach dem Grundsatz der Gleichmäßigkeit der Besteuerung besteuert werden muss.“[147] Die Gewinnermittlung hat damit einerseits der Erfassung der wirtschaftlichen Leistungsfähigkeit und andererseits der Ermöglichung der Gleichmäßigkeit der Besteuerung zuträglich zu sein.

Zwar müssen diese beiden Zwecke kumulativ erfüllt sein. So geht u.a. *Tipke* davon aus, dass wirtschaftliche Leistungsfähigkeit und Gleichmäßigkeit der Besteuerung wohl in einem Prinzip zusammenfließen, als er lediglich den Begriff des „Prinzips der gleichmäßigen Besteuerung nach der Leistungsfähigkeit“[148] verwendet. Trotz dieser Verknüpfung beider Prinzipien sollen diese in der nachfolgenden Auseinandersetzung dennoch als getrennte und selbständige Rechtfertigungsmaßstäbe angewendet werden, um eine differenzierende Betrachtung zu ermöglichen.

---

146 Winnefeld, Bilanz-Handb., Kapitel Einf, Rn. 80 unter Anlehnung an BFH v. 03.02.1969, Az. GrS 2/68, BStBl. II 1969, S. 291 (293). Insofern besteht in Bezug auf Bilanzzwecke ein gravierender Unterschied zwischen Handels- und Steuerbilanz, vgl. Frotscher in: Frotscher, EStG, § 5, Rz. 36. So auch Königbauer, welcher anführt, dass diese Unterschiede als wohl gravierender Einwand gegen das Maßgeblichkeitsprinzip angesehen werden können, vgl. Königbauer, aaO., S. 20. Abweichend eher: Schütz, als dieser feststellt, das Handels- und Steuerbilanz in erster Linie der Gewinnermittlung dienen, vgl. Schütz, aaO., S. 195.

147 Frotscher in: Frotscher, EStG, § 5, Rz. 36. So ähnlich: Schütz, aaO., S. 190.

148 Tipke, StRO I, S. 501. So wohl auch Lang, als er das Leistungsfähigkeitsprinzip unter der Überschrift „Gleichmäßigkeit der Besteuerung“ diskutiert, vgl. Lang in: Tipke/Lang, § 4, Rz. 70, 81 ff.. Ebenso Hey, Harmonisierung der Unternehmensbesteuerung in Europa, S. 113 f..

I. Gewinnermittlung entsprechend der wirtschaftlichen Leistungsfähigkeit[149]

Die Gewinnermittlung entsprechend der wirtschaftlichen Leistungsfähigkeit wurzelt in dem Prinzip der Besteuerung nach der Leistungsfähigkeit, welches kurz als Leistungsfähigkeitsprinzip benannt wird[150] und nahezu einhellig in Lehre und Rspr. anerkannt ist.[151] U.a. *Pezzer* erachtet dieses Prinzip als das „sinnstiftende Fundamentalprinzip der Besteuerung“[152].

Abgeleitet wird das Leistungsfähigkeitsprinzip aus dem im allgemeinen Gleichheitssatz gem. Art. 3 Abs. 1 GG verankerten Gebot der Steuergerechtigkeit.[153] Aus dieser Ableitung aus dem bereits an sich konkretisierungsbedürftigen Art. 3 Abs. 1 GG sowie aus seiner Eigenschaft als in der Prinzipienhierarchie oberster Grundsatz[154] folgt zwangsläufig, dass das Leistungsfähigkeitsprinzip weiterer Konkretisierung bedarf, um überhaupt anwendbar zu sein.[155]

---

149 Es findet sich auch der Begriff der „steuerlichen Leistungsfähigkeit“. Entsprechend Tipke drückt sich bei Unternehmen die wirtschaftliche Leistungsfähigkeit im Gewinn aus. Die steuerliche Leistungsfähigkeit, deren Ermittlung hingegen Abzüge von diesem notwendig machen kann, knüpfe an diese wirtschaftliche Leistungsfähigkeit an, vgl. Tipke, StRO I, S. 481, 496. Da die Frage nach der Aktivierung von Anschaffungsnebenkosten die Stufe der Gewinnermittlung betrifft, ist auf die „wirtschaftliche Leistungsfähigkeit“ zurückzugreifen. Diese wird von Hey als „objektive wirtschaftliche Leistungsfähigkeit“ bezeichnet, vgl. Hey, aaO., S. 115.

150 Vgl. Tipke, StRO I, S. 480.

151 Siehe Darstellung bei Hennrichs, DStJG 24 (2001), S. 301 (308).

152 Pezzer, DStJG 14 (1991), S. 3 (7). So ähnlich Lang, welcher das Prinzip als „Fundamentalprinzip der Steuergerechtigkeit“ bezeichnet, vgl. Lang in: Tipke/Lang, § 4, Rz. 81. Ähnlich auch: Hey, StuW 2005, S. 317 (317). Zudem weist Hey darauf hin, dass das Leistungsfähigkeitsprinzip über „gesamteuropäische Wurzeln“ verfügt, siehe Hey, StuW 2005, S. 317 (325).

153 Vgl. Lang in: Tipke/Lang, § 4, Rz. 81 unter Berufung auf die st. Rspr. des BVerfG. Vgl. auch Hey, aaO., S. 114. Allerdings weist Hey auch darauf hin, dass sich u.a. dieses Besteuerungsprinzip „nicht unmittelbar aus der Verfassung ableiten“ lässt, vgl. Hey, StuW 2005, S. 317 (317).

154 So Lang in: Tipke/Lang, § 4, Rz. 83.

155 Vgl. Lang in: Tipke/Lang, § 4, Rz. 83. Ähnlich: Hey, aaO., S. 114 f.; Birk, Das Leistungsfähigkeitsprinzip als Maßstab der Steuernormen, S. 52. Insofern bezeichnet Pezzer das Prinzip als „ethisches Axiom, das nicht exakt ableitbar ist“, vgl. Pezzer, DStJG 14 (1991), S. 3 (7).

Zur Vornahme dieser Konkretisierung ist auf „Indikatoren der [...] Leistungsfähigkeit“[156] zurückzugreifen.[157] Als Maßgröße i.d.S. kommt vor allem das Erwerbseinkommen in Betracht.[158] Indem das Einkommen- und Körperschaftsteuerrecht, dessen Bestandteil das Steuerbilanzrecht ist, an diese Größe anknüpft[159], wird (klarstellend) zum Ausdruck gebracht, dass sich auch das Steuerbilanzrecht am Leistungsfähigkeitsprinzip zu orientieren hat.[160] Gilt der bilanziell ermittelte Gewinn damit als Indikator der Leistungsfähigkeit, so hat das Leistungsfähigkeitsprinzip als steuerrechtliches Grundprinzip zur Wahrung der Folgerichtigkeit (siehe Fn. 157) auch bei der konkreten Ausgestaltung der bilanziellen Gewinnermittlung Beachtung zu finden. Nichts anderes muss auch für die der Aktivierung von Anschaffungsnebenkosten zugrundezulegenden Prinzipien gelten, als diese an der Ausgestaltung der Gewinnermittlung teilhaben.

Dies wird zusätzlich dadurch bestätigt, dass das Leistungsfähigkeitsprinzip nicht nur einen Maßstab zur verfassungsrechtlichen Überprüfung von Gesetzen, „sondern erst recht eine Interpretationsrichtschnur für die einfachrechtliche Rechtsanwendung und ein Sachgerechtigkeitskriterium für die Beurteilung von

---

156 Lang in: Tipke/Lang, § 4, Rz. 84. Das Ziel des Einkommensteuerrechts besteht in der Lieferung eines sicheren Indikators der steuerlichen Leistungsfähigkeit, vgl. Tipke, StRO II, S. 692.

157 Dabei ist dem Steuergesetzgeber bei der Ausgestaltung dieses Indikators ein breiter Spielraum einzuräumen, so dass es ihm beispielsweise freisteht, für die Messung der wirtschaftlichen Leistungsfähigkeit von Gewerbetreibenden auf den bilanziell ermittelten Gewinn zurückzugreifen, vgl. Hennrichs, DStJG 24 (2001), S. 301 (310). Dieser einmal gewählte Ausgangspunkt ist dann aber folgerichtig weiterzuführen, vgl. Birk, aaO., S. 58; Hennrichs, DStJG 24 (2001), S. 301 (310). Diese Forderung wird von Hennrichs als „Gebot der Systemkonsequenz“ bezeichnet, vgl. Hennrichs, DStJG 24 (2001), S. 301 (310)).

158 Statt vieler: Tipke, StRO I, S. 481; Birk, aaO., S. 29; Pezzer, DStJG 14 (1991), S. 3 (11). Ferner führt Pezzer das Vermögen und die Einkommensverwendung als mögliche Maßgrößen der Leistungsfähigkeit an, vgl. Pezzer, DStJG 14 (1991), S. 3 (11).

159 So ähnlich bei Pezzer, DStJG 14 (1991), S. 3 (11).

160 So ähnlich Tipke, StRO II, S. 687. Diese Prämisse hat sich inzwischen auch weitgehend durchgesetzt, vgl. Tipke, StRO II, S. 690. Ähnlich Königbauer, der allerdings auf den periodengerechten Gewinn als Indikator abstellt, vgl. Königbauer, aaO., S. 20. Eine andere Lösung wäre i.E. auch nicht denkbar, da bei Nichtanwendung des Leistungsfähigkeitsprinzips im Rahmen der bilanziellen Gewinnermittlung eine Verletzung des allgemeinen Gleichheitssatzes gegeben wäre, für welche keine verfassungsrechtliche Rechtfertigung ersichtlich ist. Eine Anwendung im Steuerbilanzrecht kann auch aus den Ausführungen Heys abgeleitet werden, wonach das Leistungsfähigkeitsprinzip als Wettbewerbsneutralität auch auf den Unternehmensbereich Anwendung findet, vgl. Hey, aaO., S. 119.

überkommenen einfachrechtlichen Rechtsgrundsätzen"[161] liefert. Von der steuerrechtlichen Warte aus muss sich damit jedes Bilanzierungsprinzip, auch die auf die Aktivierung von Anschaffungsnebenkosten Einfluss habenenden Prinzipien, vorrangig am Leistungsfähigkeitsprinzip messen lassen.[162] Die Prinzipien müssen somit der Aufgabe gerecht werden, die Abbildung wirtschaftlicher Leistungsfähigkeit zu ermöglichen.[163]

II. Gewinnermittlung entsprechend der Gleichmäßigkeit der Besteuerung

Als weiterer Zweck der Steuerbilanz ist bereits die Gewinnermittlung entsprechend der Gleichmäßigkeit der Besteuerung angeführt worden.[164] Dieser Zweck lässt sich aus dem ebenfalls in Art. 3 Abs. 1 GG verankerten Gebot der Gleichmäßigkeit der Besteuerung herleiten.

Entsprechend diesem Gebot sind bei allen Steuersubjekten die gleichen Steuerbemessungsgrundlagen zugrunde zu legen.[165] Dies hat nicht nur zwischen buchführungspflichtigen Gewerbetreibenden, sondern auch im Verhältnis zu den Beziehern anderer Einkunftsarten zu gelten[166], damit gleich hohe Einkünfte innerhalb der unterschiedlichen Einkunftsarten die gleiche Leistungsfähigkeit darstellen.[167]

Dieses verfassungsrechtliche Gebot würde indes unterlaufen, wenn es dem Steuerpflichtigen offen stünde, seine Bemessungsgrundlage individuell zu gestalten und seine Steuerlast damit anzupassen.[168] Aus diesem Grund beinhaltet die Gleichmäßigkeit der Besteuerung zusätzlich das „Gebot des Zurückdrängens individuellen Ermessens"[169]. Das Ziel der Gleichmäßigkeit der Besteuerung ist demnach, wirkliche Werte als Grundlage der Besteuerung herbeizuführen[170], um weitgehendste Gleichbehandlung der Einkunftsarten zu gewährleisten.

---

161 Pezzer, DStJG 14 (1991), S. 3 (8).

162 Vgl. Pezzer, DStJG 14 (1991), S. 3 (8 f.).

163 Allgemein gefasst bei Pezzer, DStJG 14 (1991), S. 3 (9).

164 Nach Strunk ist dieses Verfassungsgebot wohl als der Hintergrund des sog. „Stiller-Teilhaber"-Ansatzes anzusehen, vgl. Strunk, StuB 2003, S. 397 (398).

165 Vgl. Winnefeld, Bilanz-Handb., Kapitel Einf, Rn. 102.

166 Vgl. BFH v. 24.04.1956, Az. I 228/55 U, BStBl. III 1956, S. 195 (196); BFH v. 06.10.2004, Az. IX R 53/01, BStBl. II 2005, S. 383 (385). Ähnlich: BFH v. 06.12.1983, Az. VIII R 110/79, BStBl. II 1984, S. 227 (229) im Hinblick auf die Gleichmäßigkeit der Besteuerung zwischen buchführungspflichtigen Gewerbetreibenden und freiwillig buchführenden Freiberuflern.

167 Vgl. Heibel, Handelsrechtliche Bilanzierungsgrundsätze und Besteuerung, S. 17.

168 Vgl. Pezzer, DStJG 14 (1991), S. 3 (6).

169 Kraus-Grünewald in: FS Beisse, S. 285 (292).

170 Vgl. Winnefeld, Bilanz-Handb., Kapitel Einf, Rn. 102.

Dieses Ziel kann für den Bereich der bilanziellen Gewinnermittlung, insbesondere für die Erfassung von Anschaffungsnebenkosten, aber nur dann erreicht werden, wenn die für die Einordnung von Nebenkosten maßgebenden Prinzipien der Gleichmäßigkeit der Einkünfte- und Gewinnermittlung dienen.

III. Zusammenfassung

Die Gewinnermittlung entsprechend der wirtschaftlichen Leistungsfähigkeit sowie diejenige entsprechend der Gleichmäßigkeit der Besteuerung sind somit als Rechtfertigungsmaßstäbe im Rahmen der Auseinandersetzung mit den die Aktivierung von Anschaffungsnebenkosten beinflussenden Prinzipien heranzuziehen.

Anders als bei den Zwecken der Handelsbilanz ist eine Kollision der Steuerbilanzzwecke allerdings bereits ihrer Natur nach nicht denkbar. Denn beide Zwecke dienen dem gleichen übergeordneten Zweck, den vollen, d.h. richtigen Jahresüberschuss zu ermitteln (vgl. S. 30).

§ 2 Maßgeblichkeitsprinzip

Der Maßgeblichkeitsgrundsatz soll den Ausgangspunkt der Untersuchung der der Aktivierung von Nebenkosten zugrundezulegenden Prinzipien. Dieser Grundsatz führt einerseits eine Verknüpfung zwischen Handelsbilanzrecht und Steuerbilanzrecht herbei. Andererseits wird aufgrund dieses Prinzips überwiegend formuliert, dass handels- und steuerrechtlicher Begriff der Anschaffungs(neben)kosten begrifflich identisch seien, da das Steuerrecht wegen des Fehlens eines eigenen Begriffs auf § 255 Abs. 1 HGB zurückgreifen müsse.[171]

Gleichwohl geht die nachfolgende Betrachtung der Frage nach, wie der Maßgeblichkeitsgrundsatz mit Blick auf Anschaffungsnebenkosten auszulegen ist. Es gilt vor allem festzustellen, inwieweit das Prinzip einen eigenständigen, steuerbilanziellen Lösungsansatz zur Aktivierung von Anschaffungsnebenkosten ermöglicht.

---

171 Vgl. statt vieler BFH v. 20.04.2011, Az. I R 2/10, DStR 2011, S. 1169 (1170); Wohlgemuth/Radde in: Beck'sches HdR, Stand 12/2011, B 162, Rn. 5. Ähnlich: Werndl in: K/S/M, EStG, § 6, Rn. B 25; Ortmann-Babel in: Lademann, EStG, § 6, Anm. 207.

A. Inhalt des Maßgeblichkeitsprinzips

Seine gesetzliche Verankerung findet das Maßgeblichkeitsprinzip in § 5 Abs. 1 Satz 1 Hs. 1 EStG. Danach hat der buchführungspflichtige Gewerbetreibende dasjenige Betriebsvermögen anzusetzen, welches nach den handelsrechtlichen GoB auszuweisen ist. Diese Regelung beinhaltet die sog. materielle Maßgeblichkeit[172] und meint die Gültigkeit der geschriebenen wie auch ungeschriebenen handelsrechtlichen GoB für die steuerliche Gewinnermittlung.[173] Wie ein Blick auf § 5 Abs. 2 bis 5 EStG deutlich macht, wird der Maßgeblichkeitsgrundsatz heute in vielfältiger Weise eingeschränkt.[174] Gleichwohl wird § 5 Abs. 1 Satz 1 Hs. 1 EStG überwiegend als grundlegende Regelung für das Verhältnis zur Handelsbilanz angesehen.[175]

B. Auslegung des Maßgeblichkeitsgrundsatzes vor dem Hintergrund der Anschaffungsnebenkosten

Wie eingangs formuliert, ist zu beleuchten, wie der Maßgeblichkeitsgrundsatz im Hinblick auf Anschaffungsnebenkosten auszulegen ist. Es gilt insbesondere festzustellen, in welchem Umfang dieser bei der steuerbilanziellen Qualifikation von Anschaffungsnebenkosten heranzuziehen ist.

I. Auslegung entsprechend dem Wortlaut des § 5 Abs. 1 Satz 1 Hs. 1. EStG

Die Auslegung des § 5 Abs. 1 Satz 1 Hs. 1 EStG hat grundsätzlich vom Wortlaut auszugehen.[176] Indes beantwortet dieser die Frage, inwiefern der Maßgeblichkeitsgrundsatz im Kontext der Anschaffungsnebenkosten heranzuziehen ist, keineswegs eindeutig. So kann man § 5 Abs. 1 Satz 1 Hs. 1 EStG durchaus so

---

172 Vgl. Hey in: Tipke/Lang, § 17, Rz. 42.

173 Vgl. Hoffmann in: Littmann/Bitz/Pust, EStG, §§ 4, 5, Rn. 326. Daneben bestand die sog. formelle Maßgeblichkeit. Diese begründete die in § 5 Abs. 1 Satz 2 EStG a.F. normierte Umkehrung der Maßgeblichkeit, vgl. Hey in: Tipke/Lang, § 17, Rz. 42.

174 Die handelsrechtlichen GoB haben daher zurückzutreten, sofern für die steuerliche Gewinnermittlung spezielle Regelungen vorgesehen sind, vgl. Weber-Grellet, DB 1997, S. 385 (385).

175 So statt vieler: Frotscher in: Frotscher, EStG, § 5, Rz. 37. Eine abweichende Auffassung diskutiert die Ablösung des Grundsatzes, vgl. beispielsweise Weber-Grellet, welcher allerdings lediglich anführt, dass der Maßgeblichkeitsgrundsatz zumindest in Gefahr ist und dessen Aufgabe daher möglich erscheint, vgl. Weber-Grellet, DB 1997, S. 385 (391). Siehe auch Darstellung bei Strunk, StuB 2003, S. 397 ff..

176 Vgl. Tipke in: HuRB, S. 1 (5).

verstehen, dass dieser wegen des Worts „anzusetzen" nur den Ansatz von Wirtschaftsgütern erfasst.[177] Allerdings sieht § 5 Abs. 1 Satz 1 Hs. 1 EStG auch vor, dass dasjenige Betriebsvermögen anzusetzen ist, das nach den handelsrechtlichen GoB „auszuweisen" ist.[178] Voraussetzung für den Ausweis eines Wirtschaftsguts ist aber dessen vorgehende Bewertung.[179]

II. Auslegung entsprechend dem Willen des Gesetzgebers

Fraglich ist, ob die Auslegung nach dem Willen des Gesetzgebers diese mangelnde Eindeutigkeit des Wortlauts ausgleichen kann. Da es auf die Auslegung des Grundsatzes im Kontext der Anschaffungsnebenkosten ankommt, kann hier auf die Einfügung des § § 255 Abs. 1 HGB durch das BiRiLiG rekurriert werden.[180]Die Regelung u.a. der Anschaffungsnebenkosten dient der Gewährleistung der Steuerneutralität[181] und der Aufrechterhaltung der bisherigen Grundsätze.[182] Der Gesetzgeber hatte erkannt, dass das Steuerrecht bei Verabschiedung des BiRiLiG mangels eigener Begriffsbestimmung auf § 255 Abs. 1 HGB angewiesen war. Indes ist hier auch zu berücksichtigen, dass die Kodifizierung der Anschaffungs(neben)kosten in der Notwendigkeit wurzelt, Art. 35 Abs. 2 der Vierten EG-Richtlinie umzusetzen.[183] Aus der bloßen Intention des Gesetzgebers, eine Richtline umzusetzen, kann nicht gefolgert werden, dass er zugleich

177 So auch: Wahl, DStR 1988, S. 375 (380). Zu beachten ist allerdings, dass Wahl diese Meinung vor der Einführung des § 5 Abs. 1 Satz 2 EStG geäußert hat. Vgl. auch Wassermeyer, DStJG 14 (1991), S. 29 (39).

178 Darauf weist auch BFH v. 07.08.2000, Az. GrS 2/99, BStBl. II 2000, S. 632 (635) hin.

179 So Plewka/Schmidt in: Lademann, EStG, § 5, Anm. 340; Kempermann in: K/S/M, EStG, § 5, Rn. B 121.

180 Diese Kodifizierung verleitet beispielsweise Döllerer zu der Annahme, dass § 255 HGB über den Maßgeblichkeitsgrundsatz auch im Steuerrecht umfassend Geltung beanspruche, vgl. Döllerer, BB 1987, Beil. 12, S. 14.

181 Insbesondere die Einführung des § 255 Abs. 1 Satz 2 HGB zur Gewährleistung der gebotenen Steuerneutralität bedeutet laut Schütz „nichts anderes, als dass der Gesetzgeber von der Maßgeblichkeit der Begriffsbestimmung in § 255 Abs. 1 HGB [...] ausging.", vgl. Schütz, aaO., S. 134. Laut Ahmann sei der Gesetzgeber bei dem Erlass des BiRiLiG hingegen von der Subsidiarität der handelsrechtlichen Bewertungsvorschriften ausgegangen, vgl. Ahmann in: FS L. Schmidt, S. 269 (285).

182 Vgl. Gesetzesbegründung, BT-Drs. 10/317, S. 88; BT-Drs. 10/4268, S. 101.

183 Vgl. BT-Drs. 10/4268, S. 101.

auch eine Entscheidung über die uneingeschränkte Maßgeblichkeit dieser Regelungen für die steuerbilanzielle Gewinnermittlung treffen wollte.[184]

III. Auslegung entsprechend der Systematik – Heranziehung des sogenannten Bewertungsvorbehalts gem. § 5 Abs. 6 EStG

Die einschränkende Auslegung des § 5 Abs. 1 Satz 1 Hs. 1 EStG im Hinblick auf Anschaffungsnebenkosten ergibt sich des Weiteren aus der Systematik des EStG, insbesondere aus dem sog. Bewertungsvorbehalt (vgl. § 5 Abs. 6 EStG).[185] Nach § 5 Abs. 6 EStG sind u.a. die Vorschriften über die Bewertung zu befolgen. Dies wird durch § 6 Abs. 1 EStG a.Anf. bestätigt, wonach für die Bewertung von Wirtschaftsgütern „das Folgende" gilt. Daher haben die steuerrechtlichen Bewertungsvorschriften grundsätzlich Vorrang vor handelsrechtlichen GoB.[186] Etwas anderes soll indes bei Lückenhaftigkeit der steuerrechtlichen Regeln gelten. In diesem Fall sei auf die Bewertungsvorschriften der §§ 253 bis 256 HGB zurückzugreifen.[187] Eine solche Lücke ist mit Blick auf die Anschaffungsnebenkosten jedoch nicht darin zu sehen, dass es an einer eigenen Regelung der Nebenkosten fehlt.[188] Denn § 6 Abs. 1 Nr. 1 EStG lässt Raum für

---

184 Dies gilt umso mehr, als der Grundsatz der Maßgeblichkeit in der Begründung zu § 260 HGB-E bzw. § 255 HGB keine Erwähnung findet, vgl. BT-Drs. 10/317, S. 13 f. zu § 260 HGB-E in der Fassung eines Entwurf zum BiRiLiG vom 26.08.1983.

185 Vgl. Mathiak, DStJG 7 (1984), S. 97 (103). So ähnlich Schütz, aaO., S. 54. Laut Plewka/Schmidt lässt sich hingegen aus der Existenz des Bewertungsvorbehalts schließen, dass die Maßgeblichkeit grundsätzlich auch für die Bewertung zu gelten habe, vgl. Plewka/Schmidt in: Lademann, EStG, § 5, Anm. 340.

186 So Herrmann in: Frotscher, EStG, § 6, Rz. 25; Kempermann in: K/S/M, EStG, § 5, Rn. B 121; Winkler/Golücke, BB 2003, S. 2602 (2603); Wahl, DStR 1988, S. 375 (376). A.A. Strobl, StbJb 1994/95, S. 77 (87), ohne allerdings eine entsprechende Begründung zu liefern.

187 So beispielsweise BFH v. 15.07.1998, Az. I R 24/96, BStBl. II 1998, S. 728 (730); Herrmann in: Frotscher, EStG, § 6, Rz. 25; Winkler/Golücke, BB 2003, S. 2602 (2603). So auch Weber-Grellet, nach welchem in diesem Fall eine analoge Anwendung der handelsrechtlichen Bewertungsvorschriften in Betracht kommt, vgl. Weber-Grellet, DB 1997, S. 385 (386).

188 A.A. Herrmann in: Frotscher, EStG, § 6, Rz. 26; Stobbe in: H/H/R, EStG, § 6, Anm. 271. Dieses Ergebnis könnte entsprechend Stobbe durch die analoge Anwendung des Beschlusses des Großen Senats vom 04.07.1990 bestätigt sein (so Stobbe in: H/H/R, EStG, § 6, Anm. 271), nach welchem wegen des Fehlens einer eigenen steuerrechtlichen Umschreibung des Herstellungskostenbegriffs auf die handelsrechtliche Begriffsbestimmung zurückzugreifen ist (vgl. BFH v. 04.07.1990, Az. GrS 1/89, BStBl. II 1990, S. 830 (833)).

eine steuerrechtliche Interpretation auch der Anschaffungsnebenkosten.[189] Die Erwähnung der Anschaffungskosten ist hier als Nennung des Oberbegriffs zu interpretieren und erfasst auch die Nebenkosten als dessen Bestandteil.

IV. Auslegung entsprechend dem Sinn und Zweck

Fraglich ist, ob dieses Ergebnis mit Blick auf den Sinn und Zweck des Maßgeblichkeitsprinzips aufrechtzuerhalten ist. Dabei ist zu bedenken, dass der Maßgeblichkeitsgrundsatz zur Umsetzung des sog. Prinzips der Einheitsbilanz[190] in das EStG eingeführt worden ist.[191] Ein umfassender Geltungsanspruch dieses Aspekts könnte daher einer restriktiven Auslegung des Grundsatzes entgegen stehen.[192] Allerdings gilt das Prinzip der Einheitsbilanz heute nicht mehr in dem beschriebenen Maße. Dies zeigt schon ein Blick auf die steuerbilanzielle Wirklichkeit, in der durch zahlreiche Vorschriften, wie u.a. § 5 Abs. 2 bis 5 EStG, faktisch von der Handelsbilanz abgewichen wird.[193] Auch ist durch die Abschaffung von § 248 Abs. 2 HGB a.F. durch das BilMoG einmal mehr deutlich geworden, dass die Einheitsbilanz nicht (mehr) dem Willen des Gesetzgebers entspricht.[194] Das Argument der Einheitsbilanz ist daher nicht mehr tragfähig.[195] Das Maßgeblichkeitsprinzip kann daher seinen ursprünglichen Zweck, der weitestgehenden Verwirklichung des Prinzips der Einheitsbilanz, nicht mehr erreichen.

---

189 Gegen eine solche Interpretation führen Plewka/Schmidt an, dass der Bewertungsvorbehalt nicht so ausgelegt werden könnte, dass der Maßgeblichkeitsgrundsatz nur eingreife, sofern überhaupt keine steuerrechtliche Bewertungsvorschrift existiere, vgl. Plewka/Schmidt in: Lademann, EStG, § 5, Anm. 339. Allerdings kommt dieser Aussage im hier relevanten Kontext keine große Bedeutung zu, da Plewka/Schmidt sich vorrangig auf Bewertungswahlrechte beziehen.

190 Vgl. Hey in: Tipke/Lang, § 17, Rz. 43.

191 Insofern führt Pezzer aus, dass der Grundsatz auf einen Vorstoß der Gewerbetreibenden hin eingeführt worden ist, da diese es leid waren, zwei verschiedene Jahresabschlüsse aufzustellen, vgl. Pezzer, DStJG 14 (1991), S. 3 (16).

192 So Plewka/Schmidt in: Lademann, EStG, § 5, Anm. 341. Ferner nehmen Plewka/Schmidt an, dass dem Prinzip der Einheitsbilanz durch die Verabschiedung des BiRiLiG zu verstärkter Geltung verholfen werden sollte, vgl. Plewka/Schmidt in: Lademann, EStG, § 5, Anm. 341.

193 So ähnlich: Hey in: Tipke/Lang, § 17, Rz. 43, 76.

194 Gleiches ergibt sich mit Blick auf die Aufgabe der umgekehrten Maßgeblichkeit durch das BilMoG. Somit hat das BilMoG, wie Hey treffend ausführt, den „Abschied von der Einheitsbilanz" besiegelt, vgl. Hey in: Tipke/Lang, § 17, Rz. 49.

195 Auch Lauth erkennt, dass das Ziel der Einheitsbilanz heute nur noch in Ausnahmefällen realisierbar sein dürfte, vgl. Lauth, DStR 2000, S. 1365 (1366).

V. Ergebnis der Auslegung

Vor diesem Hintergrund ist eine restriktive Auslegung des Maßgeblichkeitsprinzips im Kontext der Anschaffungsnebenkosten möglich.[196]

C. Untersuchung der steuerbilanziellen Rechtfertigung des Auslegungsergebnisses

Zu klären ist nunmehr, ob diese restriktive Auslegung auch mit den Zwecken der Steuerbilanz zu vereinbaren ist.

I. Zur Rechtfertigung im Hinblick auf die Gewinnermittlung entsprechend der wirtschaftlichen Leistungsfähigkeit

Mit Blick auf die Gewinnermittlung entsprechend der wirtschaftlichen Leistungsfähigkeit ist die restriktive Auslegung des Maßgeblichkeitsprinzips bei Qualifikation von Anschaffungsnebenkosten gerechtfertigt. Trotz der grundsätzlichen Maßgeblichkeit der GoB entfaltet eine Norm des Handelsbilanzrechts nur dann auch steuerrechtliche Geltung, wenn sie sich in das System der Besteuerung nach der wirtschaftlichen Leistungsfähigkeit einfügt.[197] Dies muss auch bei der Auslegung des Maßgeblichkeitsgrundsatzes beachtet werden. Entsprechend *Tipke* hat dies insbesondere vor dem Hintergrund zu gelten, dass die letztlich bewirkte Anknüpfung an die Handelsbilanz nicht zur Genügung des Leistungs-

---

196 Dieses Ergebnis wird bestätigt, wenn man die Europäisierung des Bilanzrechts in den Blick nimmt. § 255 Abs. 1 HGB wurzelt, wie bereits dargestellt, in Art. 35 Abs. 2 der Vierten EG-Richtlinie. Legte man den Maßgeblichkeitsgrundsatz nun so aus, dass § 255 Abs. 1 HGB uneingeschränkt anzuwenden wäre, so wäre Art. 35 Abs. 2 der Richtlinie im Wege richtlinienkonformer Auslegung auch im Steuerbilanzrecht umfassend zu beachten. Eine Entscheidung des EuGH betreffend die Richtlinie kann damit auch die steuerbilanzielle Gewinnermittlung beeinflussen. Vor diesem Hintergrund nimmt die h.M. eine Vorlagepflicht des BFH an (siehe Darstellung bei Hoffmann in: Littmann/Bitz/Pust, EStG, §§ 4, 5, Rn. 349; Hey in: Tipke/Lang, § 17, Rz. 51; a.A. BFH v. 15.07.1998, Az. I R 24/96, BStBl. II 1998, S. 728 (731)). Erstaunlich daran ist, dass der EU bei der steuerlichen Gewinnermittlung keine Zuständigkeit übertragen worden ist (vgl. Umkehrschluss aus Art. 113 AEUV). Gerade diese Kompetenz leitet der EuGH aber aus dem Maßgeblichkeitsgrundsatz ab (vgl. EuGH v. 07.01.2003, Az. C-306/99, Rechtssache Banque internationale pour l'Afrique occidentale SA, BStBl. II 2004, S. 144 (150)). Die Einflussnahme des EuGH auf den steuerrechtlichen Anschaffungskostenbegriff kann somit nur kontrolliert werden, wenn man den Maßgeblichkeitsgrundsatz restriktiv auslegt (ähnlich Ahmann in: FS L.Schmidt, S, 269 (286)).

197 So Hey in: Tipke/Lang, § 17, Rz. 45. Dies setzt voraus, dass die Norm den Anforderungen des Steuerrechts gerecht werden kann, vgl. Tipke, StRO II, S. 689.

fähigkeitsprinzips eingeführt worden ist.[198] Daher kann das Leistungsfähigkeitsprinzip eine Einschränkung des Maßgeblichkeitsgrundsatzes rechtfertigen oder fordern.[199] Der Maßgeblichkeitsgrundsatz muss somit im Zweifel zurücktreten[200], wenn nur so eine steuerbilanzielle Gewinnermittlung gewährleistet ist, die die wirtschaftliche Leistungsfähigkeit des Steuerpflichtigen widerspiegelt.

II. Zur Rechtfertigung im Hinblick auf die Gewinnermittlung entsprechend der Gleichmäßigkeit der Besteuerung

Auch mit Blick auf die Gewinnermittlung entsprechend der Gleichmäßigkeit der Besteuerung ist die restriktive Auslegung des Maßgeblichkeitsgrundsatzes im Kontext von Anschaffungsnebenkosten gerechtfertigt. Die Gleichbehandlung zwischen der Gewinnermittlung nach §§ 4 Abs. 1, 5 EStG und den anderen Einkünfteermittlungsarten wird durch die restriktive Auslegung nicht gefährdet.[201] Das Gegenteil ist gerade der Fall, wie ein Blick auf das Ziel der sog. Gesamtgewinngleichheit zeigt.[202] Diesem Ziel kann sich nur genähert werden[203], wenn das Steuerrecht auch bei der steuerbilanziellen Gewinnermittlung ausreichend Einfluss hat, um diese ggf. anzupassen. Das Ziel des annähernd gleichen Gesamtgewinns kann aber nicht durch einseitiges Einwirken auf die anderen Einkünfteermittlungsarten erzielt werden. Vielmehr sind alle Ermittlungsarten durch gegenseitige Abstimmung diesem Ziel anzunähern. Dies ist indes nur durch restriktive Auslegung des Maßgeblichkeitsprinzips realisierbar. Denn für eine Übertragung des handelsbilanziellen Anschaffungskostenbegriffs[204] auf andere Einkünfteermittlungsarten fehlt es an einer Rechtsgrundlage. Vor diesem Hintergrund lässt sich die Gleichmäßigkeit der Besteuerung nur verwirklichen,

---

198 So Tipke, StRO II, S. 688. Ähnlich: Pezzer, DStJG 14 (1991), S. 3 (18). Nach Strunk dient der Maßgeblichkeitsgrundsatz nicht nur der Vereinfachung, sondern wohl auch einer Gleichstellung zwischen Gesellschafter und Fiskus, vgl. Strunk, StuB 2003, S. 397 (398).

199 So Buciek in: Blümich, EStG, Stand 11/2011, § 5, Rn. 165.

200 So Buciek in: Blümich, EStG, Stand 11/2011, § 5, Rn. 165.

201 Da der Maßgeblichkeitsgrundsatz für alle buchführungspflichtigen Gewerbetreibenden in gleicher Weise gilt (anders aber Lauth, DStR 2000, S. 1365 (1368)), ist hier lediglich die Gleichbehandlung zwischen der Gewinnermittlung nach §§ 4 Abs. 1, 5 EStG und den anderen Einkünfteermittlungsarten zu betrachten.

202 Vgl. BFH v. 06.03.2003, Az. IV R 26/01, BStBl. II 2003, S. 702 (703); BFH v. 31.08.1972, Az. IV R 93/67, BStBl. II 1973, S. 51 (52); Lang in: Tipke/Lang, § 9, Rz. 193.

203 Eine vollständige Erreichung dieses Ziels ist mit Blick auf die Unterschiede zwischen Überschuss und Erfolgsrechnung nicht möglich, vgl. Lang in: Tipke/Lang, § 9, Rz. 193.

204 Vgl. hierzu Söffing, StVj 1989, S. 163 (168).

wenn auch bei der Gewinnermittlung nach §§ 4 Abs. 1, 5 EStG eine eigenständige Handhabung der Nebenkosten möglich ist.

D. Ergebnis der Untersuchung des Maßgeblichkeitsgrundsatzes im Kontext der Anschaffungsnebenkosten

Grundsätzlich ist der Maßgeblichkeitsgrundsatz zwar das Bindeglied zwischen Handels- und Steuerrecht. Dennoch kann das Prinzip bei der Qualifikation von Nebenkosten nicht uneingeschränkt angewendet werden.[205] Vielmehr ist eine einschränkende Auslegung geboten, sofern zur Sicherung der Zwecke der steuerbilanziellen Gewinnermittlung von den handelsrechtlichen Anforderungen an Anschaffungsnebenkosten abzuweichen ist.

§ 3 Vorsichtsprinzip

Nachdem vorstehend festgestellt worden ist, dass der Maßgeblichkeitsgrundsatz bei der Einordnung von Anschaffungsnebenkosten nur restriktiv anzuwenden ist, soll nun auch das Vorsichtsprinzip auf seine Bedeutung bei den Nebenkosten einer Anschaffung hin beleuchtet werden.

Da dieses Prinzip unstreitig als bedeutsames und traditionelles Leitprinzip des deutschen Bilanzrechts bezeichnet wird[206], ist zu vermuten, dass dem Vorsichtsprinzip auch bei der Aktivierung von Anschaffungsnebenkosten eine bedeutende Rolle zukommt.[207] Fraglich ist daher, wie diese Rolle auszugestalten ist und ob diese mit den Bilanzzwecken zu vereinbaren ist.

Bevor indes Rolle und Ausgestaltung des Vorsichtsgrundsatzes im Kontext von Anschaffungsnebenkosten überhaupt bestimmt werden können, sind Inhalt und Anwendbarkeit dieses Grundsatzes im Vorfeld näher darzustellen.

---

205 Weber-Grellet spricht insofern von einer Subsidiarität des Maßgeblichkeitsgrundsatzes, vgl. Weber-Grellet, ZRP 2008, S. 146 (147).

206 Vgl. beispielsweise Plewka/Schmidt in: Lademann, EStG, § 5, Anm. 604; Naumann/Breker in: HdJ, Abt. I/7, Rn. 168; Strobl, StbJb 1994/95, S. 77 (78 f.). Einschränkender: Heinen, der lediglich anführt, dass dem Vorsichtsgedanken eine bedeutsame Rolle zukommt, vgl. Heinen, Handelsbilanzen, S. 166. Bezüglich der im Schrifttum angeführten Kritik an einem dominierenden Vorsichtsprinzip sei an dieser Stelle nur auf die Darstellung bei Baetge/Ziesemer/Schmidt verwiesen, vgl. Baetge/Ziesemer/Schmidt in: Baetge/Kirsch/Thiele, § 252 HGB, Rn. 142.

207 Die folgende Beleuchtung des Vorsichtsprinzips ist gleichwohl nicht als abschließende Stellungnahme zum Grundsatz der Vorsicht zu verstehen.

A. Inhalt des Vorsichtsgrundsatzes

Das Vorsichtsprinzip als „übergeordneter Grundsatz für verschiedene Bewertungsgrundsätze“[208] ist in § 252 Abs. 1 Nr. 4 HGB erfasst. Diese Vorschrift verlangt wegen § 5 Abs. 1 Satz 1 Hs. 1 EStG grundsätzlich auch für die Steuerbilanz Beachtung. § 252 Abs. 1 Nr. 4 HGB schreibt dem bilanzierenden Unternehmen eine vorsichtige Bewertung vor und stellt damit zunächst nur eine Bewertungsregel auf, die nach überwiegender Ansicht anzuwenden ist, wenn aufgrund unvollständiger Information oder der Ungewissheit künftiger Ereignisse zwangsläufig Ermessensspielräume bestehen.[209] Entgegen der sich aufgrund des Wortlauts aufdrängenden Vermutung ist das Vorsichtsprinzip nach heute einhelliger Ansicht aber nicht nur bei der Aktivierung der Höhe nach, sondern auch im Rahmen der Aktivierung dem Grunde nach zu beachten.[210]

Neben dieser allgemeinen Ausprägung als Ansatz- und Bewertungsregel wird der Vorsichtsgrundsatz, wie der Wortlaut des § 252 Abs. 1 Nr. 4 HGB deutlich macht, weiter durch Realisations- und Imparitätsprinzip konkretisiert.[211] Entsprechend dem Realisationsprinzip dürfen Gewinne erst ausgewiesen werden, wenn sie sich durch einen Umsatzakt realisiert haben.[212] Um daher eine vorzeitige Gewinnrealisierung zu verhindern, impliziert das Realisationsprinzip das Anschaffungswertprinzip[213] gem. § 253 Abs. 1 HGB. Nach diesem dürfen Vermögensgegenstände bis zur Gewinnrealisierung höchstens mit ihren Anschaffungs- bzw. Herstellungskosten aktiviert werden. Die Bewertungsregel des

---

208 Wiedmann in: Ebenroth/Boujong/Joost/Strohm, HGB, § 252, Rn. 25.

209 Vgl. ADS, 6. Aufl., § 252 HGB, Tz. 61; Wiedmann in: Ebenroth/Boujong/Joost/Strohm, HGB, § 252, Rn. 25.

210 Vgl. Hey in: Tipke/Lang, § 17, Rz. 67; Winnefeld, Bilanz-Handb., Kapitel E, Rn. 72.

211 Vgl. W.Richter/Sailer Khuepach in: H/H/R, EStG, § 5, Anm. 219; Coenenberg/Haller/Schultze, Jahresabschluss und Jahresabschlussanalyse, S. 40.

212 Vgl. ADS, 6. Aufl., § 252 HGB, Tz. 63.

213 Das Anschaffungswertprinzip wird teilweise auch als Anschaffungskostenprinzip benannt, vgl. beispielsweise Hey in: Tipke/Lang, § 17, Rz. 70. Oftmals wird auch davon ausgegangen, dass das Anschaffungskostenprinzip ebenfalls in § 255 Abs. 1 HGB niedergelegt sei und die Erfassung der Nebenkosten beinhalte, vgl. BFH v. 23.03.1995, Az. IV R 58/94, BStBl. II 1995, S. 702 (703); Naumann/Breker in: HdJ, Abt. I/7, Rn. 173 (widersprüchlich im Kontext der IFRS, vgl. Naumann/Breker in: HdJ, Abt. I/7, Rn. 200). Um in diesem Rahmen Verwechslungen zu vermeiden, wird davon ausgegangen, dass der in § 253 Abs. 1 HGB geregelte Grundsatz als Anschaffungswertprinzip und der in § 255 Abs. 1 HGB enthaltene Grundsatz als Anschaffungskostenprinzip bzw. Anschaffungskostenbegriff zu benennen ist.

§ 253 Abs. 1 HGB sichert damit als „Höchstwertprinzip"[214] das Realisationsprinzip.[215] Im Gegensatz dazu sind Verluste unter Geltung des Imparitätsprinzips zu berücksichtigen, sobald sie vorhersehbar sind.[216]

B. Zur Anwendbarkeit des Vorsichtsgrundsatzes im Kontext der Anschaffungsnebenkosten

Trotz des hohen Stellenwerts des Vorsichtsgrundsatzes ist klärungsbedürftig, ob dieser bei der Frage, welche Aufwendungen als Anschaffungsnebenkosten zu qualifizieren sind, überhaupt zur Anwendung gelangen kann.[217]

Den Anlass, sich mit dieser Frage zu beschäftigen, liefert eine Aussage von *Göbel* im Zusammenhang mit überhöhten Anschaffungskosten. Nach dieser ist für eine Anwendung des Vorsichtsprinzip beim Zugang von Vermögensgegenständen kein Raum, da sich § 252 Abs. 1 Nr. 4 HGB auf die Bewertung im Jahresabschluss, nicht aber auf die Zugangsbewertung, die hier betroffen ist, beziehe.[218] Zwar ist *Göbel* darin beizupflichten, dass sich die Regelung des Vorsichtsprinzips im HGB in dem Unterabschnitt „Eröffnungsbilanz, Jahresabschluß" findet. Die systematische Stellung kann daher rasch zu der Annahme verleiten, dass das Prinzip in der Tat nur im Jahresabschluss heranzuziehen sei. Dabei würde man allerdings zum einen vollkommen unbeachtet lassen, dass es sich bei dem Vorsichtsprinzip um den wohl traditionellsten GoB handelt. Von der gewohnheitsrechtlichen Warte aus ist eine Heranziehung des Prinzips bei der Zugangsbewertung daher ausdrücklich erwünscht. Zum anderen ist zu beachten, dass der Zweck der über das Jahr erfolgenden Buchführung mit ihrer Zugangsbewertung vornehmlich darin liegt, die Aufstellung einer Unternehmensbilanz jederzeit mit angemessenem Aufwand zu ermöglichen.[219] Dies ist aber nur möglich, wenn die grundlegenden Bilanzierungsprinzipien auch bei der Buchführung und damit auch bei Zuführung eines Wirtschaftsguts zum Betriebsvermögen gel-

214 Naumann/Breker in: HdJ, Abt. I/7, Rn. 174.

215 So Crezelius in: Kirchhof, EStG, § 5, Rn. 47.

216 Vgl. Hey in: Tipke/Lang, § 17, Rz. 69.

217 Diese Frage erübrigt sich auch nicht durch die Implizierung des Anschaffungswertprinzips, da dieses keine Aussage über die Zusammensetzung der Anschaffungskosten beinhaltet.

218 So Göbel in: Bonner Handb., § 255 HGB, Rn. 13.

219 Vgl. ADS, 5. Aufl., § 238 HGB, Tz. 15.

ten. Die Ansicht *Göbels* ist daher abzulehnen, so dass das Vorsichtsprinzip im Kontext der Anschaffungsnebenkosten grundsätzlich anwendbar ist.[220]

C. Konkretisierung des Vorsichtsprinzips im Hinblick auf die Anschaffungsnebenkosten

I. Zur Notwendigkeit und Möglichkeit einer weiteren Konkretisierung des Vorsichtsprinzips

Im Vorfeld der Betrachtung des Vorsichtsprinzips bleibt noch zu klären, ob hinsichtlich der Anschaffungsnebenkosten überhaupt weiteres Interpretationspotenzial des Vorsichtsprinzips besteht oder ob dieses mit Realisations- und Imparitätsprinzip bereits ausgeschöpft ist.

Eine weitere Konkretisierung des Vorsichtsprinzips ist zunächst als notwendig zu erachten, da die Frage der Aktivierung von Anschaffungsnebenkosten nicht von den o.g. Konkretisierungen erfasst wird. Zwar ist vorstehend bereits erwähnt worden, dass das sog. Anschaffungswertprinzip eine Verknüpfung mit dem Realisationsprinzip als Unterprinzip des Vorsichtsprinzips erfährt. Allerdings verhindert diese Verknüpfung lediglich die vorzeitige Aufdeckung stiller Reserven und hat keine Auswirkungen auf die Qualifikation von Anschaffungsnebenkosten.

Auch bestehen im Zusammenhang mit Anschaffungsnebenkosten in der Regel keine Ermessenspielräume aufgrund von mangelnden Informationen oder der Ungewissheit zukünftiger Ereignisse.

Weiterhin ist die Entwicklung weiterer Konkretisierungen neben Realisations- und Imparitätsprinzip auch möglich, da es sich bei dem in § 252 Abs. 1 Nr. 4 HGB enthaltenen Begriff „vorsichtig" um einen unbestimmten Rechtsbegriff handelt.[221] Bei einem unbestimmten Rechtsbegriff handelt es sich grundsätzlich um einen Rechtsbegriff auf der Tatbestandsseite einer Norm[222], mit welchen die Wertungen des Gesetzes entfaltet werden.[223] Um eine solche Entfaltung der gesetzlichen Wertung zu ermöglichen, ist ein unbestimmter Rechtsbegriff sei-

---

220 So i.E. auch Escher, welcher sich der Frage widmet, ob in Bezug auf den Umfang der Anschaffungsnebenkosten wegen des Grundsatzes der Vorsicht gewisse Einschränkungen zu machen sind, vgl. Escher, aaO., S. 46.

221 Vgl. statt vieler: Buciek in: Blümich, EStG, Stand 11/2011, § 5, Rn. 240; W.Richter/Sailer Khuepach in: H/H/R, EStG, § 5, Anm. 219; Tipke in: HuRB, S. 1 (2).

222 Vgl. Tipke in: HuRB, S. 1 (3); Umkehrschluss aus Lang in: Tipke/Lang, § 5, Rz. 115.

223 So Lang in: Tipke/Lang, § 5, Rz. 49.

nem Charakter nach offen und damit gerade der (weiteren) Auslegung zugänglich und auch bedürftig.[224]

Gleiches muss auch für den Begriff „vorsichtig“, wie er dem Vorsichtsprinzip zugrunde liegt, gelten. Aus seiner Eigenschaft als unbestimmter Rechtsbegriffs ist zu folgern, dass Raum für weitere Konkretisierungen neben Realisations- und Imparitätsprinzip besteht. Das Vorsichtsprinzip kann sich daher entsprechend *Horschitz/Groß/Fanck* „nicht nur im Realisationsprinzip und Imparitätsprinzip niedergeschlagen“[225].

II. Entwicklung einer zusätzlichen Konkretisierung des Vorsichtsprinzips

1. Wortlaut des § 252 Abs. 1 Nr. 4 HGB als Ausgangspunkt

Entsprechend § 252 Abs. 1 Nr. 4 HGB ist „vorsichtig zu bewerten“. Das Gesetz mahnt damit dem reinen Wortlaut nach eine vorsichtige Vorgehensweise bei der Bewertung bzw. Aktivierung der Höhe nach an.

Dies führt lediglich vor Augen, dass auch der Bewertungsmaßstab „Anschaffungskosten“ und seine Bestandteile, vor allem die Anschaffungsnebenkosten, an dem Gebot der vorsichtigen Bewertung teilhaben, als sich nur mithilfe der Bewertungsmaßstäbe über die Aktivierung der Höhe nach entscheiden lässt.

Eine Antwort auf die Frage, wie das Vorsichtsprinzip im Kontext der Anschaffungsnebenkosten zu konkretisieren bzw. wie ihre o.g. Teilhabe am Vorsichtsgrundsatz auszugestalten ist, kann der Wortlaut des § 252 Abs. 1 Nr. 4 HGB jedoch nicht liefern.[226]

2. Auslegung des § 252 Abs. 1 Nr. 4 HGB entsprechend dem Willen des Gesetzgebers

Auch eine Auslegung nach dem Willen des historischen Gesetzgebers kann die Ausgestaltung der erwähnten Teilhabe am Vorsichtsprinzip nicht näher bestimmen. Die Gesetzesbegründung bezüglich des Entwurfs zum BiRiLiG vom 26.08.1983 weist lediglich darauf hin, dass die in § 259 Abs. 1 HGB-E (heute

---

224 So Tipke in: HuRB, S. 1 (3). „Sie enthalten ein allgemeines Program und ermöglichen dem Rechtsanwender dadurch die situationsgerechte Anpassung bei der Erfassung komplexer Materien, ferner die Berücksichtigung des Wandels der Verhältnisse [...]“, siehe Tipke in: HuRB, S. 1 (3). Die Offenheit für verschiedene Auslegungen ist somit Grundvoraussetzung für die Anwendung eines unbestimmten Rechtsbegriffs.

225 Horschitz/Groß/Fanck, aaO., S. 139.

226 So ähnlich, wenn auch wesentlich allgemeiner gehalten: Leuschner, aaO., S. 69, da Leuschner feststellt, dass die Formulierung des Wortlauts für die Ausgestaltung des Vorsichtsprinzips keine hinreichenden Informationen enthalte.

§ 252 Abs. 1 HGB) zu kodifizierenden Grundsätze in weitem Umfang bereits GoB darstellen und demnach durch das BiRiLiG lediglich eine gesetzliche Fixierung erhalten sollen.[227]

3. Auslegung entsprechend der systematischen Stellung des § 252 Abs. 1 Nr. 4 HGB

Das gleiche Ergebnis liefert auch die systematische Stellung des § 252 Abs. 1 Nr. 4 HGB, insbesondere seine Verknüpfung mit dem in § 253 Abs. 1 Satz 1 HGB kodifizierten Anschaffungswertprinzip, als es lediglich die o.g. Teilhabe der Anschaffungsnebenkosten als Bestandteil des Bewertungsmaßstabs „Anschaffungskosten“ bestätigt.

Dies beruht auf der Erwägung, dass das bereits erläuterte Anschaffungswertprinzip eine Sicherung des Realisationsprinzips als Unterprinzip des Vorsichtsgrundsatzes darstellt. Indes spielt das Anschaffungswertprinzip im Kontext der Anschaffungsnebenkosten kaum eine Rolle, obwohl der Begriff an sich anderes vermuten ließe. Die Dogmatik der Anschaffungsnebenkosten beschäftigt sich vielmehr vorrangig mit der Frage, welche Aufwendungen als Anschaffungsnebenkosten zu aktivieren sind und damit einen Teil der fortzuführenden Anschaffungskosten bilden. Erst nach Beantwortung dieser Frage kann das Anschaffungswertprinzip (siehe hierzu bereits S. 44) zur Verhinderung der verfrühten Aufdeckung stiller Reserven herangezogen werden. Das Anschaffungswertprinzip mag man daher als eine Art Folgestufe bezeichnen.

Eine Antwort auf die Frage nach der Ausgestaltung der o.g. Teilhabe der Anschaffungsnebenkosten am Vorsichtsprinzip lässt sich aus der systematischen Stellung des § 252 Abs. 1 Nr. 4 HGB hingegen nicht entnehmen. Auch kann die Heranziehung des § 255 Abs. 1 HGB, welcher ebenfalls unter der Überschrift „Bewertungsvorschriften“ zu verorten ist, keine zufriedenstellende Lösung herbeiführen. Das Zusammenspiel der beiden Vorschriften bestätigt lediglich, dass das Vorsichtsprinzip auch bei den Nebenkosten einer Anschaffung seine Geltung entfaltet. Wie diese Entfaltung jedoch zu konkretisieren sein könnte, verdeutlicht diese Zusammenschau nicht.

4. Auslegung entsprechend dem Sinn und Zweck des § 252 Abs. 1 Nr. 4 HGB

Da anhand der vorstehenden Auslegungsmethoden nicht beantworten werden konnte, wie eine vorsichtige Vorgehensweise i.S.d. § 252 Abs. 1 Nr. 4 HGB mit

227 Vgl. BT-Drs. 10/317, S. 87.

Blick auf Anschaffungsnebenkosten beschaffen sein kann, ist nun auf die teleologische Auslegung zurückzugreifen.

Betrachtet man hierzu das traditionelle Verständnis des Vorsichtsprinzips, so ergibt sich, dass sich der Kaufmann bzw. das Unternehmen im Zweifel ärmer zu rechnen hat[228], um so vor einer zu optimistischen Einschätzung der Lage des Unternehmens geschützt zu sein und um den Interessen des Gläubigerschutzes ausreichend Rechnung zu tragen.[229] Lässt man die dadurch geschaffene Möglichkeit einer willkürlich niedrigen Bewertung und der daraus resultierenden Gefahr der Bildung erheblicher, stiller Reserven[230] gleichwohl außer Betracht[231], so könnte die Übertragung des so verstandenen Vorsichtsprinzips auf die Dogmatik der Anschaffungsnebenkosten eigentlich nur dazu führen, dass Nebenkosten einer Anschaffung grundsätzlich nicht mehr anzuerkennen wären. Denn nur in diesem Fall wäre der Erwerber umfassend vor einer zu optimistischen Einschätzung seiner wirtschaftlichen Lage geschützt. Dies ließe aber unberücksichtigt, dass der Erwerber für die Tätigung von zu aktivierenden Anschaffungsaufwendungen durchaus nicht leer ausgeht. So wird durch die bereits dargestellten Kosten der Versetzung in Betriebsbereitschaft (vgl. S. 17 ff.) überhaupt erst ermöglicht, dass das angeschaffte Wirtschaftsgut im Unternehmen eingesetzt werden kann. Bei konsequenter Anwendung des traditionellen Vorsichtsprinzips müsste der Vorteil, der dem Erwerber durch Erreichung der Betriebsbereitschaft entsteht, aber geleugnet und dessen Lage damit schlechter dargestellt werden, als es den tatsächlichen Gegebenheiten entspricht. In der Folge würde ein verfälschtes Bild von der wirtschaftlichen Lage des Unternehmens gezeichnet.[232]

Eine solche Übertragung des klassischen Verständnisses auf die Dogmatik der Anschaffungsnebenkosten kann aber nicht dem Sinn und Zweck des Vorsichtsprinzips entsprechen. § 252 Abs. 1 Nr. 4 HGB verlangt lediglich, dass

---

228 Vgl. statt vieler Coenenberg/Haller/Schultze, aaO., S. 40.

229 Vgl. Knobbe-Keuk, Bilanz- und Unternehmenssteuerrecht, S. 47. So ähnlich Heinen, aaO., S. 166. Allerdings differenziert Heinen nicht zwischen den verschiedenen Adressatengruppen des Jahresabschlusses.

230 Darauf weisen auch Naumann/Breker hin, vgl. Naumann/Breker in: HdJ, Abt. I/7, Rn. 170.

231 Diese beiden Punkte kritisieren beispielsweise Baetge/Ziesemer/Schmidt in: Baetge/Kirsch/Thiele, § 252 HGB, Rn. 142.

232 Die Gefahr der Entstehung eines verzerrten Bildes der Vermögenslage des Unternehmens erkennen auch Naumann/Brecker, vgl. Naumann/Breker in: HdJ, Abt. I/7, Rn. 71. So auch schon Escher, aaO., S. 47. Indes kommt es Escher wohl darauf an, die Erfolgsneutralität der Anschaffung zu sichern. So führt er lediglich an, dass die sofortige Verbuchung der Anschaffungskosten über Aufwand u.U. „zu einer Verzerrung des Erfolgsbildes führen kann", vgl. Escher, aaO., S. 47.

„vorsichtig zu bewerten ist“, und nicht, dass die Lage des Unternehmens schlechter darzustellen ist. Es hat vielmehr einzig darauf anzukommen, die wirtschaftliche Lage des Unternehmens nicht zu positiv darzustellen, um die Gläubiger, die Gesellschafter und auch das Unternehmen selbst zu schützen. Ein solcher Schutz lässt sich indes nicht durch einen umfassenden Abzug jeglicher Nebenkosten als Betriebsausgaben herbeiführen. Aber auch eine zu negativ dargestellte Lage eines Unternehmens ermöglicht kein angemessenes Wirtschaften mit demselben, sondern verhindert dies eher. Der eigentliche Sinn und Zweck des Vorsichtsprinzips liegt also darin, die Lage des erwerbenden Unternehmens nicht zu positiv, aber auch nicht zu negativ darzustellen. Es gilt folglich, die wirtschaftliche Lage möglichst zutreffend zu erfassen und an die Außenwelt, wie beispielsweise Gläubiger und Finanzbehörden, weiterzugeben, so dass ein der Wahrheit entsprechendes Bild des Unternehmens gezeichnet wird.[233]

Eine derartige Konkretisierung, welche nach dem Sinn und Zweck des Prinzips mit Blick auf die Erfassung von Anschaffungsnebenkosten geboten ist, entspricht aber nicht dem klassischen Verständnis des Vorsichtsprinzips, wie vorstehend bereits angeklungen ist. Sie erinnert eher an den aus § 264 Abs. 2 HGB ableitbaren Grundsatz der Bilanzwahrheit und das sog. Gebot des „True and Fair View“, welches umfassende Information im Hinblick auf das bilanzierende Unternehmen fordert.[234] Das bilanzierende Unternehmen ist damit grundsätzlich verpflichtet, ein den tatsächlichen Verhältnissen entsprechendes Bild seiner Vermögenslage zu geben.[235] Auch ist eine Ähnlichkeit mit dem von *Hennrichs* im Kontext der Steuerbilanz angeführten Prinzip der Verlässlichkeit zu erkennen, nach welchem „die auf der Grundlage eines Steuerbilanzrechts ermittelten

233 So i.E. auch Büchele zum Vorsichtsprinzip im Kontext der Bilanzierung von Verpflichtungen aus Altersteilzeitverpflichtungen in der Handelsbilanz, vgl. Büchele, BB 1998, S. 1731 (1733).

234 Vgl. Hey in: Tipke/Lang, § 17, Rz. 72. Das Gebot der Bilanzwahrheit stelle lediglich eine Teilmenge des Grundsatzes „true and fair view“ dar, so Hey in: Tipke/Lang, § 17, Rz. 72. Hingegen geht Weber-Grellet wohl von einem identischen Bedeutungsinhalt dieser beiden Grundsätze aus, als er das Gebot der Bilanzwahrheit unter der Überschrift „True-and-fair-view“ diskutiert, vgl. Weber-Grellet, DB 1996, S. 2089 (2089 f.). So wohl auch Kleinle in: H/H/R, EStG, § 5, Anm. 223. Im Folgenden sei lediglich das Gebot der Bilanzwahrheit erwähnt, da es hier lediglich auf den „true view“ der Bilanz ankommt.

235 Vgl. Hey in: Tipke/Lang, § 17, Rz. 72. Berndt schränkt dieses Erfordernis ein und verlangt lediglich objektive Anhaltspunkte über die wirtschaftliche Lage eines Unternehmens, vgl. Berndt, zfbf 2001, S. 366 (381). Diese begründet Berndt mit den wirtschaftlichen Nachteilen einer schrankenlosen Publizität, vgl. Berndt, zfbf 2001, S. 366 (381).

Werte [...] nachprüfbar und willkürfrei sein"[236] sollen, damit die Gewinnermittlung „wirtschaftlich und praktikabel, d.h. einfach, verständlich und möglichst eindeutig"[237] ist.

Man könnte insofern von einer Aufladung des Vorsichtsprinzips mit diesen Grundsätzen sprechen.[238] Aufwendungen wären demnach nur dann als Anschaffungsnebenkosten zu behandeln, wenn ihre Aktivierung das wahre bzw. verlässliche Bild des Unternehmens nicht verfälschen würde. Damit würde das Vorsichtsprinzip bezüglich der Anschaffungsnebenkosten ein Korrektiv bzw. eine Schranke darstellen. Dies setzt allerdings voraus, dass dieser Konkretisierungsansatz des Vorsichtsprinzips tragfähig sowie mit Blick auf die dargelegten Bilanzzwecke gerechtfertigt ist.

5. Zur Tragfähigkeit der Auslegung des § 252 Abs. 1 Nr. 4 HGB, insbesondere mit Blick auf Europäisierung und Internationalisierung der Rechnungslegung

An der Tragfähigkeit des durch teleologische Auslegung des Gebots „vorsichtig zu bewerten" gewonnenen Ergebnisses könnte es indes aufgrund des Verhältnisses zwischen Vorsichtsgrundsatz und Grundsatz der Bilanzwahrheit fehlen.

Entsprechend dem klassischen Verständnis des Vorsichtsprinzips als Leitprinzip der handelsrechtlichen GoB sind die übrigen Prinzipien diesem gegenüber grundsätzlich nachrangig. So geht die h.M. davon aus, dass § 264 Abs. 2 HGB lediglich bei Auslegungszweifeln und Regelungslücken heranzuziehen sein soll.[239] Die neu gewonnene Konkretisierung des Vorsichtsprinzips kann daher nur aufrechterhalten werden, sofern an diesem Verständnis nicht mehr festzuhalten ist.

---

236 Hennrichs, DStJG 24 (2001), S. 301 (313).

237 Hennrichs, DStJG 24 (2001), S. 301 (313). Daher stelle sich das Vorsichtsprinzip aus steuerbilanzieller Sicht als Unterprinzip dar, welches u.a. aus dem Prinzip der Verlässlichkeit abgeleitet werde, vgl. Hennrichs, DStJG 24 (2001), S. 301 (325).

238 Noch weiter gehen Budde/Steuber, als sie ausführen, dass es durchaus richtig sei, den Grundsatz des „true and fair view" als Durchbrechung des Vorsichtsprinzips anzusehen; zumindest habe das Vorsichtsprinzip seine Grenze aber am Prinzip des „true and fair view" zu finden, vgl. Budde/Steuber, AG 1996, S. 542 (544). Ähnlich: Hey, als sie darauf hinweist, dass der Grundsatz des „true and fair view" die bestehende Bilanzrechtskonzeption zumindest modifiziere, vgl. Hey in: Tipke/Lang, § 17, Rz. 47.

239 So beispielsweise vgl. Winkeljohann/Schellhorn in: Beck'scher Bilanzkommentar, § 264 HGB, Rn. 31. Siehe Darstellung des Meinungsstreits bei Naumann/Breker in: HdJ, Abt. I/7, Rn. 73 f..

Da die Vorstellung vom vorrangigen, klassischen Vorsichtsprinzip aber seit vielen Jahrzehnten im nationalen Bilanzrecht verankert ist, kann eine Abweichung von diesem Verhältnis zwischen Vorsichtsprinzip und Gebot der Bilanzwahrheit, wie sie vorstehend vorgenommen worden ist, wohl nur durch richtlinienkonforme Auslegung und – mit Blick auf die Internationalisierung der Rechnungslegung – durch Heranziehung der IAS bestätigt werden.

a) Untersuchung des Auslegungsergebnisses mit Blick auf die Vierte EG-Richtlinie

Zunächst bietet sich der Weg über die europäische Ebene an, da die relevanten handelsrechtlichen Vorschriften, insbesondere § 252 Abs. 1 Nr. 4 HGB, auf der Vierten EG-Richtlinie fußen. Auch diese schreibt in Art. 31 Abs. 1 Buchst. c) vor, dass der Grundsatz der Vorsicht „in jedem Fall" beachtet werden muss.[240] Insofern könnte man durchaus annehmen, dass auch der europäische Richtliniengeber von einer übergeordneten Rolle des Vorsichtsprinzips ausgeht. Dieser Annahme steht allerdings Art. 2 Abs. 3 der Richtlinie entgegen, nach welchem der Jahresabschluss ein den tatsächlichen Verhältnissen entsprechendes Bild der Vermögens-, Finanz- und Ertragslage zu vermitteln hat, d.h. das Gebot der Bilanzwahrheit zu beachten ist. Aus der systematischen Stellung des Gebots innerhalb der Richtlinie vor dem Vorsichtsprinzip könnte man im Gegensatz zu der nationalen Auffassung einen Vorrang der Bilanzwahrheit ableiten. In diese Richtung kann auch der EuGH in seiner Entscheidung vom 27.06.1996 (Rechtssache „*Tomberger*") verstanden werden, als der Gerichtshof ausführt, dass die Beachtung des Grundsatzes der Bilanzwahrheit die Hauptzielsetzung der Vierten EG-Richtlinie darstelle.[241]

Gegen einen uneingeschränkten Vorrang der Bilanzwahrheit könnte indes der Wortlaut des o.g. Art. 31 Abs. 1 Buchst. c) sprechen, nach dem das Vorsichtsprinzip „in jedem Fall" zu beachten ist. Dies erkennt auch der EuGH in dem *Tomberger*-Urteil, als er betont, dass die „Anwendung des Grundsatzes der Bilanzwahrheit [...] sich möglichst weitgehend an den in Artikel 31 der Vierten

240 Darauf weist auch Rückle hin, vgl. Rückle in: HuRB, S. 403 (403).

241 So EuGH v. 27.06.1996, Rechtssache Tomberger, Az. C-234/94, Slg. 1996, S. I-3133, Tz. 17. Bestätigt durch EuGH v. 14.09.1999, Rechtssache DE+ES Bauunternehmung GmbH, Az. C-275/97, DStR 1999, S. 1645 (1647), Tz. 26. Hierzu siehe Hoffmann, DStR 1999, S. 1686 ff.. Zustimmend: Weber-Grellet, DB 1996, S. 2089 (2089). Kleinle spricht von der „Dominanz dieses Grundsatzes", vgl. Kleinle in: H/H/R, EStG, § 5, Anm. 223.

Richtlinie enthaltenen allgemeinen Grundsätzen zu orientieren"[242] hat, also auch am Vorsichtsgrundsatz. Diese Orientierung lässt sich jedoch nur umsetzen, wenn man beide Prinzipien miteinander verknüpft. Diese Verknüpfung darf jedoch nicht so umgesetzt werden, dass das Vorsichtsprinzip den wesentlichen Einfluss vermittelt und seine Position als Leitprinzip dadurch aufrechterhält. Denn gem. Art. 2 Abs. 5 der Richtlinie muss bei Unvereinbarkeit mit dem Grundsatz der Bilanzwahrheit von der betreffenden Vorschrift abgewichen werden, damit ein den tatsächlichen Verhältnissen entsprechendes Bild vermittelt wird. Entsprechend *Kleinle* führt dies dazu, dass dem Grundsatz der Bilanzwahrheit eine „übergeordnete Stellung eingeräumt"[243] wird.

Einen solchen Stellenwert der Bilanzwahrheit, wie ihn auch der EuGH hervorhebt, lassen die nationalen handelsrechtlichen Vorschriften dem Wortlaut nach aber eindeutig nicht erkennen und vermitteln zusätzlich eine strikte Trennung der beiden Grundsätze.[244] Auch ist das in § 264 Abs. 2 HGB enthaltene Gebot der Bilanzwahrheit der gesetzlichen Regelung nach eigentlich nur im Rahmen von Jahresabschluss der Kapitalgesellschaften und Lagebericht zu beachten. Insofern kann eine umfassende Geltung des Gebots für alle bilanzierenden Unternehmen nur dadurch erreicht werden, dass das Vorsichtsprinzip unter Zuhilfenahme der richtlinienkonformen Auslegung teleologisch korrigiert und mit dem Gebot der Bilanzwahrheit aufgeladen wird.[245] Dem Grundsatz der Bilanzwahrheit kommt demzufolge auch im nationalen Rechnungslegungssystem entsprechend *Weber-Grellet* Korrekturfunktion zu, so dass der gesetzlich kodifizierte Vorsichtsgrundsatz diesem nicht entgegen steht.[246]

---

242 EuGH vom 27.06.1996, Rechtssache Tomberger, Az. C-234/94, Slg. 1996, S. I-3133, Tz. 18.

243 Kleinle in: H/H/R, EStG, § 5, Anm. 223.

244 Dies erinnert an die in Zusammenhang mit dem Stellenwert des § 264 Abs. 2 HGB vertretene h.M, vgl. Winkeljohann/Schellhorn in: Beck'scher Bilanzkommentar, § 264 HGB, Rn. 31. Allerdings führen Winkeljohann/Schellhorn an, dass diese Ansicht seit dem Tomberger-Urteil kritischer gesehen wird, vgl. Winkeljohann/Schellhorn in: Beck'scher Bilanzkommentar, § 264 HGB, Rn. 31.

245 Auch Weber-Grellet erkennt, dass aus der systematischen Stellung des § 264 Abs. 2 HGB nicht geschlossen werden kann, dass dieser Grundsatz bei einfachen Kaufleuten und Personengesellschaft keine Bedeutung habe, vgl. Weber-Grellet, DB 1996, S. 2089 (2090). Der Große Senat des BFH erkennt in diesem Kontext zumindest an, dass der Grundsatz des „true and fair view" das Vorsichtsprinzip ergänzt, aber nicht dessen Aufgabe bedeutet, vgl. BFH v. 07.08.2000, Az. GrS 2/99, BStBl. II 2000, S. 632 (637).

246 So Weber-Grellet, DB 1996, S. 2089 (2090).

b) Untersuchung des Auslegungsergebnisses mit Blick auf die International Accounting Standards

Auch die Betrachtung der internationalen Rechnungslegung nach IAS bestätigt die Abweichung von der tradierten handelsrechtlichen Vorstellung des Vorsichtsprinzips. Dies wird bereits daraus deutlich, dass das Vorsichtsprinzip nach IAS als sog. „prudence principle" nur eine untergeordnete Bedeutung hat und demnach nicht als Leitprinzip aufgefasst wird[247], sondern vielmehr „lediglich einen Unterfall der qualitativen Anforderung der Zuverlässigkeit (reliability)"[248] darstellt.[249] Auch ist von den Bilanzierungs- und Bewertungsvorschriften einzelner IAS abzuweichen, wenn dies zur Erreichung eines „true and fair view" notwendig ist.[250]

Abgesehen von dieser nur untergeordneten Stellung des Vorsichtsprinzips ist der Grundsatz entsprechend *Leuschner* mit Blick auf die IAS so aufzufassen, dass „Vermögenswerte oder Erträge nicht zu hoch und Schulden und Aufwendungen nicht zu gering angesetzt werden"[251] dürfen. Ein solches Verständnis führt wiederum zu dem eben genannten Erfordernis der Zuverlässigkeit, dem sich der Vorsichtsgrundsatz unterzuordnen hat, zurück und schließt damit den Kreis. Denn die Vorgabe, dass die Bewertung weder zu hoch noch zu niedrig erfolgen darf, ist nur vor dem Hintergrund bedeutsam, dass die Unternehmenslage möglichst zuverlässig dargestellt werden soll. Insofern ist das „prudence principle" der IAS bereits mit dem Gebot der Bilanzwahrheit in Form des Zuverlässigkeitserfordernisses aufgeladen. Dieses Ergebnis kann wegen Niederlegung der IAS 2003[252] in der EG-Verordnung Nr. 2238/2004 vom 31.12.2004[253]

---

247 Vgl. Winnefeld, Bilanz-Handb., Kapitel E, Rn. 81. Gleiches gilt für die Rechnungslegung nach US-GAAP, vgl. Winnefeld, Bilanz-Handb., Kapitel E, Rn. 82. Ähnlich: Siegel/Schmidt in: Beck'sches HdR, Stand 05/2010, B 161, Rn. 147; Ballwieser in: MüKo HGB, § 252, Rn. 67, 70.

248 Leuschner, aaO., S. 79.

249 Ferner lässt sich dieses Verständnis des Vorsichtsprinzips auch aus IAS 8.10 Buchst. b) 2003 ableiten. Leuschner leitet dieses Verständnis hingegen direkt aus dem Framework der IAS ab, vgl. Leuschner, aaO., S. 79.

250 Siehe Naumann/Breker in: HdJ, Abt. I/7, Rn. 76.

251 Leuschner, aaO., S. 79.

252 „IAS 2003" meint im Rahmen dieser Arbeit nicht das Jahr der Umsetzung der IAS in der entsprechenden EG-Verordnung (vgl. Fn. 253), sondern lediglich das Jahr der Verabschiedung der Standards durch das International Accounting Standard Board (IASB). Entsprechendes gilt für die IAS 1998.

253 Siehe ABl. L 394 v. 31.12.2004, S. 1 ff.. (für Fassung von 1998 siehe Verordnung Nr. 1725/2003, ABl. L 261 v.13.10.2003, S. 1 ff.).

auch auf nationaler Ebene nicht negiert werden. Insofern hat dies ebenfalls für die Auslegung des in § 252 Abs. 1 Nr. 4 HGB für die nationale Ebene erfassten Vorsichtsprinzips zu gelten.[254]

Dementsprechend bestätigt auch der Blick auf die IAS die zu § 252 Abs. 1 Nr. 4 HGB vorgenommene Auslegung, dass das überkommende Verständnis hinsichtlich des Verhältnisses zum Grundsatz der Bilanzwahrheit nicht entgegensteht.

III. Ergebnis zur Konkretisierung des Vorsichtsprinzips und Auswirkungen auf die Dogmatik der Anschaffungsnebenkosten

Das Vorsichtsprinzip ist zumindest im Rahmen der Dogmatik der Anschaffungsnebenkosten mithilfe des Grundsatzes der Bilanzwahrheit teleologisch zu korrigieren und mit dessen Bedeutungsgehalt aufzuladen.[255] Dies ergibt sich aus dem Sinn und Zweck des Vorsichtsprinzips sowie mit Blick auf die richtlinienkonforme Auslegung und den Stellenwert des Grundsatzes in der Rechnungslegung nach IAS.

Es entspricht nicht dem Sinn und Zweck des Prinzips, wenn das bilanzierende Unternehmen seine wirtschaftliche Lage im Wege einer vorsichtigen Bewertung vollständig verfälscht darstellt.[256] Dies hat zur Konsequenz, dass dem bilanzierenden Unternehmen kein Spielraum in Bezug auf eine willkürliche Bewertung von Wirtschaftsgütern eingeräumt wird, sondern dass so zu bewerten ist, dass letztlich ein zuverlässiges Bild von der Lage des Unternehmens entsteht und aufrechterhalten wird.

Überträgt man dies auf die Qualifikation von Aufwendungen als Anschaffungsnebenkosten, so ist nach der Anschaffung eines Wirtschaftsguts differenziert zu untersuchen, welche Aufwendungen als Anschaffungsnebenkosten zu aktivieren sind. Dabei gilt es einerseits zu verhindern, dass durch eine zu extensive Aktivierung von Nebenkosten die Vermögenslage des Unternehmens zu positiv dargestellt wird, obwohl womöglich umfangreiche Aufwendungen getätigt worden sind, die die Lage in Wahrheit verschlechtert haben. Andererseits ist aber auch zu vermeiden, dass durch eine zu restriktive Aktivierung beinahe

---

254 Insofern steht auch nicht entgegen, dass die IAS ursprünglich vom International IASB entwickelt worden sind, da der europäische Verordnungsgeber durch Übernahme der IAS in die genannte EG-Verordnung zum Ausdruck gebracht hat, dass diese als innerhalb der Europäischen Gemeinschaften unmittelbar verbindlich anzusehen sind.

255 Eine Verknüpfung von Vorsichtsprinzip und Gebot der Bilanzwahrheit hält auch Berndt für möglich, vgl. Berndt, zfbf 2001, S. 366 (385).

256 Dabei sei jedoch offen gelassen, ob dieses Ergebnis auch außerhalb der Anschaffungsnebenkosten heranzuziehen ist.

sämtliche Aufwendungen als Betriebsausgaben behandelt werden. Die Aktivierung von Nebenkosten hat insgesamt entsprechend der Vorgabe zu erfolgen, dass die Unternehmenslage in Handels- und Steuerbilanz zuverlässig dargestellt wird. An dieser Vorgabe haben sich auch die Anforderungen zu orientieren, die an die Aktivierung von Anschaffungsnebenkosten zu stellen sind.

D. Beurteilung der Rechtfertigung des Vorsichtsprinzips vor dem Hintergrund der unterschiedlichen Bilanzzwecke

Das so konkretisierte Vorsichtsprinzip kann der Dogmatik der Anschaffungsnebenkosten allerdings nur dann zugrunde gelegt werden, wenn es zu den Zwecken von Handels- und Steuerbilanz in Einklang steht.

I. Untersuchung der handelsbilanziellen Rechtfertigung des Konkretisierungsansatzes

Entsprechend dem Überblick über die Rechtfertigungsmaßstäbe orientiert sich die Betrachtung der handelsbilanziellen Rechtfertigung an den Zwecken des Gesellschafterschutzes, des Gläubigerschutzes sowie am Informationszweck.

1. Zur Rechtfertigung im Hinblick auf den Zweck des Gesellschafterschutzes

Zunächst müsste die herausgearbeitete Konkretisierung des Vorsichtsprinzips dem Zweck des Gesellschafterschutzes genügen. Es ist bereits erläutert worden, dass die Handelsbilanz aufgrund der Ausschüttungsbemessungsfunktion auch die Möglichkeit der Entnahme bzw. Ausschüttung des Jahresüberschusses schützt. Im Rahmen der Bilanzerstellung sollen somit die Gesellschafter bzw. Unternehmensinhaber dahingehend geschützt werden, dass eine Mindestausschüttung sichergestellt wird (vgl. S. 26).

Ob das Vorsichtsprinzip eine solche Mindestausschüttung gewährleistet, ist allerdings zweifelhaft. Eine vorsichtige Einordnung von Aufwendungen als Anschaffungsnebenkosten unter Berücksichtigung der tatsächlichen Lage des Unternehmens verhindert nicht nur eine zu geringe, sondern auch eine zu extensive Aktivierung. Dies kann im Einzelfall dazu führen, dass ein Großteil der Anschaffungsaufwendungen als Betriebsausgaben im Jahr der Anschaffung abzuziehen ist und dadurch den Jahresüberschuss des Unternehmens entsprechend herabsetzt. Eine derartige Reduzierung hat letztlich zur Folge, dass ein geringerer Betrag an die Gesellschafter ausgeschüttet bzw. durch die Unternehmensinhaber entnommen werden kann.

Indes entspricht eine nahezu unbeschränkte Ausschüttung bzw. Entnahme in letzter Konsequenz auch nicht dem Zweck des Gesellschafterschutzes, da dies beispielsweise bei einer GmbH zu einer Angreifung des Stammkapitals führen könnte, welches als Haftungsmasse gegenüber den Gläubigern dient (vgl. § 13 Abs. 2 GmbHG). Gerade dies soll aber durch die §§ 30, 31 GmbHG verhindert werden.[257]

Dementsprechend kann der Schutz der Gesellschafter bzw. Unternehmensinhaber nicht nur so verstanden werden, dass ausschließlich eine möglichst hohe Ausschüttung zu erzielen ist. Lässt man die „anonymen" Aktionäre einer großen Aktiengesellschaft hier außer Betracht und lenkt den Fokus nur auf diejenigen Gesellschafter, die sich auch als Unternehmensinhaber verstehen, so dürfte die Schutzrichtung des Gesellschafterschutzes noch aus einem weiteren Aspekt nicht für eine derartige Entnahmepolitik einstehen. So wird das langfristige Interesse solcher Gesellschafter gerade nicht in einer möglichst hohen Ausschüttung des Jahresüberschusses bzw. einer möglichst hohen Entnahme bestehen. Unternehmensinhaber-Gesellschafter werden vielmehr vorrangig an dem dauerhaften Erhalt des Unternehmens interessiert sein. Gleiches gilt auch für andere Gesellschaftergruppen, welchen an einer längerfristigen, gewinnbringenden Beteiligung gelegen ist. Diesen wird im Regelfall nicht an einer „Entnahme bis zur Insolvenz" gelegen sein, da eine dauerhafte Ausschüttung von Dividenden letztlich nur dann gesichert ist, wenn das Unternehmen, das die Gesellschaft betreibt, nicht durch übermäßige Entnahmen geschädigt wird.

Damit verlangt der Zweck des Gesellschafterschutzes aufgrund der formulierten Schutzrichtung nicht, dass die Möglichkeit von Mindestausschüttungen bzw. -entnahmen einschränkungslos gewährleistet wird. Es ist kein künstliches „Festhalten" an einem Jahresüberschuss geboten, der dem tatsächlichen Bild der Verhältnisse nicht entspricht. Der Zweck des Gesellschafterschutzes, der auf ein langfristiges Fortbestehen des Unternehmens zum Wohle der Gesellschafter bzw. Inhaber abstellt, kann demnach auch erfüllt werden, wenn bei der Aktivierung von Nebenkosten einer Anschaffung das Vorsichtsprinzip so berücksichtigt wird, dass sich der Jahresüberschuss u.U. betragsmäßig reduziert.

2. Zur Rechtfertigung im Hinblick auf den Zweck des Gläubigerschutzes

Die Rechtfertigung durch den Zweck des Gesellschafterschutzes bedeutet aber nicht zwangsläufig, dass eine Rechtfertigung auch aus dem Blickwinkel des Gläubigerschutzes gegeben ist. Dies gilt umso mehr, als es sich bei Gesellschaf-

257 Eine ähnliche, wenn auch allgemein gehaltene Darstellung findet sich bei Naumann/Breker in: HdJ, Abt. I/7, Rn. 168.

tern und Gläubigern um zwei Gruppen mit konträren Interessen handelt.[258] Im Gegensatz zu dem Gesellschafterschutz stellt der Gläubigerschutz einerseits auf eine Ausschüttungsbegrenzung ab. Andererseits lenkt der Schutzzweck den Blick des Betrachters zusätzlich auf die Vermögensmasse des Unternehmens. Denn den Gläubigern ist in der Regel an einem Fortbestand des Schuldnerunternehmens gelegen, da sie nur dann ernstlich mit der Erfüllung ihrer Forderungen rechnen können.[259] Wie es um den Unternehmensfortbestand bestellt ist, lässt sich aber nicht ausschließlich aus den Ausschüttungen an die Gesellschafter ableiten, sondern vielmehr auch aus der vorhandenen Vermögensmasse. Dementsprechend ist die Rechtfertigung des teleologisch korrigierten Vorsichtsprinzips unter dem Blickwinkel sowohl der Ausschüttungsbegrenzung als auch des Fortbestands der Vermögensmasse zu untersuchen.

a) Blickwinkel der Ausschüttungsbegrenzung

Die Ausschüttungsbegrenzung zum Schutz der Gläubiger verfolgt vornehmlich das Ziel, dass der durch das Unternehmen erwirtschaftete Jahresüberschuss nicht nur den Gesellschaftern zur Verfügung gestellt wird, sondern auch zur Begleichung von Verbindlichkeiten gegenüber Gläubigern eingesetzt werden kann.[260]

Eine Begrenzung der Ausschüttung zur Erreichung dieses Ziels lässt sich neben weiteren Maßnahmen dadurch herbeiführen, dass der Jahresüberschuss durch vorsichtige, die tatsächliche Lage darstellende Aktivierung von Anschaffungsnebenkosten gerade nicht künstlich von der Anschaffung unberührt bleibt. Es gilt daher eine Handhabung der Anschaffungsnebenkosten zu wählen, welche den Jahresüberschuss in den tatsächlichen Umständen entsprechendem Umfang mindert.

Somit besteht an der handelsbilanziellen Rechtfertigung der Konkretisierung des Vorsichtsgrundsatzes in Bezug auf den Aspekt der Ausschüttungsbegrenzung keinerlei Zweifel.

b) Blickwinkel des Fortbestands der Vermögensmasse

Wie eingangs formuliert, ist im Zusammenhang mit dem Gläubigerschutz auch auf die Vermögensmasse des Unternehmens abzustellen. Diese wird insbesondere durch die auf der Aktivseite der Bilanz dargestellten Vermögensgegenstände

258 Siehe Budde/Steuber, AG 1996, S. 542 (545).

259 So ähnlich Heinen, aaO., S. 166.

260 Die Ausschüttungsbegrenzung soll damit verhindern, dass auch Teile der Unternehmenssubstanz an die Gesellschafter verteilt werden, vgl. Heinen, aaO., S. 166.

und die Höhe jeweils eingebuchter Beträge sowie durch das ausgewiesene Eigenkapital wiedergegeben.

In diesem Kontext könnte man, ähnlich der Auseinandersetzung mit dem Zweck des Gesellschafterschutzes, zunächst annehmen, dass die Konkretisierung des Vorsichtsprinzips – entgegen dem soeben zum Aspekt der Ausschüttungsbegrenzung erzielten Zwischenergebnis – nicht durch den Gläubigerschutz gerechtfertigt ist. Diese Annahme könnte sich daraus ergeben, dass gerade durch eine extensive Aktivierung von Aufwendungen die ausgewiesene Vermögensmasse betragsmäßig höher ausfällt. Im Gegensatz führt eine restriktive Aktivierung von Anschaffungsnebenkosten dazu, dass diese Vermögensmasse geringer ausfällt. Dem Interesse der Gläubiger nach dem Vorhandensein einer ausreichenden Vermögensmasse, mit deren Hilfe ausstehende Forderungen beglichen werden können, scheint es daher auf den ersten Blick eher zu entsprechen, wenn der herausgearbeiteten Konkretisierung des Vorsichtsprinzips die Rechtfertigung verweigert und eine extensive Aktivierung, die in der Bilanzdarstellung eine entsprechende Vermögensmasse generiert, befürwortet würde.

An diesem Ergebnis kann jedoch nicht festgehalten werden. Denn dem Gläubigerschutz ist nicht gedient, wenn die Unternehmenslage durch die beschriebene Vorgehensweise derart positiv dargestellt wird, dass die Vermögensmasse umfangreicher erscheint, die Gläubiger aber u.U. gleichwohl ihre Forderungen nicht beglichen erhalten. Das Hauptinteresse der Gläubiger ist in diesem Zusammenhang vielmehr darin zu sehen, dass das Schuldnerunternehmen auf die ihm entgegengebrachten Forderungen zu leisten in der Lage ist bzw. dass die Gläubiger über eine Schieflage dieses Unternehmens rechtzeitig Kenntnis erlangen und sich ggf. auf dessen Insolvenz vorbereiten können. Diesem Interesse und damit dem Gläubigerschutz ist vielmehr gedient, wenn die Vermögensmasse des Unternehmens realistisch dargestellt wird und Anschaffungsaufwendungen diese nicht künstlich erhöhen. Die Vermögensmasse sollte daher möglichst den tatsächlichen Umständen entsprechen. Nur in diesem Fall können die Gläubiger die Lage des Unternehmens und damit die Wahrscheinlichkeit, ob die ausstehenden Forderungen bedient werden können, sowie ggf. eine drohende Zahlungsunfähigkeit des Schuldnerunternehmens, wesentlich zuverlässiger und zutreffender einschätzen.

Aus diesen Gründen ist davon auszugehen, dass der Bilanzzweck des Gläubigerschutzes dem teleologisch korrigierten Vorsichtsprinzip nicht entgegen steht. Dies gilt erst recht vor dem Hintergrund, dass die Gläubiger, wie

Weber-Grellet zutreffend formuliert, „wegen ihrer Sicherheiten diesen Schutz vielfach gar nicht benötigen“[261].

3. Zur Rechtfertigung im Hinblick auf den Informationszweck

Letztlich bleibt noch zu fragen, ob die Aufladung des Vorsichtsprinzips mit dem Grundsatz der Bilanzwahrheit auch dem Informationszweck der Handelsbilanz gerecht wird. Nur in diesem Fall wäre die handelsbilanzielle Rechtfertigung der Konkretisierung des Vorsichtsprinzips zweifelsfrei gegeben.

In den Ausführungen zu dem eben dargelegten Zweck des Gläubigerschutzes sowie demjenigen des Gesellschafterschutzes ist bereits angeklungen, dass eine Verknüpfung dieser beiden Zwecke mit dem Informationszweck der Handelsbilanz besteht. Diese Verknüpfung besteht darin, dass das Vorsichtsprinzip, wie es in dieser Arbeit konkretisiert wird, dafür Sorge trägt, dass Gläubigern und Gesellschaften realistische Informationen über die wirtschaftliche Lage des Unternehmens nach erfolgter Anschaffung zur Verfügung stehen. Die Erfüllung des Informationszwecks realisiert damit sozusagen erst den Schutz von Gläubigern und auch Gesellschaftern.[262]

Neben den beiden genannten Adressatengruppen spricht der Informationszweck gemäß dem Überblick über die Bilanzzwecke (vgl. S. 27) auch die Unternehmensleitung und Dritte an, d.h. Personen, die noch nicht in einem geschäftlichen Kontakt zu dem Unternehmen stehen. Diese beiden Adressatengruppen sollen anhand der durch die Handelsbilanz vermittelten Information in die Lage versetzt werden, für sie relevante Entscheidungen mit Blick auf das jeweilige Unternehmen treffen zu können. So soll es der Unternehmensleitung beispielsweise ermöglicht werden, künftige finanzielle Risiken möglichst frühzeitig zu erkennen, um noch rechtzeitig und auch effektiv eingreifen zu können. Ferner soll der Gruppe der Externen, die es in Erwägung ziehen, mit dem Unternehmen, sei es als Gesellschafter, sei es als Geschäftspartner, in Beziehung zu treten, die Möglichkeit eröffnet werden, eine entsprechende Investitionsentscheidung treffen zu können.[263] Diese Entscheidung soll die Informationsfunktion erleichtern und absichern. Über Probleme des Unternehmens muss sich eine externe Person frühzeitig, d.h. vor dem Treffen der Investitionsentscheidung, Kenntnis verschaffen können.

---

261 Weber-Grellet, DB 1997, S. 385 (391).

262 Diesen Gedanken führt auch Ballwieser aus, vgl. Ballwieser in: FS Clemm, S. 1 (15).

263 Kübler bezeichnet dies als „Information des Kapitalmarktes“, vgl. Kübler in: FS Budde, S. 361 (364).

In Anbetracht dessen könnte man sich durchaus auf den Standpunkt stellen, dass eine vorsichtige, zurückhaltende Einordnung von Aufwendungen als Anschaffungsnebenkosten unter dem Aspekt des Informationszwecks nicht notwendig ist, da die bloße Aufstellung einer Handelsbilanz eine ausreichende Informationsquelle für Unternehmensleitung und auch für Dritte bieten könnte. Jedoch darf der Informationszweck nicht in diese Richtung interpretiert werden, da er sich andernfalls selbst ad absurdum führte. Der Zweck kann nicht bereits dann als erfüllt angesehen werden, wenn irgendeine Informationsquelle zur Verfügung gestellt wird. Es kommt vielmehr entscheidend auf die Qualität dieser Quelle an. Nur bei einer entsprechenden Qualität wird das Bedürfnis der o.g. Adressaten nach Informationen über die Lage des Unternehmens angemessen befriedigt. Dieses Ziel kann aber nur erreicht werden, wenn die Handelsbilanz kein zu optimistisches Bild, sondern vielmehr ein realistisches Bild von den Verhältnissen des Unternehmens liefert. Dabei bedeutet „realistisch" aber weder eine zu ausufernde Aktivierung nahezu sämtlicher Anschaffungsaufwendungen noch eine zu restriktive Aktivierung.

Der Informationszweck wird vielmehr nur dann erfüllt, wenn sich die Adressatengruppen mittels der durch die Handelsbilanz zur Verfügung gestellten Informationen ein verlässliches Urteil über den finanziellen Zustand des Unternehmens machen können.[264] Dies kann durch Heranziehung der ermittelten Konkretisierung des Vorsichtsprinzips gewährleistet werden. Insofern ist sich der Ausführung *Weber-Grellets* anzuschließen, wonach die Bilanz „nicht als Instrument zur Verschleierung der wahren Vermögenslage eingesetzt werden"[265] darf, wenn sie ihre Funktion erfüllen soll.

Es ist daher festzuhalten, dass die Interpretation des Vorsichtsprinzips im Kontext der Dogmatik der Anschaffungsnebenkosten auch unter Betrachtung des Informationszwecks der Handelsbilanz gerechtfertigt ist.[266]

---

264 So ähnlich Weber-Grellet, nach welchem das Bilanzrecht und damit auch die Handelsbilanz über eine „präventive Schutzfunktion" verfügt, die es den Adressaten ermöglicht, die wirtschaftliche Lage und die Entwicklung zutreffend beurteilen zu können, vgl. Weber-Grellet, DB 1996, S. 2089 (2080).

265 Weber-Grellet, DB 1996, S. 2089 (2090).

266 Die oben aufgeworfene Frage nach einer Vorgehensweise im Fall einer Kollision der Zwecke der Handelsbilanz (vgl. S. 29) kann demnach unbeantwortet bleiben, da alle drei Rechtfertigungsmaßstäbe zu dem gleichen Ergebnis gelangen.

II. Untersuchung der steuerbilanziellen Rechtfertigung des Auslegungsansatzes

Nachdem die handelsbilanzielle Rechtfertigung des Konkretisierungsansatzes bejaht worden ist, bleibt noch zu beleuchten, ob dies für die steuerbilanzielle Sicht ebenso gilt. In Rahmen dessen sollen, wie im Überblick über die Rechtfertigungsmaßstäbe dargestellt, die Gewinnermittlung entsprechend der wirtschaftlichen Leistungsfähigkeit sowie entsprechend der Gleichmäßigkeit der Besteuerung herangezogen werden.

1. Zur Rechtfertigung im Hinblick auf die Gewinnermittlung entsprechend der wirtschaftlichen Leistungsfähigkeit

Da sich der Steuergesetzgeber dazu entschieden hat, zur Messung der wirtschaftlichen Leistungsfähigkeit bei Gewerbetreibenden auf den bilanziell ermittelten Gewinn abzustellen (vgl. hierzu S. 32), hat das Leistungsfähigkeitsprinzip auch bei denjenigen Prinzipien umfassende Beachtung zu finden, die der steuerbilanziellen Gewinnermittlung zugrunde liegen. Diese Forderung ist aber nur dann gewährleistet, wenn sich auch das Vorsichtsprinzip in seinem hier vertretenen Verständnis am Leistungsfähigkeitsprinzip zu messen hat.

Die steuerliche Gewinnermittlung, die sich an der wirtschaftlichen Leistungsfähigkeit orientiert, intendiert die Ermittlung des „richtigen“ Gewinns (vgl. S. 30). An dieser Intention muss die Konkretisierung des Vorsichtsgrundsatzes teilnehmen, um unter dem Aspekt der Gewinnermittlung entsprechend der wirtschaftlichen Leistungsfähigkeit gerechtfertigt zu sein.

Wie bereits mehrfach dargelegt, führt die teleologische Korrektur und Aufladung des Vorsichtsprinzips mit dem Grundsatz der Bilanzwahrheit zu einer „vorsichtigen“, d.h. einer restriktiveren Behandlung von Anschaffungsaufwendungen als Anschaffungsnebenkosten. Der Effekt dieser Behandlung besteht darin, dass einige Aufwendungen sofort als Betriebsausgaben abzugsfähig sind und damit den Jahresüberschuss des betreffenden Jahres für steuerliche Zwecke herabsetzen. Gerade diese Herabsetzung entspricht einer Gewinnermittlung, die sich an der wirtschaftlichen Leistungsfähigkeit ausrichtet, da sich die Anschaffung, insbesondere durch die mit ihr in Zusammenhang stehenden Nebenkosten, negativ auf die Leistungsfähigkeit des Erwerbers auswirkt. Diese Auswirkung wird nur dann abgemildert bzw. beseitigt, wenn dem Betriebsvermögen im Gegenzug zu den getätigten Aufwendungen „etwas“ zugeführt wird, durch das der

Erwerber in gewisser Hinsicht eine „Bereicherung" erfährt, welche die zuordenbare Aufwendung „neutralisiert".[267]

Betrachtet man beispielsweise den zu entrichtenden Anschaffungspreis, so wird deutlich, dass der Erwerber im Gegenzug zu der Hingabe von Geldmitteln das wirtschaftliche (und regelmäßig auch das zivilrechtliche) Eigentum an dem Wirtschaftsgut erhält. Dem Betriebsvermögen ist damit „etwas" i.S.d. erwähnten Bereicherung zugeführt worden. Fehlt hingegen diese mit der Aufwendung korrespondierende Zuführung, so nimmt die wirtschaftliche Leistungsfähigkeit des Erwerbers um den betreffenden Betrag der Aufwendungen ab. Erfolgt in diesem Fall dennoch eine Aktivierung dieser Aufwendungen und erhöht sich daher der Wert, mit welchem das angeschaffte Wirtschaftsgut in der Steuerbilanz im Anschaffungsjahr aufgeführt ist, so erweckt dies den falschen Anschein, dass die Anschaffung die wirtschaftliche Leistungsfähigkeit überhaupt in keiner Weise beeinträchtigt hätte. Für die Besteuerung hätte dies zur Folge, dass der Erwerber nicht entsprechend niedriger veranlagt würde, obgleich die Anschaffung seine Leistungsfähigkeit u.U. nicht unbeträchtlich gemindert hat.

Zwar führt der Grundsatz der Periodisierung, welchem durch die jährliche AfA entsprechend § 7 EStG Ausdruck verliehen wird, dazu, dass im Anschaffungsjahr und in den Folgejahren ein entsprechender Betrag, der sich aus der linearen Absetzungsberechnung ergibt, abgeschrieben wird. Insofern reduziert sich der steuerbilanzielle Wert des Wirtschaftsguts entsprechend, so dass erfolgswirksamer Aufwand entsteht. Diese erfolgswirksame Absetzung könnte zu der Annahme verleiten, dass der verringerten wirtschaftlichen Leistungsfähigkeit des Steuerpflichtigen entgegen dem soeben Gesagten doch die notwendige Beachtung zukommt. Dagegen spricht aber, dass dieser Absetzungsbetrag, der pro Jahr als Aufwand behandelt wird, nur einen Bruchteil der tatsächlichen Aufwendungen im Anschaffungsjahr umfasst. Die Verringerung der Leistungsfähigkeit wird damit auf die gesamte Nutzungsdauer des Wirtschaftsguts verteilt und wirkt sich während dieser Dauer entsprechend gewinnmindernd aus, obwohl die Leistungsfähigkeit bei rein tatsächlicher Betrachtung nur im Jahr der Anschaffung in der vollen Höhe der Aufwendungen beeinträchtigt wird. Diese Beeinträchtigung kommt aber nur dann in der Steuerbilanz zum Ausdruck, wenn man eine restriktive Handhabung bei der Aktivierung von Anschaffungsnebenkosten verfolgt.

---

267 Ein ähnlicher Gedanke findet sich bei Engler, welcher annimmt, dass eine Vermögensumschichtung nur vorliegt, wenn der Erwerber für die Tätigung der Nebenkosten ein Äquivalent erhalten hat, vgl. Engler, BB 2006, S. 747 (749).

Eine solche Handhabung von Anschaffungsnebenkosten wird vor allem durch die vorliegend entwickelte Konkretisierung des Vorsichtsprinzips ermöglicht. Demgemäß ist diese im Hinblick auf die an der wirtschaftlichen Leistungsfähigkeit orientierte Gewinnermittlung gerechtfertigt.

2. Zur Rechtfertigung im Hinblick auf die Gewinnermittlung entsprechend der Gleichmäßigkeit der Besteuerung

Um zu einer umfassenden steuerbilanziellen Rechtfertigung des Konkretisierungsansatzes zu gelangen, muss dieser auch mit dem Gebot der Gewinnermittlung entsprechend der Gleichmäßigkeit der Besteuerung zu vereinbaren sein. Auf der einen Seite verlangt dieses Gebot mit Blick auf die steuerbilanzielle Gewinnermittlung, dass alle buchführungspflichtigen Gewerbetreibenden, grundsätzlich die gleiche steuerliche Behandlung erfahren. Auf der anderen Seite gilt dieses Gebot aber auch zwischen bilanzierenden Gewerbetreibenden und Beziehern anderer Einkunftsarten. Für die Konkretisierung des Vorsichtsprinzips bedeutet dies in der Konsequenz, dass sie diesen beiden Aspekten Genüge tun muss.

a) Blickwinkel der Gleichbehandlung buchführungspflichtiger Gewerbetreibender untereinander

Betrachtet man zunächst nur das Gebot der Gleichbehandlung der Gewerbetreibenden untereinander, so wird deutlich, dass die Möglichkeit der extensiven und dadurch willkürlichen Aktivierung von Anschaffungsnebenkosten eine Ungleichbehandlung innerhalb dieser Gruppe bedingt. Derjenige Gewerbetreibende, der eine umfassende „Aktivierungspolitik“ im Rahmen von Anschaffungen verfolgt, unterliegt einer höheren Besteuerung, als derjenige, der bei Anschaffung eines gleichartigen Wirtschaftsguts[268] eher zum Abzug der Aufwendungen als Betriebsausgaben neigt. Beide Anschaffungsvorgänge führen damit zu einer unterschiedlichen Besteuerung, obwohl die Erwerber nach tatsächlicher Betrachtung die gleiche Einbuße in ihrer wirtschaftlichen Leistungsfähigkeit erfahren haben. Wendet man hier hingegen das durch die Bilanzwahrheit aufgeladene Vorsichtsprinzip an und gibt den Gewerbetreibenden entsprechende Vorgaben in Form des im nächsten Kapitel zu entwickelnden Qualifikationsmaßstabs an die Hand, so sind die soeben deutlich gewordenen Willkürspielräume bei der bilanziellen Behandlung einer Anschaffung weitgehend ausgeräumt und führen zu

268 Zur Verdeutlichung sei hier unterstellt, dass sich auch die Versetzung des Wirtschaftsguts in Betriebsbereitschaft gleichartig vollzieht.

einer Gleichbehandlung der Gewerbetreibenden untereinander und damit zu einer entsprechenden Gleichmäßigkeit der Besteuerung.

b) Blickwinkel der Gleichbehandlung zwischen buchführungspflichtigen Gewerbetreibenden und Beziehern anderer Einkunftsarten

Aber auch der Gleichbehandlung zwischen Gewerbetreibenden und Beziehern anderer Einkunftsarten muss der Konkretisierungsansatz im Rahmen der Gewinn- bzw. Einkünfteermittlung ausreichend Rechnung tragen.

Dies könnte indes mit Blick auf § 4 Abs. 3 Satz 3 bzw. § 9 Abs. 1 Satz 3 Nr. 7 Satz 2 i.V.m. § 7 Abs. 1 EStG zu verneinen sein. Denn aus diesen Regelungen ist durchaus entnehmbar, dass auch bei den anderen Einkunftsarten die Kategorie „Anschaffungskosten“ bei der Einkünfteermittlung dahingehend vollumfänglich heranzuziehen sein kann, dass ebenfalls Nebenkosten in die Bemessungsgrundlage der AfA einzubeziehen wären.[269] Dies hätte zur Folge, dass beispielsweise auch bei der Einkünfteermittlung nach § 4 Abs. 3 EStG zu klären wäre, welche Aufwendungen als Anschaffungsnebenkosten über die Nutzungsdauer des Wirtschaftsguts verteilt abzuschreiben wären. Hier könnte jedoch nicht auf das teleologisch korrigierte Vorsichtsprinzip mit seiner Forderung nach einer den tatsächlichen Umständen entsprechenden Darstellung zurückgegriffen werden, da dieses aufgrund seiner Herleitung aus handelsbilanziellen GoB nicht auf die anderen Einkunftsarten ausgeweitet werden kann. Demzufolge würde erst durch die Anwendung des Vorsichtsprinzips bei der steuerbilanziellen Gewinnermittlung eine Ungleichbehandlung der verschiedenen Einkunftsarten untereinander und damit eine Ungleichmäßigkeit der Besteuerung herbeigeführt.

Dieses Problem würde sich allerdings nicht stellen, wenn die Anschaffungsnebenkosten im Kontext anderer Einkunftsarten überhaupt nicht in die Bemessungsgrundlage der AfA einzubeziehen wären. So könnte gegen die Einbeziehung von Nebenkosten angeführt werden, dass diese maßgeblich auf § 255 Abs. 1 Satz 2 HGB zurückzuführen ist und über § 5 Abs. 1 Satz 1 Hs. 1 EStG Einzug in das Steuerbilanzrecht erhält. Da § 255 Abs. 1 HGB aber ausschließ-

---

269 Für eine solche Handhabung spricht maßgeblich die Entscheidung des FG Rheinland-Pfalz vom 16.12.1993, in welcher das Gericht ausführt, dass zu den Anschaffungskosten als Bemessungsgrundlage für AfaA im Kontext freiberuflicher Einkünfte die Anschaffungsnebenkosten hinzutreten, vgl. FG Rheinland-Pfalz v. 16.12.1993, Az. 4 K 1989/92, Haufe-Index 1587021. In der Revision vor dem BFH hat der Vierte Senat diese Berechnungen des FG ausdrücklich nicht beanstandet (vgl. BFH v. 24.11.1994, Az. IV R 25/94, BStBl. II 1995, S. 318 (319)), so dass davon auszugehen ist, dass der Senat die Auffassung der Vorinstanz in Bezug auf die Einbeziehung von Anschaffungsnebenkosten in die Bemessungsgrundlage teilt.

lich auf die Erstellung einer Bilanz ausgerichtet ist, können sein Inhalt und das dahinter stehende Grundgerüst der Anschaffungskosten mit ihren Nebenkosten nicht ohne weiteres auf andere Einkunftsarten, die keine Erstellung von Handels- und Steuerbilanz erfordern, angewendet werden. Zudem entbehrt eine Anwendung des handelsrechtlichen Anschaffungskostenbegriffs auf die anderen Einkunftsarten jeder Rechtsgrundlage, da es außerhalb des Steuerbilanzrechts an einer dem Maßgeblichkeitsgrundsatz ähnelnden Anknüpfung fehlt (vgl. bereits S. 40). Aus diesem Grund könnte man erwägen, dass, obgleich die Anschaffungskosten entsprechend § 7 Abs. 1 Satz 1 EStG die Bemessungsgrundlage der AfA bilden, bei Einkunftsarten, die nicht zur Buchführung verpflichten, keine Anschaffungsnebenkosten zu erfassen wären. Vielmehr wären die Nebenkosten bei diesen Einkunftsarten im Jahr der Anschaffung vollständig als Betriebsausgaben abzusetzen. In der Folge könnte man die Heranziehung des Vorsichtsprinzips eher als mit dem Aspekt der Gleichmäßigkeit der Besteuerung zwischen den verschiedenen Einkunftsarten vereinbar erachten, als die restriktivere Aktivierung von Nebenkosten ebenfalls zu einem umfassenderen Abzug von Betriebsausgaben führen würde.

Allerdings wird der Begriff „Anschaffungskosten“ neben der mehrfachen Nennung in § 6 EStG auch in § 7 Abs. 1 EStG und § 4 Abs. 3 Satz 4 EStG erwähnt. Es ist nicht ersichtlich, dass ein und demselben Begriff in diesen Vorschriften, die sich allesamt auf den Bereich der Einkünfteermittlung erstrecken und damit in einem systematischen Zusammenhang stehen, eine unterschiedliche Bedeutung bzw. ein unterschiedlicher Umfang zukommen soll. Hätte der Steuergesetzgeber diese Absicht verfolgt, so wäre es ihm unbenommen geblieben, andere Begrifflichkeiten auszuwählen und damit eventuelle Abweichungen hervorzuheben. Dass er dies indes unterlassen hat, kann nur so gedeutet werden, dass dem Begriff in den beispielhaft aufgeführten Vorschriften die gleiche Bedeutung und der gleiche Umfang zukommen soll.[270] So ist die Erwähnung der Anschaffungskosten in § 6 Abs. 1 Nr. 1 EStG als Nennung des Oberbegriffs zu verstehen (vgl. S. 38), so dass auch die Nebenkosten als dessen Bestandteil erfasst sind. Gleiches muss somit auch für die anderen Vorschriften gelten, die auf Anschaffungskosten hinweisen und im systematischen Zusammenhang mit § 6 Abs. 1 Nr. 1 EStG stehen.

Daher führt erst die Anwendung des Vorsichtsprinzips zu einer Ungleichbehandlung der anderen Einkunftsarten im Vergleich zu den Einkunftsarten, deren

---

270 So beispielsweise auch Söffing, StVj 1989, S. 163 (168). Indes zieht Söffing daraus die Konsequenz, dass der aus § 255 Abs. 1 HGB ableitbare Anschaffungskostenbegriff daher für alle Steuerpflichtigen zu gelten habe.

Gewinn durch Aufstellung einer Steuerbilanz ermittelt wird. Unter diesem Gesichtspunkt wäre dem Auslegungsansatz des Vorsichtsgrundsatzes somit die Rechtfertigung zu versagen.

Ein Ansatz zur Ermöglichung der Rechtfertigung kann darin erblickt werden, dass die Wertung, die der herausgearbeiteten Konkretisierung des Vorsichtsprinzips zugrundeliegt, im nachstehenden Kapitel (siehe S. 86 ff.) durch die Entwicklung eines Maßstabs praktisch anwendbar gemacht werden soll. Würde man diesen Maßstab zur Bestimmung von Anschaffungsnebenkosten auch im Rahmen der Einkünfteermittlung der anderen Einkunftsarten heranziehen, so könnte man ohne die ohnehin nicht mögliche Anwendung des Vorsichtsprinzips i.E. eine Gleichbehandlung der Einkunftsarten in diesem Punkt herstellen. Der Umfang der Anschaffungsnebenkosten wäre dann bei allen Einkunftsarten anhand dieses Maßstab restriktiv bzw. zurückhaltend entsprechend den tatsächlichen Verhältnissen zu bestimmen.

Dies ist allerdings nur möglich, wenn der zu entwickelnde Maßstab auch auf die anderen Einkunftsarten übertragbar ist. Insofern kann ein endgültiges Urteil über die steuerbilanzielle Vereinbarkeit mit dem Gesichtspunkt der Gleichmäßigkeit der Besteuerung erst im nachfolgenden Kapitel gefällt werden. Bis dahin steht die Rechtfertigung des Vorsichtsprinzips „unter Vorbehalt".

E. Ergebnis der Untersuchung des Vorsichtsprinzips

Die Betrachtung des Vorsichtsprinzips im Hinblick auf Anschaffungsnebenkosten hat ergeben, dass eine Heranziehung dieses Grundsatzes in seinem klassischen Verständnis nicht ergebnisführend ist. Vielmehr ist das Vorsichtsprinzip teleologisch zu korrigieren und mit dem Grundsatz der Bilanzwahrheit aufzuladen. Dies ist auch mit Blick auf das Europarecht, welches durch die Vierte EG-Richtlinie in das nationale Recht einfließt, sowie die internationale Rechnungslegung in Form der IAS geboten. Somit kommt es bei der Qualifikation von Nebenkosten darauf an, dass das den tatsächlichen Umständen entsprechende Bild des Erwerbers nicht verfälscht wird.

Dieses Ergebnis ist mit Blick auf die Zwecke der Handelsbilanz in vollem Umfang gerechtfertigt. Aus handelsbilanzieller Sicht kann diese Konkretisierung des Vorsichtsprinzips dazu führen, dass eine unangemessene Bilanzverlängerung verhindert wird, durch welche die Lage des Unternehmens zum Nachteil von Gesellschaftern und Gläubigern sowie unter Verlust der Informationsstärke der Handelsbilanz verfälscht würde.

Aus steuerbilanzieller Sicht ist eine Rechtfertigung mit Blick auf die Gewinnermittlung entsprechend der wirtschaftlichen Leistungsfähigkeit einschränkungslos zu bejahen. Probleme haben sich allerdings bei der Rechtfertigung in Bezug auf die Gewinnermittlung entsprechend der Gleichmäßigkeit der Besteuerung ergeben. Zwar war hinsichtlich der Gruppe der Bilanzierenden eine Gleichbehandlung und damit die geforderte Gleichmäßigkeit der Besteuerung gegeben. Anders gestaltete sich die Lage jedoch mit Blick auf die anderen Einkunftsarten. In einer vergleichenden Betrachtung mit dieser Gruppe ist festgestellt worden, dass die Heranziehung des Auslegungsansatzes erst zu einer Ungleichbehandlung führen würde, da das Vorsichtsprinzip hier nicht zur Anwendung gelangen kann. Um die „drohende" Unvereinbarkeit zu verhindern, ist erwogen worden, die später zu entwickelnden Maßstäbe (siehe S. 86 ff.) auch auf die anderen Einkunftsarten anzuwenden, sofern sich dies als tragfähig erweist. Vom momentanen Standpunkt aus ist daher von einer steuerrechtlichen Rechtfertigung dieser Konkretisierung auszugehen[271], die allerdings unter dem Vorbehalt der Übertragbarkeit der erwähnten Maßstäbe steht.

§ 4 Gebot der Erfolgsneutralität

Dem Vorsichtsprinzip könnte jedoch das sog. Gebot der Erfolgsneutralität, welches in der einschlägigen Literatur im Zusammenhang mit Anschaffungs(neben)kosten erwähnt wird, entgegenstehen. Dies kann aber nur dann der Fall sein, wenn sich dieses Gebot, dessen inhaltliche Auslegung nachstehend zunächst darzulegen ist, ebenfalls anhand der bereits herangezogenen Rechtfertigungsmaßstäbe gerechtfertigt ist.

A. Zur Auslegung des Gebots der Erfolgsneutralität

I. Inhalt des Erfolgsneutralitätsprinzips entsprechend der herrschenden Meinung

Im Kontext der Anschaffungs(neben)kosten wird von Lehre und Rspr. oftmals das sog. Gebot der Erfolgsneutralität zitiert. Nach diesem Prinzip, das als dem gesamten Konzept der Anschaffungskosten zugrunde liegend angesehen wird[272], soll sich die Anschaffung eines Wirtschaftsguts vollkommen erfolgsneutral

271 Die Anwendung des teleologisch korrigierten Vorsichtsprinzips, welches auf GoB zurückzuführen ist, würde auch nicht gegen die restriktive Auslegung des Maßgeblichkeitsgrundsatzes (vgl. S. 35 f.) verstoßen, da diese lediglich die Möglichkeit zur Abweichung von der handelsbilanziellen Sicht schafft, nicht aber den Zwang hierzu.

272 Dies kann daraus geschlossen werden, dass das Gebot der Erfolgsneutralität allseitig akzeptiert und bisher nicht hinterfragt worden ist.

auswirken.[273] Dies wird dadurch erreicht, dass die anschaffungsbedingte Zuführung des Wirtschaftsguts lediglich zu einer Vermögensumschichtung führt[274], welche bilanztechnisch durch einen Aktivtausch dargestellt wird.[275] Insofern soll sich erst der spätere Umsatzakt bzw. die AfA erfolgswirksam auswirken[276], so dass die bilanzielle Abbildung der Anschaffung der periodengerechten Gewinnermittlung dient.[277]

Dieses Ziel könne, wie beispielsweise *Moxter* ausführt, ausschließlich durch eine vollumfängliche Umsetzung des Gebots der Erfolgsneutralität gewährleistet werden.[278] Insofern nimmt auch der BFH an, dass der Zweck der Bewertung angeschaffter Wirtschaftsgüter mit Anschaffungskosten unter Einbeziehung von Anschaffungsnebenkosten darin zu sehen sei, „die Erfolgsneutralität des Beschaffungsvorgangs zu gewährleisten“[279].

Des Weiteren folgt aus dem Erfolgsneutralitätsgebot entsprechend der h.M., dass zu den Anschaffungs(neben)kosten nur diejenigen Beträge zählen, die auch tatsächlich zur Anschaffung des Wirtschaftsguts und dessen Versetzung in Betriebsbereitschaft aufgewendet worden sind.[280] Dies wird allseitig als sog. Prinzip der Maßgeblichkeit der Gegenleistung bezeichnet[281], welches, wie *Kupsch* hervorhebt, durch Objektivierung der Bewertung dem Realisationsprinzip dienlich ist.[282] Die Anschaffungs(neben)kosten werden demzufolge durch die hingegebene Gegenleistung bestimmt[283] und dürfen diesen Betrag weder unter- noch überschreiten, so dass „die Ausgaben im Zusammenhang mit dem Beschaffungsvorgang exakt durch den Betrag der zu aktivierenden Anschaffungskosten kompensiert werden“[284] müssen, um die Erfolgsneutralität zu sichern.

---

273 Stellvertretend: BFH v. 27.06.2001, Az. I R 45/97, BStBl. II 2003, S. 121 (123); ADS, 6. Aufl., § 255 HGB, Tz. 5; Ellrott/Brendt in: Beck'scher Bilanzkommentar, § 255 HGB, Rn. 20; Göbel in: Bonner Handb., § 255 HGB, Rn. 11.

274 Statt vieler: Winnefeld, Bilanz-Handb., Kapitel E, Rn. 406; Heinen, aaO., S. 205.

275 Vgl. Scheffler, aaO., S. 167.

276 Vgl. Herrmann in: Frotscher, EStG, § 6, Rz. 21. Ähnlich Kahle in: Baetge/Kirsch/Thiele, § 255 HGB, Rn. 21; Mathiak, DStJG 7 (1984), S. 97 (99).

277 So beispielsweise Herrmann in: Frotscher, EStG, § 6, Rz. 21.

278 So Moxter, aaO., S. 184.

279 BFH v. 26.03.1992, Az. IV R 74/90, BStBl. II 1993, S. 96 (96).

280 Vgl. stellvertretend ADS, 6. Aufl., § 255 HGB, Tz. 5.

281 Statt vieler: Ellrott/Brendt in: Beck'scher Bilanzkommentar, § 255 HGB, Rn. 20.

282 So Kupsch, StbJb 1989/90, S. 93 (94).

283 Vgl. Göbel in: Bonner Handb., § 255 HGB, Rn. 11; Ellrott/Brendt in: Beck'scher Bilanzkommentar, § 255 HGB, Rn. 20.

284 Wohlgemuth/Radde in: Beck'sches HdR, Stand 12/2011, B 162, Rn. 6. Unter diesem Blickpunkt verwundert es nicht, dass Wohlgemuth/Radde das Gebot der Erfolgsneutra-

II. Verhältnis des Gebots der Erfolgsneutralität zu den mit ihm im Zusammenhang stehenden Prinzipien

Betrachtet man diesen Überblick zum Inhalt des Gebots der Erfolgsneutralität, so werden zwei Aspekte hinsichtlich seines Verhältnisses zu anderen Prinzipien deutlich, die nachfolgend mit Blick auf den Telos und die Systematik[285] des Erfolgsneutralitätsprinzips kurz beleuchtet werden sollen.

1. Verhältnis zum Realisationsprinzip

Zum einen kann das Gebot der Erfolgsneutralität als Fortführung des Realisationsprinzips (hierzu siehe bereits S. 42) angesehen werden, da dieses fordert, dass sich erst der Umsatz, nicht aber die bloße Anschaffung erfolgswirksam auswirkt.[286] Zusätzlich wird die Erfolgswirksamkeit der Anschaffung durch das Prinzip der Maßgeblichkeit der Gegenleistung verhindert, da exakt der Betrag zu aktivieren ist, der zur Anschaffung i.w.S. aufgewendet worden ist (s.o.).

Im Rahmen der Untersuchung des Vorsichtsprinzips ist bereits dargelegt worden, dass das in § 253 Abs. 1 HGB erfasste Anschaffungswertprinzip das Realisationsprinzip nach einer Anschaffung sichert (vgl. S. 42). Mit Blick auf die bisherigen Ausführungen zum Erfolgsneutralitätsprinzip ist diese Aussage darum zu erweitern, dass das Gebot der Erfolgsneutralität erst die Voraussetzungen für die Sicherung des Realisationsprinzips schafft und damit zusätzlich durch das Prinzip der Maßgeblichkeit der Gegenleistung unterstützt wird. Denn nur bei der Aktivierung von Anschaffungs(neben)kosten exakt in Höhe der tatsächlichen Aufwendungen ist, wie eben dargestellt, eine erfolgsneutrale Fortführung der Anschaffungskosten[287] bis zur Gewinnrealisierung entsprechend der Forderung des Realisationsprinzips möglich. Das Gebot der Erfolgsneutralität und das Anschaffungswertprinzip stellen damit ein „Sicherungsnetz" des Realisationsprinzips im Rahmen einer Anschaffung dar. Dabei wird das Erfolgsneutralitätsprinzip selbst durch das Prinzip der Maßgeblichkeit der Gegenleistung gesichert.

---

lität und das Prinzip der Maßgeblichkeit der Gegenleistung als in einem „Ziel-Mittel-Verhältnis" stehend ansehen., vgl. Wohlgemuth/Radde in: Beck'sches HdR, Stand 12/2011, B 162, Rn. 8.

285 Eine streng methodische Auslegung auch nach Wortlaut und Wille des Gesetzgebers ist hier indes mangels aussagekräftiger Anknüpfungspunkte nicht zielführend. So weist auch die Begründung des Entwurfs zum BiRiLiG nur darauf hin, dass die Anschaffung sich so weit wie möglich erfolgsneutral zu vollziehen hat, vgl. BT-Drs. 10/317, S. 88.

286 Vgl. Moxter, aaO., S. 184.

287 Dabei sei in diesem Kontext von Abschreibungen abgesehen, welche natürlich zu einer jährlichen Minderung der aktivierten Anschaffungs(neben)kosten führen.

Sollte das Erfolgsneutralitätsprinzip mit den Zwecken von Handels- und Steuerbilanz zu vereinbaren sein, so würde dies aufgrund der Verknüpfung mit dem Realisationsprinzip, einer speziellen Ausprägung des Vorsichtsprinzips, bedeuten, dass das Erfolgsneutralitätsprinzip als dessen Fortführung eine aus dem allgemeinen Vorsichtsgrundsatz gewonnenen Konkretisierung verdrängt. Einer näheren Auseinandersetzung im Hinblick auf das Verhältnis zwischen Erfolgsneutralitätsprinzip und Konkretisierung des Vorsichtsprinzips bedürfte es insofern nicht. Ferner wäre eine Anwendung des Vorsichtsprinzips entgegen dem vorstehend erzielten Ergebnis letztendlich nicht möglich.

2. Verhältnis zum Gebot der periodengerechten Gewinnermittlung bzw. Periodisierung

Weiterhin spielt das Gebot der periodengerechten bzw. periodenrichtigen Gewinnermittlung im Kontext des Erfolgsneutralitätsprinzips eine gewichtige Rolle.[288] So wird die periodenrichtige Gewinnermittlung bzw. die daraus resultierende periodenrichtige Verteilung des Aufwands u.a. von *Wöhe/Mock* als Zweck der Einbeziehung der Anschaffungsnebenkosten angesehen.[289] Durch die Erfolgsneutralität auch der Nebenkosten und die Abschreibung über die Nutzungsdauer werde verhindert, dass der Gewinn im Anschaffungsjahr zu stark reduziert werde und in den Folgejahren wegen fehlendem Abschreibungspotenzials zu hoch ausfalle.[290] Gleiches müsse entsprechend dem „Prinzip, den in einer Periode tatsächlich erwirtschafteten Gewinn auszuweisen“[291] auch für die Steuerbilanz gelten.

Das Gebot der Erfolgsneutralität erweist sich damit auch als mit dem Grundsatz der periodenrichtigen Gewinnermittlung verknüpft.[292] Diese Verknüpfung rührt einerseits daher, dass die Erfolgsneutralität der Anschaffung erst

---

288 Diese beschränkt sich laut Strunk aber ausschließlich auf das Steuerrecht, vgl. Strunk, StuB 2003, S. 397 (398). Entsprechend Witt scheint dies allerdings auch für das Handelsrecht zu gelten, als dieser die Erfolgsneutralität durch den Bilanzzweck der periodengerechten Erfolgsermittlung verlangt sieht, vgl. Witt, aaO., S. 38.

289 So Wöhe/Mock, Die Handels- und Steuerbilanz, S. 120. So auch Wöhe/Döring, Bilanzierung und Bilanzpolitik, S. 379. Ähnlich: Knop/Küting in: HdR, § 255 HGB, Rn. 27. Dies diene der Forderung nach Vergleichbarkeit der Ergebnisse, vgl. Mellerowicz in: Großkomm., AktG, § 153, Anm. 38.

290 So Wöhe/Mock, aaO., S. 120 f..

291 Wöhe/Mock, aaO., S. 121.

292 Auf weitere Elemente dieses Gebots der periodengerechten Gewinnermittlung, seine genaue Herleitung sowie seine Rechtfertigung kann im Rahmen dieser Arbeit nicht eingegangen werden.

durch die Verteilung der Aufwendungen auf die Nutzungsdauer des Wirtschaftsguts erreicht wird.[293] Andererseits sind das Erfolgsneutralitätsprinzip und der Grundsatz der Periodisierung (vgl. Fn. 293) aber auch dergestalt miteinander verbunden, dass die Periodisierung von Anschaffungsaufwendungen erst möglich ist, wenn diese als Anschaffungsnebenkosten aktiviert werden, wenn die Anschaffung also weitgehend erfolgsneutral erfolgt.[294] Insofern bedingen sich Gebot der Erfolgsneutralität und Grundsatz der Periodisierung gegenseitig. Aus dieser gegenseitigen Abhängigkeit der beiden Grundsätze folgt zwangsläufig aber auch, dass der Grundsatz der Periodisierung im Kontext der Anschaffungsnebenkosten nur dann eingreift, wenn eine Anwendung des Gebots der Erfolgsneutralität gerechtfertigt ist.

III. Ergebnis zur Auslegung des Gebots der Erfolgsneutralität

Das Gebot der Erfolgsneutralität stellt somit zusammen mit dem es unterstützenden Prinzip der Maßgeblichkeit der Gegenleistung ein Sicherungsnetz für das Realisationsprinzip dar. Des Weiteren befindet sich das Erfolgsneutralitätsprinzip in einem Verhältnis gegenseitiger Abhängigkeit mit dem Grundsatz der Periodisierung. Aufgrund dieser, u.a. auf Seiten des Erfolgsneutralitätsprinzips bestehenden Abhängigkeit, nimmt auch der Grundsatz der Periodisierung am Sicherungsnetz des Realisationsprinzips teil.

Sollte dem Gebot der Erfolgsneutralität nun keine handels- und steuerbilanzielle Rechtfertigung zukommen, so würden auch die diesbezüglichen Aspekte des Prinzips der Maßgeblichkeit der Gegenleistung sowie des Gebots der Periodisierung wegfallen. Dies würde weiterhin bedeuten, dass das Realisationsprinzip im Kontext von Anschaffungen über keine gerechtfertigte Sicherung mehr verfügen würde, so dass eine gewinn- bzw. vermögensmindernde Auswirkung von Anschaffungen nicht zwangsläufig zu verhindern wäre. Demzufolge könnte

---

293 Da es im Zusammenhang mit der Erfolgsneutralität maßgebend auf die Verteilung der Aufwendungen auf die Nutzungsdauer des Wirtschaftsguts, d.h. auf die Periodisierung dieser Aufwendungen, ankommt, wird das Gebot der periodengerechten Gewinnermittlung nachfolgend auch als Grundsatz der Periodisierung benannt. Ob diese beiden Grundsätze identisch sind oder ob der Grundsatz der Periodisierung sich lediglich als Teilmenge des Gebots darstellt, muss an dieser Stelle allerdings offengelassen werden, da eine Darstellung dieser Frage den Rahmen der Arbeit überschreiten würde.

294 So i.E. auch Wohlgemuth, welcher in der Erfolgsneutralität die Voraussetzung für eine periodengerechte Aufwandsverteilung erblickt, vgl. Wohlgemuth in: HdJ, Abt. I/9, Rn. 24. Allerdings nimmt Wohlgemuth nicht an, dass diese Verknüpfung zwischen Erfolgsneutralitätsprinzip und Gebot der periodenrichtigen Aufwandsverteilung auch in die andere Richtung besteht. Gerade diese Auffassung wird aber vorliegend vertreten.

mit Blick auf die Konkretisierung des Vorsichtsprinzips ein Maßstab entwickelt werden, bei dessen Erfüllung die Anschaffungsaufwendungen in Handels- und Steuerbilanz zu aktivieren wären.

B. Beurteilung der Rechtfertigung des Erfolgsneutralitätsprinzips vor dem Hintergrund der unterschiedlichen Bilanzwecke

Nachfolgend gilt es zu überprüfen, ob dem Gebot der Erfolgsneutralität die bereits angesprochene Rechtfertigung im Hinblick auf die Zwecke von Handels- und Steuerbilanz zukommt.[295] Die Beantwortung dieser Frage ist, wie vorstehend deutlich geworden ist, von entscheidender Bedeutung für die endgültige Entscheidung über die Anwendung des Vorsichtsprinzips bei der Aktivierung von Anschaffungsnebenkosten.

I. Untersuchung der handelsbilanziellen Rechtfertigung des Gebots der Erfolgsneutralität

1. Zur Rechtfertigung im Hinblick auf den Zweck des Gesellschafterschutzes

Wie im Rahmen des Vorsichtsprinzips in seiner teleologisch korrigierten Auslegung erfolgt, soll auch die Beleuchtung der Rechtfertigung des Gebots der Erfolgsneutralität mit dem Gesellschafterschutz begonnen werden.

Es ist bereits erläutert worden, dass der Schutz der Gesellschafter bzw. Inhaber bewirkt, dass die grundsätzliche Möglichkeit der Entnahme des Jahresüberschusses gewährleistet wird. Fraglich ist, ob das Gebot der Erfolgsneutralität dieser Ausschüttungsbemessungsfunktion ausreichend Rechnung trägt, um die Entnahmemöglichkeit durch die jeweiligen Inhaber zu schützen.

Das Erfolgsneutralitätsprinzip gebietet, überspitzt formuliert, eine umfassende Aktivierung von Nebenkosten. Die Anschaffungsaufwendungen mindern den Gewinn damit erst über die Abschreibungen auf die Nutzungsdauer des Vermögensgegenstands. Folglich erfährt der Jahresüberschuss durch eine Aktivierungshandhabung, die dem Gebot der Erfolgsneutralität uneingeschränkt

---

295 Wie bereits erwähnt, finden sich in der einschlägigen Literatur keine Hinweise darauf, dass das Gebot der Erfolgsneutralität kritisch hinterfragt würde. Vielmehr wird es allseitig als gegeben akzeptiert. So gehen beispielsweise Wohlgemuth/Radde ungeprüft von der Gültigkeit des Prinzips aus, vgl. Wohlgemuth/Radde in: Beck'sches HdR, Stand 12/2011, B 162, Rn. 6.

folgt, nach der Anschaffung keine Beeinträchtigung.[296] Eine Darstellung der Anschaffung entsprechend dem Erfolgsneutralitätsprinzip gewährleistet demzufolge grundsätzlich die gleiche Höhe möglicher Ausschüttungen, welche auch ohne Anschaffung des Vermögensgegenstands feststellbar gewesen wäre. Die Anschaffung wird damit bei der Frage der Feststellung des ausschüttbaren bzw. entziehbaren Gewinns bis auf die Abschreibungen vollumfänglich außer Acht gelassen. Das Erfolgsneutralitätsprinzip scheint demnach der Gewährleistung der Entnahmemöglichkeit des Jahresüberschusses zu genügen und damit den Zweck des Gesellschafterschutzes zu erfüllen. Insofern könnte man unter diesem Blickwinkel von einer Rechtfertigung des Prinzips ausgehen.

Allerdings ist dieser Blickwinkel auch hier zu eng, da der Gesellschafterschutz nicht nur so verstanden werden darf, dass in der Hauptsache eine möglichst hohe Ausschüttung zu erzielen ist (vgl. hierzu bereits S. 54 f.). Zwar entspricht die Ermöglichung einer hohen Ausschüttung der Intention „anonymer" Aktionäre, da diese ihre Investition zumeist auf die Erzielung eines schnellen, möglichst hohen Gewinns ausrichten werden. Mit Blick auf die „klassischen" Gesellschafter, die eine wesentlich engere Bindung zu der Gesellschaft haben, welche das erwerbende Unternehmen betreibt, kann diese Intention aber nicht als vorherrschend bezeichnet werden. In Bezug auf diese Gruppe gilt es vielmehr, die Ausschüttung von Dividenden langfristig zu gewährleisten. Dies lässt sich aber nur erreichen, wenn die Substanz des Unternehmens nicht durch übermäßige, dem Jahresabschluss gleichwohl entsprechenden Ausschüttungen angegriffen wird. Die fehlende Abbildung der Anschaffung im Jahresüberschuss gemäß dem Erfolgsneutralitätsprinzip kann aber den Eindruck vermitteln, dass die Lage des Unternehmens im Anschaffungsjahr durchaus eine umfassende Ausschüttung bzw. Entnahme zulasse. Die Entnahmemöglichkeit der Gesellschafter wird insofern im Jahr der Anschaffung besser dargestellt, als sie aufgrund der Anschaffung möglicherweise tatsächlich ist.[297] Eine Aktivierung, welche dem Gebot der Erfolgsneutralität umfassend folgt, zeigt den Gesellschaftern demnach nicht ohne weiteres auf, dass und in welchem Umfang ein Abfluss von finanziellen Mitteln durch die Anschaffung stattgefunden hat sowie inwiefern die Vermögenslage dadurch beeinträchtigt ist und durch eine Ausschüttung von Divi-

296 Dass auch im Anschaffungsjahr eine Abschreibung des Vermögensgegenstands pro rata temporis vorzunehmen ist, welche den Jahresüberschuss am Ende des Wirtschaftsjahrs gleichwohl mindert, sei an dieser Stelle außer Betracht gelassen, da es sich dabei nur um einen u.U. kleinen Bruchteil der Anschaffungskosten handelt.

297 Dies gilt insbesondere, wenn im Rahmen der Anschaffung ein beträchtlicher Betrag aufgewendet werden musste, wie z.B. im Fall der Implementierung einer ERP-Software (siehe S. 225 ff.).

denden langfristig Schaden nehmen könnte. In der Folge kann die langfristige Sicherung des Unternehmensfortbestands durch Anwendung des Gebots der Erfolgsneutralität u.U. konterkariert werden.

Zwar mag man dem Argument des Abflusses von finanziellen Mitteln damit entgegentreten, dass das Unternehmen durch die Anschaffung im Regelfall das Eigentum an dem Vermögensgegenstand und somit eine Bereicherung erhalten hat. Diese Bereicherung durch den Eigentumserhalt korrespondiert mit der Hingabe des Anschaffungspreises an den Veräußerer und rechtfertigt dadurch die Aktivierung des Anschaffungspreises. Darüber hinaus fallen aber auch Nebenkosten an, die sich nicht in dieser Bereicherung durch den Eigentumserhalt widerspiegeln. Insofern ist fraglich, ob auch diese Nebenkosten durch eine korrespondierende Bereicherung eine Kompensation erfahren. Nur wenn dies der Fall wäre, könnte eine Ausschüttung an die Gesellschafter trotz umfassender Aktivierung entsprechend dem Gebot der Erfolgsneutralität gefahrlos erfolgen, da die Vermögenslage des Unternehmens tatsächlich keinen Abfluss von Mitteln verzeichnen könnte. Da das Erfolgsneutralitätsprinzip eine solche Einschränkung allerdings nicht vorsieht, kann das Prinzip dem Gesellschafterinteresse an einem langfristigen Fortbestand des Unternehmens nicht dienen. Das Gebot der Erfolgsneutralität ist damit im Hinblick auf den Zweck des Gesellschafterschutzes nicht gerechtfertigt.

2. Zur Rechtfertigung im Hinblick auf den Zweck des Gläubigerschutzes

Zweifelhaft ist des Weiteren, ob eine Aktivierung von Nebenkosten, die dem Gebot der Erfolgsneutralität folgt, mit dem Gedanken des Gläubigerschutzes zu vereinbaren ist. Da dem Grundsatz bereits eine Rechtfertigung im Hinblick auf den Gesellschafterschutz versagt worden ist, bestehen auch bezüglich des Gläubigerschutzes zunächst Zweifel. Andererseits könnte eine Rechtfertigung indes durchaus möglich sein, da Gesellschafter und Gläubiger konträre Interessen verfolgen.

a) Blickwinkel des Fortbestands der Vermögensmasse

So besteht das Interesse der Gläubiger in erster Linie in der Befriedigung ihrer, gegenüber dem Unternehmen bestehenden Forderungen. Im Gegensatz zu den Gesellschaftern ist jenen nicht unbedingt an einem langfristigen Fortbestand des Unternehmens gelegen, wenn man die Intention der Aufrechterhaltung von Geschäftsbeziehungen unbeachtet lässt und nur auf die Begleichung bereits bestehender Forderungen abstellt. Den Gläubigern wird nur insofern am Fortbestand des Schuldnerunternehmens gelegen sein, als sie damit nicht der Gefahr der Schuldnerinsolvenz und in der Folge der drohenden Uneinbringlichkeit der Forderung ausgesetzt werden. Diesem Interesse der Gläubiger scheint eine Aktivierung von Nebenkosten entsprechend der Erfolgsneutralität gerecht zu werden, da die Bilanzsumme durch die Anschaffung nicht gemindert wird. Ferner stellt sich auch die Vermögensmasse des Unternehmens bei einer erfolgsneutralen Anschaffung wesentlich positiver dar und signalisiert damit die Einbringlichkeit der Forderungen.

Dieses Signal kann aber durchaus ein falsches sein, wie die Ausführungen zum Gesellschafterschutz in Bezug auf den Abfluss von finanziellen Mitteln ohne korrespondierende Bereicherung deutlich gemacht haben (vgl. S. 73 f.). Das Erfolgsneutralitätsprinzip führt demnach dazu, dass die Gläubiger in Sicherheit gewiegt werden und von der Einbringlichkeit ihrer Forderungen ausgehen. Hat das Unternehmen im Rahmen einer Anschaffung allerdings Aufwendungen getätigt, für die es keine korrespondierende Bereicherung erhalten hat, so zeigt die Einbuchung der Aufwendungen als Anschaffungsnebenkosten nur den Abfluss von finanziellen Mitteln auf. Da der außenstehende Gläubiger dies allerdings nicht erkennen kann, entspricht die ihm durch die Einbuchung vermittelte Sicherheit bezüglich der Einbringlichkeit nicht der realistischen Sicherheit. So ist es durchaus denkbar, dass die Bilanz aus Gläubigersicht eine ausreichende Vermögensmasse und damit Einbringlichkeit der bestehenden Forderungen verspricht. In Wirklichkeit können aufgrund der Anschaffung aber immense finanzielle Mittel abgeflossen und der Buchwert des Wirtschaftsguts nicht in der ausgewiesenen Höhe werthaltig sein. In einem solchen Szenario wäre der Gläubiger besser geschützt und vorbereitet, sofern der Abfluss von finanziellen Mitteln ohne Erhalt einer korrespondierenden Bereicherung in der Bilanz kenntlich gemacht wäre. Da eine Aktivierung entsprechend dem Erfolgsneutralitätsprinzip dies aber, wie bereits erläutert, nicht leistet, spricht dieser Gesichtspunkt für eine fehlende Rechtfertigung.

b) Blickwinkel der Ausschüttungsbegrenzung

Das vorstehend erzielte Ergebnis wird bestätigt, wenn man zusätzlich auf den Gedanken der Ausschüttungsbegrenzung abstellt. Wegen der fehlenden Abbildung der Anschaffung im Jahresüberschuss enthält die Bilanz, wie bereits ausgeführt, keinen Hinweis auf den Abfluss entsprechender finanzieller Mittel. Der in der Folge eigentlich zu hoch ausgewiesene Jahresüberschuss ermöglicht dementsprechend höhere Ausschüttungen (vgl. S. 71), die aber nicht der Lage des Unternehmens unter Berücksichtigung der Anschaffung entsprechen. Durch diese Ermöglichung wird die Intention des Gläubigerschutzes, eine Begrenzung der Ausschüttung zu erreichen, aber vereitelt.

Folglich ist das Gebot der Erfolgsneutralität auch unter diesem Gesichtspunkt nicht zu rechtfertigen.

3. Zur Rechtfertigung im Hinblick auf den Informationszweck

Als letzter handelsbilanzieller Zweck bleibt der Informationszweck zu untersuchen. Es stellt sich daher die Frage, ob das Erfolgsneutralitätsprinzip trotz Ablehnung aus Sicht des Gläubiger- und Gesellschafterschutzes unter dem Gesichtspunkt der Information gerechtfertigt ist.[298]

Aufgrund des bereits Dargelegten ist aber zu vermuten, dass auch in Bezug auf diesen Zweck die Rechtfertigung zu versagen sein wird. Dies rührt daher, dass Gesellschafter- und Gläubigerschutzzweck bereits Ausprägungen des Informationszwecks beinhalten bzw. dass der Informationszweck auf Gesellschafter- und Gläubigerschutz einwirkt, so dass eine Verknüpfung der Zwecke untereinander besteht. Da diese Verknüpfung indes mit Blick auf das Vorsichtsprinzip herausgearbeitet worden ist (vgl. S. 58), soll dieser Verdacht nicht zum Anlass genommen zu werden, die gesonderte Betrachtung des Gebots der Erfolgsneutralität unter dem Blickpunkt der Information zu unterlassen. Der Schwerpunkt der Untersuchung wird aufgrund der beschriebenen Einwirkung im Folgenden allerdings wiederum auf sog. unternehmensfremden Dritten sowie der Unternehmensleitung liegen. Wie im Rahmen der Auseinandersetzung mit dem Vorsichtsprinzip bereits deutlich geworden ist (vgl. S. 59), bedürfen diese beiden Adressatengruppen verlässlicher Informationen, die die tatsächliche wirtschaftliche Lage eines Unternehmens möglichst wahrheitsgemäß wiedergeben.

a) Berücksichtigung des Informationsbedürfnisses unternehmensfremder Dritter

Wendet man das Erfolgsneutralitätsprinzip uneingeschränkt an, so führt dies, wie bereits mehrfach erwähnt, zu einer umfassenden Abbildung der Anschaffung als Aktivtausch. Aufgrund dessen ist für externe Dritte nicht ersichtlich, welchen Einfluss die Anschaffung auf die wirtschaftliche bzw. finanzielle Lage des Unternehmens hat. Zwar führt der ursprüngliche Buchwert des Vermögensgegenstands unzweifelhaft vor Augen, welche finanziellen Mittel das Unternehmen aufgewendet hat, und liefert damit einen Anhaltspunkt bezüglich der

298 Davon gehen wohl Wohgemuth/Radde aus, als sie ausführen, dass die Gültigkeit u.a. des Erfolgsneutralitätsprinzips „eine formal eindeutige Abgrenzung des Bewertungsmaßstabs Anschaffungskosten zur Folge“ habe und insoweit zum Informationswert der Bilanz beitrage, vgl. Wohlgemuth/Radde in: Beck'sches HdR, Stand 12/2011, B 162, Rn. 8.

Unternehmenslage nach erfolgter Anschaffung. Indes wird der o.g. Dritte, der in das Unternehmen investieren oder mit diesem in sonstigen geschäftlichen Kontakt treten will, wohl kaum die einzelnen Posten des Anlage- und Umlaufvermögens auf deren Zusammensetzung untersuchen. Dieser Dritte bedarf vielmehr schneller und zuverlässiger Informationen über das Unternehmen. Insofern wird er seine Investitionsentscheidung vielmehr auf die Gewinn- und Verlustrechnung und die Bilanzsumme als Indikatoren des wirtschaftlichen Erfolgs stützen.[299] Allerdings wird die Gewinn- und Verlustrechnung und in der Folge auch die Bilanzsumme aufgrund der Erfolgsneutralität, abgesehen von der jährlichen Abschreibung, nicht berührt. Die Handelsbilanz bildet daher eine mögliche Verschlechterung der finanziellen Lage, die durch die Anschaffung herbeigeführt worden ist, nicht entsprechend der Realität ab. Demzufolge hat unternehmensfremde Dritte keine zumutbare, offizielle Möglichkeit, sich Kenntnis über eine potenzielle Lageverschlechterung zu verschaffen und seine Investitionsentscheidung entsprechend anzupassen. Eine solche Kenntnis ist für den Dritten aber zwingend notwendig, da er bei der Aufnahme einer geschäftlichen Beziehung zu dem Unternehmen trotz einer bevorstehenden Insolvenz u.U. auf die Einbringlichkeit seiner eigenen Forderung wird verzichten müssen, wenn er sich hinter die übrigen Gläubiger einzureihen hat. Ähnliches gilt für denjenigen, der eine gesellschaftliche Beteiligung erworben hat. Bei schlechter Lage des Unternehmens, das die Gesellschaft betreibt, wird dieser mit Verlusten rechnen müssen, d.h. auf die erhofften Dividendenausschüttungen verzichten müssen und ggf. eine verlustreiche Veräußerung der Beteiligung zu akzeptieren haben. Indem das Gebot der Erfolgsneutralität einer solch notwendigen Kenntniserlangung über die Unternehmenslage nicht dient, ist es insgesamt dem Informationszweck der Handelsbilanz im Hinblick auf unternehmensfremde Dritte nicht zuträglich.

b) Berücksichtigung des Informationsbedürfnisses der Unternehmensleitung

Etwas anderes könnte allenfalls hinsichtlich der Unternehmensleitung gelten, als diese einen tieferen Einblick in das Unternehmen sowie seine wirtschaftliche Lage hat und daher auch über die notwendige Kenntnis bezüglich getätigter Anschaffungen verfügt. Insofern könnte man von einer besonnenen Unternehmensleitung erwarten, dass sie eine Schieflage des Unternehmens aufgrund einer Anschaffung erkennt, auch wenn diese Anschaffung in der Handelsbilanz nicht er-

299 In der Praxis wird ein potenzieller Investor zusätzlich wahrscheinlich noch auf den Grad der Verschuldung, also auf das ausgewiesene Fremdkapital sowie auf die bestehenden Verbindlichkeiten achten.

folgswirksam abgebildet ist. Das Erfolgsneutralitätsprinzip könnte daher dem Informationszweck im Hinblick auf die Unternehmensleitung genügen.[300]

Allerdings ist zweifelhaft, ob dieses Ergebnis wirklich zielführend ist und ob man von einer derart besonnenen und versierten Unternehmensleitung ausgehen kann, die eine Verschlechterung der Lage bei gleichbleibender Bilanzsumme und nicht eindeutig reduzierter GuV erkennen kann. Einerseits wird dies von der Zusammenarbeit der Unternehmensleitung mit der Buchführungsabteilung abhängen. Andererseits zeigt die Zahl der Insolvenzen, auch während konjunktureller Hochzeiten, dass die Unternehmensleitung die Bilanz oftmals wohl nicht richtig deutet und eine Schieflage des Unternehmens, die einer Insolvenz vorweggeht, scheinbar nicht erkennen kann. Eine Unternehmensleitung, wie sie oben unterstellt worden ist, wird daher regelmäßig nicht der wirtschaftlichen Realität entsprechen.[301] Folglich besteht auch für die Unternehmensleitung das Bedürfnis nach verlässlichen, den tatsächlichen Umständen entsprechenden Informationen über die Unternehmenslage. Indem das Erfolgsneutralitätsprinzip diesem Bedürfnis nicht begegnet, ist dessen Rechtfertigung letztlich auch unter diesem Gesichtspunkt abzulehnen.

Damit ist die handelsbilanzielle Rechtfertigung des Erfolgsneutralitätsprinzips im Gesamten zu versagen.

II. Untersuchung der steuerbilanziellen Rechtfertigung des Gebots der Erfolgsneutralität

Sodann bleibt zu prüfen, ob das Gebot der Erfolgsneutralität aus steuerbilanzieller Sicht gerechtfertigt ist. Eine Bejahung der Rechtfertigung ist trotz des mit Blick auf die handelsbilanziellen Zwecke erzielten Ergebnisses grundsätzlich denkbar. Denn bei der Auseinandersetzung mit dem Maßgeblichkeitsgrundsatz ist festgestellt worden, dass eine steuerrechtlich eigenständige Lösung für die Anschaffungsnebenkosten möglich ist (siehe S. 41 f.). Nichts anderes hat auch für die dieser Lösung zugrundezulegenden Prinzipien zu gelten.

---

300 Wegen des abweichenden Ergebnisses bezüglich externer Dritter müsste man in der Folge eine Rangfolge zwischen diesen Dritten und der Unternehmensleitung festlegen, um eine endgültige Entscheidung über die Rechtfertigung treffen zu können.

301 Diese Erwägung kann hier auch nicht außer Betracht gelassen werden, da die Zwecke der Handelsbilanz nicht nur dazu dienen, der Handelsbilanz ein rechtsdogmatisches Gerüst zu liefern, sondern vor allem auch das Ziel verfolgen, der hinter der Bilanz stehenden Wirklichkeit weitgehend gerecht zu werden. Dies zeigen beispielsweise die zahlreichen handels- und auch gesellschaftsrechtlichen Vorschriften zum Gläubigerschutz.

1. Zur Rechtfertigung im Hinblick auf die Gewinnermittlung entsprechend der wirtschaftlichen Leistungsfähigkeit

Wie im Rahmen des Vorsichtsprinzips soll auch die Betrachtung der steuerbilanziellen Rechtfertigung des Gebots der Erfolgsneutralität mit der Gewinnermittlung entsprechend der wirtschaftlichen Leistungsfähigkeit begonnen werden.

a) Separate Betrachtung des Erfolgsneutralitätsprinzips

Betrachtet man hierzu ebenfalls die Konsequenz einer uneingeschränkten Heranziehung des Erfolgsneutralitätsprinzips, so tritt zu Tage, dass sich die Anschaffung aufgrund des in der Praxis immer noch fortwährenden Festhaltens am Maßgeblichkeitsprinzip auch steuerbilanziell als Aktivtausch vollzieht. Da ein Festhalten am Maßgeblichkeitsgrundsatz bei Anschaffungsnebenkosten indes nicht zwingend geboten ist und nach der hier vertretenen Ansicht die Entwicklung eines eigenständigen steuerrechtlichen Lösungsansatzes zur Qualifikation von Anschaffungsnebenkosten möglich ist (siehe S. 41 f.), bedarf die beschriebene Abbildung der Anschaffung auch einer eigenständigen steuerbilanziellen Begründung.

Dies bedeutet aber keineswegs, dass nicht auch die im Rahmen der handelsbilanziellen Untersuchung herangezogenen Argumente fruchtbar gemacht werden könnten. So gilt es auch hier zu beachten, dass bei unbeschränkter Anwendung des Erfolgsneutralitätsprinzips aus Bilanzsumme und Gewinn- und Verlustrechnung mangels Reduzierung nicht ersichtlich ist[302], welchen Betrag der Steuerpflichtige für die Anschaffung insgesamt aufgewendet hat. Je nach Höhe dieser Aufwendungen kann die tatsächliche wirtschaftliche Leistungsfähigkeit des Steuerpflichtigen durch die Anschaffung durchaus beträchtlich eingeschränkt worden sein. Diese Einschränkung ist bei einer erfolgsneutralen Behandlung der Anschaffung aber auch in der Steuerbilanz nicht erkennbar. Der Steuerpflichtige wird folglich im Anschaffungsjahr etwa im gleichen Umfang der Besteuerung unterworfen[303], wie es ohne die Anschaffung der Fall gewesen wäre. Diese gleiche Besteuerung wird ihn jedoch im Vergleich zu dem Unterlassen der Anschaffung wirtschaftlich stärker belasten. Zum Schutz des Steuerpflichtigen kann diese Folge nur dadurch vermieden werden, dass die Anschaffung nicht wie in dem bisher praktizierten Umfang erfolgsneutral behandelt

---

302 Die Vornahme der AfA sei hier zunächst außer Betracht gelassen, um die Übersichtlichkeit zu wahren.

303 Sonstige Bewegungen in der Steuerbilanz seien hier zur Verdeutlichung unbeachtet gelassen.

wird. Vielmehr könnte der Steuerbilanz aufgrund einer den Umständen entsprechenden Reduzierung der Gewinn- und Verlustrechnung eine Gewinnermittlung zugrunde gelegt werden, die der Minderung der Leistungsfähigkeit des Steuerpflichtigen durch die bei Anschaffung aufgewendeten Beträge gerecht wird.

Dieser Erwägung könnte man allerdings entgegen halten, dass der Steuerpflichtige durch die Anschaffung auch eine entsprechende Bereicherung erhält. Diesbezüglich kann weitestgehend auf die Ausführungen zur handelsbilanziellen Rechtfertigung verwiesen werden (vgl. S. 71 ff.). Zu betonen ist aber nochmals, dass der Steuerpflichtige nicht zwangsläufig für alle Aufwendungen eine korrespondierende Bereicherung erhält. Vielmehr trifft dies ungeprüft nur für den Anschaffungspreis zu. Ist dem Betriebsvermögen indes eine Bereicherung im o.g. Sinn zugeführt worden, so hat sich die wirtschaftliche Leistungsfähigkeit des Steuerpflichtigen eigentlich nicht um den hingegebenen Betrag reduziert, da er im Gegenzug „etwas“ erhalten hat, wodurch seine wirtschaftliche Belastung neutralisiert worden ist. Gerade eine solche Neutralisierung verlangt das Gebot der Erfolgsneutralität aber nicht, sondern lässt die Aktivierung sämtlicher Aufwendungen, die die Voraussetzungen des § 255 Abs. 1 Satz 1 HGB erfüllen, zu. Insofern kann das Gebot der Erfolgsneutralität der Gewinnermittlung entsprechend der wirtschaftlichen Leistungsfähigkeit nicht genügen.

b) Einbeziehung des Grundsatzes der Periodisierung

Ein anderes Ergebnis könnte allenfalls vor dem Hintergrund des Grundsatzes der Periodisierung bzw. der periodengerechten Gewinnermittlung geboten sein (hierzu siehe S. 69 f.). Die Periodisierung der Erfolgsrechnung ist ein wesentlicher Bestandteil des Bilanzvergleichs nach §§ 4 Abs. 1, 5 EStG[304] und kommt, wie bereits mehrfach angedeutet, insbesondere in den Vorschriften über die Absetzung (vgl. vor allem § 7 EStG) zum Ausdruck.[305] Nach hier vertretener Auffassung ist dieser Grundsatz der Periodisierung mit dem Gebot der Erfolgsneutralität beidseitig verknüpft, so dass die Erfolgsneutralität erst durch die Periodisierung der Aufwendungen ermöglicht wird (vgl. S. 69). Aus dieser Verknüpfung und der exponierten Stellung des Periodisierungsgrundsatzes im steuerrechtlichen Bilanzvergleich könnte sich ergeben, dass von der steuerbilanziellen Warte aus eine Rechtfertigung des Prinzipiengeflechts, bestehend aus Erfolgsneutralitätsprinzip und Grundsatz der Periodisierung, im Hinblick auf das Leistungsfähigkeitsprinzip anzunehmen wäre. Möglich ist dies aber nur dann, wenn

304 Vgl. Lang in: Tipke/Lang, § 9, Rz. 190.

305 Vgl. Gottschalk, Der Grundsatz der periodengerechten Gewinnabgrenzung im Steuerrecht, S. 7; Schnitter in: Frotscher, EStG, § 7, Rz. 1.

der Grundsatz der Periodisierung für sich genommen eine Gewinnermittlung entsprechend der wirtschaftlichen Leistungsfähigkeit ermöglicht.[306]

Entsprechend dem Wortlaut meint „periodengerecht“ bzw. „periodenrichtig“ lediglich die gerechte Aufteilung der Aufwendungen (und auch der Erträge) auf die Perioden der Wirtschaftsgutsnutzung. Eine Verteilung ist dabei auch dann gerecht i.d.S., wenn sie, wie § 7 Abs. 1 Satz 1 EStG es vorsieht, die Aufwendungen in gleicher Höhe auf die Nutzungsdauer des Wirtschaftsguts verteilt, so dass in jedem Wirtschaftsjahr der gleiche Betrag als Betriebsausgabe abzuziehen ist. Dass eine solche gleichförmige Verteilung der Aufwendungen auch der Wiedergabe der wirtschaftlichen Leistungsfähigkeit dient, kann mit Blick auf die Totalperiode sicherlich noch bejaht werden. I.E. besteht kein Unterschied zwischen einer Aktivierung als Anschaffungsnebenkosten mit anschließender Verteilung auf die Nutzungsdauer und einer erfolgswirksamen Behandlung der Aufwendungen als Betriebsausgaben im Anschaffungsjahr. Das Gesamtergebnis wird bezüglich der Totalperiode des Unternehmens letztlich identisch sein.

Fraglich ist jedoch, ob die Betrachtung der Totalperiode bei der steuerbilanziellen Gewinnermittlung überhaupt herangezogen werden kann. Je nach Gesellschaftsform wird die Totalperiode praktisch schwer zu bestimmen sein, da sie ihrer Natur nach erst bei Liquidation der das Unternehmen betreibenden Gesellschaft als beendet angesehen werden kann.[307] Auch zeigt die Pflicht zur Erstellung einer Steuerbilanz (vgl. §§ 140 f. AO) auf, dass die Besteuerung bei der hier zu betrachtenden steuerbilanziellen Gewinnermittlung nicht die Totalperiode, d.h. auch nicht den Totalgewinn des Unternehmens, im Blick hat. Vielmehr kommt es auf die Periode „Wirtschaftsjahr“ und damit auf den Gewinn an, der in dieser Periode erwirtschaftet worden ist.[308] Insofern führt *Leffson* aus, dass die Totalperiode eine Fiktion sei, da „die Erfolge für bestehende Unternehmen er-

306 Die eigenständige Ermöglichung der Gewinnermittlung entsprechend der wirtschaftlichen Leistungsfähigkeit durch den Periodisierungsgrundsatz ist an dieser Stelle erforderlich, da die gesonderte Betrachtung des Erfolgsneutralitätsprinzips ergeben hat, dass dieses allein nicht dem Leistungsfähigkeitsprinzip entspricht.

307 So ähnlich: Leffson, aaO., S. 188.

308 Allgemein auf die Einkommensermittlung bezogen: Birk, welcher ausführt, dass das Einkommen innerhalb einer bestimmten Periode gemessen werden muss, vgl. Birk, aaO., S. 33. Dies wird dadurch bestätigt, dass es sich bei der Einkommen- und Körperschaftsteuer um eine „periodische Steuer in Gestalt einer Jahressteuer“ (Lang in: Tipke/Lang, § 9, Rz. 44) handelt, wodurch das sog. Abschnittsprinzip verwirklicht wird. Vgl. zum Abschnittsprinzip: Drüen, Periodengewinn und Totalgewinn, S. 126 ff. Vielfach wird dieses Prinzip auch als Periodizitätsprinzip benannt, vgl. Lang in: Tipke/Lang, § 9, Rz. 44. Dieses Prinzip ist allerdings nicht mit dem hier in die Diskussion einbezogenen Grundsatz der Periodisierung zu verwechseln.

mittelt werden müssen"[309]. Insofern bestehen insgesamt schwerwiegende Zweifel an einer Heranziehung der Totalperiode zur Rechtfertigung des mit dem Erfolgsneutralitätsprinzip verknüpften Grundsatzes der Periodisierung. Somit kann das Argument der Totalperiode nicht fruchtbar gemacht werden, um in einer der Periodisierung folgenden Gewinnermittlung zugleich eine der wirtschaftlichen Leistungsfähigkeit entsprechende Gewinnermittlung zu erblicken.

Es kann demnach nicht maßgebend sein, ob die umfassende Aktivierung im Anschaffungsjahr und die zurückhaltende Aktivierung unter Abzug der übrigen Aufwendungen als Betriebsausgaben mit Blick auf die Totalperiode letztlich zum gleichen Ergebnis führen. Da die Besteuerung des erwirtschafteten Gewinns jährlich erfolgt, muss auch die Gewinnermittlung in jedem Wirtschaftsjahr der wirtschaftlichen Leistungsfähigkeit entsprechen. Diese Anforderung kann auch nicht durch eine Periodisierung von Aufwendungen in den Hintergrund gedrängt werden, da es sich bei dem Leistungsfähigkeitsprinzip um das Fundamentalprinzip des Steuerrechts handelt (vgl. S. 31). Ferner kann die von *Wöhe/Mock* geäußerte Sorge, durch die Verhinderung einer Periodisierung der Aufwendungen fiele der Gewinn im Folgejahr der Anschaffung höher aus (vgl. S. 69), in diesem Kontext nicht überzeugen. Gerade im Anschaffungsjahr kann der Steuerpflichtige u.U. in großem Maße durch die Anschaffung wirtschaftlich belastet sein. Eine erfolgsneutrale Abbildung der Anschaffung mit anschließender Periodisierung der Aufwendungen führt zu einer nahezu gleich bleibenden Besteuerung und verstärkt damit die wirtschaftliche Belastung des Steuerpflichtigen im Vergleich zu dem Unterlassen einer solchen Anschaffung.[310] Lässt man die Aktivierung von Anschaffungsaufwendungen hingegen nur unter bestimmten Voraussetzungen zu und zieht die übrigen Aufwendungen als Betriebsausgaben ab, so unterliegt der Steuerpflichtige im Anschaffungsjahr einer geringeren Besteuerung, die dem Maß seiner wirtschaftlichen Belastung Rechnung trägt. Zwar ist *Wöhe/Mock* darin beizugeben, dass der Gewinn der Folgejahre dadurch höher sein wird. Allerdings hat der Steuerpflichtige durch die Steuerersparnis die Möglichkeit, sich von der finanziellen Belastung durch die Anschaffung zu erholen und ist dadurch in den Folgejahren wirtschaftlich imstande, eine höhere Steuerlast zu tragen.

---

309 Leffson, aaO., S. 188.

310 Der nach § 7g EStG mögliche Investitionsabzugsbetrag bei Anschaffung eines dem Anlagevermögen zuzuordnenden Wirtschaftsguts sei an dieser Stelle der Übersichtlichkeit halber außer Betracht zu lassen. Es ist jedoch fraglich, ob es eines solchen Abzugsbetrags überhaupt bedürfte, wenn eine restriktivere Aktivierung von Aufwendungen als Anschaffungsnebenkosten mit der Folge der Abziehbarkeit der übrigen Aufwendungen als Betriebsausgaben im Anschaffungsjahr vorherrschend wäre.

Demnach trägt erst eine restriktive Teilnahme der Anschaffungsaufwendungen an der Periodisierung zur Gewinnermittlung entsprechend der wirtschaftlichen Leistungsfähigkeit bei. Der Grundsatz der Periodisierung vermag daher das bei separater Betrachtung des Erfolgsneutralitätsprinzips gewonnene Ergebnis nicht zu ändern. Demzufolge ist das Erfolgsneutralitätsprinzip im Hinblick auf die Gewinnermittlung entsprechend der wirtschaftlichen Leistungsfähigkeit insgesamt nicht gerechtfertigt.

2. Zur Rechtfertigung im Hinblick auf die Gewinnermittlung entsprechend der Gleichmäßigkeit der Besteuerung

Abschließend stellt sich noch die Frage, ob das Gebot der Erfolgsneutralität bezüglich der Gewinnermittlung entsprechend der Gleichmäßigkeit der Besteuerung gerechtfertigt ist. Dies soll nachfolgend trotz Ablehnung der Rechtfertigung hinsichtlich des Leistungsfähigkeitsprinzips untersucht werden, um die gewünschte differenzierende Betrachtung der Prinzipien umzusetzen (siehe S. 30).

Wie in dem Überblick der Rechtsfertigungsmaßstäbe dargelegt, hat die Gleichmäßigkeit der Gewinnermittlung nicht nur für eine Gleichbehandlung von Beziehern der gleichen Einkunftsart (hier: der Gewerbetreibenden) zu sorgen. Eine Gleichbehandlung hat bei der Einkünfteermittlung vielmehr auch zwischen den Beziehern verschiedener Einkunftsarten gegeben zu sein. Gerade dieser letztgenannte Aspekt war im Kontext des Vorsichtsprinzips problematisch gewesen und konnte nur durch eine Übertragung der bei Qualifikation von Anschaffungsnebenkosten heranzuziehenden Maßstäbe (vgl. S. 63 ff.) unter Vorbehalt gelöst werden. Aus dem Umkehrschluss dieses Ergebnisses könnte man für das Erfolgsneutralitätsprinzip ableiten, dass dieses zu der verlangten Gleichbehandlung der verschiedenen Einkunftsarten im Rahmen der Einkünfteermittlung führt, als es eine umfassende Aktivierung fordert. Gleichwohl soll auf dieser Position nicht verharrt werden, sondern vielmehr eine eigenständige Betrachtung der besagten Gleichhandlung vorgenommen werden. Dabei kann allerdings auf die im Rahmen der Rechtfertigung des Vorsichtsprinzips gewonnen Erkenntnisse rekurriert werden.

a) Berücksichtigung des theoretischen Gerüsts des Erfolgsneutralitätsprinzips

Bereits bei der Auseinandersetzung mit der steuerbilanziellen Rechtfertigung des Vorsichtsprinzips war aufgezeigt worden, dass auch diejenigen Steuerpflichtigen, die keinen Bilanzvergleich nach §§ 4 Abs. 1, 5 EStG aufzustellen haben, über § 4 Abs. 3 Satz 3 bzw. § 9 Abs. 1 Satz 3 Nr. 7 Satz 1 EStG dennoch nicht sämtliche Aufwendungen im Jahr der Anschaffung als Betriebsausgaben bzw. Werbungskosten abziehen können (vgl. S. 63 f.). Diese Möglichkeit besteht vielmehr nur bei Anschaffungskosten bis zu einer Höhe von Euro 150 bzw. Euro 410. Liegen die Anschaffungskosten über diesen Beträgen, so kommt lediglich die AfA nach § 7 Abs. 1 EStG in Betracht. Insofern kann auch der Steuerpflichtige, der keiner Buchführungspflicht unterliegt, nur einen vorher festgelegten und linearen Anteil der Anschaffungskosten pro Wirtschafts- bzw. Kalenderjahr absetzen.

Sieht man von den steuerbilanziellen Besonderheiten ab, die vor allem technischer Natur sind, so ist die Vorgehensweise bei strikter Anwendung des Erfolgsneutralitätsprinzips entsprechend seinem theoretischen Gerüst (siehe S. 66 f.) mit Blick auf das steuerliche Ergebnis die gleiche. Demnach ist es von dieser Warte aus grundsätzlich unerheblich, welche Einkunftsart verwirklicht wird, da der Steuerpflichtige bei höheren Anschaffungskosten stets nur die AfA nach § 7 Abs. 1 Satz 1 EStG zum Abzug bringen kann. Die Heranziehung der AfA auch im Kontext der anderen Einkunftsarten entspricht damit gewissermaßen der im Rahmen der steuerbilanziellen Gewinnermittlung vorzunehmenden Periodisierung von Aufwendungen. Die verschiedenen Einkünfteermittlungssysteme werden somit über § 7 Abs. 1 Satz 1 EStG in Gleichlauf gebracht. Insofern kann man sich unter diesem Aspekt durchaus auf den Standpunkt stellen, das Erfolgsneutralitätsprinzip stelle eine gleichmäßige Einkünfteermittlung erst her.

Gleiches kann man für das theoretische Gerüst des Erfolgsneutralitätsprinzips auch in Bezug auf die buchführungspflichtigen Gewerbetreibenden annehmen. Eine umfassende Aktivierung von Nebenkosten, die dem Gebot der Erfolgsneutralität strikt folgt, bedingt zwangsläufig eine gleiche Handhabung von Anschaffungsvorgängen bei den verschiedenen, bilanzierenden Steuerpflichtigen und genügt damit der Gewinnermittlung entsprechend der Gleichmäßigkeit der Besteuerung. Insofern sorgt eine umfassend erfolgsneutrale Abbildung von Anschaffungsvorgängen auch für einen Gleichlauf der Gruppe der Bezieher gewerblicher Einkünfte untereinander.

Dementsprechend ist zunächst im Hinblick auf das theoretische Gerüst des Erfolgsneutralitätsprinzips festzuhalten, dass dieses der Gewinnermittlung entsprechend der Gleichmäßigkeit der Besteuerung zuträglich ist. Insofern könnte man aufgrund der theoretischen Ausgestaltung des Gebots eine Rechtfertigung durchaus befürworten.

b) Berücksichtigung der Anwendungswirklichkeit

Problematisch ist allerdings, dass die erfolgsneutrale Abbildung von Anschaffungsvorgängen keineswegs mit der notwendigen Konsequenz angewendet wird.

Insofern weicht die Anwendungswirklichkeit stark von dem theoretischen Gerüst des Erfolgsneutralitätsprinzips ab. Diese Abweichung von Theorie und Anwendung zeigen vor allem die in Rspr., Lehre und Praxis umstrittenen Fallgruppen, wie z.B. Fremdfinanzierungskosten (vgl. Fn. 65), auf. So bestehen insbesondere bei den Fremdfinanzierungskosten lediglich fein nuancierte Unterschiede in der Sachverhaltsgestaltung, die ausnahmsweise zu einer Aktivierung dieser Aufwendungen führen. Die Frage der Aktivierung ist in solchen Fällen eine Gratwanderung. Dies macht deutlich, dass das Erfolgsneutralitätsprinzip in der praktischen Umsetzung nicht entsprechend seiner theoretischen Ausgestaltung angewendet wird. Die Folge hiervon ist, dass für den bilanzierenden Steuerpflichtigen bei Anschaffungsvorgängen Gestaltungsspielräume entstehen. So kann er beispielsweise bei Vorliegen von Fremdfinanzierungsaufwendungen durch Gestaltung von Sachverhalt und ggf. auch von Verträgen eine Aktivierung dieser Aufwendungen herbeiführen, sofern er dies wünscht. Der Steuerpflichtige wird es also oftmals beeinflussen können, ob Aufwendungen erfolgsneutral abgebildet werden oder ob die Steuerlast durch sofortigen Abzug der Aufwendungen reduziert wird.[311]

Diese Schaffung von Gestaltungsspielräumen will die Gewinnermittlung entsprechend der Gleichmäßigkeit der Besteuerung allerdings verhindern, als sie auch vorschreibt, dass individuelles Ermessen zurückgedrängt werden soll (siehe hierzu S. 33). Da die Verhinderung individuellen Ermessens durch den Steuerpflichtigen als Entsprechung des Gebots der Rechtsanwendungsgleichheit[312] auf Seiten von Rspr. und Finanzverwaltung bezeichnet werden kann, bedeutet dies nichts anderes, als dass bei allen Steuerpflichtigen die gleiche Bemessungsgrundlage zugrunde gelegt werden soll. Indem das Erfolgsneutralitätsprinzip dem Zurückdrängen individuellen Ermessens in seiner praktischen Anwendung nicht Rechnung trägt, sondern Gestaltungsspielräume erst ermöglicht (s.o.), verfehlt es, insbesondere mit Blick auf problembehaftete Aufwendungen, wie die Fremdfinanzierungskosten, das Ziel einer gleichen Bemessungsgrundlage. Damit führt die Möglichkeit der Einflussnahme auf Seiten des Steuerpflichtigen zu einer Ungleichbehandlung innerhalb der Gruppe der bilanzierenden Einkünfte-

---

311 So ähnlich im Hinblick auf die Hintergründe des Interesses an der Aktivierung bzw. Nichtaktivierung als Anschaffungsnebenkosten, vgl. Hartmann, aaO., S. 71. Zwar steht diesem Einfluss des Steuerpflichtigen in der Praxis meist noch die Auffassung der Finanzverwaltung entgegen. Außerhalb des Bereichs der klassischen und anerkannten Aufwendungen ist es aber durchaus denkbar, dass der Steuerpflichtige die Ungewöhnlichkeit seiner Aufwendungen mit entsprechenden Argumenten gegenüber der Finanzverwaltung begründen kann.

312 Siehe zum Gebot der Rechtsanwendungsgleichheit: Lang in: Tipke/Lang, § 4, Rz. 70.

bezieher sowie im Vergleich zu nicht buchführungspflichtigen und auch nicht buchführenden Beziehern anderer Einkunftsarten.

Fraglich ist allerdings, welche Auswirkungen es auf die Rechtfertigung des Erfolgsneutralitätsprinzips hat, dass das Prinzip lediglich in seiner praktischen Umsetzung gegen die verlangte Gleichmäßigkeit verstößt. Insofern könnte man meinen, dass die Rechtfertigung zu bejahen wäre, da das theoretische Gerüst des Erfolgsneutralitätsprinzips als dem Gleichmäßigkeitsprinzip zuträglich eingeordnet werden konnte (siehe S. 82 f.). Die Richtigkeit dieser Annahme ist allerdings zweifelhaft, als gerade dieses theoretische Gerüst des Gebots an sich sehr unbestimmt ist, da es lediglich zum Ausdruck bringt, dass der Anschaffungsvorgang erfolgsneutral vollzogen werden soll. Zudem lässt es das Prinzip vollständig offen, wie diese Erfolgsneutralität zu erreichen ist und welche Einschränkungen ggf. zu beachten sind. Damit liefert das Gebot aufgrund seiner mangelnden inhaltlichen Ausgestaltung selbst das Einfallstor für seine oben beschriebene, willkürliche Anwendung, so dass es lediglich als leere Hülle im Raum steht. Auch bei Entwicklung entsprechender Maßstäbe zur Überbrückung der inhaltlichen Unbestimmtheit würde dies stets ein Einfallstor für Gestaltungsspielräume bleiben. So ist bereits unklar, woran sich mögliche Maßstäbe zur Qualifikation von Anschaffungsnebenkosten inhaltlich orientieren sollten. Die sinnvolle Ausgestaltung eines Maßstabs erfordert es gerade, dass das ihm zugrundliegende Prinzip selbst hinreichend inhaltlich bestimmt ist, damit eine Orientierung an diesem möglich ist. Aufgrund dieser Erwägungen kann es nicht befürwortet werden, dass die Gleichmäßigkeit im Hinblick auf das theoretische Gerüst auf die Rechtfertigung des Erfolgsneutralitätsprinzips im Gesamten durchschlägt.

Demgemäß ist das gewonnene Ergebnis aufrechtzuerhalten und eine Rechtfertigung auch im Hinblick auf die Gewinnermittlung entsprechend der Gleichmäßigkeit der Besteuerung vollumfänglich zu verneinen.

C. Ergebnis der Untersuchung des Gebots der Erfolgsneutralität

Entsprechend den dargelegten Erwägungen ist eine Rechtfertigung des Gebots der Erfolgsneutralität sowohl in handels- als auch in steuerbilanzieller Hinsicht vollumfänglich abzulehnen. Eine umfassende Aktivierung von Anschaffungsnebenkosten zur erfolgsneutralen Abbildung einer Anschaffung kommt daher nicht in Betracht.

Wegen dieser Feststellung liegt die Vermutung nahe, dass die Zugrundelegung dieses Prinzips ergebnisorientierte Gründe zu haben scheint. Diesbezüglich führt *Hartmann* aus: „Anlass für die Berücksichtigung von (möglichst hohen)

Anschaffungsnebenkosten bietet die Begünstigung der Anschaffung durch eine Investitionszulage, da die Bemessungsgrundlage die Anschaffungskosten sind und somit die Höhe der Zulage von diesem Betrag abhängt."[313]

§ 5 Zusammenfassung zu den Grundlagen einer Dogmatik der Anschaffungsnebenkosten

Die Betrachtung der Aktivierung von Anschaffungsnebenkosten zugrundezulegenden Prinzipien hat mit Blick auf das tradierte Verständnis von den dogmatischen Grundlagen zum Teil Erstaunliches zu Tage befördert. So ist das Erfolgsneutralitätsprinzip als Grundprinzip der Aktivierung von Anschaffungsnebenkosten gekippt und ein neues Leitprinzip installiert worden. An diesem neuen Prinzip, welches aus einer teleologischen Reduktion des Vorsichtsprinzips unter Aufladung mit dem Grundsatz der Bilanzwahrheit hervorgeht, soll sich im Folgenden die Entwicklung der Maßstäbe, anhand derer die Frage der Qualifikation von Aufwendungen als Anschaffungsnebenkosten zu beantworten sein soll, orientieren.

Des Weiteren ist in diesem Kapitel bereits zu Beginn festgestellt worden, dass der Maßgeblichkeitsgrundsatz im Kontext der Anschaffungsnebenkosten restriktiv auszulegen ist. Eine solche Auslegung ist insbesondere vor dem Hintergrund der Zwecke der Steuerbilanz gerechtfertigt. Dies bedeutet, dass ein steuerrechtlich eigenständiger Lösungsansatz für die Nebenkosten einer Anschaffung möglich ist, sofern ein Abweichen von der handelsbilanziellen Handhabung zur Genügung der steuerbilanziellen Zwecke geboten ist.

Kapitel 2: Entwicklung von Maßstäben zur Qualifikation von Anschaffungsnebenkosten

In dem vorstehenden Kapitel ist zu dem Ergebnis gekommen worden, dass sich die Aktivierung von Anschaffungsnebenkosten am Vorsichtsprinzip zu orientieren hat, welches mit dem Gebot der Bilanzwahrheit aufgeladen worden ist. Dementsprechend sind Aufwendungen so zu aktivieren, dass sie die tatsächlichen Umstände des Erwerbers nicht verfälschen.

313 Hartmann, aaO., S. 71.

Damit steht der Leitgedanke, der die Grundlage der Dogmatik der Anschaffungsnebenkosten ausmacht, fest. Offen ist aber noch, wie dieser konkret anzuwenden ist. Es gilt also, den dogmatischen Leitgedanken weiter zu konkretisieren und anwendungstauglich zu machen. Um dieses Ziel zu erreichen, soll nachfolgend ein Maßstab entwickelt werden, nachdem die geplante Vorgehensweise dargestellt worden ist.

§ 1 Zur Vorgehensweise bei der Maßstabsentwicklung

Die Maßstabsentwicklung verfolgt das Ziel, dem Rechtsanwender ein Merkmal an die Hand zu geben, welches bei sämtlichen Anschaffungsnebenkosten erfüllt ist, so dass eine zweifelsfreie Zuordnung von Aufwendungen möglich ist. Zu beachten ist aber, dass hierzu nicht auf § 255 Abs. 1 HGB rekurriert werden soll[314], da dieser als Ausfluss des abgelehnten Gebots der Erfolgsneutralität verstanden werden kann.[315]

Mit Blick auf Vorsichtsprinzip ist von besonderer Bedeutung, dass die Zuordnung von Aufwendungen zu Anschaffungsnebenkosten mit diesem Leitprinzip in Einklang steht. Um dies sicherzustellen, werden die in Frage kommenden Maßstäbe auf ihre Rechtfertigung im Hinblick auf das Vorsichtsprinzip in Augenschein genommen. Nur wenn diese Rechtfertigungsprüfung positiv ausfällt, ist ein Maßstab grundsätzlich anwendbar.

Sollte die Maßstabentwicklung ergeben, dass mehrere Maßstäbe herangezogen werden können, so sind diese abschließend auf ihr Verhältnis zueinander zu untersuchen, um eine Rangfolge bei der praktischen Anwendung festzulegen.

§ 2 Quantitative Betrachtung als Maßstab

Wie soeben formuliert, soll ein Qualifikationsmaßstab dem Rechtsanwender die Einordnung von Anschaffungsnebenkosten erleichtern. Um einen Maßstab finden zu können, der diesem Ziel dienlich ist, ist vorrangig festzustellen, welche

---

314 Vielmehr soll später untersucht werden, wie die aus § 255 Abs. 1 HGB ableitbaren Voraussetzungen für Anschaffungsnebenkosten mit Blick auf das Vorsichtsprinzip und den herausgearbeiteten Qualifikationsmaßstab auszugestalten sind, vgl. S. 124 ff..

315 Dies ergibt sich insbesondere daraus, dass laut Begründung zum Entwurf des BiRiLiG die bisherige Bilanzierungspraxis aufrechterhalten werden soll, vgl. BT-Drs. 10/317, S. 88.

Eckpfeiler und charakteristischen Merkmale ein Maßstab aufweisen muss, um anhand seiner Aufwendungen als Anschaffungsnebenkosten einzuordnen.

Zur Festlegung dieser Eckpfeiler bietet es sich an, zunächst eine quantitative und qualitative Betrachtung der Anschaffungsaufwendungen vorzunehmen. Bei diesen handelt es sich um allgemein gehaltene Maßstabsbetrachtungen, mit deren Hilfe festgestellt werden kann, in welche Richtung sich die Untersuchung zu bewegen hat, um einen passenden Maßstab aufzufinden. Den Ausgangspunkt soll dabei die quantitative Betrachtung der Anschaffungsaufwendungen bilden, die nachfolgend zunächst inhaltlich auszugestalten ist.

A. Inhaltliche Ausgestaltung des Maßstabs

I. Auslegung des Maßstabs entsprechend dem Wortlaut sowie dem Sinn und Zweck

Unzweifelhaft hat die quantitative Betrachtung in einem noch näher zu bestimmenden Bezug zu Anschaffungsaufwendungen zu stehen. Maßgebend für die Einordnung als Anschaffungsnebenkosten könnte daher beispielsweise die Quantität der Aufwendungen sein. Um diese Möglichkeit des Bezugs näher beleuchten zu können, muss zuerst im Wege der Auslegung[316] geklärt werden, was unter dem Begriff „Quantität" zu verstehen ist.

Geht man vom Wortsinn aus, so erfasst die Quantität den Umfang von etwas. Bezogen auf Anschaffungsnebenkosten ist der Umfang dieser Aufwendungen gemeint. Da diese regelmäßig mit Geldmitteln getätigt werden, kann ihr Umfang nur durch ihre Höhe gemessen werden. Die Quantität der Aufwendungen ist dem reinen Sprachgebrauch nach somit als Höhe der getätigten Aufwendungen zu verstehen.

Fraglich ist, ob diese Interpretation auch mit Blick auf den Telos des Begriffs aufrechtzuerhalten ist oder ob ggf. eine Ergänzung notwendig ist. Im Zusammenspiel mit Aufwendungen könnte man die Quantität nicht nur anhand deren Höhe, sondern eventuell auch durch den Umfang der hinter diesen stehenden Leistungen messen. Zwar neigt man zu der Annahme, dass ein bestimmter Umfang dieser Leistungen auch eine entsprechende Höhe der Aufwendungen, die in der Folge anfallen, bedingt. Insofern könnte ein zusätzliches Abstellen auf den Umfang der Leistungen überflüssig sein. Indes sind Umfang der Leistungen und Umfang der Aufwendungen nicht zwangsläufig in allen Fällen im beschriebenen

---

316 Da es sich bei dem Begriff um einen solchen des täglichen Sprachgebrauchs und gerade nicht um das Merkmal einer Gesetzesnorm handelt, kann dieser nur anhand seines Wortlauts sowie seines Sinns und Zwecks Interpretation erfahren.

Sinne miteinander verknüpft.[317] Vielmehr hängt diese Verknüpfung von den Gestaltungen des Einzelfalls ab. Demzufolge kann es durchaus hilfreich sein, die Quantität dem Sinn und Zweck nach grundsätzlich auch auf den Umfang der getätigten Leistungen zu beziehen.

Zweifelhaft ist aber, ob dieses Ergebnis letztlich beizubehalten ist. Der Umfang der Leistungen wäre im Rahmen der Betrachtung dahingehend entscheidungserheblich, dass von diesem abhinge, ob Aufwendungen als Anschaffungsnebenkosten einzuordnen sind. Der Leistung würde damit ein enormer Einfluss auf die letztlich einzuordnende Aufwendung zugesprochen. Dieser Einfluss ist indes nur zu akzeptieren, wenn kein anderer Bezugs- oder Anknüpfungspunkt für den Maßstab greifbar wäre.[318] Dies ist aber vorliegend gerade nicht der Fall. Die unmittelbare Anknüpfung des Maßstabs an die Anschaffungsaufwendung ist ohne weiteres möglich. Somit wäre ein unmittelbarer Einfluss der hinter der Aufwendung stehenden Leistung auf die Qualifikation der Aufwendung hier nicht vertretbar. Die zuzuordnenden Aufwendungen stellen den Dreh- und Angelpunkt der Dogmatik der Anschaffungsnebenkosten dar, so dass der Bezug zu den Aufwendungen demjenigen zu den o.g. Leistungen vorzuziehen ist. Die Anknüpfung an die Leistung steht damit in einem Verhältnis der Nachrangigkeit zu der unmittelbaren Anknüpfung an die Aufwendung.[319] Dementsprechend ist die weitere Beleuchtung des Maßstabs darauf zu stützen, dass unter „Quantität" der Umfang der Anschaffungsaufwendungen zu verstehen ist.

II. Nähere Bestimmung des „Umfangs der Aufwendungen"

Offen ist allerdings, wann der Umfang der Aufwendungen zu deren Einordnung als Anschaffungsnebenkosten führen soll. Der Begriff „Umfang" ist daher noch weiter inhaltlich auszufüllen, um den Maßstab anwendungsfähig zu machen.

Dies kann in zwei Richtungen erfolgen. Einerseits könnte man darauf abstellen, dass ein möglichst hoher Umfang zu fordern ist, um die Qualifikation als Anschaffungsnebenkosten vorzunehmen. Andererseits ist es aber auch möglich,

---

317 Zu denken ist beispielsweise an die Konstellation, in der das Unternehmen für umfangreiche Leistungen aufgrund eines Mengenrabatts dem Drittunternehmer ein geringeres Entgelt zu entrichten hat.

318 Fehlende Greifbarkeit ist im weiteren Fortgang der Untersuchung auch dann gegeben, wenn eine Auslegung, die sich auf die Aufwendung selbst bezieht, nicht anwendbar ist.

319 Diese Nachrangigkeit ist aber nicht nur innerhalb der Untersuchung eines Maßstabs bedeutsam. Auch wenn man einem Maßstab die Anknüpfung an die Leistung zubilligt, weil dessen Ansetzen an der Aufwendung wegen der konkreten Ausgestaltung nicht möglich ist, stellt sich die Frage, ob dieser Maßstab im Verhältnis zu Maßstäben, die unmittelbar an die Aufwendungen anknüpfen, nicht nachrangig heranzuziehen ist.

auf einen geringen Umfang abzustellen. Weiterhin wäre zu fragen, ob auf den Umfang der einzelnen Aufwendung oder auf die Gesamtsumme der getätigten Anschaffungsaufwendungen abzustellen wäre.

All diesen Bestimmungen bezüglich des Umfangs ist allerdings gemeinsam, dass die Festlegung eines bestimmten Werts erforderlich ist. So könnte man die Grenze beispielsweise bei Euro 1.000 ansetzen und diese als Mindestumfang sehen. Würde man festlegen, dass jede einzelne Aufwendung mindestens diesen Betrag zu erreichen hat, so könnten Aufwendungen, bei denen dies nicht zutrifft, im Anschaffungsjahr als Betriebsausgaben abgezogen werden. In der Konsequenz wäre dem Erwerber ein zusätzliches Gestaltungsinstrument an die Hand gegeben. Durch gezielt gestaltete Anschaffungen und durch entsprechende Abreden mit den Vertragspartnern könnte so im Idealfall insgesamt eine Aktivierung von Anschaffungsnebenkosten weitgehend vermieden werden. Von der steuerrechtlichen Warte aus würde die Steuerlast aufgrund des sofortigen Abzugs der Aufwendungen im Anschaffungsjahr u.U. erheblich reduziert werden. Gleiches gilt für ein Abstellen auf eine Gesamtsumme.[320]

III. Zwischenergebnis

Bereits an dieser Stelle bestehen beträchtliche Zweifel daran, dass eine quantitative Betrachtung im Hinblick auf Anschaffungsaufwendungen als Maßstab zielführend ist.

Aufgrund dieser Zweifel soll an dieser Stelle nicht weiter verfolgt werden, ob der Umfang im oben beschriebenen Sinne als Mindest- oder Höchstgrenze auszugestalten ist. Vielmehr ist zunächst zu fragen, ob ein generelles Ansetzen am Umfang der Aufwendungen gerechtfertigt ist. Sollte dies zu bejahen sein, so wird die Frage der genauen Ausgestaltung des Maßstabs anschließend wieder aufgenommen.

B. Zur Rechtfertigung der quantitativen Betrachtung

Die quantitative Betrachtung in der bisher beschriebenen Ausgestaltung kann nur dann als Qualifikationsmaßstab herangezogen werden, wenn sie mit dem Leitgedanken des Vorsichtsprinzips zu vereinbaren ist.

Dementsprechend ist von einem potenziell heranzuziehenden Maßstab zu verlangen, dass er die tatsächliche Lage des Erwerbers den tatsächlichen Um-

---

320 Legt man fest, dass die Gesamtsumme der Aufwendungen mindestens bzw. höchstens Euro 1.000 betragen darf, so könnte man auch in diesem Fall durch geschickte Gestaltung eine u.U. volle Erfolgswirksamkeit im Jahr der Anschaffung erreichen.

ständen entsprechend darstellen kann und so den Zwecken von Handels- und Steuerbilanz ausreichend Rechnung trägt.

Bedenken dahingehend, dass die quantitative Betrachtung dieser Anforderung nicht gerecht wird, kommen bereits bei den folgenden Erwägungen auf. Gestaltet man den maßgebenden Umfang der Aufwendungen als Mindestwert aus, welchen man zusätzlich sehr niedrig ansetzt, so hat dies eine beinahe umfassende Aktivierung der Aufwendungen zur Folge. Dieses Ergebnis erinnert stark an das Gebot der Erfolgsneutralität. Gerade dieses Prinzip ist allerdings nach hier vertretener Ansicht als Leitprinzip der Dogmatik abzulehnen (vgl. S. 86). Würde man nun gleichwohl einen Maßstab anwenden, der dieses zuvor gefundene Ergebnis in Bezug auf die zugrundezulegenden Prinzipien unterläuft, so würde man sich zu Recht des Vorwurfs der Widersprüchlichkeit und der fehlenden Folgerichtigkeit begeben. Die einmal getroffene Entscheidung der Ablehnung des Erfolgsneutralitätsprinzips ist auch bei der Entwicklung von Qualifikationsmaßstäben konsequent weiterzuverfolgen.

Das erwähnte Ergebnis der umfassenden Aktivierung könnte in Bezug auf den hier diskutierten Maßstab aber möglicherweise dadurch vermieden werden, dass der maßgebliche Umfang der Aufwendungen als Höchstwert festgesetzt wird. Wenn man diesen zudem nicht besonders hoch ansetzt, kann eine umfassende Erfolgsneutralität fast vollständig ausgeschlossen werden. Damit würde das Ziel allerdings auch weit übertroffen. Es geht im Rahmen der Dogmatik der Anschaffungsnebenkosten und insbesondere bei den dieser zugrundezulegenden Prinzipien nicht um die Vermeidung jeglicher Erfolgsneutralität der Anschaffungsaufwendungen. Es soll vielmehr durchaus möglich sein, dass sich Aufwendungen als Anschaffungsnebenkosten im Jahr der Anschaffung nicht erfolgswirksam auswirken. Denn würde es nur um die kategorische Ablehnung der Erfolgsneutralität im Ganzen gehen, so wäre die Leugnung der Existenz der Anschaffungsnebenkosten das effektivste Mittel. Dass aber ein umfassender Abzug der Anschaffungsaufwendungen als Betriebsausgaben, was letztlich die Folge der beschriebenen Leugnung wäre, in keiner Weise den untersuchten Bilanzzwecken entspricht, ist bereits an vielen Stellen dieser Arbeit deutlich geworden. Entscheidend ist vielmehr, dass eine Aktivierung von Anschaffungsnebenkosten vorgenommen wird, die im Einklang mit den Bilanzzwecken steht, die in dem herausgearbeiteten Vorsichtsprinzip zum Ausdruck kommen. Diesem Einklang ist die beschriebene Vorgehensweise aber nicht zuträglich. Würde man durch das Ansetzen einer niedrigen Höchstgrenze eine umfassende Abzugsfähigkeit der Aufwendungen praktizieren, so würde dadurch zwar ein weitaus schlechteres Bild vom Erwerber gezeichnet. Dies wird aber kaum den tatsächlichen Verhältnissen des Unternehmens nahe kommen.[321] Demgemäß ist die Installierung des maßgeblichen Umfangs als Höchstwert ebenfalls nicht zielführend.

Insgesamt kann der Maßstab der quantitativen Betrachtung aus den genannten Erwägungen nicht als im Hinblick auf das Vorsichtsprinzip gerechtfertigt angesehen werden.

C. Ergebnis zur Heranziehung der quantitativen Betrachtungsweise als Maßstab

Die quantitative Betrachtung kommt folglich als Maßstab im Rahmen der Qualifikation von Aufwendungen als Anschaffungsnebenkosten nicht in Betracht.[322]

Dieses Ergebnis wird zusätzlich dadurch bestätigt, dass allein die Festlegung eines bestimmten Werts gleichheitsrechtlichen Bedenken begegnet. Auch bei einem nur geringen Überschreiten der festgelegten Grenze würde eine unterschiedliche Behandlung der Aufwendungen erfolgen. Um diese Ungleichbehandlung zu vermeiden, müsste man die Höchstgrenze flexibel mit einer Übergangszone ausgestalten. Aber auch an den Grenzen dieser „Zone" würde sich das erwähnte Problem stellen. Die Festlegung eines bestimmten Grenzwerts ist somit nicht ohne Gleichheitsverstoß denkbar.

---

321 Extreme Ausnahmefälle, nämlich Unternehmen kurz vor Stellung des Insolvenzantrags, seien zur Vereinfachung und Übersichtlichkeit außer Betracht gelassen.

322 Die Konsequenz dieser Ablehnung ist, dass auch im Rahmen der Abgrenzung zwischen Anschaffungsnebenkosten und Herstellungskosten (vgl. S. 128 ff.) nicht auf die Höhe der Aufwendungen abgestellt werden kann. Andernfalls würde ein Widerspruch zu den hier erzielten Ergebnissen erzeugt werden. Indes findet sich in der Lehre der Ansatz, nach dem wohl nachträgliche Herstellungskosten vorliegen sollen, wenn die bei Anpassung des Wirtschaftsguts anfallenden Aufwendungen im Verhältnis zum Kaufpreis hoch sind, so Umkehrschluss aus Hoffmann, StuB 2006, S. 56 (58). Ähnlich Köhler/Benzel/Trautmann, DStR 2002, S. 926 (927); Scharfenberg/Marquardt, DStR 2004, S. 195 (197). Dieses Kriterium lässt sich auch aus der Entscheidung des Großen Senats des BFH vom 22.08.1966 herleiten, als der Senat ausführt, dass Herstellungskosten regelmäßig vorlägen, „wenn nach dem Erwerb eines Gebäudes im Verhältnis zum Kaufpreis hohe Aufwendungen gemacht werden", vgl. BFH v. 22.08.1966, Az. GrS 2/66, BStBl. III 1966, S. 672 (674). Dabei ist aber zu beachten, dass der Senat die Höhe der Aufwendungen keineswegs als alleiniges Kriterium herangezogen wissen wollte, vgl. BFH v. 22.08.1966, Az. GrS 2/66, BStBl. III 1966, S. 672 (674).

§ 3 Qualitative Betrachtung als Maßstab

Nach der Ablehnung einer quantitativen Betrachtung ist zur weiteren Festlegung der Eckpfeiler eines später anzuwendenden Maßstabs auf die qualitative Betrachtung zurückzugreifen, wie zu Beginn der Untersuchung der quantitativen Betrachtung bereits angekündigt worden ist (vgl. S. 88).

Zu fragen ist also, ob Anschaffungsaufwendungen eine bestimmte, noch näher zu definierende Qualität aufweisen müssen, um als Anschaffungsnebenkosten aktiviert werden zu können.

A. Inhaltliche Ausgestaltung des Maßstabs

I. Auslegung entsprechend dem Wortlaut und daraus folgende Verdrängung einer allgemeinen qualitativen Betrachtungsweise

Entsprechend dem allgemeinen Sprachgebrauch versteht man unter dem Begriff „Qualität" das Aufweisen einer bestimmten Beschaffenheit. Bezieht man dieses Verständnis auf Anschaffungsaufwendungen, so müssen diese eine bestimmte Beschaffenheit aufweisen, um als Anschaffungsnebenkosten in Betracht zu kommen.

Fraglich ist allerdings, wie diese „bestimmte Beschaffenheit" auszugestalten ist. Lenkt man den Blick zur Beantwortung dieser Frage auf die nachfolgend noch zu beleuchtenden Maßstäbe (vgl. S. 98 ff.), so fällt auf, dass diese eine ganz konkrete Beschaffenheit der Aufwendung bzw. der dahinter stehenden Leistung[323] für die Qualifikation von Nebenkosten fordern.[324] Demgemäß stellen diese Maßstäbe Konkretisierungen der hier dargestellten, allgemeinen qualitativen Betrachtung dar.

Aufgrund dieser Verknüpfung ist jedoch zweifelhaft, ob eine Auseinandersetzung mit der qualitativen Betrachtung an dieser Stelle erfolgen sollte. Zum einen würde man den noch zu beleuchtenden, konkreten Maßstäben vorgreifen, da im Rahmen der Maßstabsuntersuchung beispielhafte Konkretisierung gebildet werden müssten, um den Begriff der Qualität überhaupt greifbar zu ma-

---

323 Wie bereits im Kontext der quantitativen Betrachtungsweise dargelegt, ist eine Anknüpfung an die Leistung ausnahmsweise möglich, falls die Aufwendung als Anknüpfungspunkt nicht in Betracht kommt (vgl. S. 89).

324 So sieht beispielsweise einer der nachfolgenden Maßstäbe vor, dass die Aufwendung zu einer Werterhöhung des Wirtschaftsguts führen muss (siehe S. 103 ff.). Dies stellt eine konkrete Forderung an die „Qualität" der Aufwendungen dar.

chen.[325] Zum anderen würde man sich aber auch in Widerspruch zu dem allgemeinen, in der gesamten Rechtsanwendung geltenden Grundsatz setzen, nach welchem das Spezielle dem Allgemeinen stets vorzugehen hat. Ein Rückgriff auf den Maßstab der qualitativen Betrachtung ist daher gesperrt, sofern nicht bei der Auseinandersetzung mit den konkreten Maßstäben zu Tage tritt, dass diese allesamt nicht heranzuziehen sind. Nur dann wäre zu erwägen, eine „allgemeine" qualitative Betrachtung zur Einordnung von Anschaffungsnebenkosten anzuwenden.

Schließlich ist die kritische Auseinandersetzung mit einer allgemeinen qualitativen Betrachtung auch nicht geboten. Es ist unzweifelhaft, dass eine qualitative Betrachtung in einer noch näher zu bestimmenden Ausgestaltung als Maßstab heranzuziehen ist. Eine gewisse Qualität der Aufwendungen, die als Anschaffungsnebenkosten zu aktivieren sind, ist unabdingbar, um diese von den Betriebsausgaben abzugrenzen. Erst eine bestimmte, qualitative Beschaffenheit hebt die Nebenkosten von den Betriebsausgaben ab und rechtfertigt die Aktivierung in Handels- und Steuerbilanz. Insofern besteht eine Verknüpfung zwischen der „Qualität" der Aufwendungen und ihrer „Qualifizierung" als Anschaffungsnebenkosten. Eine Qualifizierung, wie sie die Anschaffungsaufwendungen bei Einordnung als Anschaffungsnebenkosten erfahren sollen, ist demnach nur dann möglich, wenn die zuzuordnende Aufwendung eine vorgegebene Qualität aufweist.

Insofern bedarf es an dieser Stelle keiner weiteren Beleuchtung einer allgemeinen qualitativen Betrachtungsweise.[326]

II. Zur Möglichkeit eines anderen Verständnisses von „Qualität" – Auslegung des Maßstabs nach seinem Sinn und Zweck

Die Maßstabsuntersuchung wäre aber gleichwohl nicht abzubrechen, sofern dem Maßstab der qualitativen Betrachtung mit Blick auf die Qualifikation von Anschaffungsnebenkosten noch eine weitere Auslegung innewohnen würde.

Sieht man die qualitative Betrachtung nicht nur als „Verallgemeinerung" der anderen Maßstäbe, so stellt sich die Frage, wie der Begriff der Qualität ausgelegt werden könnte, um zu einer weiteren Ansatzweise zu gelangen. Eine Auslegung

325 Die fehlende Greifbarkeit des Maßstabs liegt darin begründet, dass er aufgrund seiner Allgemeinheit keinen genauen Anhaltspunkt bezüglich der erforderlichen Beschaffenheit von Aufwendung bzw. Leistung liefert.

326 Dies meint allerdings keineswegs, dass jeder Maßstab, der die geforderte Qualität näher konkretisiert, ohne weiteres im Rahmen der Einordnung von Aufwendungen als Anschaffungsnebenkosten anwendbar ist. Vielmehr muss jedem Maßstab eine Untersuchung seiner Vereinbarkeit mit dem Vorsichtsgrundsatz zuteil werden.

entsprechend dem Sprachgebrauch ist in diesem Zusammenhang nicht mehr zielführend, da diese bereits oben vorgenommen worden ist und lediglich die Konkretisierung durch die noch zu untersuchenden Maßstäbe aufgezeigt hat.

Neue Impulse kann insofern nur die Beleuchtung des Sinnzusammenhangs liefern. Dieser macht deutlich, dass der Begriff der Qualität vorwiegend im Zusammenhang mit Wirtschaftsgütern anzutreffen ist. Ein Wirtschaftsgut weist eine bestimmte Qualität regelmäßig erst dann auf, wenn ihm ein bestimmtes Maß an Bearbeitung zuteil geworden ist. Dieses Maß kann man auch als „Intensität der Bearbeitung" benennen. Da die intensive Bearbeitung des Wirtschaftsguts zu einer bestimmten Qualität desselben führt, bedingt die genannte Intensität die Qualität des Wirtschaftsguts.

Überträgt man diese Verknüpfung auf Anschaffungsaufwendungen, so führt dies dazu, dass bei einer bestimmten Intensität der Aufwendungen die geforderte Qualität zur Qualifikation von Anschaffungsnebenkosten gegeben wäre. Unklar ist indes, was unter „Intensität der Aufwendungen" verstanden werden kann. Wenn Aufwendungen als „intensiv" bezeichnet werden, fallen sie regelmäßig hoch bzw. umfangreich aus. „Intensität der Aufwendungen" meint daher grundsätzlich nichts anderes als deren Umfang. Da bezüglich des Umfangs von Aufwendungen aber bereits festgestellt worden ist, dass dieser nicht als Maßstab in Frage kommt (vgl. S. 92), scheidet diese Auslegung auch bei einer qualitativen Betrachtung aus.

Dies bedeutet aber noch nicht zwingend, dass die teleologische Auslegung der Qualität vollumfänglich abzulehnen ist. Eine Möglichkeit, um die Anwendbarkeit des Maßstabs nicht bereits bei seiner inhaltlichen Ausgestaltung scheitern zu lassen, liegt in der Änderung des maßgebenden Bezugspunkts. So kann der fragliche Maßstab auch auf die hinter der Aufwendung stehende Leistung Bezug nehmen, sofern eine Ausgestaltung des Maßstabs, die an die Aufwendung anknüpft, nicht anwendbar ist (vgl. S. 89, Fn. 318). Maßgeblich für die Einordnung von Aufwendungen als Anschaffungsnebenkosten wäre folglich die Intensität dieser Leistungen. Um diese messen zu können, wäre beispielsweise zu erwägen, ob auf eine bestimmte Dauer der einzelnen Leistung, eine festgelegte Anzahl eingesetzter (externer und interner) Mitarbeiter u.ä. abgestellt werden kann.

III. Zwischenergebnis

Die Auslegung des Begriffs der Qualität hat zunächst offen gelegt, dass der entsprechend dem allgemeinen Sprachgebrauch ausgelegte Maßstab im Vergleich zu den noch zu untersuchenden Maßstäben lediglich allgemeiner Natur ist. Insofern ist von der Untersuchung des Maßstabs zunächst abzusehen, um den anderen Maßstäben nicht vorzugreifen.

Legt man den Begriff der Qualität hingegen entsprechend seinem Sinnzusammenhang aus, so gelangt man zu dem Ergebnis, dass dieser mit dem Begriff der Intensität verknüpft ist. Allerdings kann es aus den genannten Gründen nicht auf die Intensität der Aufwendungen ankommen. Vielmehr könnte einzig auf die Intensität der hinter diesen Aufwendungen stehenden Leistungen abgestellt werden.

B. Zur Rechtfertigung der qualitativen Betrachtung, insbesondere im Hinblick auf die Verknüpfung mit der Intensität von Leistungen

Die Möglichkeit der Bezugnahme auf die hinter den Aufwendungen stehende Leistung lässt aber noch offen, ob der Maßstab der qualitativen Betrachtung in dieser Ausgestaltung letztlich anzuwenden ist. Dies ist anhand der Vereinbarkeit mit dem Vorsichtsprinzip zu klären.

Das Vorsichtsprinzip gebietet im Rahmen der Aktivierung von Anschaffungsnebenkosten, dass diese die Abbildung der tatsächlichen Unternehmenslage nicht verfälscht. Daher kann ein Maßstab nur dann zur Qualifikation von Nebenkosten herangezogen werden, wenn er einer wahrheitsgemäßen Darstellung im beschriebenen Sinn zuträglich ist.

Auch im Kontext einer qualitativen Betrachtung, die auf die Intensität der Leistungen abstellt, stellt sich das Problem, dass eine Anwendung im Einzelfall nur möglich ist, wenn die Intensität der Leistungen grundsätzlich messbar bzw. feststellbar ist. Wie im Rahmen der quantitativen Betrachtung verlangt dies die Festlegung von allgemein verbindlichen Grenzwerten. Insofern ist beispielhaft die Anzahl der eingesetzten Mitarbeiter und die Dauer der Leistung erwähnt worden (s.o.).

Solche Grenzwerte können aber einerseits Gestaltungsspielräume eröffnen. Ist der Grenzwert als Höchstgrenze ausgestaltet (z.B. höchstens fünf Mitarbeiter), so kann der Erwerber die Aktivierung von Anschaffungsnebenkosten weitgehend verhindern, wenn er die auf das angeschaffte Wirtschaftsgut bezogene Leistung ggf. aufteilt. Es würden folglich mehrere Leistungen vorliegen, die die Grenze der Intensität für sich genommen nicht überschreiten. Um derartiger Gestaltungsmöglichkeiten Herr zu werden, müssten im Anschluss an die Entwicklung von Grenzwerten Beweisregeln geschaffen werden, die u.a. bestimmen, wann einzelne Leistungen lediglich als unselbständige Teilleistungen einer Gesamtleistung, die die benannte Grenze überschreitet, anzusehen sind.

Auch wenn man über diesen Gesichtspunkt hinwegsieht, so kommt die Vereinbarkeit mit dem Vorsichtsgrundsatz gleichwohl nicht in Betracht. Zwar besteht die Hauptzielrichtung des Vorsichtsprinzips darin, dass das einzelne Unternehmen seine wirtschaftliche Lage möglichst zutreffend darstellt. Auf der anderen Seite gebietet der Grundsatz aber auch, dass diese zutreffende Darstellung der wirtschaftlichen Lage bei allen Erwerbern gegeben ist, die ein gleichartiges Wirtschaftsgut anschaffen. Damit trägt das Vorsichtsprinzip dem allgemeinen Gleichbehandlungsgrundsatz Rechnung. Mit diesem Gebot der gleichen, zutreffenden Darstellung ist die Anwendung von betragsmäßigen und damit willkürlich festgelegten Grenzwerten aber nicht vereinbar. Überschreitet eine Leistung auf das angeschaffte Wirtschaftsgut diese Grenze nur knapp, so wären die Aufwendungen als Betriebsausgaben im Anschaffungsjahr abzuziehen. Folglich wäre der Jahresüberschuss in diesem Jahr entsprechend herabgesenkt. Hingegen hat ein Erwerber, bei dem die Intensitätsgrenze nur leicht unterschritten wird, die an sich gleichartigen Aufwendungen als Nebenkosten zu aktivieren und muss im Vergleich einen höheren Jahresüberschuss ausweisen. Die wirtschaftliche Belastung ist in beiden Fällen nahezu identisch. Dementsprechend wird die wirtschaftliche Lage auch weitgehend übereinstimmen.[327] Gleichwohl weisen die Darstellungen der Anschaffungen in den Bilanzen die Ähnlichkeit der wirtschaftlichen Lage nicht aus. Ferner wird auch die Steuerlast unterschiedlich ausfallen, obwohl die wirtschaftliche Leistungsfähigkeit in fast dem gleichen Maß gemindert worden ist.

Da das Vorsichtsprinzip aber auch eine gleiche, den tatsächlichen Umständen entsprechende Darstellung von gleichgelagerten Anschaffungsvorgängen fordert, ist die Notwendigkeit von Grenzwerten mit den daraus resultierenden Konsequenzen und daher insgesamt ein Abstellen auf die Intensität von Leistungen nicht mit diesem Grundsatz zu vereinbaren.

C. Ergebnis zur Heranziehung der qualitativen Betrachtung als Maßstab

Eine qualitative Betrachtung, welche mit der Intensität der Leistung verknüpft ist, kann nicht als Maßstab zur Beantwortung der Qualifikationsfrage herangezogen werden.

---

327 Abweichungen, die nicht in der Anschaffung eines Wirtschaftsguts wurzeln, seien an dieser Stelle aus Gründen der Vereinfachung unbeachtet gelassen.

Allerdings hat die Untersuchung dieser Maßstabsmöglichkeit auch deutlich gemacht, dass eine noch vorzunehmende Konkretisierung einer allgemeinen qualitativen Betrachtung als Maßstab heranzuziehen sein wird.

§ 4 Prinzipieller Unterschied zwischen angeschafftem und eingesetztem Wirtschaftsgut als Maßstab

Wie vorstehend ausgeführt geworden ist, kommt als Maßstab zur Erfassung von Anschaffungsnebenkosten nur eine Konkretisierung einer allgemeinen qualitativen Betrachtungsweise in Erwägung. Zu beantworten gilt es aber noch, wie die maßgebende Qualität der Anschaffungsaufwendung (hilfsweise der dahinter stehenden Leistung) ausgestaltet sein muss.

A. Herleitung des Maßstabs

Zwar ist die Intensität der Leistung als spezielle Ausprägung der qualitativen Betrachtung zuvor mangels Vereinbarkeit mit dem Vorsichtsprinzip (vgl. S. 96 ff.) als Maßstab abgelehnt worden. Da die Forderung nach einer bestimmten Qualität aber stets in irgendeiner Weise auf eine Intensität abstellt, ist gleichwohl zu erwägen, ob nicht doch ein Maßstab herangezogen werden kann, der die „Intensität“ in Bezug nimmt. Da dabei jedoch die im Rahmen der Maßstabsentwicklung bereits erzielten Ergebnisse nicht unterlaufen werden dürfen, bleibt nur die Möglichkeit, die in Rede stehende Intensität auf das angeschaffte Wirtschaftsgut zu beziehen. Dem folgend könnte man auf diejenige Intensität abstellen, mit der diesem Wirtschaftsgut zur Einsatzbereitschaft verholfen wird.

Diese Intensität ist aber letztlich nur Ausdruck dessen, dass regelmäßig ein Unterschied zwischen dem angeschafften und dem später eingesetzten Wirtschaftsgut bestehen wird. Dass ein solcher Unterschied auch vom Gesetzgeber als Regelfall angesehen wird, ergibt sich daraus, die Kosten der Versetzung in Betriebsbereitschaft in § 255 Abs. 1 Satz 1 HGB erfasst sind (siehe hierzu S. 18). Die Versetzung des Wirtschaftsguts in Betriebsbereitschaft stellt daher einen Vorgang dar, der zu einem Unterschied zwischen angeschafftem und eingesetztem Wirtschaftsgut führt.

Allerdings ist dadurch noch nicht geklärt, wie „intensiv“ dieser Unterschied ausgeprägt sein muss. Um dies feststellen zu können, sei im Folgenden zunächst von dem Extremfall des „prinzipiellen“ Unterschieds ausgegangen. Jede andere Festlegung der Intensität dieses Unterschieds in diesem Stadium der Maßstabsentwicklung wäre dem Vorwurf der Willkür ausgesetzt. Sollte sich der Unterschied prinzipieller Natur als nicht anwendbar erweisen, so kann seine Intensität mit Blick auf das Vorsichtsprinzip entsprechend abgemildert werden.

B. Inhaltliche Ausgestaltung des Maßstabs

Bereits der Wortlaut des o.g. Maßstabs macht unzweifelhaft deutlich, dass der prinzipielle Unterschied nur gegeben sein kann, wenn es sich bei dem später eingesetzten Wirtschaftsgut nicht mehr um das ursprünglich angeschaffte Wirtschaftsgut handelt. Wann dies der Fall ist, kann jedoch nur mithilfe zusätzlicher Kriterien beantwortet werden, da der Maßstab selbst diesbezüglich überhaupt keinen Anhaltspunkt bereitstellt. Indes ist die Entwicklung solcher Kriterien nur vorzunehmen, sofern der Maßstab des prinzipiellen Unterschieds als grundsätzlich gerechtfertigt erweisen sollte.

Im Vorfeld einer Untersuchung der erforderlichen Rechtfertigung ist jedoch zunächst fraglich, ob der o.g. Unterschied objektiv oder subjektiv zu bestimmen ist. So könnte es auf die Sicht des Erwerbers oder des unternehmensfremden Dritten ankommen. In dieser Hinsicht enthält der Wortlaut des Maßstabs allerdings keinen eindeutigen Hinweis. Das Abstellen auf einen prinzipiellen Unterschied ohne jegliche Einschränkung spricht aber dafür, dass es auf eine objektive Sicht ankommt. Der objektive Dritte müsste demnach feststellen, dass das zuvor angeschaffte Wirtschaftsgut dem später eingesetzten nicht mehr entspricht. Für diese Sichtweise spricht auch, dass dies die Eröffnung zusätzlicher Gestaltungsspielräume verhindern würde. Die Entscheidung über die Aktivierung von Aufwendungen wäre der willkürlichen und ergebnisorientierten Einschätzung des Erwerbers entzogen. Insofern ist bereits an dieser Stelle diejenige Auslegung zu favorisieren, die die Gefahr eines Konflikts mit dem Vorsichtsprinzip herabsetzt.

Weiterhin ist klärungsbedürftig, wodurch der prinzipielle Unterschied bedingt sein muss. In Betracht kommen hier die Anschaffungsaufwendung und die hinter dieser stehende Leistung.[328] Auch hierzu enthält der Wortlaut des Maßstabs keinen eindeutigen Hinweis. Jedoch gilt es auch hier, dass vorrangig auf die zu qualifizierenden Anschaffungsaufwendungen abzustellen ist, als diese den Dreh- und Angelpunkt der Dogmatik der Anschaffungsnebenkosten ausmachen (siehe S. 89). Ferner ist kein Grund ersichtlich, warum eine Verknüpfung

328 Die Beantwortung der Frage, wodurch der o.g. Unterschied herbeigeführt wird, ist nicht mit der Festlegung des Bezugspunkts des Maßstabs zu verwechseln. Dieser Bezugspunkt des prinzipiellen Unterschieds ist, um die im Kontext der bereits abgelehnten Maßstäbe herausgearbeiteten Ergebnisse und Wertungen nicht zu unterlaufen, in dem angeschafften Wirtschaftsgut zu sehen.

mit der Aufwendung zugunsten einer Verknüpfung mit der dahinter stehenden Leistung weichen müsste. Insofern muss die einzuordnende Anschaffungsaufwendung dazu führen[329], dass der o.g. Unterschied gegeben ist.

C. Zur Rechtfertigung des prinzipiellen Unterschieds zwischen angeschafftem und eingesetztem Wirtschaftsgut

Ob der Maßstab in der hier gewählten Ausgestaltung gerechtfertigt ist, hängt in erster Linie davon ab, inwiefern er dem Leitgedanken des Vorsichtsprinzips zuträglich ist.

I. Untersuchung der Rechtfertigung im Hinblick auf das Vorsichtsprinzip

Mit Blick auf die zuvor abgelehnten Qualifikationsmaßstäbe könnte man die Vereinbarkeit eines Maßstabs, der auf einen prinzipiellen Unterschied abstellt, mit dem Vorsichtsprinzip ebenfalls in Zweifel ziehen.

So könnte bereits fraglich sein, ob der Maßstab der zuverlässigen Darstellung der tatsächlichen Unternehmenslage gerecht wird. Voraussetzung ist also, dass die Aktivierung von Aufwendungen, die einen prinzipiellen Unterschied zwischen angeschafftem und eingesetztem Wirtschaftsgut bedingen, zu einer wahrheitsgemäßen Darstellung der Unternehmenslage beitragen. Dies geschieht vornehmlich dadurch, dass die Eröffnung zusätzlicher Gestaltungsspielräume bei der Einordnung von Aufwendungen als Anschaffungsnebenkosten verhindert wird. Dass der Maßstab des prinzipiellen Unterschieds dem Ermessen des Erwerbers, der die Darstellung seiner wirtschaftlichen Lage entsprechend beeinflussen möchte, entgegenwirkt, ist bereits im Rahmen der inhaltlichen Ausgestaltung dargestellt worden. So kommt es ausschließlich darauf an, ob der prinzipielle Unterschied aus Sicht eines objektiven Dritten gegeben ist. Dementsprechend ist der entwickelte Maßstab von dieser Warte aus durchaus mit dem Vorsichtsprinzip zu vereinbaren.

Etwas anderes gilt auch nicht vor dem Hintergrund, dass der Vorsichtsgrundsatz ferner die gleiche Auswirkung von gleichgearteten Anschaffungsvorgängen auf den jeweiligen Jahresüberschuss der Erwerber verlangt (vgl. S. 97).

---

329 Man könnte kurz in Erwägung ziehen, dass die Gesamtheit aller Anschaffungsaufwendungen zu dem genannten Unterschied führen muss. Dem ist allerdings entgegen zu halten, dass in der Folge auch Aufwendungen als Anschaffungsnebenkosten zu aktivieren wären, die zu diesem prinzipiellen Unterschied keinen Beitrag geleistet haben. Insofern bezieht sich auch § 255 Abs. 1 HGB auf die „Aufwendungen" und nicht auf die „Gesamtheit der Aufwendungen".

Zwar ist auch hier die Festlegung notwendig, wann ein prinzipieller Unterschied gegeben ist. Dass hierzu zusätzliche Kriterien zu entwickeln wären, ist bereits dargelegt worden. Im Gegensatz zu den bei quantitativer und qualitativer Betrachtung betragsmäßig zu bestimmenden Grenzen (vgl. S. 90, 94 f.) haben diese Kriterien zur Feststellung des genannten Unterschieds in dem Wirtschaftsgut einen festen Bezugspunkt. Insofern bedarf es keiner willkürlichen Festlegung von Grenzwerten[330], die die Gefahr der Ungleichbehandlung bzw. ungleichen Darstellung gleichartiger Anschaffungsvorgänge nach sich ziehen würde. Vielmehr kann zweifelsfrei und für alle gleichartigen Anschaffungsvorgänge mit dem gleichen Ergebnis ermittelt werden, ob angeschafftes und eingesetztes Wirtschaftsgut prinzipiell unterschiedlich sind.

Entgegen der sich aus vorstehenden Darstellungen ergebenden Vermutung ist eine Vereinbarkeit des Maßstabs mit dem Grundsatz der Vorsicht demnach durchaus möglich. Indes müssten die zusätzlich zu entwickelnden Kriterien auch so ausgestaltet sein, dass sie tatsächlich eine gleiche Einordnung der Aufwendungen im Rahmen von gleichartigen Anschaffungsvorgängen ermöglichen.

II. Untersuchung der Rechtfertigung im Hinblick auf die Abgrenzung zur Herstellung

Abgesehen von der festgestellten, grundsätzlichen Vereinbarkeit des Maßstabs des prinzipiellen Unterschieds mit dem Vorsichtsprinzip muss dessen Anwendung aber aus folgender Erwägung ausscheiden.

Entsprechend der inhaltlichen Ausgestaltung des Maßstabs ist ein prinzipieller Unterschied im beschriebenen Sinn stets gegeben, wenn es sich bei dem angeschafften Wirtschaftsgut nicht um das später eingesetzte Wirtschaftsgut handelt (siehe S. 99). Mit Blick auf die charakteristischen Merkmale eines Wirtschaftsguts kann diese Voraussetzung aber überhaupt nur dann erfüllt sein, wenn keine Identität zwischen dem angeschafftem und dem eingesetzten Gut besteht.[331]

---

330 Es ist zu bedenken, dass sich die willkürliche Festlegung von Beträgen, z.B. 100 Euro, als Grenzwert im Kontext der oben abgelehnten Maßstäbe gezwungenermaßen daraus ergeben hat, dass diese keinerlei Anhaltspunkt für die Festlegung eines Grenzwerts beinhalteten.

331 Dies lässt sich aus der selbständigen Bewertung der vermögenswerten Vorteile eines Gegenstands schließen, vgl. hierzu Hey in: Tipke/Lang, § 17, Rz. 92. Bei einer Identität zwischen angeschafftem und eingesetztem Wirtschaftsgut ist das Letztere grundsätzlich nicht einer selbständigen Bewertung zugänglich und stellt damit kein unabhängiges Wirtschaftsgut dar.

Dies ist indes nur dann der Fall, wenn die Maßnahme, durch die der o.g. Unterschied herbeigeführt wird, einen Herstellungsvorgangs i.S.d. § 255 Abs. 2 HGB darstellt.[332] Ein solcher Vorgang ist insbesondere die Herstellung eines wirtschaftlich betrachtet neuen Wirtschaftsguts gem. § 255 Abs. 2 Satz 1 HGB (sog. „ergänzende Schaffung“[333]). Diese wird in Rspr. und Lehre als gegeben erachtet, wenn die Maßnahme zu einer Wesensänderung des Wirtschaftsguts führt[334] (sog. Umschaffung), ein bereits existierendes Wirtschaftsgut in seiner Substanz vermehrt wird[335] (sog. Erweiterung) oder das Wirtschaftsgut durch die Maßnahme „so verändert wird, daß im Vergleich zu dem ursprünglichen Zustand neuartige, verbesserte und weiterreichende Verwendungsmöglichkeiten eintreten“[336] (sog. wesentliche Verbesserung).[337] All diesen Formen der ergänzenden Schaffung ist gemeinsam, dass die Einwirkung auf das bereits existierende Wirtschaftsgut zur Folge hat, dass dieses nicht mehr identisch mit dem ursprünglichen Wirtschaftsgut ist.[338] Der prinzipielle Unterschied bzw. die feh-

---

332 Selbst wenn man diesen Gesichtspunkt außer Betracht lässt, so wäre die Anwendung des Maßstabs aus einem anderen Grund zweifelhaft. Da der Maßstab auf einen Unterschied zwischen angeschafftem und eingesetztem Wirtschaftsgut abstellt, liegt der Verdacht nahe, dass dieser ausschließlich sog. Kosten der Betriebsbereitschaft als Anschaffungsnebenkosten zulassen würde, da z.B. Erwerbsnebenkosten auf jeden Fall nicht zu dem geforderten Unterschied führen können. Aus handelsbilanzieller Sicht könnte dies einen Verstoß gegen den Wortlaut des § 255 Abs. 1 Satz 1 HGB nach sich ziehen. Ein solcher Verstoß könnte nur dadurch abgewendet werden, dass man in der Formulierung „um zu erwerben“ lediglich den Anschaffungspreis erfasst sehen würde. Da allerdings in der Folge die ausdrückliche Nennung der Nebenkosten in § 255 Abs. 1 Satz 2 HGB obsolet wäre, kann diese Argumentation nicht ernstlich zielführend sein. Demnach ist ein Maßstab, welcher zur bloßen Erfassung von Kosten der Betriebsbereitschaft als Anschaffungsnebenkosten führt, nicht haltbar. Gleiches hat auch für die steuerbilanzielle Sicht zu gelten, da im Grundsatz der handelsrechtliche Anschaffungsnebenkostenbegriff heranzuziehen ist, sofern die grundlegenden Prinzipien des Steuerbilanzrechts nicht eine Abweichung gebieten. Gründe hierfür sind vorliegend aber nicht ersichtlich.

333 Stobbe in: H/H/R, EStG, § 6, Anm. 265 in Bezug auf Erweiterung und wesentliche Verbesserung.

334 Stellvertretend: Stobbe in: H/H/R, EStG, § 6, Anm. 482, Stichwort „Zweckänderung“; hierzu auch: BFH v. 03.12.1958, Az. I 173/58 U, BStBl. III 1959, S. 95 (95).

335 Statt vieler: Bitz/Schneeloch/Wittstock, Der Jahresabschluß, S. 239. Dabei reicht es wohl bereits aus, wenn die Erweiterung geringfügig ist, vgl. BFH v. 09.05.1995, Az. IX R 88/90, BStBl. II 1996, S. 628 (629).

336 Bitz/Schneeloch/Wittstock, aaO., S. 239.

337 Zu den verschiedenen Unterformen der Herstellung siehe auch S. 102 f..

338 So beispielsweise Umkehrschluss aus Ordelheide in: FS Felix, S. 223 (236 f.).

lende Identität stellt somit einen Indikator für das Vorliegen einer Herstellung dar.

Würde man nun diesen Indikator des prinzipiellen Unterschieds bzw. der fehlenden Identität bei Qualifikation von Anschaffungsnebenkosten anwenden, so wären auch Herstellungskosten als Anschaffungsnebenkosten einzuordnen. Abgesehen davon, dass dies einen dogmatischen Widerspruch innerhalb der Bewertungsmaßstäbe bedeuten würde, steht dem entgegen, dass die Einordnung von Aufwendungen als Herstellungskosten die Qualifikation als Anschaffungsnebenkosten sperrt.[339] Denn ein Wirtschaftsgut kann nicht gleichzeitig hergestellt und angeschafft werden.[340] Insofern muss die Anwendbarkeit des Maßstabs aufgrund dieser Erwägung abgelehnt werden.

D. Ergebnis zur Heranziehung des prinzipiellen Unterschieds zwischen angeschafftem und eingesetztem Wirtschaftsgut als Maßstab

Demgemäß ist die Anwendung des Maßstabs des prinzipiellen Unterschieds zwischen angeschafftem und eingesetztem Wirtschaftsgut mit Blick auf die Abgrenzung zwischen Anschaffungsnebenkosten und Herstellungskosten nicht möglich, da andernfalls auch Herstellungskosten als Anschaffungsnebenkosten erfasst würden.

§ 5 Werterhöhung des Wirtschaftsguts als Maßstab

Zuvor ist zu dem Ergebnis gelangt worden, dass es zur Qualifikation von Anschaffungsnebenkosten nicht auf den prinzipiellen Unterschied zwischen angeschafftem und eingesetztem Wirtschaftsgut ankommen kann. Da aber auch eine

339 Daher ist die Abgrenzung zwischen Herstellungskosten und Anschaffungsnebenkosten zwingend vorzunehmen.

340 Vgl. Wichmann, FR 1997, S. 589 (590). Dies ist von Wichmann als „Ausschließlichkeit von Anschaffung und Herstellung“ benannt worden, vgl. Wichmann, FR 1997, S. 589 (590). Obwohl dieser Ausschließlichkeit grundsätzlich beizupflichten ist, kann der von Wichmann daraus abgeleiteten Konsequenz, nach welcher ein erworbener Gegenstand dann, wenn er nicht angeschafft ist, hergestellt sein muss und umgekehrt (vgl. Wichmann, FR 1997, S. 589 (591)), nicht gefolgt werden, da eine Anschaffung zumindest von der steuerrechtlichen Warte aus stets entgeltlich sein muss. Dies ergibt sich beispielsweise aus § 6 Abs. 4 EStG. Diese Sondervorschrift, die den Ansatz des gemeinen Werts als Anschaffungskosten fordert, wäre obsolet, wenn eine Anschaffung i.S.d. § 6 Abs. 1 Nr. 1 EStG auch einen unentgeltlichen Vorgang erfassen würde.

Anpassung, wie sie die Versetzung in Betriebsbereitschaft (vgl. hierzu S. 17 f.) dem Wortlaut nach erfordert, zu einem gewissen Unterschied zwischen angeschafftem und später eingesetztem Wirtschaftsgut führt[341], ist eine abgemilderte Form des vorstehend abgelehnten Unterschieds als Maßstab zu erwägen.

A. Herleitung des Maßstabs

Dieser „abgemilderte" Unterschied könnte in der Wertveränderung zwischen angeschafftem und eingesetztem Wirtschaftsgut zu sehen sein. Dem folgend könnte man verlangen, dass die Anschaffungsaufwendungen den Wert des später eingesetzten Wirtschaftsguts erhöhen müssen[342], um als Nebenkosten aktiviert werden zu können.[343]

Herleiten lässt sich die mögliche Maßgeblichkeit der Werterhöhung zum einen daraus, dass jedem Anschaffungsvorgang auf Seiten des Erwerbers regelmäßig die Intention zugrunde liegen wird, sein (Betriebs-) Vermögen durch die Anschaffung im Wert zu steigern.[344] Diese Intention kommt aber nur dann in Handels- und Steuerbilanz umfassend zum Ausdruck, wenn auch die als Anschaffungsnebenkosten aktivierten Aufwendungen zur Wertsteigerung des angeschafften Wirtschaftsguts beitragen müssen. Zum anderen kann das Abstellen auf eine Werterhöhung durch die einzelne Aufwendungen daraus gewonnen werden, dass sog. Fremdfinanzierungskosten von der Aktivierung als Anschaffungsnebenkosten in der Literatur oftmals mit dem Argument ausgeschlossen

---

341 Dieser Unterschied ist hier aber ausschließlich in der erreichten Betriebsbereitschaft des Wirtschaftsguts zu sehen, so dass zwischen angeschafftem und eingesetztem Wirtschaftsgut i.E. noch Identität besteht.

342 Obgleich der o.g. Unterschied in der Betriebsbereitschaft des Wirtschaftsguts zu sehen ist, besteht mit Blick auf das Erfordernis einer Werterhöhung gleichwohl nicht die Gefahr, dass nur Kosten der Betriebsbereitschaft als Nebenkosten qualifiziert würden. Dies ergibt sich daraus, dass nicht auf den Unterschied zwischen angeschafftem und einsatzbereitem Wirtschaftsgut abgestellt wird, sondern dass es vielmehr auf das tatsächlich eingesetzte Wirtschaftsgut ankommt.

343 Laut Glanegger soll es für die Annahme von Anschaffungsnebenkosten hingegen nicht auf eine Wertsteigerung ankommen, vgl. Glanegger in: Schmidt, EStG, 28. Aufl., § 6, Rn. 84. Die Notwendigkeit einer Werterhöhung des angeschafften Wirtschaftsguts lehnt auch Ehmcke ab, vgl. Ehmcke in: Blümich, EStG, Stand 11/2011, § 6, Rn. 266. So auch Hoffmann, wobei sich dieser auf die Erfolgsneutralität des Anschaffungsvorgangs beruft, vgl. Hoffmann in: Littmann/Bitz/Pust, EStG, § 6, Rn. 171.

344 Wird ein Wirtschaftsgut des Umlaufvermögens angeschafft, so ist diese Wertsteigerung des Betriebsvermögens nur kurzfristiger Art.

werden, dass diese zu keiner Werterhöhung des angeschafften Wirtschaftsguts führen würden.[345]

Demnach gilt es nachfolgend zu überprüfen, ob und wie eine Erhöhung des Werts[346] durch die einzelne Anschaffungsaufwendung einen tauglichen Qualifikationsmaßstab darstellen und den o.g. Unterschied beschreiben kann.

B. Inhaltliche Ausgestaltung des Maßstabs

Bevor indes der für die praktische Anwendung des Maßstabs bedeutsamen Frage nach dessen Vereinbarkeit mit dem Vorsichtsprinzip nachgegangen werden kann, ist zunächst in den Blick zu nehmen, wie der Maßstab der Werterhöhung inhaltlich auszugestalten ist.[347]

I. Inhaltliche Begrenzung des Maßstabs auf die subjektive Werterhöhung des Wirtschaftsguts

Dem reinen Wortlaut des Maßstabs nach könnte eine Werterhöhung des angeschafften Wirtschaftsguts durch die Anschaffungsaufwendung objektiv oder subjektiv, d.h. aus Sicht des Erwerbers oder aus derjenigen des sog. fremden Dritten, zu bestimmen sein.

Dem Sinn und Zweck des Maßstabs nach kann es auf eine Bestimmung der Werterhöhung aus der Sicht eines fremden Dritten indes nicht ankommen. Denn ein Dritter wird beispielsweise in Maßnahmen im Hinblick auf das angeschaffte Wirtschaftsgut, wie sie für dessen Versetzung in betriebsbereiten Zustand ty-

---

345 So beispielsweise Biergans, aaO., S. 352; Glade, aaO., Rn. 530; Knop/Küting in: HdR, § 255 HGB, Rn. 40; Winnefeld, Bilanz-Handb., Kapitel E, Rn. 455.

346 Eine Betrachtung der Werterhöhung durch Anschaffungsaufwendungen findet sich in der früheren Literatur auch bei Bühler/Scherpf, Bilanz und Steuer, S. 317. Eine Beleuchtung der Werterhöhung (durch den Anfall von Abbruchkosten) nimmt ebenfalls Hast vor, vgl. Hast, aaO., S. 49. Ähnlich Ballwieser, als er verlangt, dass die Ausgaben „werthaltig" sein müssen, vgl. Ballwieser in: MüKo HGB, § 255, Rn. 5. Einschränkender ist in diesem Kontext Winnefeld, als er ausführt, dass es für die Qualifikation als Nebenkosten ausreichend sei, dass die Aufwendungen ihrer Art nach einen wertbestimmenden Einfluss hätten; hingegen müssten diese nicht zu einer messbaren Wertsteigerung des Vermögensgegenstands führen, vgl. Winnefeld, Bilanz-Handb., Kapitel E, Rn. 437.

347 Abweichend von der Vorgehensweise bei den zuvor untersuchten Maßstabsmöglichkeiten ist bei der Ausgestaltung des vorliegenden Maßstabs sogleich von der teleologischen Auslegung auszugehen. Dies resultiert daraus, dass eine Auslegung des Begriffs „Werterhöhung" nach seinem Wortlaut keine Erkenntnisse im Hinblick auf seine Ausgestaltung liefern kann.

pisch und notwendig sind, zumeist einen Grund für eine Wertminderung erblicken. So wäre dieses Wirtschaftsgut für den Einsatz in einem fremden Betrieb bei weitem untauglicher als ein entsprechendes Wirtschaftsgut, welches sich noch in einem „neutralen“ Zustand befindet. Stellte man nun gleichwohl auf die objektive Werterhöhung ab, so wären in der Folge sämtliche Aufwendungen, welche das angeschaffte Gut für den Erwerber überhaupt erst nutzbar machen, also der Betriebsbereitschaft dienen, als Betriebsausgaben abzuziehen.[348] Dies wäre einer Darstellung des Anschaffungsvorgangs entsprechend den tatsächlichen Umständen, wie es das Vorsichtsprinzip fordert, aber nicht zuträglich.

Insofern ist auf die Sicht des Erwerbers und damit auf diejenige Auslegung abzustellen, die eine Anwendbarkeit des Maßstabs eher möglich erscheinen lässt. Dafür spricht zudem, dass auch diejenigen Aufwendungen als Anschaffungsnebenkosten in Betracht kommen, die objektiv, d.h. aus Sicht eines fremden Dritten, nicht notwendig waren.[349]

Diesem Verständnis der Werterhöhung steht auch nicht entgegen, dass deren subjektive Bestimmung dem Erwerber einen unangemessenen Gestaltungsspielraum gewähren würde. Denn ob eine Werterhöhung des angeschafften Wirtschaftsguts durch die einzelne Aufwendung gegeben ist, soll der Erwerber nicht anhand einer vollständig von Kriterien losgelösten Einschätzung vornehmen. Vielmehr sind nachfolgend noch weitere Merkmale des Maßstabs herauszuarbeiten, mit deren Hilfe die Werthöhung des angeschafften Wirtschaftsguts „gemessen“ werden soll. Diese Merkmale ermöglichen die Nachvollziehbarkeit der Sichtweise des Erwerbers.

---

348 Insofern hätte die objektive Feststellung einer Werterhöhung zur Folge, dass die heute anerkannten Kosten der Betriebsbereitschaft (vgl. S. 17 ff.) als Unterform der Anschaffungsnebenkosten nahezu überflüssig würden.

349 Vgl. bereits Achenbach, nach dem es auf die Angemessenheit der Anschaffungskosten nicht ankommt, vgl. Achenbach, Die Bewertung der Güter des Umlaufvermögens in der Handelsbilanz, S. 54. Siehe auch Göbel in: Bonner Handb., § 255 HGB, Rn. 12. Dies ergibt sich im auch Umkehrschluss aus dem Grundsatz, dass nur tatsächliche (pagatorische) Aufwendungen bzw. nur Aufwendungen in ihrer tatsächlichen Höhe aktiviert werden können, vgl. hierzu u.a. Ortmann-Babel in: Lademann, EStG, § 6, Anm. 223; Kahle in: Baetge/Kirsch/Thiele, § 255 HGB; Rn. 106. Von Winnefeld wird dies als „Prinzip der Ausgabenwirksamkeit der Kosten“ bezeichnet, vgl. Winnefeld, Bilanz-Handb., Kapitel E, Rn. 409. Umkehrschluss aus Kleindiek in: Großkomm. HGB, § 255, Rn. 4, als der für den Vermögensgegenstand „aufgewendete“ Betrag den Einstandswert bestimmt. Weiterhin lässt sich die Aktivierung auch objektiv nicht erforderlicher Aufwendungen aus dem Prinzip der Maßgeblichkeit der Gegenleistung ableiten, vgl. hierzu u.a. Kahle in: Baetge/Kirsch/Thiele, § 255 HGB, Rn. 23.

Bei der o.g. „Messung" bzw. Erfassung der Werterhöhung, für die es nun Merkmale zu entwickeln gilt, ist insbesondere zu beachten, dass eine gleichheitswidrige Festlegung eines Grenzwerts (siehe hierzu beispielsweise S. 92 f.) vermieden wird.

Dieses Ziel ist einerseits aber nur dadurch erreichbar, dass jegliche Werterhöhung, gleich welchen Ausmaßes, als ausreichend angesehen wird. Problematisch ist aber insofern, dass eine ggf. geringe Werterhöhung grundsätzlich auch unabhängig von Anschaffungsaufwendungen eintreten kann. Erforderlich ist daher andererseits eine Verknüpfung zwischen der Werterhöhung und diesen Aufwendungen, die die Erfassung zufälliger Erhöhungen verhindert. Diese Verknüpfung kann darin gesehen werden, dass die Werterhöhung durch die Tätigung von Anschaffungsaufwendungen verursacht werden muss. Dabei ist „Verursachung" an dieser Stelle allerdings nicht im Sinne der in Straf- und Zivilrecht gebräuchlichen Äquivalenztheorie zu verstehen. Denn dies würde bedeuten, dass nur diejenigen Aufwendungen als Nebenkosten einzuordnen wären, die nicht hinweg gedacht werden könnten, ohne dass auch die Werterhöhung entfiele. Zwar ist dieser Aussage beizugeben, dass sie einen ersten Anhaltspunkt liefert. Dieser kann aber nicht mehr als ein Indiz sein, da es im Kontext von Bilanz- und Steuerbilanzrecht vorrangig auf die wirtschaftliche Betrachtungsweise ankommt (vgl. bereits Fn. 85).

In diese maßgebliche wirtschaftliche Betrachtungsweise zum Verursachungsbeitrag der Anschaffungsaufwendungen ist hier auch das Verhältnis zwischen Anschaffungspreis und Erhalt des (wirtschaftlichen) Eigentums einzubeziehen. So entrichtet der Erwerber bei Anschaffung eines Wirtschaftsguts den Anschaffungspreis und erhält dafür im Gegenzug das wirtschaftliche Eigentum. Der Erhalt dieses wirtschaftlichen Eigentums stellt damit den Gegenwert für die Hingabe des Anschaffungspreises in Gestalt von Geldmitteln dar. Nichts anderes darf aber für diejenigen Aufwendungen gelten, die neben dem Anschaffungspreis anfallen und als Anschaffungsnebenkosten aktiviert werden sollen. Denn erst die Haupt- und Nebenkosten einer Anschaffung bilden zusammen die Einheit der Anschaffungskosten. Innerhalb dieser Einheit würde es aber einen systematischen Bruch darstellen, wenn eine Verknüpfung, welche der Anschaffungspreis als Hauptkosten aufweist, nicht auch für die Nebenkosten, die von diesen Hauptkosten abhängig sind[350], maßgebend sein müsste. Zur Vermeidung

350 Diese Abhängigkeit ergibt sich daraus, dass Anschaffungsnebenkosten nur dann zu aktivieren sind, wenn gleiches für die Hauptkosten gilt, vgl. Herrmann in: Frotscher, EStG, § 6, Rz. 129.

eines solchen Systembruchs und zur Gleichbehandlung sämtlicher, als Anschaffungskosten zu erfassender Aufwendungen ist daher der Erhalt eines Gegenwerts auch für Nebenkosten maßgebend. Dem folgend kann eine Werterhöhung des angeschafften Wirtschaftsguts nur dann durch die jeweilige Aufwendung verursacht werden, wenn der Erwerber für diese Aufwendung einen Gegenwert erhält.[351]

III. Zur betragsmäßigen oder ideellen Bestimmung des erhaltenen Gegenwerts

Ungewiss ist aber noch, ob dieser erhaltene Gegenwert sich betragsmäßig erfassen lassen muss oder ob ein ideeller Gegenwert ausreichend sein kann.

Die Grunderwerbsteuer als anerkannter Fall der Anschaffungsnebenkosten (siehe hierzu S. 15 f.) könnte ein Beispiel für den Zufluss eines ideellen Gegenwerts darstellen. Dafür spricht insbesondere § 22 Abs. 1 Satz 1 GrEStG. Aus dieser Regelung resultiert letztlich, dass der Erwerber eines Grundstücks das zivilrechtliche Eigentum tatsächlich erst erhält, wenn der Erwerber die Grunderwerbsteuer entrichtet hat.[352] Erst danach wird das Finanzamt durch die in § 22 Abs. 1 Satz 1 GrEStG vorgesehene Bescheinigung den Weg für die nach § 873 Abs. 1 BGB notwendige Eintragung des Erwerbers in das Grundbuch frei machen. Mit der Entrichtung der Grunderwerbsteuer erhält der Erwerber somit als Gegenwert das zivilrechtliche Eigentum an dem Grundstück. Allerdings kommt es für Zwecke des Bilanz- und Steuerbilanzrechts nur auf die Erlangung des wirtschaftlichen Eigentums an. Insofern kann der Übergang des zivilrechtlichen Eigentums hier lediglich einen ideellen Gegenwert darstellen, welcher dem Erwerber mit der auf die Entrichtung der Grunderwerbsteuer folgenden Eintragung in das Grundbuch zufließt.

Zieht man in diese Betrachtung mit ein, dass es dem Erwerber in der Regel vorrangig auf den Erhalt des zivilrechtlichen Eigentums, d.h. damit eines ideellen Gegenwerts, ankommen wird[353], so kann der Begriff „ideell" hier nur so verstanden werden, dass es maßgeblich auf die nicht nachzuvollziehende Einschätzung des Erwerbers im Hinblick auf den o.g. Gegenwert ankommt.

---

351 Ein ähnlicher Gedanke findet sich bei Engler, als dieser auf den Erhalt eines Äquivalents abstellt, vgl. Engler, BB 2009, S. 747 (749). Allerdings enthalten Englers Ausführungen weder eine Begründung dieses Gedankens noch eine entsprechende Herleitung.

352 Selbstredend kann auch der Veräußerer die Grunderwerbsteuer entrichten, wie aus § 13 Nr. 1 GrEStG hervorgeht. In diesem Fall liegt auf Seiten des Erwerbers aber keine Aufwendung vor.

353 Diverse Rechte bezüglich eines Grundstücks können nur durch den zivilrechtlich wirksamen Eigentümer ausgeübt werden.

Dass diese Auslegung jedoch i.E. nicht heranzuziehen ist, ergibt sich aus ihrem Umkehrschluss. Denn dieser zeigt auf, dass ein betragsmäßiger Gegenwert (als dessen Gegenteil) in der Folge nur vorliegen könnte, wenn sich dieser Wert für einen objektiven Dritten in der bilanziellen Darstellung erkennbar wiederfindet. Ein solches Verständnis führt aber zu einem Zirkelschluss, da sich der Gegenwert grundsätzlich erst dann „betragsmäßig" in der bilanziellen Darstellung wiederfindet, wenn über die Aktivierung der Aufwendung bereits entschieden worden ist. Da diese Entscheidung vorliegend aber noch zu treffen ist, kann die Widerspiegelung in der Bilanz nicht als dessen Voraussetzung angesetzt werden. Ein solches Verständnis des betragsmäßigen Gegenwerts ist somit nicht haltbar.

Da aber erst der Umkehrschluss der ideellen Bestimmung des Gegenwerts zu diesem Zirkelschluss führt, kann auch auf diese Bestimmung letztlich nicht abgestellt werden. Denn eine Auslegung, deren Umkehrschluss zu dem dargestellten Zirkelschluss führt, entbehrt selbst auch eines logischen Gerüsts.

Weiterhin spricht gegen die Maßgeblichkeit eines ideellen Gegenwerts, dass man darunter nahezu jeden, gleich auf welche Weise erlangten Wert fassen kann. Das „Abstellen auf einen ideellen Gegenwert" stellt sich insofern als konturenlos dar und kann demzufolge Gestaltungsspielräume eröffnen. Die für die Anwendung des Maßstabs erforderliche Vereinbarkeit mit dem Vorsichtsprinzip, nach welchem die Aktivierung so zu erfolgen hat, dass ein realistisches Bild des Erwerbers gezeichnet wird, wäre somit stark gefährdet, wenn man einen ideellen Gegenwert genügen ließe.

Allerdings bedeutet dieses Ergebnis nicht, dass die Anwendung des bisher entwickelten Maßstabs wegen mangelnder Bestimmbarkeit des Gegenwerts scheitern müsste. Im Hinblick auf dessen betragsmäßige Erfassung ist noch eine andere Auslegung denkbar, die nicht zu dem o.g. Zirkelschluss führt. Diese lässt sich aus IAS 16.31 2003 ableiten, nach welchem als gleichberechtigte Bewertungsmethode bei der Fortführung der Buchwerte von Sachanlagen eine Neubewertung erfolgen kann.[354] Dies zugrundelegend lässt sich der Begriff „betragsmäßige Erfassung" auch so interpretieren, dass das Wirtschaftsgut höher zu bewerten wäre, wenn es nach dem Abschluss der Anschaffung zu einer Neubewertung kommen würde.[355] Aufgrund der erhaltenen Gegenwerte wäre das angeschaffte Wirtschaftsgut in der Folge wesentlich höher zu bewerten, so dass der

---

354 Eingehender zu dieser Bewertungsmethode: Scheinpflug in: Beck'sches IFRS-Handb., 3. Aufl., § 5, Rn. 123.

355 Dies wäre der Fall bei einer sog. Steuerentstrickung. Siehe hierzu: Hey in: Tipke/Lang, § 17, Rz. 204. Dabei ist dem Wortlaut nach unter einer Neubewertung jeder Vorgang zu verstehen, der aufgrund äußerer Umstände eine erneute Ermittlung des Werts eines Wirtschaftsguts notwendig macht.

neue „Buchwert“ auch die stillen Reserven wiedergeben würde.[356] Dementsprechend ist der geforderte Erhalt eines Gegenwerts dann zu bejahen, wenn dieser zur Bildung von stillen Reserven in Bezug auf das angeschaffte Wirtschaftsgut führen kann, die im Fall der beschriebenen Neubewertung im neuen Buchwert aufzudecken wären.

Zu beachten ist, dass die so ausgestaltete, betragsmäßige Festlegung des Gegenwerts keineswegs bedeutet, dass nun doch auf die Sicht eines unternehmensfremden Dritten abzustellen wäre (siehe S. 105 f.). Vielmehr lässt es sich nur aus Sicht des einzelnen Erwerbers bestimmen, ob eine Aufwendung grundsätzlich zu stillen Reserven führen könnte. Denn ein fremder Dritter wird in den getätigten Anschaffungsaufwendungen wohl in der Regel kein Potenzial für stille Reserven erblicken, da Anpassungen des Wirtschaftsguts aus seiner Sicht eher zu einer Minderung des Werts führen dürften. Der ausgewiesene Buchwert des Wirtschaftsguts wäre folglich aus dessen Sicht nicht zu niedrig, sondern vielmehr zu hoch angesetzt, so dass wiederum sämtliche Kosten der Betriebsbereitschaft mangels Werterhöhung nicht als Nebenkosten aktiviert werden könnten.

IV. Zwischenergebnis

Entsprechend der teleologischen Auslegung des Maßstabs der Werterhöhung ist eine Aktivierung von Aufwendungen als Anschaffungsnebenkosten nur dann vorzunehmen, wenn der Erwerber für deren Hingabe einen Gegenwert erhält. Dieser Gegenwert ist dabei betragsmäßig in dem Sinne zu erfassen, dass eine Aktivierung nur dann möglich ist, wenn dieser grundsätzlich zur Bildung stiller Reserven in Bezug auf das angeschaffte Wirtschaftsgut beitragen kann.

C. Zur Rechtfertigung der Werterhöhung des Wirtschaftsguts als Maßstab

Allerdings muss der Maßstab in dieser konkreten Ausgestaltung auch im Hinblick auf das Vorsichtsprinzip gerechtfertigt sein. Zu prüfen ist daher, ob die Anwendung des Maßstabs zu Ergebnissen führt, die mit dem Leitgedanken der Anschaffungsnebenkosten zu vereinbaren ist.

An der Vereinbarkeit des Maßstabs mit dem Vorsichtsprinzip bestehen im Grundsatz keine ernstlichen Zweifel. Bereits im Rahmen der Auseinanderset-

356 Dass eine solche Neubewertung durch die Aufdeckung der stillen Reserven letztlich in bestimmten Fällen eine Besteuerung auslösen könnte, sei an dieser Stelle unberücksichtigt gelassen. Im hier maßgeblichen Kontext gilt es lediglich das Gedankenexperiment der Neubewertung zur Bestimmung des Gegenwerts durchzuführen.

zung mit den der Dogmatik zugrundzulegenden Prinzipien war der korrespondierende Erhalt einer „Bereicherung“ als Argumentation herangezogen worden (vgl. beispielsweise S. 61). Bei dem hier diskutierten „Gegenwert“ handelt es sich lediglich um eine Konkretisierung des Begriffs der Bereicherung. Insofern liegt die Vermutung nahe, dass dieser Maßstab dem Vorsichtsprinzip entspricht.

Allerdings ist im Kontext der Prinzipien nur der Erhalt einer Bereicherung im Allgemeinen als Gesichtspunkt herangezogen worden, so dass der geäußerten Vermutung kein allzu großer Stellenwert zukommen kann. Im Folgenden ist daher explizit zu prüfen, ob es mit dem Vorsichtsprinzip vereinbar ist, den Erhalt eines Gegenwerts dann als erfüllt anzusehen, wenn dieser Wert grundsätzlich über das Potenzial zur Bildung stiller Reserven verfügt.

Gegen die Ausgestaltung des Maßstabs könnte einzig sprechen, dass das Vorsichtsprinzip seinem Sinn und Zweck nach auch das Ziel verfolgt, die Bildung stiller Reserven nur eingeschränkt zuzulassen[357], damit eine realistische Darstellung der Unternehmenslage möglich ist. Gerade diese realistische Darstellung könnte dadurch gefährdet sein, dass im Rahmen des Maßstabs der Wertveränderung auf das Potenzial für stille Reserven abgestellt wird. Indes ist hier zu beachten, worin der Kern des Maßstabs der Werterhöhung durch Erhalt eines Gegenwerts besteht. Im Rahmen des vorliegenden Maßstabs geht es gerade nicht darum, dass die Anschaffungsaufwendungen zu stillen Reserven führen sollen. Maßgebend ist vielmehr, dass die Anschaffungsnebenkosten zu dem Erhalt eines Gegenwerts führen müssen, der eine stille Reserve bilden *kann*. Bereits dieses reine Potenzial des Gegenwerts reicht aus, um zu einer Aktivierung der jeweiligen Aufwendung als Anschaffungsnebenkosten zu gelangen. Folglich kann es überhaupt nicht zu einer Umsetzung des Potenzials in stille Reserven kommen.

Dabei wird diese Umsetzung vor allem dadurch verhindert, dass getätigte Aufwendung und erhaltener Gegenwert regelmäßig korrespondieren. Ist dies im Einzelfall u.U. nicht vollständig gegeben, so ist gleichwohl nur die getätigte Aufwendung zu aktivieren. Denn der erhaltene Gegenwert stellt lediglich eine Aktivierungsvoraussetzung dar, ist aber keineswegs selbst aktivierbar, da er die charakteristischen Merkmale einer Aufwendung nicht erfüllt. Dies bedeutet aber auch, dass im Fall des Zuflusses eines Gegenwerts ohne Tätigung irgendeiner

---

357 Dem entspricht die h.M. zum allgemeinen Vorsichtsgrundsatz aber nicht, als gerade die vorsichtige Bewertung gem. der h.M. die Bildung von stillen Reserven durch das bilanzierende Unternehmen fördert (siehe hierzu S. 44). Das Unternehmen stellt die eigene wirtschaftliche Lage damit letztlich nicht möglichst realistisch dar.

Anschaffungsaufwendung keine Aktivierung denkbar ist. Die Gefahr der Bildung stiller Reserven durch diesen Zufluss ist dann hinzunehmen.[358]

Insgesamt ist den angeführten Zweifeln an dem Maßstab der Werterhöhung im Hinblick auf das Vorsichtsprinzip nicht zu folgen.[359] Vielmehr sorgt die Notwendigkeit einer Werterhöhung durch Erhalt eines Gegenwerts erst dafür, dass die wirtschaftliche Lage des Erwerbers entsprechend den tatsächlichen Umständen dargestellt wird. Ist der Erwerber im Gegenzug für die Tätigung einer Aufwendung nicht durch einen Gegenwert bereichert worden, so hat sich seine wirtschaftliche Leistungsfähigkeit durch die Anschaffung entsprechend reduziert. Indem die Aufwendung in der Folge nicht aktiviert wird, wird diese Reduktion der Leistungsfähigkeit auch in der Bilanz des Anschaffungsjahrs abgebildet (vgl. hierzu bereits S. 61 f.). Die bilanzielle Darstellung entspricht damit seiner tatsächlichen wirtschaftlichen Lage. Dementsprechend ist der Maßstab der Werterhöhung durch Erhalt eines Gegenwerts umfassend im Hinblick auf den Vorsichtsgrundsatz gerechtfertigt.

D. Beurteilung der Übertragbarkeit des Maßstabs auf andere Einkunftsarten

Trotz der Bejahung der Vereinbarkeit mit dem Vorsichtsprinzip kann der Maßstab indes nur angewendet werden, wenn er der Gewinnermittlung entsprechend der Gleichmäßigkeit der Besteuerung dahingehend genügt, dass er auch bei der Einkünfteermittlung der anderen Einkunftsarten des EStG herangezogen werden kann. Dieses Erfordernis resultiert daraus, dass bei Untersuchung des Vorsichtsprinzips festgestellt worden war, dass dieses ohne Übertragung des Qualifikationsmaßstabs erst zu einer Ungleichbehandlung zwischen buchführungspflichtigen Gewerbetreibenden und Beziehern anderer Einkunftsarten führt (vgl. S. 63 ff.).

---

358 Zwar könnte in diesem Fall auch die Darstellung der Unternehmenslage entgegen der herausgearbeiteten Vorgabe des Vorsichtsprinzips verfälscht werden. Allerdings ist dieses Problem hier nicht zu lösen, da es nicht die Anschaffungsnebenkosten betrifft.

359 Ein abweichendes Ergebnis ergibt sich auch nicht mit Blick auf die anderen Merkmale des Maßstabs. Dies gilt insbesondere für den Erhalt eines Gegenwerts. Trotz der subjektiven Formulierung des Merkmals besteht keine Gefahr der unwahren Darstellung der Unternehmenslage, da dem Erwerber im Hinblick auf den Gegenwert keinerlei Gestaltungsspielraum eingeräumt wird. So ist der Erhalt des Gegenwerts allein danach festzustellen, ob das angeschaffte Wirtschaftsgut bei Neubewertung höher zu bewerten wäre (vgl. S. 109 f.).

Problematisch ist bezüglich dieser Übertragbarkeit allein, dass der erhaltene Gegenwert entsprechend seiner Ausgestaltung das Potenzial zur Bildung stiller Reserven aufweisen muss. Stille Reserven sind aber gerade durch die Aufstellung einer Bilanz bedingt und dienen im Rahmen dessen der Umsetzung des Realisationsprinzips.[360] Demzufolge können stille Reserven beispielsweise bei der Einkünfteermittlung nach § 4 Abs. 3 EStG überhaupt nicht aufkommen, da kein Betriebsvermögensvergleich vorgenommen wird, sondern vielmehr das Zu- und Abflussprinzip (vgl. § 11 EStG) gilt.[361] Diese fehlende Aufstellung einer Bilanz könnte zur Folge haben, dass eine Übertragung des Maßstabs der Werterhöhung ausscheidet.

Zu bedenken ist aber, dass hinter der Verwendung dieses Begriffs die Erwägung steht, dass aufgrund des Gegenwerts bei Neubewertung ein höherer Wert für das angeschaffte Wirtschaftsgut anzusetzen wäre. Dabei wäre eine Neubewertung i.d.S. notwendig, wenn von außen der Anlass gegeben wird, das Wirtschaftsgut nach abgeschlossener Anschaffung einer Bewertung zuzuführen. Mit Blick auf diesen Hintergrund ist somit nicht sklavisch an dem reinen Begriff „stille Reserven" festzuhalten. Vielmehr ist das Augenmerk auf den Gedanken der Neubewertung zu lenken. Die Übertragbarkeit des Maßstabs auf die anderen Einkunftsarten ist daher davon abhängig, dass diesen die Neubewertung von Wirtschaftsgütern nicht fremd ist.

Auch wenn im Rahmen der Einkünfteermittlung nach § 4 Abs. 3 EStG, um bei dem aufgegriffenen Beispiel zu bleiben, keine Aktivierung von Wirtschaftsgütern vorgenommen wird, so bedeutet dies gleichwohl nicht, dass angeschaffte Güter keiner Bewertung zugänglich sind.[362] Dass bei diesen Einkunftsarten ebenfalls Wirtschaftsgüter zu bewerten sind, ergibt sich insbesondere aus der Bestimmung der Bemessungsgrundlage für die AfA gem. § 7 Abs. 1 EStG. Diese Vorschrift, die über § 4 Abs. 3 Satz 3 EStG auch für die Einnahmen-Überschuss-Rechnung gilt, verlangt, dass das angeschaffte Wirtschaftsgut zuvor (mit seinen Anschaffungskosten) bewertet worden ist. Die Bewertung eines Wirtschaftsguts ist daher auch im Rahmen der anderen Einkunftsarten ein regelmäßiger Vorgang. Gleiches hat auch für die Neubewertung zu gelten. So ist die Bemessungsgrundlage für die AfA entsprechend anzupassen, wenn nachträgliche Anschaffungskosten getätigt werden.[363] Dies stellt nichts anderes dar, als die Vornahme einer Neubewertung. Bei dieser wird der aktuelle Wert des

360 So ähnlich: Hey in: Tipke/Lang, § 17, Rz. 201.

361 So ähnlich: Hey in: Tipke/Lang, § 17, Rz. 200 f..

362 Fremd ist den anderen Einkunftsarten lediglich die Art der Darstellung des Bewertungsergebnisses im Rahmen des Betriebsvermögensvergleichs.

363 Vgl. Brandis in: Blümich, EStG, Stand 11/2011, § 7, Rn. 288.

Wirtschaftsguts, der durch den Restbuchwert typisiert ist, um die nachträglichen Aufwendungen erhöht.[364] Auf diese Weise gelangt man zu dem neuen Wert des Wirtschaftsguts, der der AfA auf die Restdauer der ursprünglichen Nutzungsdauer zugrunde zu legen ist.[365] Somit ist die Neubewertung auch außerhalb des Betriebsvermögensvergleichs ein üblicher Vorgang.

Dem folgend ist der im Kontext der Werterhöhung durch Erhalt eines Gegenwerts geäußerte Gedanke der fiktiven Neubewertung[366] auch auf die anderen Einkunftsarten übertragbar.

Demnach ist der Qualifikationsmaßstab der Werterhöhung auch bei anderen Einkunftsarten anwendbar. Die durch die Geltung des Vorsichtsprinzips im Raum stehende Ungleichbehandlung zwischen bilanzierenden Steuerpflichtigen (d.h. Gewerbetreibenden) und Beziehern anderer Einkunftsarten ist folglich zu verneinen. Die Übertragung des Maßstabs gewährleistet vollumfänglich eine Gewinnermittlung entsprechend der Gleichmäßigkeit der Besteuerung, so dass dem herausgearbeiteten Vorsichtsprinzip im Kontext der Anschaffungsnebenkosten endgültig die steuerbilanzielle Rechtfertigung zuzusprechen ist.

E. Ergebnis zur Heranziehung der Werterhöhung des Wirtschaftsguts als Maßstab

Die Betrachtung des Maßstabs der Werterhöhung des Wirtschaftsguts hat ergeben, dass dieser so auszugestalten ist, dass letztlich der Erhalt eines Gegenwerts zu fordern ist, der potenziell zu stillen Reserven führen kann. Diese Ausgestaltung des Maßstabs ist auch unter dem Blickwinkel des Vorsichtsprinzips gerechtfertigt.

Zudem ist der Maßstab auch auf andere Einkunftsarten übertragbar mit der Konsequenz, dass der Gewinnermittlung entsprechend der Gleichmäßigkeit der Besteuerung Genüge getan ist und dass das Vorsichtsprinzip mit Blick auf diesen steuerbilanziellen Zweck umfassend gerechtfertigt ist.

---

364 Vgl. BFH v. 25.11.1970, Az. I R 165/67, BStBl. II 1971, S. 142 (143) im Hinblick auf nachträgliche Herstellungskosten.

365 Vgl. Brandis in: Blümich, EStG, Stand 11/2011, § 7, Rn. 288.

366 Für die bilanzierenden Steuerpflichtigen ist dieser Gedanke als das grundsätzliche Potenzial stiller Reserven benannt worden.

§ 6 Vertragliche Verbindung zwischen angeschafftem Wirtschaftsgut und getätigten Aufwendungen als Maßstab

Die Bejahung der Werterhöhung als Qualifikationsmaßstab sperrt die Betrachtung und ggf. die Bejahung weiterer Maßstäbe aber keineswegs. Insofern ist nach Maßstäben zu suchen, die in Zusammenhang mit dem der Werterhöhung Anwendung finden könnten.

A. Herleitung des Maßstabs

Im Rahmen der Auseinandersetzung mit der Werterhöhung als Qualifikationsmaßstab war angeführt worden, dass die Anschaffungsnebenkosten dem Anschaffungspreis hinsichtlich des Erhalts eines Gegenwerts folgen. Dies war mit der Verhinderung eines systematischen Bruchs begründet worden (vgl. S. 107 f.). Möglicherweise lässt sich dieser Aspekt dahingehend ausweiten, dass zwischen Anschaffungsnebenkosten und Anschaffungspreis grundsätzlich Parallelität bzw. Gleichlauf besteht. Die Konsequenz wäre eine einheitliche Herangehensweise bei der Qualifikation von Aufwendungen als Anschaffungskosten.

Um diesen Gleichlauf stärker in den Vordergrund zu rücken, könnte man die vertragliche Verknüpfung zwischen Wirtschaftsgut und Anschaffungspreis auf das Verhältnis zwischen Wirtschaftsgut und den weiteren Anschaffungsaufwendungen übertragen. Diese Aufwendungen wären in der Folge als Anschaffungsnebenkosten zu qualifizieren, wenn sie durch einen Vertrag mit dem Wirtschaftsgut verbunden sind.[367] Dementsprechend könnte ein weiterer Maßstab in der vertraglichen Verbindung zwischen angeschafftem Wirtschaftsgut und getätigter Aufwendung gesehen werden.[368]

---

367 Die grundsätzliche Erwägung des Heranziehens einer vertraglichen Verbindung als Maßstab verstößt auch nicht gegen die wirtschaftliche Betrachtungsweise. Dies rührt daher, dass auch der Anschaffungspreis letztlich durch eine vertragliche Verbindung zwischen Veräußerer und Erwerber verursacht wird. Würde man nun in dem Abstellen auf eine vertragliche Verbindung einen Verstoß gegen die wirtschaftliche Betrachtungsweise sehen, so dürfte man strenggenommen die Aktivierung des Anschaffungspreises nicht anerkennen.

368 Im Vergleich zu dem Maßstab der Werterhöhung hebt diese Maßstabsmöglichkeit die Verbindung zwischen Wirtschaftsgut und Aufwendung auf die vertragliche Ebene, so dass sich diese Verknüpfung der zwei Elemente nicht mehr als „zufällig", sondern vielmehr als gewollt darstellt.

B. Inhaltliche Ausgestaltung des Maßstabs

Fraglich ist allerdings, wie der o.g. Gleichlauf der Aufwendungen auf die konkrete inhaltliche Ausgestaltung des Maßstabs umzusetzen ist.

Zu klären ist insbesondere, wie umfassend man diesen Gleichlauf innerhalb der Anschaffungskosten versteht. Geht man von einem weiten Verständnis aus, so kann eine vertragliche Verknüpfung gleich welcher Art genügen. Es wäre demnach ausreichend, wenn der Erwerber mit einem beliebigen Dritten einen Vertrag im Hinblick auf das angeschaffte Wirtschaftsgut abschließt. Gegen dieses Verständnis spricht aber, dass man darunter auch den Weiterverkauf des Wirtschaftsguts fassen kann. In der Folge könnte strenggenommen auch die vom Veräußerer übernommene Grunderwerbsteuer im Fall der Grundstücksveräußerung durch den Maßstab erfasst werden und wäre dann als Anschaffungsnebenkosten zu aktivieren. Dies lässt sich aber vor allem vor dem Hintergrund, dass ein Weiterverkauf das genaue Gegenteil der Anschaffung darstellt, nicht ernstlich vertreten. Somit kommt ein weites Verständnis der vertraglichen Verknüpfung nicht in Betracht.

Dies wird zusätzlich dadurch bestätigt, dass andernfalls nahezu sämtliche Aufwendungen im Umfeld der Anschaffung als Anschaffungsnebenkosten einzuordnen wären. Die Mehrzahl der anfallenden Aufwendungen beruht auf Verträgen und würde damit dem Erfordernis einer „vertraglichen Verknüpfung irgendeiner Art“ genügen. Ausgenommen werden könnten dann lediglich Aufwendungen für Erfüllung öffentlich-rechtlicher Verpflichtungen, wie beispielsweise Altlastenbeseitigung.

Demnach kann es nur auf ein enges Verständnis ankommen, nach dem die vertragliche Verbindung zum Wirtschaftsgut durch einen Vertrag mit dem Veräußerer selbst herbeigeführt wird. Nur dies verhindert eine systemwidrige Erfassung von „Veräußerungskosten“ als Anschaffungsnebenkosten. Weiterhin spricht für ein Abstellen auf einen Vertrag mit dem Veräußerer, dass auf diese Weise der Gleichlauf mit dem Anschaffungspreis konsequent bei der Ausgestaltung des Maßstabs weitergeführt wird.

Dementsprechend ist dieses Verständnis der vertraglichen Verbindung der Rechtfertigungsbetrachtung zugrunde zu legen.

C. Zur Rechtfertigung der vertraglichen Verbindung zwischen angeschafftem Wirtschaftsgut und getätigten Aufwendungen

Der Maßstab der vertraglichen Verbindung zwischen angeschafftem Wirtschaftsgut und Aufwendung müsste sodann auch mit dem Vorsichtsprinzip vereinbar sein. Maßgebend ist also, ob der Maßstab einer den tatsächlichen Umständen entsprechenden Darstellung der Unternehmenslage dient.

Dies erscheint indes mit Blick auf die Konsequenzen des Abstellens auf eine vertragliche Verbindung zweifelhaft.

So führt die Anwendung des Maßstabs dazu, dass diejenigen Aufwendungen, die nicht gegenüber dem Veräußerer, sondern gegenüber fremden Dritten getätigt werden, als Betriebsausgaben im Anschaffungsjahr abzuziehen sind. Gleiches gilt, wenn sich der Veräußerer eines Subunternehmers bedient, da bereits in diesem Fall keine unmittelbare, vertragliche Beziehung zwischen Erwerber und Veräußerer im Hinblick auf die fragliche Aufwendung besteht. Anders stellt sich die Lage auch nicht dar, wenn die Anschaffungsaufwendungen im Rahmen von unternehmensinterner Leistungserbringung anfallen. Somit wären auch nur unternehmensexterne Aufwendungen als Anschaffungsnebenkosten einzuordnen (vgl. hierzu näher Fn. 669).

Demzufolge zeigt eine Aktivierung von Aufwendungen entsprechend diesem Maßstab lediglich auf, ob sich der Erwerber für die hinter den Anschaffungsaufwendungen stehenden Leistungen des Veräußerers bedient hat oder nicht. Mit einer Abbildung der Unternehmenslage entsprechend den tatsächlichen Verhältnissen hat dies jedoch nichts gemein. Letztlich obliegt es dem Willen des Erwerbers, ob er die Anschaffungsaufwendungen aktivieren oder seinen Jahresüberschuss im Jahr der Anschaffung mindern möchte. Bevorzugt er den letztgenannten Fall, so muss er lediglich darauf achten, dass er keine weiteren Leistungen im Hinblick auf das angeschaffte Wirtschaftsgut von dem Veräußerer empfängt. Somit kann er durch Einschaltung von fremden Dritten oder eigener Mitarbeiter willkürlich Betriebsausgaben generieren, so dass im Extremfall nur der Anschaffungspreis zu aktivieren wäre. Will der Erwerber hingegen seine wirtschaftliche Lage nach der Anschaffung besser darstellen als sie tatsächlich ist, so kann er dies durch bewusste Einschaltung des Veräußerers erreichen. Sämtliche Aufwendungen, die auf Leistungen des Veräußerers zurückgehen, wären sodann als Nebenkosten zu aktivieren.

Dass die Schaffung solcher Gestaltungsmöglichkeiten durch einen Qualifikationsmaßstab dem Vorsichtsprinzip in keiner Weise entspricht, ist offensichtlich. Dies betrifft aber nicht nur die verfälschende Darstellung der Unternehmenslage. Ferner ist auch das Gleichbehandlungsgebot betroffen. Denn werden dem Erwerber durch einen Maßstab Gestaltungsspielräume eröffnet, so führt dies dazu, dass seine Darstellung der Unternehmenslage willkürlich von derjenigen eines Erwerbers in einem gleichartigen Anschaffungsfall abweicht, der diese Gestaltungen nicht für sich in Anspruch nimmt.

Aus alledem ergibt sich, dass das Vorsichtsprinzip einer Anwendung des Maßstabs der vertraglichen Verbindung zwischen angeschafftem Wirtschaftsgut und Anschaffungsaufwendung entgegensteht.

D. Ergebnis zur Heranziehung der vertraglichen Verbindung zwischen angeschafftem Wirtschaftsgut und getätigten Aufwendungen als Maßstab

Die Heranziehung der vertraglichen Verbindung zwischen angeschafftem Wirtschaftsgut und getätigter Aufwendung als Maßstab ist somit mangels Vereinbarkeit mit dem Vorsichtsprinzip abzulehnen. Demgemäß kann aus einer vertraglichen Verbindung kein Maßstab gewonnen werden, der neben der Werterhöhung zur Qualifikation von Aufwendungen als Nebenkosten herangezogen werden könnte.

§ 7 Verpflichtung zur Vornahme der jeweiligen Anschaffungsaufwendung als Maßstab

Als letzte Maßstabsmöglichkeit soll im Folgenden die Verpflichtung zur Vornahme der Anschaffungsaufwendung näher betrachtet werden.

Dieser Maßstab steht mit Blick auf seine Formulierung in einem engen Zusammenhang zu dem zuvor abgelehnten Maßstab der vertraglichen Verbindung. So kann eine Verpflichtung zur Vornahme einer Aufwendung auch vertraglich herbeigeführt werden. Insofern bedarf es der Abgrenzung zu jenem Maßstab, um auf diese Weise die Gefahr der fehlenden Vereinbarkeit mit dem Vorsichtsprinzip zu verringern.

A. Herleitung des Maßstabs

Den Anlass für die Untersuchung des Maßstabs liefert IAS 16.16 (c) 2003. Nach diesem gehören zu den Anschaffungskosten auch „die erstmalig geschätzten Kosten für [...] die Verpflichtung, die ein Unternehmen entweder bei Erwerb des Gegenstandes oder als Folge eingeht, wenn es während einer gewissen Periode ihn zu anderen Zwecken als zur Herstellung von Vorräten benutzt hat.“[369]

369 Vgl. Abl. L 394 v. 31.12.2004, S. 60 (63). Bei dem ersten Lesen des IAS 16.16 (c) 2003 könnte man aufgrund der im systematischen Zusammenhang erwähnten Vorgänge des Abbruchs und Abräumens des Gegenstands (oben mangels Erheblichkeit für die Maßstabsentwicklung nicht zitiert) meinen, dass sich die Verpflichtung auf diese Vorgänge

Betrachtet man den Wortlaut des IAS 16.16 (c) a. E., so scheint dieser die Herleitung eines Maßstabs, der sich gänzlich von dieser Vorgabe löst, nicht zu ermöglichen. Das bloße Abstellen auf eine Verpflichtung zur Vornahme einer Aufwendung hat mit dieser Regelung kaum noch etwas gemein. Jedoch ist zu beachten, dass nicht die wortgleiche Übernahme des Standards als Maßstab beleuchtet und diskutiert[370], sondern dass vielmehr der hinter diesem stehende Gedanken herangezogen werden soll. Insofern ist IAS 16.16 (c) hier lediglich als eine Art „Sprungbrett" für die Entwicklung von Maßstäben anzusehen. Dies gilt umso mehr, als dessen Wortlaut auch nicht entnommen werden kann, was Bezugspunkt der Verpflichtung ist. Der Standard führt insofern lediglich aus, dass die Verpflichtung bei Erwerb des Gegenstands oder als Folge eingegangen worden ist.

B. Inhaltliche Ausgestaltung des Maßstabs

I. Auslegung entsprechend dem Wortlaut

Stellt man nun losgelöst von IAS 16.16 (c) 2003 auf die Verpflichtung zur Vornahme der Anschaffungsaufwendung ab[371], so ist die Aktivierung als Anschaffungsnebenkosten bereits nach dem Wortlaut nur möglich, wenn der Erwerber zur Tätigung der Aufwendungen verpflichtet ist.

Dies kann nach dem allgemeinen Sprachgebrauch grundsätzlich dann der Fall sein, wenn ein entsprechender Vertrag abgeschlossen worden ist. Dem folgend könnte man den Wortlaut des Maßstabs mit Blick auf den Begriff der Verpflichtung einschränkend auslegen und annehmen, dass ausschließlich auf eine vertragliche Verpflichtung des Erwerbers abzustellen sei. Ein solches Verständnis, das sich stark an die zivilrechtliche Vertragslehre anlehnt, ist aber bereits mit Blick auf die wirtschaftliche Betrachtungsweise äußerst zweifelhaft. Weiterhin bestehen bei einem bloßen Abstellen auf einen Vertrag entsprechend den Erwägungen zu dem vorstehend abgelehnten Maßstab starke Bedenken im Hin-

---

bezieht. Ein Blick auf die englische Fassung bestätigt aber, dass es sich um eine Aufzählung handelt und dass die Verpflichtung in Bezug zu den geschätzten Kosten und nicht zu dem Abbruch steht.

370 Eine solche Übernahme ist schon aus dem Grund nicht denkbar, als überhaupt nur dann die Möglichkeit der Heranziehung eines derartigen Maßstabs bestehen würde, wenn ein Gegenstand angeschafft wird, der im Grundsatz zur Herstellung von Vorräten eingesetzt wird und dieser Einsatz für eine gewisse Zeit durch einen anderen ersetzt wird.

371 Damit genügt der Maßstab bereits seinem Wortlaut nach der aufgestellten Vorgabe, dass zunächst die potenziell als Anschaffungsnebenkosten zu qualifizierenden Aufwendungen als Bezugspunkt in Erwägung zu ziehen sind (vgl. S. 89).

blick auf die Rechtfertigung. Demnach ist diese Auslegung des Maßstabs auszuscheiden.

Indes kann man den Begriff „Verpflichtung“ noch anders auffassen. Wenn von einer Verpflichtung die Rede ist, so bedeutet dies zumeist nichts anderes, als dass jemand ein bestimmtes Handeln vornehmen (oder unterlassen) muss. Bezogen auf Aufwendungen ist eine Verpflichtung daher immer dann gegeben, wenn der Erwerber die einzelne Aufwendung tätigen muss. Da dies allerdings entsprechend dem zuvor Gesagten nicht auf einem Vertrag beruhen darf, darf bereits das Entstehen einer solchen Verpflichtung nicht vom Willen des Erwerbers steuerbar sein, es sei denn, er nähme von der Anschaffung im Ganzen Abstand.[372] Eine solche willensunabhängige Verpflichtung ist insbesondere dann gegeben, wenn dem Erwerber die Hingabe von Geldmitteln gesetzlich vorgeschrieben ist. Dies liegt bei einer Anschaffung jedoch unmittelbar nur im Fall der Grunderwerbsteuer vor.

Problematisch ist an dieser Wortlautauslegung aber, dass im Gegensatz zur Grunderwerbsteuer die Mehrzahl der Anschaffungsaufwendungen auf einer freiwilligen Hingabe von Geldmitteln beruht. Die Heranziehung eines so ausgestalteten Maßstabs würde somit zu einer stark eingeschränkten Erfassung von Nebenkosten führen, da nur sog. Pflichtabgaben aktiviert werden könnten. Es ist daher zu fragen, ob dem Maßstab bzw. dem in ihm enthaltenen Begriff der Verpflichtung mit Blick auf den Sinn und Zweck noch ein anderer Bedeutungsinhalt entnommen werden kann.

II. Auslegung entsprechend dem Sinnzusammenhang

Bezieht man den Sinnzusammenhang des Maßstabs in die inhaltliche Ausgestaltung mit ein, so wird deutlich, dass sich der Erwerber auch zur Tätigung bestimmter Aufwendungen verpflichtet fühlen kann. So möchte er durch die Erbringung bestimmter Leistungen in Bezug auf das angeschaffte Wirtschaftsgut sicherstellen, dass er dieses sinnvoll einsetzen kann. Da es sich hierbei in erster Linie um eine „innere Verpflichtung“ und damit um ein subjektives Merkmal handelt, ist weiterhin zu fragen, wie dieses dem Beweis zugänglich gemacht werden kann. Der Erwerber wird auch im Nachgang der Aufwendungen ggf. behaupten können, er habe diese innere Verpflichtung „verspürt“, ohne dass dies nachprüfbar wäre. Der sich eröffnende Gestaltungsspielraum liegt insofern auf der Hand.

---

372 Darauf kann vorliegend aber nicht abzustellen sein, da sonst jeglicher Anfall von Anschaffungsaufwendungen als vom Willen des Erwerbers steuerbar einzuordnen wäre.

Die so interpretierte Verpflichtung muss demzufolge objektiviert werden, um ihre Beweisbarkeit zu steigern und Willkürmöglichkeiten zu verhindern. Um im Rahmen dessen aber nicht zu dem Ergebnis der Wortlautauslegung zurückzukehren, ist das Erfordernis einer inneren Verpflichtung unberührt zu lassen und stattdessen eine zweite Stufe innerhalb des Maßstabs zu verlangen. Auf dieser wäre die innere Verpflichtung des Erwerbers sodann objektiv nachzuvollziehen. Jedoch ist auch bei dieser Lösung der objektiven Nachprüfbarkeit zu berücksichtigen, dass i.E. nicht die in Frage gestellte Sichtweise der Wortlautauslegung erreicht wird. Dem folgend muss es für die objektive Nachprüfbarkeit der inneren Verpflichtung ausreichen, wenn die einzelne Aufwendung zur Erreichung des sinnvollen Einsatzes des angeschafften Wirtschaftsguts auch geeignet ist.[373]

Mithin kann der Maßstab der Verpflichtung zur Vornahme der getätigten Aufwendung nach dem Sinnzusammenhang auch so ausgelegt werden, dass es auf eine innere Verpflichtung des Erwerbers ankommt. Nach dieser strebt der Erwerber danach, das angeschaffte Wirtschaftsgut sinnvoll in seinem Betrieb einsetzen zu können. Um diesem subjektiven Einschlag des Maßstabs die notwendige Nachweisbarkeit zukommen zu lassen, ist zusätzlich nach der Eignung der Aufwendung zur Erreichung des sinnvollen Einsatzes zu fragen.

C. Zur Rechtfertigung der Verpflichtung zur Vornahme der Aufwendung

Fraglich ist im Nachgang der Entwicklung des Maßstabs, ob eine so verstandene Verpflichtung zur Vornahme der Aufwendung im Hinblick auf das Vorsichtsprinzip gerechtfertigt ist. Dies ist aus den zwei nachfolgenden Gesichtspunkten zweifelhaft.

Die Zweifel können zunächst aufkommen, als der Maßstab hauptsächlich, wenn nicht sogar ausschließlich, Kosten der Versetzung in Betriebsbereitschaft als Anschaffungsnebenkosten einordnet. Stellt man auf eine „innere Verpflichtung" des Erwerbers zur Erreichung eines sinnvollen Einsatzes ab, so wird deutlich, dass ein sinnvoller Einsatz beim Erwerber nur dann gegeben ist, wenn das Wirtschaftsgut seine Betriebsbereitschaft erreicht hat. Im Gegensatz dazu bleiben Erwerbsnebenkosten unberücksichtigt, da sie regelmäßig nicht unmittelbar

373 Eine ähnliche Sichtweise findet sich auch im Hinblick auf das Erreichen des betriebsbereiten Zustands, vgl. S. 165 ff..

dem Einsatz des Wirtschaftsguts[374], sondern vielmehr der Erlangung der Verfügungsmacht dienen.[375] Dies bedeutet, dass Erwerbsnebenkosten entsprechend dem vorliegenden Maßstab im Anschaffungsjahr als Betriebsausgaben abzuziehen wären. Das Erfordernis der Förderung des Einsatzes des Wirtschaftsguts qualifiziert somit lediglich solche Aufwendungen als erfolgsneutrale Nebenkosten, die klassischerweise erst nach Erlangung der wirtschaftlichen Verfügungsmacht getätigt werden. Dies entspricht nicht den Vorgaben des Vorsichtsgrundsatzes, der eine den tatsächlichen Umständen entsprechende Darstellung des Jahresüberschusses und folglich auch der wirtschaftlichen Belastung durch die Anschaffung verlangt. Denn nicht nur die als Betriebsausgaben abziehbaren Erwerbsnebenkosten belasten den Erwerber im Anschaffungsjahr wirtschaftlich. Regelmäßig werden diejenigen Aufwendungen, die der Versetzung des Wirtschaftsguts in betriebsbereiten Zustand dienen, den Großteil der wirtschaftlichen Belastung ausmachen und die wirtschaftliche Leistungsfähigkeit des Erwerbers negativ beeinflussen. Indem der Jahresüberschuss diese Abnahme der wirtschaftlichen Leistungsfähigkeit im Jahr der Anschaffung nicht abbildet, sofern die die Leistungsfähigkeit beeinflussenden Aufwendungen Kosten der Betriebsbereitschaft darstellen, erfasst er die wirtschaftliche Lage des Unternehmens nicht entsprechend den tatsächlichen Umständen. Demnach ist der Maßstab bereits aufgrund dieser Erwägung abzulehnen.

Die mangelnde Vereinbarkeit mit dem Vorsichtsprinzip ergibt sich aber noch aus einem weiteren Aspekt. Zwar führt die ausschließliche Erfassung von Betriebsbereitschaftskosten einerseits zu einer einschränkenden Qualifikation von Anschaffungsnebenkosten (s.o.). Zusätzlich weist die Erfassung von Aufwendungen, die zur Förderung des Einsatzes des Wirtschaftsguts geeignet sind, aber auch einen weitgreifenden Charakter auf. Denn die geforderte Eignung dürfte nur bei völlig abwegigen Aufwendungen fehlen. Dies eröffnet dem Erwerber entsprechende Gestaltungsspielräume. So hat er es in der Hand, sämtliche Aufwendungen, die Kosten der Betriebsbereitschaft nahekommen, als Anschaffungsnebenkosten zu aktivieren und den Jahresüberschuss im Anschaf-

---

374 Zwar könnte man behaupten, selbst die Anschaffung im engeren Sinne, also der eigentliche Erwerb, würde den Einsatz des Wirtschaftsguts im Betrieb fördern. Dies wäre allerdings zu weit gegriffen. Die Förderung der Einsatzbereitschaft ist vielmehr im engeren Sinne zu verstehen.

375 Da sich der Anschaffungsvorgang, wie § 255 Abs. 1 Satz 1 HGB bereits aufzeigt, in zwei Phasen, die Erlangung der Verfügungsmacht und die Betriebsbereitschaft, gliedert, werden durch die Heranziehung des ausgelegten Maßstabs diejenigen Aufwendungen, die zeitlich vor der Phase der Versetzung in Betriebsbereitschaft getätigt werden, nicht als Nebenkosten erfasst.

fungsjahr hinsichtlich der Anpassung des Wirtschaftsguts an die betriebsspezifischen Bedürfnisse neutral zu halten. Die den tatsächlichen Umständen entsprechende Darstellung der Unternehmenslage, zu der der hier vertretene Vorsichtsgrundsatz aufruft, verbietet aber eine solche Eröffnung von Gestaltungsspielräumen im Kontext von Anschaffungsvorgängen, wie bereits mehrfach verdeutlicht worden ist. Insofern ist auch diese willkürliche Ausweitung der Anschaffungsnebenkosten nicht mit den Vorgaben des Prinzips zu vereinbaren.

D. Ergebnis zur Heranziehung der Verpflichtung zur Vornahme der Aufwendung als Maßstab

Eine Heranziehung der Verpflichtung zur Vornahme der getätigten Aufwendungen neben dem Maßstab der Werterhöhung ist damit mangels Vereinbarkeit mit dem Vorsichtsprinzip nicht möglich.

§ 8 Ergebnis zur Entwicklung von Qualifikationsmaßstäben

Mit dem vorstehend untersuchten und abgelehnten Maßstab der Verpflichtung zur Vornahme der Aufwendung ist die Betrachtung möglicher Maßstäbe zur Qualifikation von Anschaffungsnebenkosten abzuschließen. Zwar könnte man noch weitere, im Entferntesten erwägbare Maßstabsmöglichkeiten entwickeln und auf ihre Vereinbarkeit mit dem Vorsichtsprinzip untersuchen. Insofern erheben die hier diskutierten Möglichkeiten keinen Anspruch auf Vollständigkeit.

Die durchaus breit gefächerten Maßstäbe, die z.T. auch aus den IAS abgeleitet worden sind, haben aber aufgezeigt, dass die Vereinbarkeit mit dem Vorsichtsgrundsatz eine durchaus hohe Hürde für potenzielle Maßstäbe darstellt. Dass diese Vereinbarkeit jedoch erforderlich ist, resultiert aus der Eigenschaft des Vorsichtsprinzips als dogmatischer Leitgedanke der Anschaffungsnebenkosten. Dieser Leitidee vermochte aber ausschließlich der Maßstab der Werterhöhung mittels Erhalt eines Gegenwerts zu genügen.

Kapitel 3: Unterstützung des Maßstabs der Werterhöhung durch die Abgrenzung der Anschaffungsnebenkosten zu Herstellungskosten und Betriebsausgaben

§ 1 Zur Notwendigkeit der Unterstützung des Maßstabs der Werterhöhung

In dem vorstehenden Kapitel ist herausgearbeitet worden, dass Aufwendungen nur dann als Anschaffungsnebenkosten zu qualifizieren sind, wenn sie zu einer Werterhöhung durch Erhalt eines Gegenwerts führen. Allerdings reicht die Anwendung allein dieses Maßstabs nicht aus, um endgültig über die Aktivierung von Anschaffungsaufwendungen zu entscheiden.

So führen auch Herstellungskosten zu einer Werterhöhung des Wirtschaftsguts[376], da das schaffende Unternehmen durch Erweiterung, wesentliche Verbesserung oder Wesensänderung (zu den Unterformen der Herstellung siehe bereits S. 101 f.) im Regelfall einen entsprechenden Gegenwert erhalten wird.[377] Insofern würde dass alleinige Abstellen auf eine Werterhöhung dazu führen, dass auch Aufwendungen, die eigentlich per defintionem als Herstellungskosten einzuordnen wären, als Anschaffungsnebenkosten aktiviert würden.[378] Dass dies zu einem dogmatischen Widerspruch führt, ist bereits erläutert worden (vgl. S. 103).

Des Weiteren hätte ein ausschließliches Abstellen auf die Werterhöhung zur Folge, dass auch werterhöhende Aufwendungen, die Jahre nach Beendigung der Anschaffung[379] getätigt werden oder die in keinem erkennbaren Zusammenhang mit dem Anschaffungsvorgang stehen, nicht als Betriebsausgaben abzuziehen,

---

376 Laut BFH-Beschluss vom 04.07.1990 soll es für die Einordnung von Aufwendungen als Herstellungskosten hingegen ohne Bedeutung sein, ob sich diese zu einer Werterhöhung führen, vgl. BFH v. 04.07.1990, Az. GrS 1/89, BStBl. II 1990, S, 830 (833).

377 So liegt eine wesentliche Verbesserung nur vor, wenn der Gebrauchswert des Wirtschaftsguts im Ganzen nach objektiven Maßstäben deutlich erhöht wird, vgl. Stobbe, FR 1997, S. 281 (287); Frye, BC 2003, S. 121 (123).

378 Dies wird zwar regelmäßig ohne praktische Folgen bleiben. Anders sieht es allerdings zumindest für die Steuerbilanz aus, wenn die Aufwendungen ein immaterielles Wirtschaftsgut betreffen (vgl. § 5 Abs. 2 EStG).

379 Wann die Anschaffung als beendet anzusehen ist, wird noch im Kontext des zeitlichen Rahmens der Anschaffung diskutiert werden, vgl. S. 147 ff..

sondern ohne weiteres zu aktivieren wären. Dies würde den inzwischen anerkannten, weiten Anschaffungskostenbegriff bis zur Konturenlosigkeit ausweiten.

Um sich daher nicht der Anwendungstauglichkeit des herausgearbeiteten Maßstabs zu begeben, ist dieser um Abgrenzungen zu ergänzen. Dabei sind die Anschaffungsnebenkosten einerseits von Herstellungskosten und andererseits von Betriebsausgaben abzugrenzen. Im Rahmen dieser Abgrenzungen ist indes darauf zu achten, dass diese keinen Widerspruch innerhalb der Dogmatik der Anschaffungsnebenkosten erzeugen. Um dies zu verhindern, müssen die genannten Abgrenzungen stets in Einklang zu dem herausgearbeiteten Vorsichtsprinzip als dem dogmatischen Leitgedanken sowie zu der Werterhöhung des Wirtschaftsguts als aus diesem Leitgedanken stammenden Qualifikationsmaßstab stehen.

§ 2 Überblick über die vorzunehmenden Abgrenzungen zu Herstellungskosten und Betriebsausgaben

Um die Abgrenzung der Anschaffungsnebenkosten zu Herstellungskosten und Betriebsausgaben näher bestimmen zu können, bietet es sich an, von § 255 Abs. 1 HGB auszugehen. Aus § 255 Abs. 1 HGB lässt sich der wirtschaftlich zu verstehende[380] Anschaffungsnebenkostenbegriff herleiten. Nach diesem beinhalten die Anschaffungskosten, wie bereits in der Einleitung dargestellt geworden ist, auch die Nebenkosten, die mit der Beschaffung in einem Zusammenhang stehen.[381] Da sich diese bereits nach dem Wortlaut des § 255 Abs. 1 Satz 2 HGB als Teilmenge der Anschaffungskosten darstellen („auch"), können die erforderlichen Abgrenzungen zu Herstellungskosten und Betriebsausgaben unter Rekur-

380 Dies resultiert aus der wirtschaftlichen Betrachtungsweise. Siehe u.a. BFH v. 24.02.1987, Az. IX R 114/82, BStBl. II 1987, S. 810 (812) unter Berufung auf die wirtschaftliche Betrachtungsweise. Demnach gehören solche Entgelte zu den Anschaffungskosten, die wirtschaftlich dem Erwerb dienen, vgl. Glanegger, DB 1987, S. 2173 (2174).

381 Vgl. Wöhe/Döring, aaO., S. 376. Ähnlich: Küting, DB 1984, S. 1 (1). Z.T. wird bezüglich der Begriffsbestimmung auch darauf abgestellt, dass diejenigen Aufwendungen als Nebenkosten zu erfassen sind, die „insbesondere zwangsläufig im Gefolge der Anschaffung anfallen", vgl. Moxter, aaO., S. 183 f.. Insofern ähnlich: BFH v. 29.04.1999, Az. IV R 40/97, BStBl. II 1999, S. 828 (831). Allerdings geht der BFH davon aus, dass es sich bei Anschaffungsnebenkosten um alle Aufwendungen handelt, die unmittelbar durch die Anschaffung verursacht sind und neben dem Anschaffungspreis anfallen.

rierung auf die Voraussetzungen des Anschaffungskostenbegriffs, welche sich aus § 255 Abs. 1 Satz 1 HGB ableiten lassen, vorgenommen werden.

A. Überblick über die Abgrenzung zu Herstellungskosten

So schreibt § 255 HGB, indem er Anschaffungskosten und Herstellungskosten systematisch trennt, vor, dass diese beiden Bewertungsmaßstäbe und ihre Bestandteile voneinander abzugrenzen sind. Aufwendungen in Bezug auf das Wirtschaftsgut können dementsprechend nur dann als Anschaffungsnebenkosten aktiviert werden, wenn sie im Rahmen eines Anschaffungsvorgangs angefallen sind. Dies bedeutet grundsätzlich, dass ein bereits bestehendes Wirtschaftsgut dem Betriebsvermögen des Unternehmens zugeführt werden muss.[382] Ferner muss die sich an den Erwerb anschließende Anpassung des Wirtschaftsguts an die unternehmensspezifischen Bedürfnisse noch als dessen Versetzung in Betriebsbereitschaft darstellen.[383] Nur wenn diese beiden Aspekte positiv festgestellt werden, kann die Abgrenzung zu Herstellungskosten zugunsten der Anschaffungsnebenkosten ausfallen.

B. Überblick über die Abgrenzung zu Betriebsausgaben

Kommen demnach Herstellungskosten nicht in Betracht, so sind die Nebenkosten zusätzlich von den Betriebsausgaben, welche im Anschaffungsjahr umfassend abzuziehen sind, abzugrenzen. Im Gegensatz zur Abgrenzung zu den Herstellungskosten, in dessen Rahmen es lediglich auf den Fortbestand des Wirtschaftsguts ankommt, muss die Abgrenzung zu den Betriebsausgaben anhand verschiedener Gesichtspunkte vorgenommen werden. Dies verlangt § 255 Abs. 1 Satz 1 HGB.

Einer dieser Gesichtspunkte stellt die Forderung nach einem zeitlichen Zusammenhang[384] zwischen Anschaffung und Aufwendung dar. Die Notwendigkeit dieses Zusammenhangs ergibt sich daraus, dass sich eine Anschaffung gem. § 255 Abs. 1 Satz 1 HGB durch Erwerb des Wirtschaftsguts und dessen Versetzung in Betriebsbereitschaft und damit innerhalb eines festen Zeitrahmens vollzieht. Allgemein formuliert, beginnt dieser zeitliche Rahmen, wenn Aufwendungen zum Erwerb eines Wirtschaftsguts getätigt werden, und endet, wenn die

---

382 Vgl. BFH v, 02.09.1988, Az. III R 53/84, BStBl. II 1988, S. 1009 (1010) zur Investitionszulage; Ehmcke in: Blümich, EStG, Stand 11/2011, § 6, Rn. 92.

383 So ähnlich Ordelheide in: FS Felix, S. 223 (237).

384 Dieser zeitliche Zusammenhang wird Kahle als „Zeitraum, in dem Anschaffungskosten anfallen können“ bezeichnet, vgl. Kahle in: Baetge/Kirsch/Thiele, § 255 HGB, Rn. 30.

Betriebsbereitschaft des angeschafften Wirtschaftsguts erreicht ist.[385] Dementsprechend können Anschaffungsaufwendungen grundsätzlich nur dann aktiviert werden, wenn sie innerhalb dieses Zeitrahmens getätigt werden. Ist dies nicht der Fall, werden Aufwendungen insbesondere nach Ende der Anschaffung getätigt, so können diese allenfalls noch als sog. nachträgliche Anschaffungskosten berücksichtigt werden.[386] Fällt eine Aufwendung hingegen vor Beginn der Anschaffung an, so kann der Problemkreis der sog. vorperiodischen Anschaffungsnebenkosten angesprochen sein (vgl. hierzu Fn. 480).

Weitere Gesichtspunkte zur Abgrenzung zwischen Anschaffungsnebenkosten und Betriebsausgaben sind die in § 255 Abs. 1 Satz 1 HGB enthaltenen Erfordernisse der Finalität und der Einzelzurechenbarkeit. Dabei verlangt das Finalitätserfordernis eine finale Zielrichtung der jeweiligen Aufwendung („um [...] zu erwerben [...]“).[387] Die Einzelzurechenbarkeit der Aufwendungen dient dem Ausschluss von Gemeinkosten von der Berücksichtigung als Anschaffungsnebenkosten.[388]

C. Zusammenfassung

Die überblicksmäßige Darstellung der Abgrenzungen hat aufgezeigt, dass Aufwendungen neben der notwendigen Werterhöhung nur dann als Anschaffungsnebenkosten zu aktivieren sind, wenn sie zum einen nicht als Herstellungskosten einzustufen sind. Zum anderen ist notwendig, dass sie innerhalb des zeitlichen Rahmens der Anschaffung getätigt werden und dem Finalitäts- und Einzelzurechenbarkeitserfordernis genügen.

Allerdings stehen diese genannten Erfordernisse und ihre konkreten Ausgestaltungen unter dem Vorbehalt des Einklangs mit dem Maßstab der Werterhöhung und dem übergeordneten Vorsichtsprinzip. Es wird also im Rahmen der Abgrenzungen zu Herstellungskosten und Betriebsausgaben zu prüfen sein, wie diese vorzunehmen bzw. auszugestalten sind, damit der oben angesprochene Einklang innerhalb der Dogmatik der Anschaffungsnebenkosten gewährleistet ist.

---

385 Wann Beginn und Ende des Anschaffungsvorgangs gegeben sind, wird bei Untersuchung des zeitlichen Zusammenhangs geklärt werden (vgl. S. 147 ff.).

386 Vgl. Baetge/Kirsch/Thiele, Bilanzen, S. 192, wobei jedoch bestimmte, noch näher zu erläuternde Voraussetzungen erfüllt sein müssen.

387 Maßgeblich ist die Zweckbestimmung, durch die die Aufwendungen veranlasst sind, vgl. Herrmann in: Frotscher, EStG, § 6, Rz. 98.

388 Anschaffungskosten müssen demnach den Charakter von Einzelkosten haben, vgl. Kleindiek in: Großkomm. HGB, § 255, Rn. 4.

§ 3 Abgrenzung zwischen Anschaffungsnebenkosten und Herstellungskosten zur Unterstützung des Maßstabs der Werterhöhung

Da eine Werterhöhung des Wirtschaftsguts sowohl bei Anschaffungsnebenkosten als auch bei nachträglichen Herstellungskosten gegeben ist (siehe S. 124), ist der entwickelte Qualifikationsmaßstab um die Abgrenzung zwischen Anschaffungsnebenkosten und Herstellungskosten zu ergänzen. Nur so kann die Anwendungstauglichkeit dieses Maßstabs erhalten bleiben.[389]

A. Inhaltliche Beschränkung der Abgrenzung durch den Maßstab der Werterhöhung

Allerdings verlangt die Werterhöhung gleichzeitig auch eine inhaltliche Beschränkung der Abgrenzung zwischen Anschaffungsnebenkosten und Herstellungskosten. Dies wird maßgebend dadurch ausgelöst, dass die Werterhöhung eines Wirtschaftsguts im hier geforderten Sinn grundsätzlich nur dann möglich ist, wenn dieses Wirtschaftsgut vor der werterhöhenden Aufwendung und der hinter dieser Aufwendung stehenden Maßnahme bereits im Betriebsvermögen des Erwerbers existiert hat.

Bezogen auf die Herstellung und die damit zusammenhängenden Aufwendungen bedeutet dies, dass die Abgrenzung auf die nachträglichen Herstellungskosten[390] zu beschränken ist. Denn nur die nachträgliche Herstellung eines wirtschaftlich betrachtet neuen Wirtschaftsguts, d.h. Erweiterung, wesentliche Ver-

---

389 Weiterhin ist die Abgrenzung zwischen Anschaffungskosten und Herstellungskosten praktisch relevant, als die zu aktivierenden Aufwendungen anders zu ermitteln sein können, vgl. Ortmann-Babel in: Lademann, EStG, § 6, Anm. 204; Döllerer, BB 1966, S. 1405 (1409). Beispielhaft sei die Einbeziehung von Gemeinkosten (vgl. § 255 Abs. 2 Satz 3 HGB) und Fremdkapitalzinsen (vgl. § 255 Abs. 3 Satz 2 HGB) in die Herstellungskosten genannt. Allerdings gilt dies für die Fremdkapitalkosten dem Gesetz nach nur, soweit sie auf den Zeitraum der Herstellung entfallen. Ferner kann die Abgrenzung auch Auswirkungen auf die Frage der Aktivierung dem Grunde nach haben. Dies betrifft insbesondere die immateriellen Wirtschaftsgüter. So ergibt sich aus § 5 Abs. 2 EStG, dass für immaterielle Wirtschaftsgüter in der Steuerbilanz ein Aktivposten nur anzusetzen ist, wenn diese entgeltlich erworben worden sind.

390 Diese setzen die Veränderung eines bereits bestehenden Wirtschaftsguts im Rahmen eines weiteren Herstellungsvorgangs voraus, vgl. BFH v. 06.05.2003, Az. IX R 51/00, BStBl. II 2003, S. 710 (711); Ehmcke in: Blümich, EStG, Stand 11/2011, § 6, Rn. 390.

besserung[391] oder Umschaffung[392], setzt begrifflich voraus, dass das Wirtschaftsgut, welches eine Werterhöhung erfahren soll, bereits vor der Anpassungsmaßnahme im o.g. Sinn existiert. Demgemäß scheidet das Abstellen auf eine tatsächliche Neuherstellung eines zuvor überhaupt noch nicht existierenden Wirtschaftsguts bei der vorzunehmenden Abgrenzung zu den Anschaffungsnebenkosten vollständig aus.[393]

Diese Ausscheidung der Neuherstellung eines Wirtschaftsguts bedeutet zugleich, dass ein derivativer Erwerb[394] des Wirtschaftsguts zu unterstellen ist.[395] Die Abgrenzung zwischen Anschaffungsnebenkosten und Herstellungs-

---

391 Der BFH benennt lediglich die Erweiterung und wesentliche Verbesserung als Vorgänge, die zu nachträglichen Herstellungskosten führen, vgl. BFH v. 09.05.1995, Az. IX R 88/90, BStBl. II 1996, S. 628 (629).

392 Die Umschaffung wird teilweise auch als „wirtschaftliche Neuherstellung" benannt, vgl. z.B. Glanegger, DB 1987, S. 2173 (2173). Ähnlich Stobbe in: H/H/R, EStG, § 6, Anm. 265. Beruhend auf der alten Rspr. des BFH zum Anschaffungsnebenkostenbegriff (insbesondere BFH v. 22.08.1966, Az. GrS 2/66, BStBl. III 1996, S. 672 (674)) wird diese Form der Herstellung oftmals auch nur als Wesensänderung bezeichnet, vgl. u.a. Glanegger, DB 1987, S. 2173 (2173). Umschaffung und Wesensänderung können daher wohl als Synonyme verwendet werden.

393 Siehe zum Begriff der Neuherstellung Werndl in: K/S/M, EStG, § 6, Rn. B 191; Hoffmann in: Littmann/Bitz/Pust, EStG, § 6, Rn. 153. Grundsätzlich schafft der Unternehmer ein bis dahin noch nicht bestehendes Wirtschaftsgut oder lässt dieses auf eigene Rechnung und Gefahr schaffen, vgl. BFH v. 02.09.1988, Az. III R 53/84, BStBl. II 1988, S. 1009 (1010); Stobbe in: H/H/R, EStG, Anm. 265; Wichmann, DStR 1984, S. 547 (547 f.). Die Herstellung muss also daher grundsätzlich auf die „Erzeugung eines Wirtschaftsguts im eigenen Bereich gerichtet" (Ortmann-Babel in: Lademann, EStG, § 6, Anm. 203) sein.

394 Vgl. BFH v, 02.09.1988, Az. III R 53/84, BStBl. II 1988, S. 1009 (1010); Ehmcke in: Blümich, EStG, Stand 11/2011, § 6, Rn. 92. Zu beachten ist aber, dass es für die Annahme eines derivativen Erwerbs genügt, wenn das Wirtschaftsgut erst originär durch den Erwerb entsteht und der Veräußerer unter wirtschaftlichen Gesichtspunkten als Hersteller des Wirtschaftsguts zu beurteilen ist, vgl. BFH v. 26,08,1992, Az. I R 24/91, BStBl. II 1992, S. 977 (979); Ehmcke in: Blümich, EStG, Stand 11/2011, § 6, Rn. 92.

395 Die „klassische" Abgrenzung zwischen derivativen und originären Erwerb, d.h. zwischen Anschaffung und Neuherstellung, wird heute überwiegend anhand des sog. Herstellerrisikos vorgenommen. So ist eine Anschaffung gegeben, wenn der Veräußerer unter wirtschaftlichen Gesichtspunkten das Herstellerrisiko trägt, vgl. stellvertretend Ehmcke in: Blümich, EStG, Stand 11/2011, § 6, Rn. 92. Umgekehrt liegt eine Herstellung vor, wenn der Verwender des Wirtschaftsguts das Herstellerrisiko trägt, da er in diesem Fall auf eigene Rechnung und Gefahr herstellt oder herstellen lässt und das Herstellungsgeschehen beherrscht, vgl. BMF-Schreiben v., BStBl. I 1998, S. 190 ff., Tz. 10. Ähnlich zur Frage, wer Bauherr ist und dementsprechend das wirtschaftlich für die

kosten hat sich damit insgesamt auf diejenigen Aufwendungen und die hinter diesen stehenden Maßnahmen zu konzentrieren, die nach der Zuführung des Wirtschaftsguts zum Betriebsvermögen anfallen. Entsprechend dem Gebot der Identitätserhaltung, welches maßgeblich auf *Ordelheide* zurückzuführen ist, kommen diese Aufwendungen nur dann als Anschaffungsnebenkosten in Betracht, sofern die Anpassung des Wirtschaftsguts an die betriebsspezifischen Bedürfnisse unter Erhaltung von dessen Identität vorgenommen wird.[396] Nur in diesem Fall kann noch von einer Versetzung in betriebsbereiten Zustand und nicht von einer nachträglichen Herstellung gesprochen werden.

Im Rahmen der Abgrenzung zwischen Anschaffungsnebenkosten und nachträglichen Herstellungskosten gilt es dementsprechend zu fragen, ob die Anpassung des Wirtschaftsguts die Grenzen zur nachträglichen Herstellung überschreitet oder ob der Vorgang noch eine bloße Versetzung in Betriebsbereitschaft darstellt.[397] Da auch die Versetzung in den betriebsbereiten Zustand bereits dem Wortlaut nach eine gewisse Einwirkung auf das zuvor angeschaffte Wirtschaftsgut verlangt, ist demnach die Grenze zu finden, ab welcher diese Einwirkung nicht mehr als Herbeiführung der Betriebsbereitschaft anzusehen und die getätigten Aufwendungen ggf. als Herstellungskosten zu aktivieren sind.

B. Abgrenzung zwischen Versetzung in Betriebsbereitschaft und nachträglicher Herstellung

Ab welcher Intensität der Anpassung an das Unternehmen nicht mehr von einem Versetzen in Betriebsbereitschaft ausgegangen werden kann, sondern eine nach-

---

Durchführung des Bauvorhabens auf seinem Grundstück typische Risiko tragen muss, vgl. BMF-Schreiben v. 29.03.1993, BStBl. I 1993, S. 279 ff., Tz. 2. Wer im Einzelfall das Herstellerrisiko trägt, soll grundsätzlich anhand der vertraglichen Abrede festzustellen sein, vgl. insbesondere in Bezug auf immaterielle Wirtschaftsgüter: Ellrott/Brendt in: Beck'scher Bilanzkommentar, § 255 HGB, Rn. 37. So ist dem Veräußerer dieses Risiko aufzubürden, wenn er die Herstellung des Wirtschaftsguts vertraglich schuldet, vgl. Umkehrschluss aus BMF-Schreiben v. 23.02.2001, BStBl. I 2001, S. 175, Tz. 12d. Nach diesem ist ein Film- und Fernsehfond bei Versicherungen zur Absicherung des Risikos der Filmherstellung (insbesondere Fertigstellungsgarantie) Versicherungsnehmer, so dass dieser das Risiko der Herstellung trägt.

396 So Ordelheide in: FS Felix, S. 223 (237).

397 Diese Abgrenzungsproblematik wird auch bei Meyering kurz angesprochen, vgl. Meyering, StuW 2009, S. 42 (45).

trägliche Herstellung anzunehmen ist, gilt es anhand von Abgrenzungskriterien festzulegen.[398]

Um ein taugliches Kriterium zu gewinnen, sollen einige, aus der einschlägigen Literatur und Rspr. ableitbaren Kriterien zugrunde gelegt und auf ihre Vereinbarkeit mit dem Maßstab der Werterhöhung sowie dem Vorsichtsprinzip untersucht werden.[399]

I. Mögliche Abgrenzungskriterien

1. Erhöhung des Nutzungswerts oder Verlängerung der Nutzungsdauer

a) Herleitung der Kriterien

Aus der Entscheidung des Großen Senats des BFH vom 22.08.1966 lässt sich herleiten, dass Herstellungskosten u.a. dann gegeben sein sollen, wenn „der Nutzungswert erheblich erhöht oder die Nutzungsdauer erheblich verlängert wird“[400]. Möglicherweise können diese beiden Kriterien zur Abgrenzung zwischen Versetzung in Betriebsbereitschaft und nachträglicher Herstellung herangezogen werden.

b) Zur Übertragbarkeit der Kriterien auf die Abgrenzung zwischen Versetzung in Betriebsbereitschaft und nachträglicher Herstellung

Die Anwendbarkeit der beiden o.g. Kriterien scheitert nicht bereits an der mangelnden Übertragbarkeit der Aussage des BFH auf die vorliegende Abgrenzung. Zwar hatte der Senat in dem der Entscheidung zugrunde liegenden Fall über die Einordnung sog. anschaffungsnahen Aufwands[401] und damit letztendlich über

---

398 Mit Blick auf die bereits genannten Unterformen der Herstellung ist anzumerken, dass sich insbesondere Erweiterung und wesentliche Verbesserung häufig kaum voneinander trennen lassen, vgl. Bitz/Schneeloch/Wittstock, aaO., S. 190. Daher soll im Folgenden auf eine Differenzierung zwischen den Unterformen der nachträglichen Herstellung weitgehend verzichtet werden, zumal bei der Abgrenzung von Anschaffungsnebenkosten nicht entscheidend ist, welche Unterform der Herstellung ggf. vorliegen könnte.

399 Diese Betrachtung erhebt keinen Anspruch auf Vollständigkeit. Es werden vielmehr diejenigen Kriterien beleuchtet, die zur Einordnung von Anpassungsmaßnahmen geeignet erscheinen.

400 BFH v. 22.08.1966, Az. GrS 2/66, BStBl. III 1966, 672 (674). So auch Döllerer, BB 1966, S. 1405 (1409), als er diese Entscheidung des BFH zitiert. Ähnlich in Bezug auf die Verlängerung der Nutzungsmöglichkeit, BFH v. 03.12.1958, Az. I 173/58 U, BStBl. III 1959, S. 95 (95).

401 Zur Figur des sog. anschaffungsnahen Aufwands siehe S. 141 ff..

die Abgrenzung zwischen Herstellungskosten und Erhaltungsaufwand[402] zu befinden. Indes ist zu beachten, dass der BFH damals noch dem engen Anschaffungskostenbegriff folgte, d.h. Aufwendungen zur Versetzung in Betriebsbereitschaft nicht als Nebenkosten anerkannte.[403] Aufwendungen nach Erwerb des Wirtschaftsguts wurden daher als Herstellungs- oder Erhaltungsaufwand eingeordnet.[404] Demzufolge konnten Aufwendungen, die eigentlich der Versetzung in betriebsbereiten Zustand dienten, nur als Erhaltungsaufwand behandelt werden, da sie die Merkmale einer Herstellung nicht erfüllen konnten. Die Erhaltungsaufwendungen beinhalteten daher nach dem damaligen Verständnis des BFH i.E. auch die heutigen Kosten der Betriebsbereitschaft. Aufgrund dessen könnten die aus der o.g. Entscheidung abgeleiteten Kriterien durchaus zur Abgrenzung zwischen Versetzung in Betriebsbereitschaft und nachträglicher Herstellung herangezogen werden, sofern dies nicht aus anderen Gründen scheitert.

c) Zusammenfassung der Abgrenzungskriterien zu dem Kriterium der Erhöhung des Nutzungspotenzials

Zur weiteren inhaltlichen Ausgestaltung dieser Kriterien, die entsprechend dem Großen Senat alternativ anzuwenden sind („oder“), kann man darauf zurückgreifen, dass beide in leicht modifizierter Form noch heute in der höchstrichterlichen Rspr. zu finden sind. So nahm der BFH in einer Entscheidung im Jahr 2002 eine Herstellung bei einem Gebäude an, wenn der Gebrauchswert bzw. das Nutzungspotenzial des Gebäudes als Ganzes deutlich erhöht wird.[405] Entsprechend einer höchstrichterlichen Entscheidung aus dem Jahr 1995 kann eine solche Erhöhung des Gebrauchswerts u.a. in einer deutlichen Verlängerung der tatsächlichen Gesamtnutzungsdauer des Gebäudes begründet sein.[406] Übertragen auf die genannten Kriterien bedeutet dies, dass Erhöhung des Nutzungswerts und erhebliche Verlängerung der Nutzungsdauer entgegen der ursprünglichen Vermutung nicht alternativ heranzuziehen sind. Vielmehr sind beide Kriterien miteinander verknüpft, da eine erhebliche Verlängerung der Nutzungsdauer regelmäßig den Nutzungswert des Wirtschaftsguts erhöht. Es besteht somit eine Abhängigkeit des Nutzungswerts von der Nutzungsdauer.

---

402 Siehe hierzu beispielsweise: Spindler, BB 2002, S. 2041 (2041).

403 Arbeiten, die der Erwerber nach Erhalt der wirtschaftlichen Verfügungsmacht an dem Wirtschaftsgut ausführt, sollten vielmehr dazu dienen, „es in seinem Zustand zu erhalten oder zu verändern“, vgl. BFH v. 22.08.1966, Az. GrS 2/66, BStBl. III 1966, S. 672 (674).

404 So BFH v. 22.08.1966, Az. GrS 2/66, BStBl. III 1966, S. 672 (674).

405 So BFH v. 20.08.2002, Az. IX R 40/97, BStBl. II 2003, S. 582 (584).

406 So BFH v. 09.05.1995, Az. IX R 116/92, BStBl. II 1996, S. 632 (636).

Zusätzlich beeinflusst der Nutzungswert, „ob für die Zukunft ein höheres „Nutzungspotential" [...] geschaffen worden ist"[407]. Dies hat zur Folge, dass sich eine Verlängerung der Nutzungsdauer über den Nutzungswert auch auf das Nutzungspotenzial des Wirtschaftsguts auswirkt. Da Nutzungsdauer und Nutzungswert damit letztlich in dem Nutzungspotenzial münden, ist im Folgenden auf das zusammenfassende Kriterium der Erhöhung des Nutzungspotenzials abzustellen.

d) Beurteilung der Anwendbarkeit

Fraglich ist, ob das Kriterium in der o.g. Ausgestaltung bei der Abgrenzung herangezogen werden kann. Dies setzt voraus, dass nur durch die Herstellung und nicht auch durch das Versetzen in Betriebsbereitschaft eine Erhöhung des Nutzungspotenzials eintritt. Problematisch hierbei ist, dass erst das Versetzen in Betriebsbereitschaft das Nutzungspotenzial des angeschafften Wirtschaftsguts aus der Sicht des Erwerbers herbeiführt. Zuvor ist das Wirtschaftsgut im Betrieb oftmals nicht einsatzfähig. Würde man insofern auch die „erstmalige" Schaffung des Nutzungspotenzials als „Erhöhung"[408] werten, so stellt die Erhöhung kein ausschließliches Element der nachträglichen Herstellung dar. Die Erhöhung des Potenzials lässt sich nur dann ausschließlich der nachträglichen Herstellung zuschreiben, wenn der Begriff „Erhöhung" so ausgelegt wird, dass das Potenzial bereits vorhanden sein muss.

Zweifelhaft ist allerdings, welche Form des Vorhandenseins ausreichend ist. Um die Anwendbarkeit in einer Vielzahl von Fällen zu ermöglichen, wäre eine Feststellung anhand objektiver Kriterien erforderlich. Indes würde dies zu einem Widerspruch führen, als sich die Nutzung eines Wirtschaftsguts immer nur konkret ermitteln lässt. Berücksichtigt man hingegen diese subjektive Tendenz des Kriteriums, so führt dies zu Gestaltungsspielräumen im Hinblick auf die konkrete Nutzung. Diese Spielräume würden die Vereinbarkeit des Kriteriums mit Art. 3 Abs. 1 GG wieder in Frage stellen. Vor diesem Hintergrund ist die Anwendung des Kriteriums im Rahmen der Abgrenzung zur nachträglichen Herstellung abzulehnen.

---

407 BFH v. 09.05.1995, Az. IX R 116/92, BStBl. II 1996, S. 632 (635). So auch Spindler, BB 2002, S. 2041 (2043); Kleindiek in: Großkomm. HGB, § 255, Rn. 19.

408 Nach dem allgemeinen Sprachgebrauch kann eine Erhöhung auch vorliegen, wenn das Potenzial zuvor noch nicht vorhanden gewesen ist.

2. Gleichartigkeit, Funktionsgleichheit und Gleichwertigkeit

a) Herleitung der Kriterien

Laut *Wichmann* soll Maßstab für die Abgrenzung zur Herstellung u.a. sein, ob nach der Änderung noch das identische angeschaffte Wirtschaftsgut existiert.[409] Zur Feststellung der Identität sei auf die „vom BFH für die Identität [...] entwickelten Kriterien der Gleichartigkeit, Funktionsgleichheit und Gleichwertigkeit"[410] zurückzugreifen. Eine nachträgliche Herstellung wäre demnach anzunehmen, wenn eines dieser Kriterien nicht erfüllt ist.[411]

b) Beurteilung der Anwendbarkeit

Wie bei den vorstehend abgelehnten Kriterien gilt es die Anwendbarkeit von Gleichartigkeit, Funktionsgleichheit und Gleichwertigkeit zu überprüfen. Dabei soll jedes Teilkriterium zunächst gesondert betrachtet werden.

(1) Zur Anwendbarkeit der Gleichartigkeit

Im Hinblick auf die zuerst genannte Gleichartigkeit zwischen dem angeschafften und dem angepassten Wirtschaftsgut stellt sich das Problem, wie Gleichartigkeit festzustellen ist. Diesbezüglich verdeutlicht der Wortlaut des Kriteriums lediglich, dass die Wirtschaftsgüter „in ihrer Art gleich sein" müssen. Unklar bleibt aber, wann dies der Fall sein könnte. Diese Frage lässt sich nur unter Zuhilfenahme von Unterkriterien beantworten. Allerdings stellt dies die Praktikabilität des Kriteriums erheblich in Frage. Denn im Rahmen von Unterkriterien wäre zusätzlich zu beachten, dass auch bei einem Versetzen in Betriebsbereitschaft keine exakte Gleichartigkeit gegeben sein kann. Es wäre somit zuvor festzulegen, ab welchem Grad der Veränderung die Grenze zur nachträglichen Herstellung überschritten ist. Gerade diese Grenzziehung sollte aber durch das o.g. Abgrenzungskriterium und nicht erst durch Unterkriterien vorgenommen werden. Demnach ist das Kriterium der Gleichartigkeit mangels Praktikabilität abzulehnen.

---

409 So Wichmann, DStR 1984, S. 547 (549).

410 Wichmann, DStR 1984, S. 547 (549) unter Berufung auf BFH v. 16.12.1958, Az. I D 1/57 S, BStBl. III 1959, S. 30 ff.. Ähnlich im Hinblick auf die Funktionsgleichheit BFH v. 17.06.1997, Az. IX R 30/95, BStBl. II 1997, S. 802 (804).

411 Dies lässt sich daraus ableiten, dass die Darstelllung bei Wichmann eine kumulative Anwendung der Kriterien nahelegt.

(2) Zur Anwendbarkeit der Funktionsgleichheit

Eventuell könnte aber das Kriterium der Funktionsgleichheit anwendbar sein. Um dies prüfen zu können, ist zunächst festzustellen, was unter einer „Funktion“ zu verstehen ist.

Zum einen könnte dies gleichbedeutend mit dem „Zweck“ sein, der letztlich nur durch den Erwerber bestimmt werden kann. Zum anderen könnte man aber auch an die „Funktionen“ eines Wirtschaftsguts, d.h. dessen Einsatzmöglichkeiten im Betrieb, denken. Der Blick auf die anderen, von Wichmann genannten Teilkriterien macht aber deutlich, dass das Verhältnis des Wirtschaftsguts zu dem einsetzenden Betrieb völlig außer Betracht zu lassen ist. Es kommt vielmehr nur darauf an, ob sich das Wirtschaftsgut selbst geändert hat, und nicht, ob sich sein Verhältnis zum Betrieb geändert hat. Dieses Verständnis der Funktion ist auch bei Auslegung der „Funktionsgleichheit“ zu beachten, da dieses Kriterium in *Wichmanns* Aufzählung von der Gleichartigkeit und Gleichwertigkeit umrahmt wird. Demgemäß kann das Kriterium nur die dem Wirtschaftsgut innewohnenden Funktionen und nicht den durch den Erwerber festgelegten Zweck meinen. Wenn diese Funktionen durch die Anpassung des Wirtschaftsguts beeinflusst werden, so wäre demnach von einer nachträglichen Herstellung auszugehen.[412]

Problematisch könnte aber sein, dass die Funktionen eines Wirtschaftsguts nicht nur durch eine Herstellung beeinflusst werden können. Vielmehr kann auch die Versetzung in Betriebsbereitschaft zu einer solchen Beeinflussung führen, als die im Rahmen dessen notwendige Einwirkung auf das Wirtschaftsgut durchaus dessen Funktionen ändern kann. Die Anwendbarkeit des Kriteriums steht daher nur dann nicht in Zweifel, wenn bei bloßer Änderung bereits bestehender Funktionen nicht zur Verneinung der Funktionsgleichheit führt. Eine Herstellung kommt folglich nur in Frage, wenn durch die Anpassung des Wirtschaftsguts zusätzliche Funktionen hinzugekommen oder vorher existierende Funktionen gänzlich verschwunden sind.[413] Eine bloße Abschwächung oder Verstärkung einer Funktion kann dann nicht mehr zu einer nachträglichen Herstellung führen.

Legt man diese Auslegung zugrunde, kann das Kriterium der Funktionsgleichheit grundsätzlich zur Abgrenzung zwischen nachträglicher Herstellung und Versetzung in Betriebsbereitschaft herangezogen werden.

---

412 Zu beachten ist aber, dass vor Vornahme der Anpassungsmaßnahmen diese dem angeschafften Wirtschaftsgut innewohnenden Funktionen bestimmt werden müssten.

413 So ähnlich: Kleindiek in: Großkomm. HGB, § 255, Rn. 19.

(3) Zur Anwendbarkeit der Gleichwertigkeit

Hingegen kann die Gleichwertigkeit kein taugliches Abgrenzungskriterium darstellen. Dies gilt unabhängig davon, ob der relevante „Wert" objektiv oder subjektiv zu bestimmen ist. Das Kriterium würde letztlich dazu führen, dass Aufwendungen nur bei gleichbleibendem Wert als Anschaffungsnebenkosten aktiviert werden könnten. Dies steht indes in Widerspruch zu dem hier vertretenen Maßstab der Werterhöhung. Für die Einordnung als Nebenkosten ist es gerade erforderlich, dass die Anschaffungsaufwendungen den Wert des Wirtschaftsguts durch Erhalt eines Gegenwerts erhöhen.

(4) Ergebnis

Demnach kann von den von *Wichmann* kumulativ vorgesehenen Kriterien nur das Kriterium der Funktionsgleichheit angewendet werden. Dies scheitert auch nicht daran, dass die anderen, von *Wichmann* vorgebrachten Kriterien, die Gleichartigkeit und -wertigkeit, abzulehnen sind. Aus der kumulativen Aufzählung der Kriterien ist zu folgern, dass eine nachträgliche Herstellung bereits dann gegeben ist, wenn eines der genannten Kriterien nicht erfüllt ist. Insofern reicht es für die Verneinung der Versetzung in Betriebsbereitschaft aus, wenn keine Funktionsgleichheit mehr gegeben ist.

3. Beruhen auf einem eigenständigem Investitionsentschluss

a) Herleitung des Kriteriums

Ein weiteres Kriterium könnte aus dem Ansatz *Glaneggers* gewonnen werden. Nach diesem sind keine Kosten der Betriebsbereitschaft anzunehmen, wenn die Maßnahmen von einem eigenständigen Investitionsentschluss getragen werden.[414] Gleiches lässt sich aus der in Rspr. und Lehre verwendeten Definition von Anschaffungsnebenkosten ableiten, wonach diese „*zwangsläufig* [Hervorhebung durch Verf.] im Gefolge der Anschaffung anfallen"[415] müssen. Demzufolge darf kein weiterer Investitionsentschluss vorliegen, wenn man noch von

---

414 So Glanegger, DB 1987, S. 2173 (2175). Zu beachten ist allerdings, dass aus dieser Aussage nicht ohne weiteres abgeleitet werden kann, dass bei einem eigenständigen Investitionsentschluss per se nachträgliche Herstellungskosten vorliegen müssten. Dies ergibt sich daraus, dass sich diese Ausführungen Glaneggers auf den sog. anschaffungsnahen Aufwand beziehen und Glanegger die Annahme von Erhaltungsaufwendungen zu favorisieren scheint.

415 Stellvertretend:;BFH v. 05.05.1983, Az. IV R 18/80, BStBl. II 1983, S. 559 (560), BFH v. 20.04.2011, Az. I R 2/10, DStR 2011, S. 1169 (1170). Ähnlich: Ellrott/Brendt in: Beck'scher Bilanzkommentar, § 255 HGB, Rn. 22.

einer Versetzung des Wirtschaftsguts in betriebsbereiten Zustand ausgehen will. Die getätigten Aufwendungen müssen vielmehr auf dem zu Beginn getroffenen Anschaffungsentschluss beruhen.

b) Beurteilung der Anwendbarkeit

Allerdings ist auch dieses Kriterium i.E. abzulehnen. Das Abstellen auf einen gesonderten Investitionsentschluss hätte zur Folge, dass eine Anpassungsmaßnahme, die die Grenze zur Herstellung überschreitet, nicht als solche erkannt würde. Denn auch diese „intensive" Anpassung kann noch auf den anfangs getroffenen Anschaffungsentschluss zurückgehen. Daran ändert sich auch nichts, wenn die o.g. Anpassung erst in zeitlicher Distanz zum Anschaffungsentschluss vorgenommen wird.[416] Es kann allein maßgeblich sein, dass der grundsätzliche Entschluss zur Anpassung des Wirtschaftsguts bereits während des Erwerbsvorgangs besteht.[417] Nur so können Aufwendungen für einen später bekannt gewordenen Defekt des Wirtschaftsguts überhaupt als Kosten der Betriebsbereitschaft in Betracht kommen und sind nicht aufgrund der zeitlichen Distanz zwangsläufig als Herstellungskosten einzuordnen.[418]

4. Tragung des Risikos der erfolgreichen Anpassung

a) Herleitung des Kriteriums

Im Rahmen der Anpassung von ERP-Software an das Anwenderunternehmen wird oftmals vertreten, dass eine Herstellung zusätzlich[419] nur dann zu bejahen ist, wenn der Softwareanwender das wirtschaftliche Risiko der Anpassung trägt.[420] Dieses Kriterium entspricht dem Ansatz der h.M. zur Abgrenzung zwi-

---

416 So ähnlich: Stobbe in: H/H/R, EStG, § 6, Anm. 265; Walz in: Heymann, HGB, § 255, Rn. 14. Ähnlich auch im Umkehrschluss: Hoffmann in: Littmann/Bitz/Pust, EStG, § 6, Rn. 153.

417 Ähnlich Tiedchen, als nicht verlangt werden kann, dass der genaue Umfang der Aufwendungen bereits bei der Erwerbsentscheidung festgelegt ist, vgl. Tiedchen in: MüKo AktG, § 255 HGB, Rn. 23.

418 In gewisser Weise ähnlich: Ordelheide in: FS Felix, S. 223 (226) unter dem Stichwort „Entscheidungsbezug".

419 A.A. wohl Köhler/Benzel/Trautmann, als deren Aufführung der Abgrenzungskriterien den Eindruck erweckt, dass der Aspekt der Risikotragung auch alleine angewendet werden kann, vgl. Köhler/Benzel/Trautmann, DStR 2002, S. 926 (927 f.).

420 So u.a. Pergens/Niemann, StuB 2004, S. 997 (998); Groß/Georgius/Matheis, DStR 2006, S. 339 (341); Suchanek/Heyes, FR 2005, S. 184 (187). Ebenso das BMF, wenn eine wesentliche Änderung des Quellcodes gegeben ist (hierzu siehe S. 234). Dieses Risiko soll der Anwender laut Schreiber bereits dann tragen, wenn er die Anpassung selbst

schen Neuherstellung und Anschaffung (siehe Fn. 395). Insofern könnte man eine Übertragung dieses Ansatzes auf die Abgrenzung zwischen Versetzung in Betriebsbereitschaft und nachträglicher Herstellung erwägen. Dem folgend wird überwiegend davon ausgegangen, dass die Risikotragung nach der Vertragstypologie zu beurteilen sei, so dass eine nachträgliche Herstellung nur gegeben wäre, wenn zwischen Erwerber und externem Dritten ein Dienstvertrag besteht.[421] Hingegen bleibe die Anpassungsmaßnahme ein Versetzen in Betriebsbereitschaft, wenn der Anpassungsvertrag als Werkvertrag ausgestaltet ist.[422] Gleiches müsste auch für die Anpassung materieller Wirtschaftsgüter gelten, sofern das Kriterium im Rahmen der Abgrenzung anwendbar ist. Es ist kein Grund ersichtlich, an dem eine Übertragbarkeit des Kriteriums auf materielle Wirtschaftsgüter scheitern würde.

b) Beurteilung der Anwendbarkeit

Bezüglich der Anwendbarkeit des Kriteriums ist zunächst zweifelhaft, ob ein Abstellen auf die Vertragstypologie zielführend ist.[423] Dies rührt maßgeblich daher, dass ein Abstellen auf die Einordnung des mit einem externen Dritten geschlossenen Vertrags einen erheblichen Gestaltungsspielraum eröffnet. So kann durch entsprechende Gestaltung eine Aktivierung der Anpassungskosten als An-

---

vornimmt, da eine Wertbestätigung des Personalaufwands am Markt fehle, vgl. Schreiber in: Blümich, EStG, Stand 11/2011, § 5, Rn. 640. Ähnlich auch Haun/Golücke, BB 2004, S. 651 (655). Im Hinblick auf die Meinung der Betriebsprüfung führt Petersen aus, dass eine Herstellung gegeben sein kann, sofern sich die Tätigkeit der eigenen Mitarbeiter nicht nur auf die Mitwirkung an der durch externe Dritte durchzuführende Implementierung beschränkt, vgl. Petersen, NWB 2005, S. 1029 (1033, 1037). Einer anderen Auffassung scheint aber Petersen selbst zu sein, als sie bei Selbstvornahme unter Berufung auf das BMF-Schreiben v. 18.11.2005 genauer untersucht wissen möchte, ob es sich um übliche Anpassungsvorgänge handelt, vgl. Petersen, NWB Fach 17, S. 1999 (2000).

421 So IDW RS HFA v. 30.06.2004, WPg 2004, S. 817, Tz. 18, 19; Peter, DB 2003, S. 1341 (1343); wohl auch Walter, DB 1980, S. 1815 (1818); Pfitzer/Schwenzer in: Beck'sches HdR, Stand 12/2011, B 765, Rn. 25.

422 So statt vieler: Köhler/Benzel/Trautmann, DStR 2002, S. 926 (928). Scherff/Willeke, BBK Fach 12, S. 6829 (6831); so wohl auch Walter, DB 1980, S. 1815 (1818).

423 Dies ziehen auch Scharfenberg/Marquardt im Zusammenhang mit der Bestimmung der Herstellereigenschaft in Zweifel, da aktivierungswillige Vertragsparteien bei einem Abstellen auf die Vertragstypologie davon profitieren könnten, dass die Rspr. bei Softwareverträgen zu der Annahme von Werkverträgen tendiert, vgl. Scharfenberg/Marquardt, DStR 2004, S. 195 (197 f.).

schaffungsnebenkosten verhindert werden.[424] Dass dies mit dem Vorsichtsprinzip nicht vereinbar ist, steht außer Zweifel. Insofern kommt ein Abstellen auf die Vertragstypologie nicht in Betracht.

Allerdings erscheint es auch möglich, die Risikotragung aus den tatsächlichen Verhältnissen zu ermitteln.[425] Zwar scheint dies auf den ersten Blick das o.g. Problem der Gestaltung des Abgrenzungsergebnisses zu lösen.[426] Problematisch ist hier indes, dass die jeweils maßgeblichen, tatsächlichen Umstände allgemeingültig festgelegt werden müssten, um eine dem Gleichbehandlungsgrundsatz genügende Abgrenzung zu ermöglichen. Allerdings würde die Allgemeingültigkeit der Kriterien wiederum die Gefahr bergen, dass es der Erwerber beeinflussen kann, ob die Aufwendungen aktiviert werden.

c) Ergebnis

Da sich die Risikotragung weder aus der Vertragstypologie noch aus den tatsächlichen Umständen zweifelsfrei ermitteln lässt, kann dieses Kriteriums nicht herangezogen werden. Insofern ist lediglich bei der Abgrenzung zur Neuherstellung auf das Herstellerrisiko abzustellen.[427]

II. Zusammenfassung zur Abgrenzung zwischen Versetzung in Betriebsbereitschaft und nachträglicher Herstellung

Im Vorfeld der Abgrenzung war festgestellt worden, dass eine Werterhöhung regelmäßig auch bei einer Herstellung eintreten wird. Insofern ist es notwendig, den Maßstab der Werterhöhung u.a. um die Abgrenzung zwischen nachträglicher Herstellung und Versetzung in Betriebsbereitschaft zu ergänzen (vgl.

---

424 Mit Blick auf die ERP-Software, in deren Kontext das Kriterium der Risikotragung hauptsächlich diskutiert wird, hätte dies wegen § 5 Abs. 2 EStG die Abzugsfähigkeit dieser Aufwendungen als Betriebsausgaben im Anschaffungsjahr zur Folge.

425 Ähnlich Scharfenberg/Marquardt, DStR 2004, S. 195 (199).

426 Allerdings wollen Scharfenberg/Marquardt diese tatsächlichen Gegebenheiten wohl aus dem Customizing-Vertrag ableiten, vgl. Scharfenberg/Marquardt, DStR 2004, S. 195 (199 f.). Insofern verwundert es nicht, dass die Autoren letztlich feststellen, dass eine Aktivierung der Aufwendungen durch eine entsprechende Ausgestaltung des Vertrags bewusst herbeigeführt oder vermieden werden kann, vgl. Scharfenberg/Marquardt, DStR 2004, S. 195 (200).

427 Dieses Ergebnis entspricht auch den tatsächlichen Umständen, die aufgrund des Vorsichtsprinzips stets zu berücksichtigen sind. Denn ein externer Unternehmer, der nicht mit dem Veräußerer identisch ist, wird das o.g. Risiko zur Minimierung seines Haftungsrisikos wohl kaum tragen wollen. Anders könnte es sich im Einzelfall verhalten, wenn der Veräußerer selbst die Anpassung des Wirtschaftsguts vornimmt.

S. 123 f.). Es gilt also festzustellen, ob die Anpassung des Wirtschaftsguts im Hinblick auf ihre Intensität die Grenze zur nachträglichen Herstellung überschreitet. Hierzu musste ein Kriterium gefunden werden, dass diese Intensität feststellen kann und nicht in Widerspruch zu dem Maßstab der Werterhöhung sowie dem Vorsichtsprinzip steht.

Zweifel an der Erfüllung dieser Anforderungen kamen allein bei der Funktionsgleichheit nicht auf. Zwar ist die Funktionsgleichheit von *Wichmann* im Zusammenhang mit Gleichartigkeit und Gleichwertigkeit aufgeführt worden. Die Gleichartigkeit und Gleichwertigkeit mussten allerdings abgelehnt werden (vgl. S. 134 f., 136). Anders verhält es sich bei der Funktionsgleichheit, wenn man diese modifiziert und eine Herstellung erst dann bejaht, wenn durch die Anpassung des Wirtschaftsguts entweder neue Funktionen geschaffen oder bisher bestehende Funktionen gänzlich abgeschafft werden. Hingegen liegt noch eine Versetzung in Betriebsbereitschaft vor, wenn bereits existierende Funktionen lediglich verstärkt oder abgemildert werden.

C. Abgrenzung zwischen nachträglichen Anschaffungsnebenkosten und nachträglichen Herstellungskosten anhand der Funktionsgleichheit

Die notwendige Ergänzung des Maßstabs der Werterhöhung um die Abgrenzung zur nachträglichen Herstellung betrifft jedoch nicht nur solche Aufwendungen, die vor erreichter Betriebsbereitschaft getätigt werden. Anschaffungsnebenkosten können vielmehr auch nachträglicher Natur sein, wie § 255 Abs. 1 Satz 2 HGB deutlich macht.[428] Daher sind auch nachträgliche Nebenkosten von nachträglichen Herstellungskosten abzugrenzen.[429]

Der BFH definiert nachträgliche Anschaffungs(neben)kosten als Aufwendungen, „die zeitlich nach der Herstellung der Betriebsbereitschaft anfallen“[430].

428 Daher bezeichnen Wohlgemuth/Radde die nachträglichen Anschaffungskosten als „obligatorischer Bestandteil der Anschaffungskosten“, vgl. Wohlgemuth/Radde in: Beck'sches HdR, Stand 12/2011, B 162, Rn. 123. A.A. Meyering, nach welchem nachträgliche Anschaffungskosten als eigenständige Komponente nicht notwendig seien, da sich der Umfang der Anschaffungskosten ohne diese nicht ändern würde, vgl. Meyering, StuW 2009, S. 42 (46).

429 Ähnlich: Winnefeld, Bilanz-Handb., Kapitel E, Rn. 466.

430 Stellvertretend: BFH v. 03.07.1997, Az. III R 114/95, BStBl. II 1997, S. 811 (813). Des Weiteren sollen die Aufwendungen „aber mit dem Erwerbsvorgang noch in einem ursächlichen Zusammenhang“ (BFH v. 03.07.1997, Az. III R 114/95, BStBl. II 1997, S. 811 (813)) oder „in einem unmittelbaren wirtschaftlichen Zusammenhang mit der

Dies entspricht der absolut h.M. in der Literatur.[431] Bereits diese Definition macht deutlich, dass es sich bei der Abgrenzung zwischen nachträglichen Anschaffungsnebenkosten und nachträglichen Herstellungskosten nur um eine zeitlich versetzte Abgrenzung zwischen dem Versetzen in Betriebsbereitschaft und nachträglicher Herstellung handelt. Nachträgliche Anschaffungsnebenkosten wären als Kosten der Betriebsbereitschaft einzuordnen, wenn sie vor erreichter Betriebsbereitschaft getätigt worden wären.[432] Vor diesem Hintergrund müssen beide Abgrenzungen auch die gleichen Grenzen aufzuweisen. Um dies sicherzustellen, ist auch bei der Abgrenzung zwischen nachträglichen Anschaffungsnebenkosten und nachträglichen Herstellungskosten auf die Funktionsgleichheit abzustellen.[433]

D. Anwendbarkeit der Funktionsgleichheit bei sogenanntem anschaffungsnahem Aufwand

Die Abgrenzung zwischen Anschaffungsnebenkosten und Herstellungskosten könnte auch bei sog. anschaffungsnahem Aufwand[434] vorzunehmen sein. Die dem Wortlaut nach bestehende, zeitliche Nähe zur Anschaffung legt diese Vermutung nahe. In der Folge wäre auch hier auf die Funktionsgleichheit abzustel-

---

Anschaffung stehen" (BFH v. 26.04.1995, Az. I R 92/94, BStBl. II 1995, S. 594 (596)). Des Weiteren beinhalten die nachträglichen Anschaffungskosten die nachträgliche Erhöhung sowohl des Anschaffungspreises als auch der Anschaffungsnebenkosten, vgl. stellvertretend Ortmann-Babel in: Lademann, EStG, § 6, Anm. 229.

431 Stellvertretend: Herrmann in: Frotscher, EStG, § 6, Rz. 147. Für die handelsrechtliche Sicht: Walz in: Heymann, HGB, § 255, Rn. 21. A.A. beispielsweise Ortmann-Babel, nach welcher es sich bei nachträglichen Anschaffungsnebenkosten um Anschaffungsnebenkosten handelt, „die [...] in einem späteren Wirtschaftsjahr als dem Jahr der Anschaffung entstehen", vgl. Ortmann-Babel in: Lademann, EStG, § 6, Anm. 229.

432 Ähnlich: Knop/Küting in: HdR, § 255 HGB, Rn. 44.

433 Ähnlich Wohlgemuth/Radde, als diese nachträgliche Anschaffungsnebenkosten bei Selbstvornahme durch den Erwerber nur dann bejahen, „wenn die ursprünglich vorhandenen charakteristischen Merkmale des Gegenstandes fortbestehen.", vgl. Wohlgemuth/Radde in: Beck'sches HdR, Stand 12/2011, B 162, Rn. 124; ähnlich auch Wohlgemuth in: .HdJ, Abt. I/9, Rn. 34, 46.

434 Bei dem anschaffungsnahen Aufwand handelt es sich ausschließlich um ein steuerrechtliches Problem. Eine Übertragung der Figur auf das Bilanzrecht wird in der handelsrechtlichen Literatur weitgehend abgelehnt, vgl. hierzu statt vieler: Claussen in: Kölner Kommentar AktG, § 255 HGB, Rn. 35; i.E. wohl auch Walz in: Heymann, HGB, § 255, Rn. 20; Nordmeyer in: FS Baetge, S. 373 (393).

len. Dies setzt indes voraus, dass anschaffungsnahe Aufwendungen überhaupt als (nachträgliche) Nebenkosten in Betracht kommen.[435]

I. Zum Begriff des anschaffungsnahen Aufwands

Unter „anschaffungsnahem Aufwand" werden alle Aufwendungen gefasst, die in einem engen zeitlichen Zusammenhang mit einer Anschaffung stehen, aber nicht durch die Anschaffung selbst veranlasst sind.[436] Dabei wird die Rechtsfigur vor allem bei Instandsetzungs- und Modernisierungsaufwendungen in Bezug auf Gebäude diskutiert.[437] Gleichwohl können aber auch bei anderen Wirtschaftsgütern anschaffungsnahe Aufwendungen vorliegen.[438]

Die Rechtsfigur des anschaffungsnahen Aufwands geht u.a. zurück auf die Entscheidung des Großen Senats des BFH vom 22.08.1966[439]. In dieser nahm der Senat an, dass anschaffungsnaher Aufwand als Herstellungskosten und nicht als nachträgliche Anschaffungskosten zu qualifizieren sei, wenn die Instandsetzungs- und Modernisierungsaufwendungen im Verhältnis zum Kaufpreis hoch seien und durch die Aufwendungen „das Wesen des Gebäudes verändert, der Nutzungswert erheblich erhöht oder die Nutzungsdauer erheblich verlängert wird"[440]. Von dieser Rspr. wandte sich der BFH endgültig erst im Jahr 2001

---

435 Bejahend BFH v. 12.09.2001, Az. IX R 39/97, BStBl. II 2003, S. 569 (571); BFH v. 12.09.2001, Az. IX R 52/00, BStBl. II 2003, S. 574 (575), sofern die anschaffungsnahen Aufwendungen der Versetzung in Betriebsbereitschaft dienen.

436 Vgl. Herrmann in: Frotscher, EStG, § 6, RZ. 140; Knop/Küting in: HdR, § 255 HGB, Rn. 46. Diesen zeitlichen Zusammenhang sieht Helwing grundsätzlich auch bei Instandsetzungsaufwendungen des Erwerbers vor Vertragsschluss als gegeben an, vgl. Helwing, Der anschaffungsnahe Aufwand, S. 35.

437 Statt vieler: Claussen in: Kölner Kommentar AktG, § 255 HGB, Rn. 35; Kupsch, StbJb 1989/90, S. 93 (118). Dieser Schwerpunkt innerhalb der Diskussion mag darauf beruhen, dass die zentralen höchstrichterlichen Entscheidungen diesbezüglich sich stets mit der Instandsetzung von angeschafften Gebäuden im weiteren Sinne beschäftigten, vgl. z.B. BFH v. 22.08.1966, Az. GrS 2/66, BStBl. III 1966, S. 672 ff.; BFH v. 12.02.1985, Az. IX R 114/83, BStBl. II 1985, S. 690 ff.; BFH v. 12.09.2001, Az. IX R 52/00, BStBl. II 2003, S. 574 ff..

438 Es ist vielmehr anzunehmen, dass die von der Rspr. entwickelten Grundsätze des anschaffungsnahen Aufwands für alle Wirtschaftsgüter und Anschaffungsgeschäfte aller Art gleich anzuwenden sind, vgl. Ehmcke in: Blümich, EStG, Stand 11/2011, § 6, Rn. 414 in Bezug auf die ältere Rspr. des BFH; Nordmeyer in: FS Baetge, S. 373 (375).

439 BFH v. 22.08.1966, Az. GrS 2/66, BStBl. III 1966, S. 672 ff..

440 BFH v. 22.08.1966, Az. GrS 2/66, BStBl. III 1966, S. 672 (674). Sollten diese Voraussetzungen nicht gegeben sein, so sollten Aufwendungen gleichwohl nicht als Anschaffungsnebenkosten zu berücksichtigen sein, sondern vielmehr als laufender Erhaltungs-

ab.[441] Allerdings unterband der Gesetzgeber durch Einführung des § 6 Abs. 1 Nr. 1a EStG[442] die Konsequenzen dieser Abkehr.[443] Nach § 6 Abs. 1 Nr. 1a EStG werden Instandsetzungs- und Modernisierungsaufwendungen bei Gebäuden als anschaffungsnahe Herstellungskosten erfasst, wenn sie innerhalb von drei Jahren nach der Anschaffung durchgeführt werden und 15 v.H. der Anschaffungskosten übersteigen.[444]

II. Anschaffungsnahe Instandsetzungs- und Modernisierungsaufwendungen als Anschaffungsnebenkosten

Mit Blick auf die Regelung in § 6 Abs. 1 Nr. 1a EStG ist zweifelhaft, ob anschaffungsnahe Aufwendungen überhaupt als Anschaffungsnebenkosten eingeordnet werden können.[445] Für eine Anwendung der Funktionsgleichheit ist genau dies aber notwendig, da es andernfalls keiner Abgrenzung zu Herstellungskosten bedarf.

---

aufwand sofort abzugsfähig sein. Hintergrund dessen ist, dass der BFH im Jahre 1966 noch dem engen Anschaffungskostenbegriff anhing, vgl. BFH v. 22.08.1966, Az. GrS 2/66, BStBl. III 1966, S. 672 (674).

441 So BFH v. 12.09.2001, Az. IX R 39/97, BStBl. II 2003, S. 569 (572); BFH v. 12.09.2001, Az. IX R 52/00, BStBl. II 2003, S. 574 (577). Diese Entscheidungen hat die Finanzverwaltung entsprechend umgesetzt, vgl. BMF-Schreiben v. 18.07.2003, BStBl. I 2003, S. 386 ff.. Als Folge dieser Rechtsprechungsänderung ist die Entscheidung des Großen Senats aus dem Jahr 1966 als überholt zu werten, vgl. auch Spindler, DB 2004, S. 507 (508).

442 BGBl. I 2003, S. 2645 ff..

443 Vgl. Gesetzesbegründung zum StÄndG 2003, BR-Drs. 630/03, S. 53. Nach dieser soll der unter der alten höchstrichterlichen Rspr. bestehende Rechtszustand wieder hergestellt werden, da die neue Rechtsprechung des BFH im Einzelfall schwierig anzuwenden und streitanfällig sei. Spindler bezeichnet das StÄndG 2003 aus diesem Grund auch als „Nichtanwendungsgesetz“ in Bezug auf die neue Rspr. des BFH, vgl. Spindler, DB 2004, S. 507 (508).

444 Zu beachten ist, dass diese Einordnung als Herstellungskosten nach einhelliger Ansicht nicht auf sonstige Wirtschaftsgüter übertragbar ist, vgl. Vgl. statt vieler Ehmcke in: Blümich, EStG, Stand 11/2011, § 6, Rn. 414.

445 Da eine umfassende Auseinandersetzung mit der Rechtsfigur des anschaffungsnahen Aufwands den Rahmen dieser Arbeit überschreiten würde, beschränkt sich die nachfolgende Untersuchung auf die Frage, ob § 6 Abs. 1 Nr. 1a EStG der Annahme on Anschaffungsnebenkosten bei anschaffungsnahen Instandsetzungs- und Modernisierungsaufwendungen entgegensteht.

1. Vorliegen von Erhaltungsaufwand als möglicher Anhaltspunkt

Einer Einordnung von anschaffungsnahen Instandsetzungs- und Modernisierungsaufwendungen als Anschaffungsnebenkosten stünde § 6 Abs. 1 Nr. 1a EStG nicht entgegen, wenn man annimmt, dass dessen Anwendung das Vorliegen von Erhaltungsaufwand verlange.[446] Die Anwendung wäre damit gesperrt, wenn die Voraussetzungen von Anschaffungsnebenkosten vorliegen.

Fraglich ist aber, ob diese Argumentation herangezogen werden kann. Bereits der Wortlaut der Vorschrift lässt dies in Zweifel ziehen. So weist § 6 Abs. 1 Nr. 1a EStG darauf hin, dass „Aufwendungen“ für Instandsetzung und Modernisierung unter bestimmten Voraussetzungen zu den Herstellungskosten eines Gebäudes gehören. Der Begriff „Aufwendung“ ist aber keineswegs identisch mit demjenigen des Erhaltungsaufwands. Der Begriff „Aufwendungen“ macht nach dem allgemeinen Sprachgebrauch deutlich, dass etwas geleistet worden ist.[447] Zwar handelt es sich bei Erhaltungsaufwand auch um Aufwendungen. Gleiches gilt aber auch für Anschaffungskosten und Herstellungskosten, wie § 255 Abs. 1 und 2 HGB vor Augen führt. Der Unterschied besteht lediglich darin, dass es sich bei Erhaltungsaufwand um sofort abzugsfähige Betriebsausgaben i.S.d. § 4 Abs. 4 EStG handelt. Die Anwendbarkeit des § 6 Abs. 1 Nr. 1a EStG setzt folglich bereits dem Wortlaut nach nicht das Vorliegen von Erhaltungsaufwendungen voraus. Die vorgenannte Argumentation ermöglicht daher nicht die Annahme von Anschaffungsnebenkosten im Kontext von anschaffungsnahem Aufwand.

2. Widerspruch des § 6 Abs. 1 Nr. 1a EStG zu § 255 HGB und Art. 35 der Vierten EG-Richtlinie als Anhaltspunkt

Die Möglichkeit der Einordnung von anschaffungsnahen Instandsetzungs- und Modernisierungsaufwendungen als Anschaffungsnebenkosten ergibt sich indes aus einer anderen Erwägung.

Aus § 6 Abs. 1 Nr. 1a EStG ergibt sich, dass Instandsetzungs- und Modernisierungsaufwendungen nur dann Anschaffungsnebenkosten darstellen können, sofern sie nicht 15 v.H. des Kaufpreises übersteigen und/ oder erst drei Jahre nach Anschaffung anfallen.[448] Sind hingegen die Voraussetzungen des § 6

446 So beispielsweise Söffing, DB 2004, S. 946 (947).

447 So ähnlich im Kontext der Buchführungstechnik: Hey in: Tipke/Lang, § 17, Rz. 22.

448 Ähnlich Spindler, DB 2004, S. 507 (510). Allerdings stellt sich Spindler weiterhin auf den Standpunkt, dass diese Aufwendungen anhand der neuen Grundsätze der Rspr. als Herstellungskosten oder Erhaltungsaufwendungen einzuordnen seien, vgl. Spindler, DB 2004, S. 507 (510).

Abs. 1 Nr. 1a EStG erfüllt, so sollen die Aufwendungen, selbst wenn sie alle Voraussetzungen für Anschaffungsnebenkosten erfüllen[449], als Herstellungskosten behandelt werden. Insofern führt § 6 Abs. 1 Nr. 1a EStG zu einer Umqualifikation von Anschaffungsnebenkosten in Herstellungskosten.[450]

Diese Umqualifikation steht jedoch einerseits in Widerspruch zu § 255 HGB, der über das Maßgeblichkeitsprinzip auch für das Steuerrecht heranzuziehen ist (zur gleichwohl möglichen restriktiven Auslegung siehe S. 41 f.). So regelt § 255 HGB Anschaffungs(neben)kosten und Herstellungskosten getrennt voneinander (vgl. § 255 Abs. 1 und Abs. 2 HGB). Diese systematische Trennung macht deutlich, dass eine Abgrenzung zwischen beiden Aufwendungsarten zwingend vorzunehmen ist[451] und dass eine Umqualifikation, die sich ausschließlich auf Anschaffungsnähe und Aufwendungshöhe gründet, nicht möglich ist. Andererseits ist zu berücksichtigen, dass § 255 HGB den Art. 35 der Vierten EG-Richtlinie in nationales Recht umsetzt. Auch Art. 35 der Richtlinie trennt Anschaffungs(neben)kosten und Herstellungskosten systematisch voneinander (vgl. Art. 35 Abs. 2 und 3 der Vierten EG-Richtlinie) und bringt dadurch ebenfalls zum Ausdruck, dass die von § 6 Abs. 1 Nr. 1a EStG vorgenommene Umqualifikation von Anschaffungsnebenkosten in Herstellungskosten nicht möglich ist. Insofern ist die Europarechtskonformität des § 6 Abs. 1 Nr. 1a EStG stark anzuzweifeln.[452]

3. Zusammenfassung

Demzufolge ist festzuhalten, dass § 6 Abs. 1 Nr. 1a EStG, der die Grundsätze des BFH aus dem Jahr 1966 wiedergibt, einer Einordnung anschaffungsnaher Instandsetzungs- und Modernisierungsaufwendungen als Anschaffungsneben-

---

449 So ähnlich auch Ehmcke in: Blümich, EStG, Stand 11/2011, § 6, Rn. 426.

450 Vgl. Ehmcke in: Blümich, EStG, Stand 11/2011, § 6, Rn. 426, wobei sich diese Umqualifikation auch auf die hier nicht zu betrachtenden Erhaltungsaufwendungen erstreckt.

451 Ähnlich BFH v. 12.09.2001, Az. IX R 39/97, BStBl. II 2003, S. 569 (570).

452 So ähnlich: Söffing, DB 2004, S. 946 (946). Allerdings zweifelt Söffing nur die Europarechtskonformität des § 6 Abs. 1 Nr. 1a EStG an, sofern man ihn als Erweiterung des Herstellungskostenbegriffs versteht. Für eine Vereinbarkeit mit Art. 35 Abs. 3 der Vierten EG-Richtlinie spricht sich hingegen der Neunte Senat des BFH in seinem Urteil vom 25.08.2009 aus, vgl. BFH v. 25.08.2009, Az. IX R 20/08, DStR 2009, S. 2476 (2477 f.). In diesem Urteil führt der Senat an, dass eine Vereinbarkeit des § 6 Abs. 1 Nr. 1a EStG mit dieser Regelung nicht in Zweifel gezogen werden könne, da Art. 35 Abs. 3 nicht den Begriff der Herstellungskosten definiere, sondern ihn vielmehr voraussetze. Vorliegend kommt es aber nicht auf eine Definition der Herstellungskosten, sondern ausschließlich auf ihre von den Anschaffungsnebenkosten getrennte Regelung in Art. 35 der Vierten EG-Richtlinie an.

kosten nicht entgegen gehalten werden kann. Da es insofern auch der Abgrenzung zu Herstellungskosten bedarf, ist eine Anwendung der Funktionsgleichheit auch bei anschaffungsnahem Aufwand zu befürworten.

III. Ergebnis zur Anwendbarkeit der Funktionsgleichheit bei anschaffungsnahem Aufwand

Nach alledem kann in Bezug auf die Figur des anschaffungsnahen Aufwands festgehalten werden, dass Instandsetzungs- und Modernisierungsaufwendungen in Anschaffungsnähe trotz § 6 Abs. 1 Nr. 1a EStG nicht zwangsläufig Herstellungskosten, sondern auch Anschaffungsnebenkosten darstellen können.[453] Dieses Ergebnis ist geboten, da § 6 Abs. 1 Nr. 1a EStG entgegen der Wertung von § 255 HGB und Art. 35 der Vierten EG-Richtlinie Anschaffungsnebenkosten in Herstellungskosten umqualifiziert. Die Möglichkeit von Anschaffungsnebenkosten auch im Kontext von anschaffungsnahem Aufwand bedeutet zudem, dass auch auf die Funktionsgleichheit abzustellen ist.

E. Zusammenfassung zur Abgrenzung zwischen Anschaffungsnebenkosten und Herstellungskosten

Die Untersuchung der Abgrenzung zwischen Anschaffungsnebenkosten und Herstellungskosten war aufgrund des Maßstabs der Werterhöhung zunächst auf die Abgrenzung zwischen Versetzung in Betriebsbereitschaft und nachträglicher Herstellung zu begrenzen (vgl. S. 128 ff.). Die Auseinandersetzung mit möglichen Abgrenzungskriterien hat deutlich gemacht, dass das Vorliegen einer nachträglichen Herstellung ausschließlich anhand der Funktionsgleichheit zu bestimmen ist (vgl. S. 139 f.). Demnach ist eine nachträgliche Herstellung nur gegeben, wenn die Anpassungsmaßnahme vorher bestehende Funktionen des Wirtschaftsguts vernichtet oder gänzlich neue Funktionen schafft. Nichts anderes hat auch bei der Abgrenzung zwischen nachträglichen Anschaffungsnebenkosten und nachträglichen Herstellungskosten zu gelten. Weiterhin ist das Kriterium der Funktionsgleichheit auch bei anschaffungsnahen Instandsetzungs- und Modernisierungsaufwendungen heranzuziehen. Da diese Aufwendungen auch Anschaffungsnebenkosten darstellen können, bedarf es der Abgrenzung zu Herstellungskosten. Insofern steht § 6 Abs. 1 Nr. 1a EStG aus den dargestellten Gründen nicht entgegen.

---

453 Insofern bedarf es einer Kategorie des anschaffungsnahen Aufwands eigentlich nicht, vgl. Nordmeyer in: FS Baetge, S. 373 (396). Ähnlich: Söffing, nach dem das Institut des anschaffungsnahen Aufwandes tot ist, vgl. Söffing, DStZ 2002, S. 587 (593).

§ 4 Abgrenzung zwischen Anschaffungsnebenkosten und Betriebsausgaben zur Unterstützung des Maßstabs der Werterhöhung

Wie im Überblick zu diesem Kapitel bereits dargestellt worden ist, ist die Abgrenzung der Anschaffungsnebenkosten zu den Herstellungskosten noch um die Abgrenzung zu den Betriebsausgaben zu ergänzen (vgl. S. 124 f.).

Auch diese Abgrenzung ist zur Unterstützung des Qualifikationsmaßstabs der Werterhöhung erforderlich, um eine Aktivierung von werterhöhenden Aufwendungen, die Jahre nach Abschluss der Anschaffung getätigt werden oder die in keinem Zusammenhang mit der eigentlichen Anschaffung stehen, zu verhindern.

Daher ist im Folgenden zu untersuchen, welcher zeitliche Zusammenhang zwischen Anschaffung und Aufwendungen zur Ergänzungen des genannten Maßstabs zu bestehen hat. Weiterhin ist zu fragen, wie die weiteren Zusammenhänge, d.h. Finalität und Erfordernis der Einzelzurechenbarkeit (vgl. § 255 Abs. 1 Satz 1 HGB), auszugestalten sind, damit die Einordnung von Aufwendungen als Anschaffungsnebenkosten keinen Widerspruch zu dem Maßstab der Werterhöhung und dem Vorsichtsgrundsatz erzeugt.

A. Abgrenzung zu Betriebsausgaben anhand des zeitlichen Zusammenhangs zwischen Anschaffung und Aufwendung

Ausgangspunkt der Abgrenzung zwischen Anschaffungsnebenkosten und Betriebsausgaben soll der notwendige[454] zeitliche Zusammenhang, der zwischen Anschaffungsaufwendungen und Anschaffungsvorgang regelmäßig zu bestehen

454 Teilweise wird angenommen, dass ein zeitlicher Zusammenhang zwischen Anschaffung und Aufwendung nicht erforderlich und auch nicht ausreichend sei, so BFH v. 14.08.1956, Az. I 82/56 U, BStBl. III 1956, S. 321 (321); Engler, BB 2006, S. 747 (749). Ortmann-Babel betont hingegen nur, dass ein zeitlicher Zusammenhang nicht erforderlich sei, vgl. Ortmann-Babel in: Lademann, EStG, § 6, Anm. 208. Indes könne ein solcher Zusammenhang ein Indiz für das Vorhandensein eines kausalen Zusammenhangs sein, vgl. Ortmann-Babel in: Lademann, EStG, § 6, Anm. 208. Zwar ist dieser Ansicht grundsätzlich darin zuzustimmen, dass allein der zeitliche Zusammenhang keineswegs ausreichen kann, um die Einordnung als Anschaffungsnebenkosten zu rechtfertigen. Allerdings ist der zeitliche Zusammenhang sehr wohl notwendig zur Qualifikation von Anschaffungsnebenkosten, wie die Ausführungen zur Unterstützung des Maßstabs der Werterhöhung verdeutlicht haben (siehe S. 124).

hat[455], sein. Ist dieser zeitliche Zusammenhang gegeben, so fällt die Abgrenzung zu den Betriebsausgaben unter dem zeitlichen Gesichtspunkt zugunsten von Anschaffungsnebenkosten aus.

Damit der Abgrenzung zu den Betriebsausgaben unter dem Gesichtspunkt des zeitlichen Anfalls von Anschaffungsaufwendungen die Unterstützung der geforderten Werterhöhung gelingt, muss eine Ausweitung der Anschaffungsnebenkosten durch eine zeitlich unbegrenzte Aktivierung von Anschaffungsaufwendungen verhindert werden. Der zeitliche Zusammenhang kann daher nur dann erfüllt sein, wenn die Aufwendungen nach Beginn und vor Ende des Anschaffungsvorgangs[456] getätigt werden.[457]

I. Beginn des Anschaffungsvorgangs – insbesondere Einordnung von Aufwendungen vor Erwerbsentscheidung als Anschaffungsnebenkosten

Zunächst gilt es den Zeitpunkt festzulegen, ab welchem der zeitliche Zusammenhang zwischen Anschaffungsaufwendungen und Anschaffungsvorgang erstmals gegeben ist. Dazu soll auf die in Literatur und Rspr. vertretenen Ansatzpunkte zurückgegriffen werden, als der Zeitpunkt, in welchem der Anschaffungsvorgang beginnt, keineswegs unbestritten ist.[458] Denn die Festlegung des

---

455 Vgl. Baetge/Kirsch/Thiele, aaO., S. 192, welche diesen zeitlichen Zusammenhang als „Zeitraum des Anschaffungsvorganges" bezeichnen. Eine Ausnahme besteht bei nachträglichen Anschaffungsnebenkosten. Dass Anschaffungsaufwendungen nach erreichter Betriebsbereitschaft aber nicht voraussetzungslos als nachträgliche Anschaffungsnebenkosten einzuordnen sind, wird nach der Festlegung des zeitlichen Rahmen der Anschaffung dargelegt (siehe S. 174 ff.).

456 Vgl. beispielsweise Tiedchen in: MüKo AktG, § 255 HGB, Rn. 25.

457 Ob dieser Anschaffungsvorgang nur einen Zeitpunkt darstellen (so wohl ADS, 6. Aufl., § 255 HGB, Tz. 10 f.) oder sich auch in einem längeren Zeitraum vollziehen kann (so beispielsweise Winnefeld, Bilanz-Handb., Kapitel E, Rn. 406; Tiedchen in: MüKo AktG, § 255 HGB, Rn. 11) oder ob nur in Bezug auf die Anschaffungs(neben)kosten von einem Zeitraum zu sprechen ist (sog. Anschaffungskostenzeitraum, vgl. beispielsweise Stobbe in: H/H/R, EStG, § 6, Anm. 264; Kupsch, StbJb 1989/90, S. 93 (99); Werndl in: K/S/M, EStG, § 6, Rn. B 31; Mathiak, DStJG 7 (1984), S. 97 (118)), kann letztlich dahin stehen, da dies keinen Einfluss auf Beginn und Ende des zeitlichen Rahmens hat, innerhalb dessen Anschaffungsnebenkosten regelmäßig getätigt werden. So gehen auch die Vertreter eines Anschaffungszeitpunkts davon aus, dass auch vor und nach diesem Zeitpunkt Anschaffungsnebenkosten vorliegen können, vgl. ADS, 6. Aufl., § 255 HGB, Tz. 11.

458 Vgl. Darstellungen bei Kupsch, StBJb 1989/90, S. 93 (99); Werndl in: K/S/M, EStG, § 6, Rn. B 31, Fn. 82.

Zeitpunkts entscheidet zugleich auch über die Einbeziehung von Aufwendungen, die vor der eigentlichen Erwerbsentscheidung getätigt werden, in die Anschaffungsnebenkosten.[459]

1. Aufnahme erster Handlungen zum Erwerb eines bestimmten Gegenstands

a) Darstellung des Ansatzes

Die wohl h.M. in der handels- und steuerrechtlichen Literatur geht davon aus, dass der Beginn des Anschaffungsvorgangs in der Aufnahme erster Handlungen zum Erwerb eines bestimmten Gegenstands liegt.[460] Dabei soll es maßgebend auf die Intention des Erwerbers ankommen, die wirtschaftliche Verfügungsmacht hinsichtlich eines konkreten Wirtschaftsguts zu erlangen.[461]

Folgt man diesem Ansatz, so können nur Aufwendungen nach der endgültigen Entscheidungsfindung als Nebenkosten qualifiziert werden.[462] Aufwendun-

---

459 Die Bestimmung des Beginns kann damit mit der Justierung eines Ventils verglichen werden. Je nach Justierung des Beginns des Anschaffungsvorgangs fallen unterschiedlich viele Aufwendungen, die dem eigentlichen Erwerb des Wirtschaftsguts zeitlich vorgelagert sind, in die Kategorie der Anschaffungsnebenkosten. Dies birgt die Gefahr, dass man sich in der Auseinandersetzung mit dem Beginn des Anschaffungsvorgangs nicht von Argumenten, sondern vielmehr von dem erstrebten Ergebnis leiten lässt.

460 Statt vieler: Wohlgemuth/Radde in: Beck'sches HdR, Stand 12/2011, B 162, Rn. 21; Winnefeld, Bilanz-Handb., Kapitel E, Rn. 406. Leuschner, aaO., S. 113; So i.E. auch Kupsch, StbJb 1989/90, S. 93 (99). Zwar räumt Kupsch ein, dass die „objektbezogenen Aufwendungen zur Entscheidungsvorbereitung" ebenfalls für den Anschaffungsvorgang getätigt werden. Da ihr Zusammenhang aber nur mittelbarer Natur sei, stünden derartige Aufwendungen „allenfalls in einem ex post hergestellten Zusammenhang mit dem Anschaffungsvorgang", vgl. Kupsch, StbJb 1989/90, S. 93 (99).

461 Dies wird besonders deutlich bei Werndl in: K/S/M, EStG, § 6, Rn. B 31. Ähnlich auch Mathiak, DStJG 7 (1984), S. 97 (118). Allerdings verlangt Mathiak keine Handlung, durch die dieser Entschluss nach außen getragen wird, vgl. Mathiak, DStJG 7 (1984), S. 97 (118). Diese leichte Abweichung dürfte aber für das Ergebnis nicht relevant sein, da die Tätigung einer Aufwendung regelmäßig eine Handlung darstellen wird, durch welche der Erwerbsentschluss nach außen gelangt.

462 So BFH v. 20.04.2004, Az. VIII R 4/02, BStBl. II 2004, S. 597 (598). Ebenso Engler, BB 2006, S. 747 (749). Dabei stützt sich Engler hauptsächlich wohl darauf, dass Aufwendungen der Entscheidungsfindung mit dem später angeschafften Wirtschaftsgut nicht zu tun haben, da sie nicht in dessen Wert einfließen, vgl. Engler, BB 2006, S. 747 (749). Zwar ist es zutreffend, dass beispielsweise Reiseaufwendungen zur Besichtigung des Wirtschaftsguts keinen Einfluss auf dessen Wert haben können. Folgt man aber der Ansicht Englers, so müsste der Einfluss auf den Wert des Wirtschaftsguts darüber entscheiden, wann der Anschaffungsvorgang beginnt. Mit Blick auf dieses Ergebnis ist die

gen, „die zum Erkennen und Bewerten von Beschaffungsalternativen erforderlich sind“[463] (sog. vorweggenommene Aufwendungen), würden hingegen nicht zu den Anschaffungsnebenkosten gehören.[464]

b) Beurteilung der Anwendbarkeit im Hinblick auf das Merkmal „Erwerb eines bestimmten Wirtschaftsguts“

Wie soeben dargestellt, müssen sich die Aufwendungen entsprechend der h.M. auf ein bestimmtes Wirtschaftsgut beziehen, damit von einem Beginn des Anschaffungsvorgangs ausgegangen werden kann. Betrachtet man diesen Bezug auf ein „bestimmtes“ Wirtschaftsgut näher, so wird deutlich, dass sich der Anschaffungsentschluss auf ein konkret gefasstes Wirtschaftsguts beziehen muss. Insofern wird ein bereits hohes Maß an Konkretisierung eines später anzuschaffenden Wirtschaftsguts gefordert. Hingegen wäre der Bezug des Anschaffungsentschlusses auf ein bloß „bestimmbares“ Wirtschaftsgut dem Wortlaut nach nicht ausreichend. Demzufolge muss der Erwerber bereits genau wissen, welches einzelne Wirtschaftsgut er anschaffen möchte.

(1) Gleichheitsrechtliche Bedenken hinsichtlich des Abstellens auf ein „bestimmtes“ Wirtschaftsgut

Mit Blick auf die heute zahlreichen Möglichkeiten der Durchführung einer Anschaffung begegnet ein solch hohes Maß an Konkretisierung des Erwerbsentschlusses auf ein einzelnes Wirtschaftsgut aber gleichheitsrechtlichen Bedenken, die die Anwendbarkeit des Ansatzes in Frage stellen.

Argumentation Englers abzulehnen. Nach dem hier vertretenen Verständnis der Anschaffungsnebenkosten dient der zu bestimmende zeitliche Zusammenhang der Unterstützung des Maßstabs der Werterhöhung. Eine solche Unterstützung würde aber fehlgehen bzw. zu einem Zirkelschluss führen, wenn man den Beginn des Anschaffungsvorgangs anhand des Einflusses auf den Wert des später angeschafften Wirtschaftsguts bestimmen würde.

463 Knop/Küting in: HdR, § 255 HGB, Rn. 28. Ähnlich: Nordmeyer in: FS Baetge, S. 373 (379).

464 Mayer-Wegelin betont insofern, dass dies auch dann gelte, wenn der Erwerb des Wirtschaftsguts später zustande komme, vgl. Mayer-Wegelin in: Bordewin/Brandt, EStG, § 6, Rn. 56. Tiedchen hält hingegen eine Einschränkung dahingehend, dass Aufwendungen der Entscheidungsfindung grundsätzlich nicht Anschaffungsnebenkosten darstellen könnten, für nicht gerechtfertigt, vgl. Tiedchen in: MüKo AktG, § 255 HGB, Rn. 25. Auch Göbel rechnet die Aufwendungen der Entscheidungsfindung grundsätzlich zu den Anschaffungsnebenkosten, vgl. Göbel in: Bonner Handb., § 255 HGB, Rn. 15.

Wählt der Erwerber noch den klassischen Weg der Anschaffung, sucht er also den Geschäftspartner in dessen Betrieb auf und wählt dort das später zu erwerbende Wirtschaftsgut aus, so könnte er ab diesem Zeitpunkt sämtliche Anschaffungsaufwendungen grundsätzlich als Anschaffungsnebenkosten aktivieren. Bestellt der Erwerber das Wirtschaftsgut hingegen über das Internet, nachdem er dort die hinterlegten Bilddateien in Augenschein genommen hat[465], so könnte die notwendige Konkretisierung des Erwerbsentschluss auf ein „bestimmtes“ Wirtschaftsgut erst eintreten, wenn der Erwerber die Ware erhält. Der Anschaffungsvorgang würde damit rein faktisch erst mit Erlangung der tatsächlichen Verfügungsmacht beginnen. Dies hätte zur Folge, dass sämtliche Aufwendungen zwischen der Bestellung im Internet und dem Eintreffen des Wirtschaftsguts beim Erwerber nicht als Anschaffungsnebenkosten eingeordnet werden könnten.

Für diese unterschiedliche Behandlung von Erwerb direkt beim Veräußerer und Bestellung über das Internet im Hinblick auf den Beginn des Anschaffungsvorgangs ist kein Rechtfertigungsgrund ersichtlich. Somit wäre der Ansatz der h.M. wegen Verstoßes gegen Art. 3 Abs. 1 GG abzulehnen.

(2) Anwendbarkeit des Ansatzes im Hinblick auf eine gleichheitskonforme Auslegung

Etwas anderes kann nur dann gelten, wenn eine Auslegung des Ansatzes möglich ist, die solchen Bedenken nicht begegnet.

Eine gleichheitskonforme Auslegung des Bezugs auf ein „bestimmtes“ Wirtschaftsgut lässt sich schon dadurch herbeiführen, dass sich die von der h.M. verlangte Konkretisierung nicht auf das gesamte, später anzuschaffende Wirtschaftsgut bezieht, sondern lediglich auf dessen Merkmale und Qualität. Demnach wäre es ausreichend, wenn der Erwerber den Entschluss zur Anschaffung eines Wirtschaftsguts mit ganz bestimmten Merkmalen und einer festgelegten bzw. erwarteten Qualität getroffen hat. Einen so verstandenen Entschluss wird auch der Erwerber, der das Wirtschaftsgut über das Internet bestellt, nicht erst nach Eintreffen der Ware haben, sondern spätestens zu dem Zeitpunkt, zu dem er Waren mit den festgelegten Merkmalen und der erwarteten Qualität im Internet in Erwerbsabsicht sucht. Maßgeblich ist daher nicht, dass der Erwerber ein bestimmtes, sondern dass er ein anhand von bestimmten Merkmalen und einer bestimmten Qualität bestimmbares Wirtschaftsgut anschaffen möchte.

---

465 Das Öffnen und Betrachten von solchen Bilddateien kann wohl kaum eine entsprechende Konkretisierung, wie sie die h.M. fordert, darstellen.

Stellt man auf ein entsprechend „bestimmbares“ Wirtschaftsgut ab, so wird man auch im Fall der klassischen Durchführung der Anschaffung (s.o.) den Zeitpunkt der Entschlussfassung und -äußerung vorverlegen müssen. Meist wird der Beginn des Anschaffungsvorgangs dann zu bejahen sein, wenn sich der Erwerber in Kenntnis der gewünschten Merkmale mit entsprechenden Anbietern auf dem Markt in Erwerbsabsicht in Verbindung setzt.[466]

(3) Zusammenfassung

Nach alledem ist somit festzuhalten, dass der Ansatz der h.M. nur haltbar ist, wenn es nicht auf Handlungen zum Erwerb eines „bestimmten“, sondern lediglich eines nach Merkmalen und Qualität „bestimmbaren“ Wirtschaftsguts ankommt.

2. Suche nach einem geeigneten Objekt

a) Darstellung des Ansatzes

Weiterhin findet sich im Hinblick auf den Beginn des Anschaffungsvorgangs die Auffassung, dass dieser bereits ab „der Suche nach einem für den Betrieb geeigneten Objekt“[467] anzunehmen sei.[468] Somit würde auch die Planung des später stattfindenden Erwerbsvorgangs in den Anschaffungsvorgang fallen[469], so dass

466 Eine solche Auslegung entspricht im Übrigen auch den Interessen der heute wirtschaftenden Unternehmen. So wird es diesen oftmals nicht darauf ankommen, ein ganz bestimmtes, exakt identifiziertes Wirtschaftsgut zu erwerben, es sei denn, es soll sich um eine Spezialanfertigung handeln. Im Regelfall wird es für das erwerbende Unternehmen vielmehr nur von Bedeutung sein, dass das Wirtschaftsgut bestimmte Merkmale und eine bestimmte Qualität aufweist und in der gewünschten Art und Weise im Betrieb eingesetzt werden kann.

467 Herrmann in: Frotscher, EStG, § 6, Rz. 100.

468 Ähnlich kann die Entscheidung des BFH v. 10.03.1981, Az. VIII R 195/77, BStBl. II 1981, S. 470 (471) im Hinblick auf die Begründung der Einkunftsart Vermietung und Verpachtung verstanden werden. In diesem Urteil erachtet es der Achte Senat als ausreichend, dass die Entscheidung zur Begründung der Einkunftsart Vermietung und Verpachtung endgültig gefallen ist, ohne dass sie sich auf ein konkretes Gebäude bezogen haben muss. In diese Richtung könnte auch Fischer aufzufassen sein, als er feststellt, dass der Zeitraum der Anschaffung mit Besichtigungskosten beginnen könne, vgl. Fischer in: Kirchhof, EStG, § 6, Rn. 35.

469 So Stobbe in: H/H/R, EStG, § 6, Anm. 264.

sog. „vorweggenommene Anschaffungskosten“[470] grundsätzlich in die Anschaffungsnebenkosten einbezogen werden könnten.[471]

b) Verhältnis zum erstgenannten Ansatz – „Suche nach einem geeigneten Objekt“ als Unterfall der Handlung zum Erwerb eines „bestimmbaren“ Wirtschaftsguts

Der zuvor untersuchte Ansatz der h.M. musste im Wege der Auslegung modifiziert werden, um seine Anwendbarkeit unter gleichheitsrechtlichen Gesichtspunkten überhaupt erst zu ermöglichen. Es kommt daher auf die Aufnahme von Handlungen zum Erwerb eines „bestimmbaren“ Wirtschaftsguts an. In der Regel wird es sich bei einem Wirtschaftsgut, welches bezüglich seiner Merkmale und der erwarteten Qualität bestimmt ist, auch um ein für den Erwerber „geeignetes“ Wirtschaftsgut handeln. Daher kann man die Suche nach einem geeigneten Objekt durchaus als entsprechende Handlung zum Erwerb eines bestimmbaren Wirtschaftsguts auffassen. Der zuletzt dargestellte Ansatz kann somit als Unterfall des ersten Ansatzes in seiner modifizierten Form angesehen werden.

Dies scheitert auch nicht daran, dass ein Abstellen auf die Suche nach einem geeigneten Objekt den Beginn des Anschaffungsvorgangs im Vergleich zu dem ersten, modifizierten Ansatz vorverlagern würde. Denn die Entscheidung zum Erwerb eines nach Merkmalen und Qualität bestimmbaren Wirtschaftsguts hat sich bei der Suche nach einem geeigneten Objekt bereits manifestiert. Es muss bereits eine bestimmte Vorstellung über die vorhandenen Merkmale des Wirtschaftsguts existieren, damit der Erwerber ein Objekt überhaupt als „geeignet“ ausmachen kann.

3. Stellungnahme bezüglich der „Handlung zum Erwerb eines bestimmbaren Wirtschaftsguts“

Die Darstellung und Auseinandersetzung mit den beiden in Literatur und Rspr. hauptsächlich vertretenen Ansätzen zum Beginn des Anschaffungsvorgangs hat aufgezeigt, dass diese letztlich nur auf eine gemeinsame Definition herunterzubrechen sind. Dies rührt hauptsächlich daher, dass der Ansatz der h.M. in seiner ursprünglichen Fassung gleichheitsrechtlich als nicht haltbar zu erachten ist und entsprechend modifiziert werden musste. Dementsprechend beginnt der Anschaffungsvorgang, wenn der Erwerber Handlungen vornimmt, die auf den Erwerb eines nach bestimmten Merkmalen und einer bestimmten Qualität be-

470 Ehmcke in: Blümich, EStG, Stand 11/2011, § 6, Rn. 257.

471 Dies gilt natürlich nur, sofern sie die anderen Voraussetzungen für eine Aktivierung von Anschaffungsnebenkosten erfüllen.

stimmbaren Wirtschaftsguts abzielen. Dies ist beispielsweise der Fall, wenn die Suche nach einem geeigneten Objekt aufgenommen wird, wie die Untersuchung des zweiten Ansatzes verdeutlicht hat.

a) Zur Anwendbarkeit des modifizierten Ansatzes im Hinblick auf die Rechtsprechung des Achten Senats des Bundesfinanzhofs

Ein solches Verständnis vom Beginn des Anschaffungsvorgangs, wie es vorstehend herausgearbeitet worden ist, entspricht auch der aktuellen höchstrichterlichen Rspr.. So hat der Achte Senat des BFH in seiner Entscheidung vom 27.03.2007 ausgeführt, dass Aufwendungen Anschaffungsnebenkosten darstellen, wenn sie nach einer grundsätzlich gefassten Erwerbsentscheidung entstehen[472] und der Erwerber die Absicht hatte, „sich an *einer* [Hervorhebung durch Verf.] Kapitalgesellschaft zu beteiligen“[473]. Demzufolge ist lediglich maßgeblich, dass die Absicht zum Erwerb eines Wirtschaftsguts besteht, durch dessen Einsatz sich eine bestimmte Einkunftsart verwirklichen lässt.[474]

Insofern kann man diese Aussage des Senats und die daraus folgenden Konsequenzen als Abkehr von der bisherigen Rspr. des Senats werten.[475] So hatte dieser in seinem Urteil vom 20.04.2004 noch angenommen, dass nur diejenigen Aufwendungen als Nebenkosten in Betracht kämen, „die nach dem endgültigen Entschluss des Steuerpflichtigen entstanden sind, *die* [Hervorhebung durch Verf.] Kapitalanlage zu erwerben.“[476]

Dementsprechend ist es – auch nach der Auffassung des Achten Senats – nicht mehr notwendig, dass sich die Erwerbsabsicht auf ein ganz „bestimmtes“ Wirtschaftsgut bezieht. In Einklang mit Art. 3 Abs. 1 GG genügt es vielmehr, wenn das Wirtschaftsgut seinen Merkmalen und seiner Qualität nach „bestimmbar“ ist, d.h. dazu geeignet ist, bei der Verwirklichung einer bestimmten Einkunftsart eingesetzt zu werden.

---

472 Insofern macht der Senat auch deutlich, dass die Erwerbsentscheidung nicht „gänzlich unumstößlich gefasst sein muss“, vgl. BFH v. 27.03.2007, Az. VIII R 62/05, BFH/NV 2007, S. 1407 (1409).

473 BFH v. 27.03.2007, Az. VIII R 62/05, BFH/NV 2007, S. 1407 (1409). Diese Ausführungen des BFH fassen Lohmann/v. Goldacker/Achatz als Klarstellung der Entscheidung des BFH vom 13.10.1983 (Az. IV R 160/78, BStBl. II 1984, S. 101 ff.) auf, in welcher der Vierte Senat das Vorliegen eines endgültigen Erwerbsentschlusses verlangt hatte, vgl. Lohmann/v. Goldacker/Achatz, BB 2008, S. 1592 (1594).

474 So BFH v. 27.03.2007, Az. VIII R 62/05, BFH/NV 2007, S. 1407 (1409).

475 Peter/Graser sprechen in diesem Kontext lediglich von einer Relativierung der Rspr., vgl. Peter/Graser, DStR 2009, S. 2032 (2033).

476 BFH v. 20.04.2004, Az. VIII R 4/02, BStBl. II 2004, S. 597 (598).

b) Zur Anwendbarkeit des modifizierten Ansatzes im Hinblick auf das Vorsichtsprinzip und den Maßstab der Werterhöhung

Ferner spricht auch das Vorsichtsprinzip nicht gegen eine Anwendung der durchaus weiten Auslegung des Beginns des Anschaffungszeitraums.[477] Denn letztlich hat der frühe Beginn nicht ohne weiteres eine Aktivierung sämtlicher Aufwendungen der Entscheidungsfindung zur Folge. Vielmehr ist eine Aktivierung als Anschaffungsnebenkosten entsprechend dem Qualifikationsmaßstab der Werterhöhung nur dann möglich[478], wenn sich die vorweggenommenen Anschaffungsaufwendungen auch werterhöhend auswirken. Der Maßstab der Werterhöhung trägt insofern zur Umsetzung des Vorsichtsprinzips bei.

Auch scheitert die Anwendbarkeit des herausgearbeiteten Ansatzes nicht daran, dass die für die Einordnung als Anschaffungsnebenkosten erforderliche Werterhöhung bei vorweggenommenen Aufwendungen vermutlich regelmäßig nicht erfüllt sein wird.[479] Zwar bedeutet dies, dass ein so verstandener Beginn des Anschaffungsvorgangs für die Qualifikation von Aufwendungen wohl mehr dogmatische als praktische Bedeutung hat. Insofern dürfte die Feststellung dieses Beginns von der praktischen Warte aus kaum der Unterstützung des Maßstabs der Werterhöhung im Rahmen der Abgrenzung zu den Betriebsausgaben dienen.

Gleichwohl bedeutet diese, möglicherweise fehlende praktische Auswirkung nicht, dass der abgelehnte Ansatz der h.M. letztlich doch anzuwenden wäre.

---

477 So aber wohl Ordelheide, als er ausführt, dass es bei der Entscheidung zwischen der engeren und der weiteren Sichtweise der Anschaffungsnebenkosten maßgeblich darum ginge, wie ernst man es mit dem Vorsichtsprinzip nehme, vgl. Ordelheide in: FS Felix, S. 223 (232). Daher entscheidet Ordelheide sich zumindest für das Handelsrecht gegen die Anerkennung vorweggenommener Anschaffungsnebenkosten, vgl. Ordelheide in: FS Felix, S. 223 (232). So auch Ballwieser in: MüKo HGB, § 255, Rn. 26.

478 So ähnlich i.E. Ordelheide, als dieser eine Verletzung des Gebots der Erfolgsneutralität darin sieht, dass bei Einbeziehung solcher Aufwendungen der Wert des Vermögensgegenstands bei dem Erwerb niedriger sei als die Anschaffungskosten, vgl. Ordelheide in: FS Felix, S. 223 (232). Allerdings versteht Ordelheide das Gebot der Erfolgsneutralität wohl als Ausgestaltung des Vorsichtsprinzips, vgl. Ordelheide in: FS Felix, S. 223 (232). Letztlich dürfte die eine aus dem Erfolgsneutralitätsprinzip abgeleitete Forderung nach Werterhöhung aber abzulehnen sein, da diese gerade vorschreibt, dass eine Anschaffung nur zu einer erfolgsneutralen Vermögensumschichtung führen darf. Dies bedeutet eigentlich eine äußerst großzügige Aktivierung von Aufwendungen unabhängig von einer möglichen Werterhöhung (zum Erfolgsneutralitätsprinzip siehe S. 66 ff.).

479 Dieser Vermutung wird bei der Anwendung der gefundenen Ergebnisse auf die Bilanzierung von ERP-Software noch nachgegangen werden (siehe S. 246 ff.).

Denn die u.U. fehlende praktische Relevanz darf nicht dazu führen, dass einer den Art. 3 Abs. 1 GG verletzenden Handhabung der Vorrang eingeräumt wird.

Zudem ist es, auch wenn es vermutlich nicht den Regelfall betreffen wird, durchaus denkbar, dass sich vorweggenommene Anschaffungsaufwendungen werterhöhend auswirken. Insofern hindert der Umstand, dass die theoretische Unterstützung des Qualifikationsmaßstabs sich u.U. nicht praktisch umsetzt, nicht, dass auf eine Handlung zum Erwerb eines bestimmbaren Wirtschaftsguts abzustellen ist.

4. Ergebnis zum Beginn des Anschaffungsvorgangs

Demnach beginnt die Anschaffung, sobald der grundsätzliche Entschluss zum Erwerb eines Wirtschaftsguts, dessen Merkmale und Qualität schon festgelegt sind, durch die Tätigung von Aufwendungen nach außen tritt.[480] Dabei ist die

480 Lediglich hingewiesen sei an dieser Stelle auf den Streit um die Einbeziehung sog. vorperiodischer Aufwendungen in die Anschaffungsnebenkosten. Das Problem stellt sich aber zum einen unabhängig von den dargestellten Ansätzen und ist zum anderen eher buchungstechnischer denn dogmatischer Natur. Bei vorperiodischen Anschaffungsnebenkosten handelt es sich um Aufwendungen, die für Wirtschaftsgüter anfallen, an denen das Unternehmen das wirtschaftliche Eigentum erst nach dem Bilanzstichtag erlangt, vgl. Wohlgemuth/Radde in: Beck'sches HdR, Stand 12/2011, B 162, Rn. 98. Fraglich ist also, ob für derartige Aufwendungen eine Aktivierung als Anschaffungsnebenkosten oder eine Verbuchung als Aufwand im Wirtschaftsjahr ihres Anfalls vorzunehmen ist. Wohl überwiegend wird in der Literatur vertreten, dass die Aufwendungen im Zeitpunkt ihres Anfalls als Anschaffungsnebenkosten zu aktivieren seien, auch wenn das Wirtschaftsgut selbst noch nicht bilanziert werden kann, vgl. ADS, 6. Aufl., § 255 HGB, Tz. 11; Ehmcke in: Blümich, EStG, Stand 11/2011, § 6, Rn. 257; Tiedchen in: MüKo AktG, § 255 HGB, Rn. 27; Wohlgemuth/Radde in: Beck'sches HdR, Stand 12/2011, B 162, Rn. 99; Herrmann in: Frotscher, EStG, § 6, Rz. 100; Kahle in: Baetge/Kirsch/Thiele, § 255 HGB, Rn. 29. So wohl auch BFH v. 13.10.1983, Az. IV R 160/78, BStBl. II 1984, S. 101 (103). Nach Wohlgemuth/Radde und Ordelheide ist die Aktivierung allerdings an die Voraussetzung geknüpft, dass der Anschaffungsvorgang bereits „durch Verträge oder vergleichbare Bindungen [...] konkretisiert“ (Wohlgemuth/Radde in: Beck'sches HdR, Stand 12/2011, B 162, Rn. 99; Ordelheide in: FS Felix, S. 223 (230)) ist. Nach a.A. sind vorperiodische Anschaffungsnebenkosten hingegen nicht anzuerkennen und die Aufwendungen im Jahr ihres Anfalls zunächst als Aufwand zu behandeln, so Mathiak, DStJG 7 (1984), S. 97 (119); Knop/Küting in: HdR, § 255 HGB, Rn. 145. Das Wirtschaftsgut sei für den Erwerber noch nicht bilanzierungs- und bewertungsfähig vorhanden, vgl. Mathiak, DStJG 7 (1984), S. 97 (119). Eine Ausnahme könne nur gelten, sofern der Kaufpreis teilweise im Voraus entrichtet werde und dann als Anzahlung zu aktivieren sei, siehe Mathiak, DStJG 7 (1984), S. 97 (119).

Erwerbsentscheidung so auszulegen, dass sie sich auf den Erwerb eines „bestimmbaren“ Wirtschaftsguts zu beziehen hat. Die Entscheidung zum Erwerb eines ganz „bestimmten“ Wirtschaftsguts ist hingegen nicht zu verlangen, so dass auch vorweggenommene Aufwendungen als Nebenkosten zu erwägen sind. Dieses Ergebnis ist auch mit Blick auf das Vorsichtsprinzip und den Maßstab der Werterhöhung aufrechtzuerhalten.

II. Ende des Anschaffungsvorgangs – Erreichen des betriebsbereiten Zustands

Nach allseitiger Auffassung markiert der Zeitpunkt der Erreichung des erstmaligen[481] betriebsbereiten Zustands das Ende des Anschaffungsvorgangs.[482] Dies gilt unabhängig davon, ob sich die Versetzung des angeschafften Wirtschaftsguts unmittelbar an den Erwerbsvorgang anschließt oder nicht.[483]

Nach dem Zeitpunkt, in welchem die erstmalige Betriebsbereitschaft eingetreten ist, können Anschaffungsaufwendungen allenfalls noch aktiviert werden, wenn sie nachträgliche Anschaffungsnebenkosten darstellen.[484] Dies kann allerdings, wie bereits mehrfach angesprochen worden ist, nur unter strengeren Voraussetzungen der Fall sein, da anderenfalls die Unterstützung der notwendigen Werterhöhung durch die zeitliche Begrenzung von Anschaffungsnebenkosten ad absurdum geführt würde.

Dementsprechend ist es von großer Bedeutung[485], wann dieser Zustand der Betriebsbereitschaft erreicht ist. Indes ist der Zeitpunkt des Erreichens der Betriebsbereitschaft heftig umstritten.[486] Insofern gilt es, die möglichen Ansätze

---

481 Stellvertretend: Kahle in: Baetge/Kirsch/Thiele, § 255 HGB, Rn. 30, ADS, 6. Aufl., § 255 HGB, Tz. 12. Bei der Erstmaligkeit der Betriebsbereitschaft handelt es sich um ein ungeschriebenes Tatbestandsmerkmal des § 255 Abs. 1 HGB, vgl. Helwing, aaO., S. 38.

482 Statt vieler: Kleindiek in: Großkomm. HGB, § 255, Rn. 8; Streim in: HuRB, S. 78 (80).

483 Vgl. ADS, 6. Aufl., § 255 HGB; Tz. 12.

484 Ähnlich: Ortmann-Babel in: Lademann, EStG, § 6, Anm. 227.

485 Vgl. Streim in: HuRB, S. 78 (80). A.A. Kupsch mit Blick auf nachträgliche Anschaffungsnebenkosten, vgl. Kupsch, StbJb 1989/90, S. 93 (99).

486 Entsprechend den Ausführungen Leuschners könnte man davon ausgehen, dass der Streit darin wurzelt, dass der offene Wortlaut des § 255 Abs. 1 Satz 1 HGB sowohl eine objektive als auch eine subjektive Betriebsbereitschaft zulasse, vgl. Leuschner, aaO., S. 127. An anderer Stelle führt Leuschner hingegen aus, dass im Wortlaut des § 255 Abs. 1 Satz 1 HGB eine Bestätigung für eine subjektive Betrachtungsweise zu sehen sei, als dieser verschiedene Möglichkeiten für eine Betriebsbereitschaft zulasse, vgl. Leuschner, aaO., S. 135. Damit setzt sich Leuschner in Widerspruch zu der vorstehend dargestellten Aussage.

zur Betriebsbereitschaft auf ihre Vereinbarkeit mit dem Maßstab der Werterhöhung und dem Vorsichtsprinzip sowie auf ihren unterstützenden Charakter hin zu untersuchen.[487]

1. Objektive Betrachtungsweise

a) Inhalt der Betrachtungsweise

Zunächst könnte man den Zeitpunkt, in welchem die erstmalige Betriebsbereitschaft des angeschafften Wirtschaftsguts erreicht wird, objektiv bestimmen.[488] Dies lässt sich durchaus aus dem Wortlaut des § 255 Abs. 1 Satz 1 HGB ableiten, der auf „einen" betriebsbereiten Zustand und nicht auf „den" betriebsbereiten Zustand abstellt.[489]

Dem folgend ist das Wirtschaftsgut betriebsbereit, wenn es grundsätzlich möglich ist, es in einem Unternehmen einzusetzen.[490] So betont insbesondere *Söffing* im Jahr 1989, dass es allein darauf ankomme, „dass das Wirtschaftsgut in einen Zustand versetzt wird, der seine Nutzung im Betrieb [...] objektiv ermöglicht."[491] Dabei ist laut *Glanegger* auf die „objektiven Verhältnisse des Betriebs"[492] abzustellen. Insofern enthalte § 255 Abs. 1 Satz 1 HGB keine subjektive Komponente, nach welcher es auf die Vorstellungen des Steuerpflichtigen ankäme.[493]

---

487 Dabei ist wiederum darauf hinzuweisen, dass sich die Darstellung der möglichen Ansätze zur Feststellung des betriebsbereiten Zustands und der sie vertretenen Autoren keinen Anspruch auf Vollständigkeit erhebt.

488 Dies leitet Helwing wesentlich daraus ab, dass es sich bei der Betriebsbereitschaft ebenso wie bei dem Erwerb um ein objektives Tatbestandsmerkmal des § 255 Abs. 1 HGB handele, vgl. Helwing, aaO., S. 48.

489 Dieser Gedanke findet sich auch Knop/Küting in: HdR, § 255 HGB, Rn. 12. Gleichwohl wird man Knop/Küting wohl eher der subjektiven Betriebsbereitschaft zuordnen müssen, als sie betonen, dass für den Bereich der Anschaffungskosten auf das „subjektive Element des angestrebten [...] Zustands" abzustellen ist, der sich allerdings „aus objektiv erkennbaren Umständen" ergeben müsse, vgl. Knop/Küting in: HdR, § 255 HGB, Rn. 13. Diese Vermutung wird dadurch bestätigt, dass die Autoren die Betriebsbereitschaft erreicht sehen, wenn der Gegenstand zu Tätigkeiten eingesetzt werden kann, die überwiegend der eigentlichen betrieblichen Leistungserstellung dienen, vgl. Knop/Küting in: HdR, § 255 HGB, Rn. 29.

490 Vgl. Kupsch, StbJb 1989/90, S. 93 (115). Siehe auch Darstellung bei Leuschner, die allerdings i.E. eine subjektive Bestimmung der Betriebsbereitschaft bejaht, vgl. Leuschner, aaO., S. 128. Eine ähnliche Ausführung findet sich bei Helwing, aaO., S. 48.

491 Söffing, StVj 1989, S. 163 (169).

492 Glanegger, DB 1987, S. 2173 (2175).

493 So Söffing, StVj 1989, S. 163 (169).

Obwohl es innerhalb dieses Ansatzes anerkannt ist, dass die subjektiven Vorstellungen des Erwerbers unberücksichtigt zu lassen sind[494], heben einige Autoren gleichwohl explizit hervor, dass die objektive Betriebsbereitschaft unter Berücksichtigung der „subjektiven betrieblichen Verhältnisse“[495] bzw. der „konkreten betrieblichen Zweckbestimmung“[496] festzustellen sei.[497] Daher sei die Betriebsbereitschaft erst dann gegeben, wenn das Wirtschaftsgut objektiv einer bestimmungsgemäßen Nutzung zugeführt werden kann.[498]

b) Beurteilung der Anwendbarkeit

Fraglich ist jedoch, ob eine objektive Betrachtungsweise der Betriebsbereitschaft, die trotz Bezugnahme auf die betrieblichen Verhältnisse den konkreten Verwendungsplan des Erwerbers für das angeschaffte Wirtschaftsgut vollständig unberücksichtigt lässt, anzuwenden ist.

---

494 So Ortmann-Babel in: Lademann, EStG, § 6, Anm. 227; Helwing, aaO., S. 48.

495 Ortmann-Babel in: Lademann, EStG, § 6, Anm. 227. Ähnlich i.E. Kupsch, StbJb 1989/90, S. 93 (115). Dabei könnte man allerdings zunächst meinen, dass Kupsch eine subjektive Feststellung der Betriebsbereitschaft heranziehen möchte, als er ausführt, dass Aufwendungen zur Erreichung der Betriebsbereitschaft subjektbezogen i.d.S. seien, „daß sie einen unmittelbaren Entscheidungsbezug zum Anschaffungsvorgang aufweisen müssen“, vgl. Kupsch, StbJb 1989/90, S. 93 (115). Allerdings stellt Kupsch weiterhin fest, dass der Entscheidungsbezug ein kaum überprüfbares subjektives Kriterium darstelle, siehe Kupsch, StbJb 1989/90, S. 93 (115). Eine Überprüfbarkeit des Entscheidungsbezugs der Aufwendungen werde i.E. erreicht, wenn „unter Berücksichtigung der betrieblichen Verhältnisse die objektive Betriebsbereitschaft der erworbenen Vermögensgegenstände bei ihrer erstmaligen Eingliederung in das Betriebsvermögen maßgebend ist“, vgl. Kupsch, StbJb 1989/90, S. 93 (115).

496 Walz in: Heymann, HGB, § 255, Rn. 14. Zur Untermauerung dieser Aussage zitiert Walz u.a. auch Werndl zur Betriebsbereitschaft (vgl. Werndl in: K/S/M, EStG, § 6, Rn. B 90), vgl. Walz in: Heymann, HGB, § 255, Fn. 23. Zu beachten ist aber, dass Werndl m.E. der subjektiven Betriebsbereitschaft zuzuordnen ist, wobei diese anhand objektiver Umstände nachvollziehbar sein muss, vgl. Werndl in: K/S/M, EStG, § 6, Rn. B 90. Insofern ist die Gewichtung entgegen der Ansicht von Walz eine andere.

497 Stellvertretend: Kleindiek in: Großkomm. HGB, § 255, Rn. 8; Stobbe in: H/H/R, § 6, Anm. 276.

498 Umkehrschluss aus Kupsch, StbJb 1989/09, S. 93 (115 f.). Ähnlich könnte man auch Helwing einordnen, als dieser hervorhebt, dass die objektive Betriebsbereitschaft nur Aufwendungen herbeiführen, „die [...] erforderlich sind, ein Wirtschaftsgut nach objektiven Gesichtspunkten auf die bestimmungsgemäße Nutzung vorzubereiten“, vgl. Helwing, aaO., S. 49.

(1) Zur Beachtung der Folgerichtigkeit bei der Bestimmung der Betriebsbereitschaft

Zwar ist einer objektiven Bestimmung der Betriebsbereitschaft zugute zu halten, dass sie mögliche Gestaltungsspielräume auf Seiten des Erwerbers vollständig verhindern kann.[499]

Gleichwohl ist die Anwendung dieser Betrachtungsweise in Zweifel zu ziehen. So schafft der Erwerber das Wirtschaftsgut letztlich nur an, um es nach seinen eigenen Vorstellungen im Betrieb einsetzen zu können.[500] Die Anschaffung des Wirtschaftsguts ist damit durch die Intention des Erwerbers veranlasst. Durch diese Intention wird der Anschaffungsvorgang auch begonnen, als die Vornahme einer Handlung bzw. die Tätigung einer Aufwendungen zum Erwerb eines bestimmbaren Wirtschaftsguts (siehe hierzu S. 156 f.) stets vom Willen des Erwerbers gesteuert wird. Demzufolge kommt es bei der Bestimmung des Beginns des Anschaffungsvorgangs auf die Sicht des Erwerbers an.

Nimmt man dies in Blick, so ist es nicht folgerichtig, dass dieser, der gesamten Anschaffung zugrunde liegende Wille des Erwerbers bei der Beendigung des Anschaffungsvorgangs hingegen vollständig irrelevant sein soll. Insofern ist die Heranziehung einer Betrachtungsweise, die die Sicht und den Willen des Erwerbers vollständig unberücksichtigt lässt, bereits aufgrund dieser Erwägung fraglich.

(2) Gleichheitsrechtliche Bedenken mit Blick auf die erforderlichen Typisierungen

Ferner spricht gegen eine alleinige Anwendung der objektiven Betriebsbereitschaft, dass diese im Einzelfall nur festgestellt werden kann, wenn zuvor objektive Kriterien gebildet worden sind.[501] Werden solche Unterkriterien festgesetzt, so ist dies zwangsläufig mit einer gewissen Willkür verbunden. Allein dies ruft schon zusätzliche Zweifel an der Richtigkeit einer objektiven Betriebsbereitschaft hervor.

Diese Zweifel könnte man nur dadurch abschwächen, dass zuvor eine Typisierung vorgenommen würde. Im Rahmen dieser Typisierung müsste der typische Betrieb, für den das angeschaffte Wirtschaftsgut einsatzbereit sein muss, festgelegt werden. Ggf., d.h. je nach Ausprägung der objektiven Betriebsbereit-

---

499 So ähnlich Knop/Küting in: HdR, § 255 HGB, Rn. 12. Diesen Vorteil erkennt auch Leuschner an, vgl. Leuschner, aaO., S. 134.

500 So ähnlich Heuermann, DB 1992, S. 600 (600).

501 Selbst Helwing stellt fest, dass nicht klar ist, um welche Kriterien es sich dabei handeln soll, vgl. Helwing, aaO., S. 48.

schaft, müsste auch eine Typisierung im Hinblick auf die individuellen Bedürfnisse eines solchen typischen Betriebs vorgenommen werden. Sodann wäre zu fragen, wann das Wirtschaftsgut für diesen typischen Betrieb und seine typischen Bedürfnisse einsatzbereit ist. Anhand der so gewonnenen Kriterien wäre weiterhin das Ende des Anschaffungsvorgangs objektiv festzustellen.

Zwar hätte diese Typisierung den Vorteil, dass die objektive Betriebsbereitschaft dem Vorwurf der willkürlichen Festlegung von Kriterien entkäme. Problematisch ist allerdings, dass die Typisierung eine Berücksichtigung des Einzelfalls nicht ermöglicht.[502] So wird in der Praxis kein Betrieb dem anderen gleichen. Auch wird sich jede Versetzung eines angeschafften Wirtschaftsguts in Betriebsbereitschaft anders gestalten. Auf diese Abweichungen kann eine auf Typisierungen beruhende, objektive Betrachtungsweise aber nicht reagieren. Die zwangsläufige Folge dieses fehlenden Reaktionsvermögens ist, dass die objektive Betriebsbereitschaft zur Gleichbehandlung *aller* Anschaffungsvorgänge im Hinblick auf gleichartige Wirtschaftsgüter führt. Allerdings gebietet Art. 3 Abs. 1 GG, dass nur wesentlich Gleiches gleich zu behandeln ist. Anschaffungsvorgänge, die sich im Hinblick auf die Versetzung des Wirtschaftsguts in betriebsbereiten Zustand wesentlich voneinander unterscheiden, sind hingegen auch bezüglich ihres Endes nicht gleich zu behandeln, wenngleich sie sich auf gleichartige Wirtschaftsgüter beziehen.

Da diese unterschiedliche Bestimmung der Betriebsbereitschaft, die der Einzelfall u.U. verlangt, durch eine objektive Betrachtung, die nicht auf willkürlich festgelegten Kriterien beruht, nicht gewährleistet ist, ist die objektive Betriebsbereitschaft auch unter diesem Gesichtspunkt in Zweifel zu ziehen.

(3) Ergebnis

Die vorgenannten Erwägungen haben dementsprechend aufgezeigt, dass das alleinige Abstellen auf eine objektive Betriebsbereitschaft äußerst zweifelhaft ist. An diesem Ergebnis kann auch der Vorteil der Verhinderung von Gestaltungsmöglichkeiten nichts ändern.

---

502 Dies gilt auch dann, wenn man mit Walz auf die konkrete betriebliche Zweckbestimmung oder mit Ortmann-Babel auf die subjektiven betrieblichen Verhältnisse abstellt (vgl. Fn. 495, 496). Dies liegt darin begründet, dass trotz eines Abstellens auf betriebliche Bedürfnisse u.ä. weiterhin eine Typisierung im beschriebenen Sinn notwendig wäre, da der objektive, unternehmensfremde Dritte andernfalls überhaupt nicht in der Lage wäre, das angeschaffte Wirtschaftsgut unter objektiven Gesichtspunkten als betriebsbereit einzustufen. Nur bei Entbehrlichkeit der Typisierung könnte eine umfassende Berücksichtigung des jeweiligen Einzelfalls stattfinden.

2. Subjektive Betrachtungsweise[503]

a) Inhalt der Betrachtungsweise

Vielfach wird auch vertreten, dass die Betriebsbereitschaft des angeschafften Wirtschaftsguts subjektiv zu bestimmen ist.[504] Die Betriebsbereitschaft sei „kein klassifikatorisches Merkmal, das ein Objekt besitzt oder nicht besitzt, sondern ein Merkmal, das unterschiedliche Ausprägungen annehmen kann.“[505] Maßgeblich sei insofern die Verwendungsabsicht des Erwerbers[506], d.h. „die beabsichtigte Funktion und Eigenschaft des angeschafften Wirtschaftsguts als Teil des

---

503 Die subjektive Betrachtungsweise der Betriebsbereitschaft entspricht weitgehend der Regelung in IAS 16.20 2003, wonach der Vermögenswert dann betriebsbereit ist, wenn er in der von der Geschäftsführung vorgesehenen Art und am vorgesehenen Ort betrieben werden kann.

504 Vgl. Herrmann in: Frotscher, EStG, § 6, Rz. 101; Kahle in: Baetge/Kirsch/Thiele, § 255 HGB, Rn. 30; ADS, 6. Aufl. § 255 HGB, Tz. 14; Leuschner, aaO., S. 135; Ellrott/Brendt in: Beck'scher Bilanzkommentar, § 255 HGB, Rn. 24. Auch Mathiak kann dieser Auffassung zugeordnet werden, als er die Formulierung “erstmalige Einsatzbereitschaft” verwendet, vgl. Mathiak, DStJG 7 (1984), S. 97 (119). So auch Nordmeyer, welcher zwischen prinzipieller und tatsächlicher Betriebsbereitschaft differenziert und den Anschaffungsvorgang erst mit Erreichung der tatsächlichen Betriebsbereitschaft als beendet ansieht, vgl. Nordmeyer in: FS Baetge, S. 373 (381 f.). In diese Richtung ist laut Leuschner auch Ordelheide (FS Felix, S. 223 (226)) zu verstehen, vgl. Leuschner, aaO., S. 133. Allerdings stellt Ordelheide in der zitierten Ausführung lediglich fest, dass es nicht erforderlich sei, dass Aufwendungen objektiv notwendig wären, sondern dass sie aus Sicht des betreffenden Erwerbers der Anschaffung des Wirtschaftsguts dienen sollten, vgl. Ordelheide in: FS Felix, S. 223 (226).

505 Streim in: HuRB, S. 78 (80 f.). Aus dieser Aussage Streims lässt sich ableiten, dass er eine subjektive Bestimmung der Betriebsbereitschaft befürwortet. Gegen diese Einschätzung spricht auch nicht, dass Streim Modernisierungs-, Umbau-, Erweiterungsmaßnahmen u.ä., nach deren Durchführung eigentlich erst eine Betriebsbereitschaft aus Sicht des Erwerbers eintrete, „aus Gründen der Objektivierbarkeit und intersubjektiven Nachprüfbarkeit“ (Streim in: HuRB, S. 78 (83)) nicht mehr dem Anschaffungsvorgang zurechnet. Dies rührt daher, dass Streim sich im Kontext dieser Äußerung mit der objektiv vorzunehmenden Abgrenzung zwischen Versetzung in Betriebsbereitschaft und nachträglicher Herstellung auseinandersetzt. Dies macht insbesondere der Verweis auf den von ihm beschriebenen Fall der Instandsetzung eines defekten Wirtschaftsguts deutlich, welche als Herstellung einzuordnen sei, vgl. Streim in: HuRB, S. 78 (83). Im Gegensatz dazu schreibt Leuschner die Ausführungen Streims wohl allein wegen der Benutzung der Formulierung „Fähigkeit zur Leistungsabgabe“ der objektiven Betrachtungsweise der Betriebsbereitschaft zu, vgl. Leuschner, aaO., S. 129.

506 So Herrmann in: Frotscher, EStG, § 6, Rz. 101.

Betriebsvermögens"[507] Der Anschaffungsvorgang könne daher erst als beendet angesehen werden, „wenn das Wirtschaftsgut nach den Vorstellungen des Erwerbers für Zwecke seines Unternehmens einsatzbereit ist"[508]. Der BFH hat die Herbeiführung der Betriebsbereitschaft insofern in seinem Urteil vom 13.10.1983 als „Versetzung in einen zweckentsprechenden Zustand"[509] bezeichnet.

Es ist aber zu beachten, dass auch hier einige Autoren die rein subjektive Einschätzung des Erwerbers nicht genügen lassen. Die maßgebliche Verwendungsabsicht des Erwerbers im Hinblick auf das angeschaffte Wirtschaftsgut habe sich zur Überprüfbarkeit der „unternehmerischen Entscheidung"[510] vielmehr aus den „objektiven Umständen"[511] zu ergeben.[512] Dies ist laut *Werndl* der Fall, wenn „die konkrete Zweckbestimmung unter Beachtung der betrieblichen Zwecksetzung nach außen erkennbar dargestellt"[513] werde.

---

507 BFH v. 20.04.2011, Az. I R 2/10, DStR 2011, S. 1169 (1170).

508 Herrmann in: Frotscher, EStG, § 6, Rz. 101. So auch BFH v. 12.09.2001, Az. IX R 39/97, BStBl. II 2003, S. 569 (571); BFH v. 12.09.2001, Az. IX R 52/00, BStBl. II 2003, S. 574 (575) (weiteres zu diesen Urteilen siehe unter S. 165 ff.); ADS, 6. Aufl., § 255 HGB, Tz. 13; Ehmcke in: Blümich, EStG, Stand 11/2011, § 6 Rn. 251a. So ähnlich auch Wohlgemuth, als dieser auf die Verwendung des Gegenstands entsprechend seiner Bestimmung abstellt, vgl. Wohlgemuth in: HdJ, Abt. I/9, Rn. 34. Ähnlich auch BFH v. 12.02.1985, Az. IX R 114/83, BStBl. II 1985, S. 690 (691), als der BFH die Betriebsbereitschaft als einen dem angestrebten Zweck entsprechenden (betriebsbereiten) Zustand benennt. So auch bereits BFH v. 12.06.1978, Az. GrS 1/77, BStBl. II 1978, S. 620 (625). Die Maßgeblichkeit der Vorstellungen des Erwerbers leitet Heuermann für die steuerrechtliche Sicht aus dem Begriff des Betriebs in § 15 Abs. 2 EStG ab, vgl. Heuermann, DB 1992, S. 600 (600). Da der Betrieb i.S.d. § 15 Abs. 2 EStG grundsätzlich eine zweckgerichtete Betätigung des Steuerpflichtigen voraussetze, seien alle Handlungen, die vorgenommen werden, um das Wirtschaftsgut für diese Betätigung betriebsbereit zu machen, auf den Zweck des Steuerpflichtigen ausgerichtet, vgl. Heuermann, DB 1992, S. 600 (600).

509 So BFH v. 13.10.1983, Az. IV R 160/78, BStBl. II 1984, S. 101 (102).

510 Werndl in: K/S/M, EStG, § 6, Rn. B 90.

511 Schulze-Osterloh in: Baumbach/Hueck, GmbHG, § 42, Rn. 352.

512 Statt vieler: Schulze-Osterloh in: Baumbach/Hueck, GmbHG, § 42, Rn. 352; Knop/Küting in: HdR, § 255 HGB, Rn. 13.

513 Werndl in: K/S/M, EStG, § 6, Rn. B 90.

b) Beurteilung der Anwendbarkeit

Indes ist auch hier zu fragen, ob eine ausschließlich subjektive Bestimmung der Betriebsbereitschaft in Form der Zwecksetzung durch den Erwerber als ausreichend gewertet werden kann.

(1) Verstoß gegen tragende Prinzipien der Anschaffungsnebenkosten

Zwar erweist sich dieser Standpunkt als sehr unternehmensfreundlich. Sein gravierender Nachteil besteht aber darin, dass die subjektive Betriebsbereitschaft nur schwerlich dem Nachweis zugänglich sein dürfte. Zudem bestehen, wie *Tiedchen* einräumt, erhebliche Gestaltungsspielräume[514], welche eine ausreichende Berücksichtigung sowohl des Vorsichtsprinzips als auch des Prinzips der Besteuerung nach der wirtschaftlichen Leistungsfähigkeit fraglich erscheinen lassen.

So kann sich der Erwerber durch eine entsprechende Gestaltung des Endes des Anschaffungsvorgangs ggf. ärmer rechnen, um eine Besteuerung entsprechend seiner wahren, d.h. höheren, wirtschaftlichen Leistungsfähigkeit zu verhindern. Ließe man diese Vorgehensweise im Rahmen der Bestimmung der Betriebsbereitschaft zu, so könnte dieses Ergebnis u.U. nur schwer korrigiert werden, als Anschaffungsaufwendungen nach erreichter Betriebsbereitschaft nur unter strengeren Voraussetzungen noch als nachträgliche Anschaffungsnebenkosten aktiviert werden können.[515]

(2) Förderung von Gestaltungsspielräumen durch Abstellen auf die erste Inbetriebnahme

Des Weiteren können Gestaltungsspielräume nicht dadurch begrenzt werden, dass nach der ersten Inbetriebnahme des Wirtschaftsguts kein Raum mehr für die Annahme von Kosten der Betriebsbereitschaft wäre, wie *Tiedchen* es annimmt.[516] Ein Abstellen auf die erste Inbetriebnahme kann insofern keinen ausreichenden Schutz gewähren, als die Inbetriebnahme des Wirtschaftsguts durch den Erwerber bewusst gesteuert werden kann. Die Inbetriebnahme dient somit nicht der Begrenzung von Gestaltungsspielräumen, sondern würde diese noch zusätzlich fördern.

---

514 So Tiedchen in: MüKo AktG, § 255 HGB, Rn. 22.

515 Zu den Voraussetzungen, nach welchen Aufwendungen nach erreichter Betriebsbereitschaft als nachträgliche Anschaffungsnebenkosten zu aktivieren sind, siehe S. 174 ff..

516 So Tiedchen in: MüKo AktG, § 255 HGB, Rn. 22.

(3) Ergebnis

Demnach bestehen im Gesamten auch erhebliche Zweifel an einer rein subjektiv zu bestimmenden Betriebsbereitschaft.

3. Auf den Entscheidungen des Neunten Senats des Bundesfinanzhofs vom 12.09.2001 beruhende Ansätze zur Betriebsbereitschaft

Weitere Ansätze zur Bestimmung der Betriebsbereitschaft des angeschafften Wirtschaftsguts werden in der Literatur aus den Entscheidungen des Neunten Senats vom 12.09.2001[517] hergeleitet[518].

In diesen Entscheidungen betont der BFH u.a., dass das Wirtschaftsgut betriebsbereit ist, wenn es entsprechend seiner Zwecksetzung genutzt werden kann.[519] Der Zweck, den der Senat in der konkreten Art und Weise, „in der der Erwerber das Wirtschaftsgut zur Erzielung von Einnahmen im Rahmen einer Einkunftsart nutzen will"[520], sieht, werde dabei durch den Erwerber bestimmt.[521] Weiterhin kann den Ausführungen des Senats entnommen werden, dass die Herbeiführung der Funktionstüchtigkeit des Wirtschaftsguts der Versetzung in Betriebsbereitschaft zuzuordnen ist („Abgesehen von den oben [...] genannten Fällen"[522]).

---

517 BFH v. 12.09.2001, Az. IX R 39/97, BStBl. II 2003, S. 569 ff.; BFH v. 12.09.2001, Az. IX R 52/00, BStBl. II 2003, S. 574 ff..

518 Insofern haben die Entscheidungen des BFH v. 12.09.2001, welche hauptsächlich zum anschaffungsnahen Aufwand ergangen sind (zum Begriff des anschaffungsnahen Aufwands siehe S. 142 f.), auch die Diskussion um die Betriebsbereitschaft angeregt. Dies wird zum Anlass genommen, zwei der auf diesen Entscheidungen beruhenden Sichtweisen der Betriebsbereitschaft zu beleuchten, wobei sich diese Auseinandersetzung nicht als abschließende Darstellung versteht.

519 So BFH v. 12.09.2001, Az. IX R 39/97, BStBl. II 2003, S. 569 (571); BFH v. 12.09.2001, Az. IX R 52/00, BStBl. II 2003, S. 574 (575).

520 BFH v. 12.09.2001, Az. IX R 52/00, BStBl. II 2003, S. 574 (576).

521 So BFH v. 12.09.2001, Az. IX R 39/97, BStBl. II 2003, S. 569 (571); BFH v. 12.09.2001, Az. IX R 52/00, BStBl. II 2003, S. 574 (576).

522 BFH v. 12.09.2001, Az. IX R 52/00, BStBl. II 2003, S. 574 (576).

a) Zweistufige subjektiv-objektive Betrachtungsweise[523]

(1) Eignung des Wirtschaftsguts für den vorgesehenen Zweck als objektive Stufe

(a) Inhalt der Betrachtungsweise

Bezugnehmend auf die Entscheidungen des Neunten Senats zur Betriebsbereitschaft vertritt beispielsweise *Wolff-Diepenbrock* einen von der rein objektiven und subjektiven Betrachtungsweise abweichenden Ansatz.[524] So beruft sich *Wolff-Diepenbrock* auf Aussagen des Neunten Senats, wonach „Aufwendungen, die erforderlich sind, um den Vermögensgegenstand bestimmungsgemäß“[525] bzw. „entsprechend seiner Zweckbestimmung“[526] nutzen zu können, zu den Anschaffungs(neben)kosten gehören. Aufgrund der Verwendung des Worts „erforderlich“[527] in einer der beiden Entscheidungen gelangt *Wolff-Diepenbrock* zu der Annahme, dass es indes nicht nur auf die Vorstellungen des Erwerbers ankomme.[528] Unter dem Gesichtspunkt der vom Erwerber zu treffenden Zweckbestimmung sei vielmehr zusätzlich „die objektive Eignung des Wirtschaftsguts für diesen Zweck“[529] maßgeblich.[530]

---

523 Eine zweistufige Betriebsbereitschaft, die aus einer subjektiven und einer objektiven Komponente besteht, findet sich auch bei L. Fischer, vgl. L. Fischer, DStZ 2002, S. 860 (862). Allerdings lässt sich den Ausführungen von L. Fischer nicht zweifelsfrei entnehmen, worin er die objektive Komponente der Betriebsbereitschaft erblickt. Insofern beruft sich L. Fischer lediglich auf Wolff-Diepenbrock und Carlé, vgl. L. Fischer, DStZ 2002, S. 860 (862), Fn. 33.

524 So Wolff-Diepenbrock, DB 2002, S. 1286 (1286).

525 BFH v. 12.09.2001, Az. IX R 39/97, BStBl. II 2003, S. 569 (571).

526 BFH v. 12.09.2001, Az. IX R 52/00, BStBl. II 2003, S. 574 (575).

527 BFH v. 12.09.2001, Az. IX R 39/97, BStBl. II 2003, S. 569 (571).

528 So Wolff-Diepenbrock, DB 2002, S. 1286 (1286).

529 Wolff-Diepenbrock, DB 2002, S. 1286 (1286).

530 Zwar könnte man diese Ausführungen Wolff-Diepenbrocks auf den ersten Blick denjenigen Vertretern der subjektiven Betriebsbereitschaft zuordnen, die eine Herleitung der Verwendungsabsicht des Erwerbers aus den objektiven Umständen verlangen (vgl. S. 163). Betrachtet man die entsprechenden Aussagen von Wolff-Diepenbrock allerdings näher, so wird deutlich, dass er neben das subjektive Element der Zweckbestimmung lediglich ein objektives Element stellt, nämlich die objektive Eignung des Wirtschaftsguts für den durch den Erwerber gewählten Zweck. Insofern möchte Wolff-Diepenbrock die subjektive Betriebsbereitschaft nicht durch objektive Umstände ermittelt wissen. Vielmehr möchte er die subjektive Betriebsbereitschaft und die objektive Eignung des Wirtschaftsguts kumulativ anwenden.

Dem folgend wäre die Betriebsbereitschaft eines angeschafften Wirtschaftsguts zweistufig zu bestimmen. Auf der subjektiven Stufe käme es ausschließlich auf die Zwecksetzung durch den Erwerber an. Auf der objektiven Stufe wäre sodann zu fragen, ob das Wirtschaftsgut für diesen vorgesehenen Zweck geeignet ist.

(b) Herleitung der Eignung des Wirtschaftsguts als objektive Stufe aus den Entscheidungen des Neunten Senats vom 12.09.2001

Obwohl man diese Betrachtungsweise der Betriebsbereitschaft durchaus befürworten könnte, könnte es gleichwohl zweifelhaft sein, ob die von *Wolff-Diepenbrock* zitierte Aussage des Senats dieses Ergebnis zweifelsfrei zulässt.

Dies betrifft insbesondere das von *Wolff-Diepenbrock* fruchtbar gemachte Wort „erforderlich". So führt der Neunte Senat aus, dass den Anschaffungskosten die Aufwendungen gehören, „die *erforderlich* [Hervorhebung durch Verf.] sind, um den Vermögensgegenstand bestimmungsgemäß nutzen zu können [...]"[531] Fraglich ist aber, ob dem Wort „erforderlich" entsprechend dem Neunten Senat der von *Wolff-Diepenbrock* vorgesehene Gehalt zukommt.

a. Zum Vorliegen einer originären Aussage des Neunten Senats

Um dies feststellen zu können, ist zunächst zu klären, ob die zitierte Aussage originär dem BFH zugeordnet werden kann. Dies erscheint insofern zweifelhaft, als sich der Senat an dieser Stelle einer Zitierung u.a. der einschlägigen Kommentarliteratur bedient. Dem Wort muss daher nicht zwangsläufig die von *Wolff-Diepenbrock* zugesprochene Bedeutung zukommen.

Betrachtet man aber die an dieser Stelle der Entscheidung zitierte Literatur näher, so ist auffällig, dass die erste Quelle eine objektive Betrachtungsweise unter Berücksichtigung der konkreten betrieblichen Zwecksetzung[532] offenbart, wohingegen sich aus der zweiten Quelle eine subjektive Sichtweise der Betriebsbereitschaft unter Hinzuziehung der objektiven Nachvollziehbarkeit[533] ergibt. Schlussendlich lässt sich aus der letztgenannten Quelle wiederum eine rein

---

531 BFH v. 12.09.2001, Az. IX R 39/97, BStBl. II 2003, S. 569 (571).

532 Vgl. Walz in: Heymann, HGB, § 255, Rn. 14: „Die Betriebsbereitschaft ist objektiv unter Berücksichtigung der konkreten betrieblichen Zweckbestimmung zu ermitteln".

533 Vgl. Werndl in: K/S/M, EStG, § 6, Rn. B 90: „Obwohl die Herstellung der Betriebsbereitschaft eines Wirtschaftsguts unter Beachtung der jeweils angestrebten Zielsetzung durch den Erwerber, also nach subjektiven Gesichtspunkten vorzunehmen ist, bedarf es dessen ungeachtet einer objektiven Nachvollziehbarkeit der unternehmerischen Entscheidung."

objektive Betrachtungsweise[534] entnehmen. Keiner der zitierten Quellen kann m.E. eine Aussage hinsichtlich der Erforderlichkeit zur bestimmungsgemäßen Nutzung des Wirtschaftsguts entnommen werden. Zwar verwendet *Werndl* in seinen Ausführungen zur Betriebsbereitschaft das Wort „notwendig“[535]. Indes steht dieses Wort bei *Werndl* im Zusammenhang mit der von ihm verlangten objektiven Nachvollziehbarkeit der subjektiven Betriebsbereitschaft („[...] die vor dem Hintergrund dieser Zweckbestimmung *objektiv notwendig* [Hervorhebung durch Verf.] sind [...]“[536]). Insofern weist die zitierte Aussage des Neunten Senats letztlich eine andere Nuancierung auf.

Somit handelt es sich bei den dargelegten Ausführungen wohl um eine eigene Aussage des Senats, so dass es nur diese bei der Auslegung des Worts „erforderlich“ zu berücksichtigen gilt.

b. Ermittlung des dem Wort „erforderlich“ zukommenden Gehalts

Im Rahmen dieser Auslegung ist vor allem bedeutsam, ob dem Wort „erforderlich“ entnommen werden kann, dass es, wie *Wolff-Diepenbrock* annimmt, auf die „objektive Eignung des Wirtschaftsguts für den vorgesehenen Zweck“ ankommt.

Betrachtet man hierzu allein den sprachlichen Gebrauch des Worts, so drückt „erforderlich“ ausschließlich aus, dass ein bestimmtes Bedürfnis besteht. Auch der systematische Zusammenhang der Aussage des Neunten Senats enthält keinen Hinweis auf die von *Wolff-Diepenbrock* vorgenommene Auslegung.

Etwas anderes ergibt sich jedoch, wenn man den teleologischen Zusammenhang zwischen dem Wort „erforderlich“ und dem Einsatz des Wirtschaftsguts entsprechend der Zwecksetzung des Erwerbers betrachtet. Dieser Zusammenhang macht deutlich, dass eine Aufwendung nur dann für den Einsatz des Wirtschaftsguts entsprechend der Zwecksetzung erforderlich sein kann, wenn das Wirtschaftsgut für diesen Zweck überhaupt geeignet ist. Die Erforderlichkeit der Aufwendung ist somit abhängig von der Eignung des Wirtschaftsguts für den vom Erwerber vorgesehenen Zweck.

Insofern ist die Herleitung der von *Wolff-Diepenbrock* vorgesehenen objektiven Eignung des angeschafften Wirtschaftsguts für den vom Erwerber vorge-

---

534 Vgl. Helwing, aaO., S. 48: „Folgerichtig ist das objektive Tatbestandsmerkmal Betriebsbereitschaft erfüllt, wenn das Gebäude bestimmte, von der Vorstellung des Erwerbers unabhängige Kriterien aufweist.“ Hingegen kommt eine subjektive Betriebsbereitschaft laut Helwing nicht in Betracht, da dies auch von der wirtschaftlichen Betrachtungsweise nicht gedeckt sei, vgl. Helwing, aaO., S. 48.

535 Werndl in: K/S/M, EStG, § 6, Rn. B 90.

536 Werndl in: K/S/M, EStG, § 6, Rn. B 90.

sehenen Zweck aus der vom Neunten Senat aufgestellten Erforderlichkeit zur bestimmungsgemäßen Nutzung durchaus möglich.

(2) Funktionstüchtigkeit als objektive Stufe

(a) Inhalt der Betrachtungsweise

Auch *Carlé* gelangt im Rahmen seiner Auseinandersetzung mit den genannten Urteilen des Neunten Senats zu einer Betrachtungsweise der Betriebsbereitschaft, die aus einer subjektiven und einer objektiven Komponente besteht.[537]

Hinsichtlich der subjektiven Komponente stimmen die Ausführungen *Carlés* mit der Ansicht von *Wolff-Diepenbrock* überein. So erblicken beide die subjektive Stufe der Betriebsbereitschaft in der Zweckbestimmung seitens des Erwerbers.[538]

Im Gegensatz zu *Wolff-Diepenbrock* sieht *Carlé* die objektive Komponente allerdings nicht in der objektiven Eignung des Wirtschaftsguts für den bestimmten Zweck.[539] Vielmehr orientiert sich *Carlé* wohl stärker an der Aussage des Senats bezüglich der Herstellung der Funktionstüchtigkeit (vgl. S. 165). Insofern nimmt *Carlé* an, dass die Betriebsbereitschaft objektiv jedenfalls verlange, „dass das Gebäude funktionstüchtig ist."[540] Aus dieser Aussage lässt sich m.E. schließen, dass *Carlé* in der Funktionstüchtigkeit die objektive Komponente der Betriebsbereitschaft sieht.[541] Dies wird dadurch bestätigt, als er betont, dass „ein voll verschlissenes Gebäude [...] nicht betriebsbereit"[542] ist.

537 Siehe Carlé, Stbg 2002, S. 350 (353). So auch L. Fischer, DStZ 2002, S. 860 (862).

538 So Carlé, Stbg 2002, S. 350 (353); Wolff-Diepenbrock, DB 2002, S. 1286 (1286).

539 So Carlé, Stbg 2002, S. 350 (353).

540 Carlé, Stbg 2002, S. 350 (353). Ähnlich: Frye, BC 2003, S. 121 (122), als dieser feststellt, dass die Auslegung des Begriffs des betriebsbereiten Zustands sowohl in die Richtung der Funktionsfähigkeit als auch in die Richtung der Zweckbestimmung durch den Erwerber möglich ist.

541 Allerdings bringt dies Carlé im Gegensatz zu der Einstufung der Zweckbestimmung als subjektive Komponente nicht explizit zum Ausdruck. So führt er vor dem Hinweis auf die Funktionstüchtigkeit aus, die fraglichen Aufwendungen müssten „erforderlich [Hervorhebung durch Verf.] sein, um das Gebäude in einen vermietbaren Zustand zu versetzen" (Carlé, Stbg 2002, S. 350 (353)). Dies erinnert auf den ersten Blick an die Ausführungen von Wolff-Diepenbrock zur Erforderlichkeit der Aufwendungen, um diese entsprechend der Zweckbestimmung nutzen zu können, vgl. Wolff-Diepenbrock, DB 2002, S. 1286 (1286). Insofern könnte man meinen, dass auch Carlé aus der Erforderlichkeit die objektive Komponente der Betriebsbereitschaft ableiten möchte. Vergleicht man die genannten Aussagen der beiden Autoren allerdings im Hinblick darauf, „was" erforderlich sein soll, so wird deutlich, dass Carlés Äußerung nicht der gleiche Gehalt innewohnt wie der Aussage von Wolff-Diepenbrock. Carlés Hinweis auf die Erforderlich-

Eindeutiger im Hinblick auf die Funktionstüchtigkeit des Wirtschaftsguts als objektive Komponente der Betriebsbereitschaft ist in diesem Kontext *Fischer*, als er zwischen objektiver und subjektiver Funktionstüchtigkeit des Wirtschaftsguts unterscheidet und sich insofern auf die Entscheidungen des Neunten Senats vom 12.09.2001 beruft.[543]

Folgte man *Carlé* und *Fischer* in diesem Punkt, so wäre die Betriebsbereitschaft erreicht, wenn das Wirtschaftsgut entsprechend der Zwecksetzung des Erwerbers einsetzbar und für diesen Zweck objektiv funktionstüchtig wäre.

(b) Herleitung der Funktionstüchtigkeit als objektive Stufe aus den Entscheidungen des Neunten Senats vom 12.09.2001

Zweifelhaft ist jedoch, ob die objektive Stufe der Funktionstüchtigkeit aus den Urteilen vom 12.09.2001 gewonnen werden kann. Zwar kann den Aussagen des Neunten Senats zur Funktionstüchtigkeit durchaus entnommen werden, dass diese Voraussetzung für die Betriebsbereitschaft des Wirtschaftsguts ist (siehe S. 165).

Gleichwohl darf die Bedeutung der Funktionstüchtigkeit nicht überbewertet werden. Insbesondere die systematische Stellung der Aussage des Senats zur Funktionstüchtigkeit spricht gegen eine gleichrangige, objektive Stufe neben der Erreichung des vom Erwerber vorgesehenen Zwecks. So äußert sich der Neunte Senat erst nach der Auseinandersetzung mit der Zweckbestimmung durch den Erwerber zur notwendigen Funktionstüchtigkeit des Wirtschaftsguts. Dabei stellt er auch keinerlei Verbindung zwischen den beiden Elementen her.[544] Insofern scheint der Senat in der Funktionstüchtigkeit wohl eher eine Grundvoraussetzung für die Betriebsbereitschaft zu sehen. Eine objektive Stufe der Betriebsbereitschaft, welche in der Funktionstüchtigkeit liegen soll, kann der bloßen Erwähnung der Funktionstüchtigkeit durch den Senat aber keinesfalls entnommen werden. Insofern ist die Heranziehung der Funktionstüchtigkeit als objektive Komponente der Betriebsbereitschaft, welche sich auf den Entscheidungen des BFH vom 12.09.2001 gründet, nicht zu befürworten.

Abgesehen von der m.E. nicht überzeugenden Herleitung der Funktionstüchtigkeit aus den Aussagen des Neunten Senats, ergibt sich die Ablehnung

---

keit zur Erreichung des vermietbaren, d.h. betriebsbereiten, Zustands ist daher m.E. wohl eher als eine sinngemäße Wiedergabe des § 255 Abs. 1 Satz 1 HGB („Aufwendungen, die geleistet werden, um einen Vermögensgegenstand [...] in einen betriebsbereiten Zustand zu versetzen [...]“) zu verstehen.

542 Carlé, Stbg, 2002, S. 350 (354).

543 So Fischer in: Kirchhof, EStG, § 6, Rn. 29.

544 Vgl. BFH v. 12.09.2001, Az. IX R 52/00, BStBl. II 2003, S. 574 (576).

solch einer objektiven Stufe aber auch aus einer weiteren Erwägung. So ist die Funktionstüchtigkeit des Wirtschaftsguts die Mindestvoraussetzung, die dieses erfüllen muss, um überhaupt im Betrieb des Erwerbers in irgendeiner Form einsetzbar zu sein. Würde man in dieser Mindestvoraussetzung der Einsatzfähigkeit die objektive Stufe der Betriebsbereitschaft sehen, so wäre diese nicht in der Lage, diejenigen Gestaltungsmöglichkeiten abzufangen, die die subjektive Stufe, d.h. die Verwendungsabsicht des Erwerbers, schaffen kann. Die Funktionstüchtigkeit des Wirtschaftsguts würde damit eine zu schwache objektive Stufe darstellen, so dass es i.E. zu einer Ablehnung der zweistufigen subjektiv-objektiven Betrachtungsweise mit Blick auf das Vorsichtsprinzip kommen müsste.

b) Zweistufige objektive Betrachtungsweise bei Gewinneinkünften

(1) Inhalt der Betrachtungsweise

Auch *Söffing* gelangt in seiner Besprechung der Urteile vom 12.09.2001 zu einer zweistufigen Beurteilung der Betriebsbereitschaft.[545] Die beiden Komponenten der Betriebsbereitschaft sind nach *Söffing* bei den Gewinneinkünften zum einen in der „Funktionsfähigkeit“[546] des angeschafften Wirtschaftsguts und zum anderen in „dessen Einsatzfähigkeit in dem Betrieb, in dessen Betriebsvermögen es erworben worden ist“[547], zu erblicken. Bei den Gewinneinkünften seien diese beiden Komponenten ausschließlich nach objektiven Gesichtspunkten zu bestimmen, da die Belange eines Betriebs nach den objektiven Verhältnissen zu beurteilen seien.[548] Im Gegensatz dazu sei bei den Überschusseinkünften die zweite Komponente der Betriebsbereitschaft nach subjektiven Gesichtspunkten zu bestimmen, so dass es neben der Funktionstüchtigkeit des Wirtschaftsguts auf die „Nutzungszweckbestimmung durch den Steuerpflichtigen“[549] ankomme.

545 Siehe Söffing, DStZ 2002, S. 587 (588).

546 Söffing, DStZ 2002, S. 587 (588).

547 Söffing, DStZ 2002, S. 587 (588).

548 So Söffing, DStZ 2002, S. 587 (588). I.E. hält Söffing damit an seiner bereits im Jahres 1989 vertretenen Auffassung hinsichtlich der objektiven Bestimmung der Betriebsbereitschaft fest, siehe hierzu Söffing, StVj 1989, S. 163 (169). Bereits dort argumentierte Söffing, dass die subjektive Betrachtungsweise der Betriebsbereitschaft keine Stütze im Gesetz finde, vgl. Söffing, StVj 1989, S. 163 (169).

549 Söffing, DStZ 2002, S. 587 (588).

(2) Beurteilung der Anwendbarkeit

Zwar erinnert die Betrachtungsweise *Söffings* bezüglich der Überschusseinkünfte an den Ansatz von *Wolff-Diepenbrock* und *Carlé*. Dennoch ist äußerst zweifelhaft, ob die Argumentation von *Söffing* befürwortet werden kann.

Diese Zweifel gründen sich darauf, dass *Söffing* bei den Gewinneinkünften eine rein objektive Betrachtungsweise herangezogen wissen möchte, wohingegen bei den Überschusseinkünften eine subjektive Komponente der Betriebsbereitschaft zu berücksichtigen sein soll. Diese Differenzierung zwischen Gewinn- und Überschusseinkünften hält einer Überprüfung anhand des allgemeinen Gleichbehandlungsgrundsatzes nicht stand.[550] Der Verstoß gegen Art. 3 Abs. 1 GG manifestiert sich insbesondere darin, dass der Anschaffungs(neben)-kostenbegriff nach gesicherter Rspr. bei sämtlichen Einkunftsarten gleichermaßen Geltung beansprucht.[551] Nichts anderes kann insofern für die Betriebsbereitschaft als Bestandteil dieses Begriffs gelten, ohne dass dies durch die grundlegenden Unterschiede der Einkunftsarten gerechtfertigt sein müsste. Ein solch grundlegender Unterschied, der eine Ungleichbehandlung zwischen Gewinneinkünften und Überschusseinkünften bei der Frage der Betriebsbereitschaft u.U. rechtfertigten könnte, ist aber nicht ersichtlich. Folglich würde die Heranziehung einer zweistufigen objektiven Bestimmung der Betriebsbereitschaft ausschließlich bei den Gewinneinkünften gegen Art. 3 Abs. 1 GG verstoßen.

Dieser Verstoß würde zusätzlich dadurch verschärft, dass der Einkünftedualismus für sich genommen bereits den Gleichheitssatz verletzt.[552] Erweiterte man diesen Dualismus über sein vom Gesetz angelegtes Maß hinaus, indem man den Anschaffungs(neben)kostenbegriff auf unterschiedliche Art und Weise Anwendung finden ließe, so würde diese, schon bestehende Beeinträchtigung des Gleichheitssatzes unvertretbar ausgeweitet.

Dementsprechend sind die Argumentation *Söffings* sowie das daraus resultierende Ergebnis im Gesamten abzulehnen.

c) Zusammenfassung

Dementsprechend kommt allein eine zweistufige subjektiv-objektive Betrachtungsweise der Betriebsbereitschaft in Betracht. Dabei ist allerdings allein dieje-

---

550 Allgemein formuliert bei L. Fischer, DStZ 2002, S. 860 (862).

551 Vgl. stellvertretend: BFH v. 12.02.1985, Az. IX R 114/83, BStBl. II 1985, S. 690 (691). So ähnlich L. Fischer, DStZ 2002, S. 860 (862), nach welchem ein unterschiedliches Begriffsverständnis im Widerspruch zur allgemeinen Auffassung in Rspr. und Literatur stünde, den Anschaffungskostenbegriff für alle Einkunftsarten einheitlich auszulegen.

552 So Lang in: Tipke/Lang, § 9, Rz. 185 m.w.N..

nige Ausgestaltung, die *Wolff-Diepenbrock* mit seiner Eignung des Wirtschaftsguts für den angestrebten Zweck vornimmt, vorbehaltlich einer abschließenden Betrachtung zur Bestimmung der Betriebsbereitschaft als grundsätzlich anwendbar einzustufen.

4. Stellungnahme zu den dargestellten Sichtweisen

Die verschiedenen Sichtweisen zur Betriebsbereitschaft führen vor Augen, dass die Probleme hinsichtlich der Frage, wann das Wirtschaftsgut den betriebsbereiten Zustand erreicht, darin ihre Ursache haben, dass es sich bei dem Begriff „Betriebsbereitschaft" um einen unbestimmten Rechtsbegriff handelt.[553] Dies bedeutet, dass bei der Auslegung der Betriebsbereitschaft stets eine wertende Betrachtung vorzunehmen ist.[554] Insofern muss der Möglichkeit von Wertungen bei der Auslegung des Rechtsbegriffs aber auch genügend Raum gegeben werden. Dies gelingt nur dann, wenn nicht auf Typisierungen zurückgegriffen wird, sondern der einzelne Anschaffungsvorgang der wertenden Betrachtung zugänglich gemacht wird.

Demzufolge war die objektive Betrachtungsweise der Betriebsbereitschaft abzulehnen, da sie gerade die notwendige Berücksichtigung des Einzelfalls aufgrund der vorzunehmenden Typisierung nicht zuließ. Auch die subjektive Betrachtungsweise war i.E. abzulehnen, da durch ihre Anwendung in unvertretbarer Weise Gestaltungsmöglichkeiten für den Erwerber geschaffen würden.

Gleichwohl weisen die objektive und die subjektive Sichtweise aber auch Vorteile auf. So gelingt es bei einer objektiven Betrachtungsweise Gestaltungsspielräume des Erwerbers weitestgehend zu vermeiden. Im Gegensatz dazu sorgt eine subjektive Betrachtung der Betriebsbereitschaft für eine vollumfängliche Berücksichtigung der jeweiligen Besonderheiten des Einzelfalls. Diese beiden Vorteile gilt es bei der Bestimmung der Betriebsbereitschaft zu bewahren.

Es stellt sich jedoch die Frage, wie sowohl den betrieblichen Besonderheiten im Rahmen einer Einzelfallbetrachtung als auch der Vermeidung von Gestaltungen möglichst weitgehend Raum gegeben werden kann. Eine Bewerkstelligung dieser Kombination könnte durch die von *Wolff-Diepenbrock* vertretene, zweistufige subjektiv-objektive Betrachtungsweise ermöglicht werden. Dabei stellt die Zwecksetzung durch den Erwerber die subjektive Stufe dar. Auf der objektiven Stufe ist sodann zu fragen, ob das Wirtschaftsgut für diesen Zweck auch objektiv geeignet ist. Durch diese zwei, voneinander getrennten Stufen findet

---

553 Vgl. auch Leuschner, aaO., S. 135; Helwing, aaO., S. 38.

554 Allgemein zur wertenden Betrachtung bei unbestimmten Rechtsbegriffen vgl. Tipke in: HuRB, S. 1 (2).

zum einen keine Abschwächung der jeweiligen Komponente und ihrer Vorteile statt. Zum anderen werden die Nachteile der rein subjektiven bzw. objektiven Betrachtungsweise verhindert, da die jeweils andere Komponente ausgleichend bzw. kontrollierend wirkt.

Aufgrund der Vereinigung der Vorteile von subjektiver und objektiver Betrachtungsweise unter Abschwächung ihrer Nachteile ist eine Heranziehung der zweistufigen subjektiven-objektiven Betrachtungsweise zu befürworten. Dem steht auch nicht entgegen, dass es auf der subjektiven Stufe weiterhin auf die Zwecksetzung des Erwerbers ankommt und damit Gestaltungen durch den Erwerber ermöglicht werden könnten. Denn mit Blick auf die Rspr. des Neunten Senats bezieht sich die Zweckbestimmung des Erwerbers nicht auf die Einkünfteerzielung an sich, sondern vielmehr auf die konkrete Art und Weise der Nutzung zur Erzielung von Einkünften (vgl. S. 165).[555] Die konkrete Art und Weise der Nutzung des Wirtschaftsguts stellt damit eine Schranke innerhalb der subjektiven Stufe dar und verhindert einen überzogenen Gestaltungsspielraum des Erwerbers.[556]

5. Gesamtergebnis zum Ende des Anschaffungsvorgangs

Demnach ist zur Feststellung der Betriebsbereitschaft als Ende des Anschaffungsvorgangs auf die zweistufige subjektiv-objektive Betrachtungsweise abzustellen. Dabei ist bezüglich der objektiven Komponente auf die Ausführungen von *Wolff-Diepenbrock* zurückzugreifen, so dass diese in der objektiven Eignung des Wirtschaftsguts für den durch den Erwerber vorgesehenen Zweck zu sehen ist.

III. Zur Qualifikation von Aufwendungen nach erreichter Betriebsbereitschaft als nachträgliche Anschaffungsnebenkosten

Ist die Betriebsbereitschaft des Wirtschaftsguts erreicht, so stehen Aufwendungen in Bezug auf das angeschaffte Wirtschaftsgut grundsätzlich nicht mehr in dem erforderlichen zeitlichen Zusammenhang mit der Anschaffung. Demzufolge wären diese Aufwendungen eigentlich als Betriebsausgaben zu behandeln.

Eine Ausnahme kann hier lediglich gelten, wenn sie nachträgliche Anschaffungsnebenkosten (zur Begriffsbestimmung siehe S. 140 f.) darstellen.[557] Diese Ausnahme darf jedoch nicht ohne die Erfüllung weiterer Voraussetzungen anerkannt werden, da andernfalls die Festlegung des Zeitpunkts, in welchem der An-

555 Ebenso: Wolff-Diepenbrock, DB 2002, S. 1286 (1286); Carlé, Stbg 2002, S. 350 (353).
556 So ähnlich L. Fischer, DStZ 2002, S. 860 (862).
557 Ähnlich: Walz in: Heymann, HGB, § 255, Rn. 21.

schaffungsvorgang endet, hinfällig wäre.[558] Auch würde die Unterstützung des Maßstabs der Werterhöhung durch den zeitlichen Zusammenhang zwischen Aufwendung und Anschaffungsvorgang nicht gelingen.

Folglich ist zu fragen, welche zusätzlichen Anforderungen an nachträgliche Aufwendungen zu stellen sind, damit diese ohne Bedenken als nachträgliche Anschaffungsnebenkosten aktiviert werden können. Diesbezüglich finden sich in Rspr. und Literatur einige Ansätze. Diese gilt es darauf zu untersuchen, ob sie zur Unterstützung des o.g. Qualifikationsmaßstabs durch den herausgearbeiteten zeitlichen Zusammenhang beizutragen vermögen und ob sie in Einklang mit dem Vorsichtsprinzip stehen.

1. Fassung unter den Anschaffungsnebenkostenbegriff

a) Herleitung und Inhalt des Ansatzes

Aus dem Wortlaut des § 255 Abs. 1 Satz 1 und 2 HGB ergibt sich, dass nachträgliche Anschaffungsnebenkosten jedenfalls auch die allgemeinen Voraussetzungen der Finalität und der Einzelzurechenbarkeit erfüllen müssen.

Mit Blick auf diese allgemeinen Voraussetzungen nimmt beispielsweise *Nordmeyer* an, dass es für die Einordnung als nachträgliche Anschaffungsnebenkosten ausreiche, wenn sich die Aufwendungen begrifflich unter die Anschaffungsnebenkosten fassen ließen.[559] Dementsprechend betont *Nordmeyer*,

558 Daher darf die zeitliche Nähe zum originären Erwerbsvorgang auch nur ein Indiz für die Qualifikation der Aufwendungen als nachträgliche Anschaffungsnebenkosten darstellen. So ähnlich: Nordmeyer in: FS Baetge, S. 373 (383).

559 So Nordmeyer in: FS Baetge, S. 373 (383). Ferner weisen Wohlgemuth/Radde darauf hin, dass nachträgliche Anschaffungsnebenkosten auch die allgemeinen Voraussetzungen, wie Ausgabenwirksamkeit, Finalität und Einzelzurechenbarkeit, erfüllen müssen, siehe Wohlgemuth/Radde in: Beck'sches HdR, Stand 12/2011, B 162, Rn. 123. Des Weiteren betonen die Autoren, dass es sich bei nachträglichen Anschaffungsnebenkosten um Aufwendungen handeln müsse, „ die – falls sie innerhalb der Grenzen des ursprünglichen Beschaffungsvorgangs angefallen wären – unmittelbar in die Anschaffungskosten einbezogen worden wären“, vgl. Wohlgemuth/Radde in: Beck'sches HdR, Stand 12/2011, B 162, Rn. 123. Die Besonderheit nachträglicher Anschaffungsnebenkosten sei lediglich darin zu sehen, dass sie in ihrem Anfallen dem Anschaffungsvorgang zeitlich nachgelagert sind, siehe Wohlgemuth/Radde in: Beck'sches HdR, Stand 12/2011, B 162, Rn. 123. Insofern könnte man annehmen, dass Wohlgemuth/Radde den gleichen Ansatz wie Nordmeyer verfolgen. Dies ist allerdings nicht zweifelsfrei feststellbar, als Wohlgemuth/Radde nachträgliche Anschaffungsnebenkosten als Aufwendungen definieren, die anfallen, „um die Verwendbarkeit eines Gegenstands [...] zu ändern oder zu verbessern“, siehe Wohlgemuth/Radde in: Beck'sches HdR, Stand 12/2011, B 162, Rn. 123.

dass Aufwendungen nach erreichter Betriebsbereitschaft zwingend einen finalen Bezug zu den Anschaffungskosten innerhalb des Anschaffungsvorgangs aufweisen müssen, um als nachträgliche Anschaffungsnebenkosten eingeordnet zu werden [560] Die jeweiligen Aufwendungen müssten „dem Erwerb eines Vermögensgegenstandes oder seiner erstmaligen Versetzung in einen betriebsbereiten Zustand dienen sowie Einzelkosten darstellen."[561]

b) Beurteilung der Anwendbarkeit

(1) Umgehung des notwendigen zeitlichen Zusammenhangs mit dem Anschaffungsvorgang

Zwar ist dem o.g. Ansatz darin beizupflichten, dass die Besonderheit der nachträglichen Anschaffungsnebenkosten lediglich darin liegt, dass sie nach Abschluss des Anschaffungsvorgangs getätigt werden.

Allerdings darf daraus nicht gefolgert werden, dass die Erfüllung der allgemeinen, aus § 255 Abs. 1 HGB ableitbaren Voraussetzungen, wie insbesondere des finalen Zusammenhangs, für die Qualifikation als nachträgliche Anschaffungsnebenkosten ausreiche. Vielmehr müssen nachträgliche Aufwendungen zusätzlichen Anforderungen begegnen, um als nachträgliche Anschaffungsnebenkosten aktiviert werden zu können. Andernfalls würde der festgelegte zeitliche Zusammenhang, der der Unterstützung der erforderlichen Werterhöhung im Rahmen der Abgrenzung der Anschaffungsnebenkosten zu den Betriebsausgaben dient, umgangen. Die Folge wäre eine Aktivierung von Anschaffungsauf-

560 So Nordmeyer in: FS Baetge, S. 373 (383 f.).

561 Nordmeyer in: FS Baetge, S. 373 (384). In diese Richtung könnte man m.E. durchaus auch die Ausführungen von Stobbe verstehen. Zwar beruft sich dieser auf einen funktionalen Zusammenhang zwischen nachträglichen Aufwendungen und Anschaffung, vgl. Stobbe in: H/H/R, EStG, § 6, Anm. 297. Allerdings verweist Stobbe sodann einerseits auf Ausführungen von Kulosa in: Schmidt, EStG, § 6, Rn. 33. Dort lässt sich aber kein Hinweis auf einen funktionalen Zusammenhang finden. In dem relevanten Kontext führt Kulosa lediglich aus, dass nachträgliche Anschaffungskosten auch kausal aufgefasst würden, vgl. Kulosa in: Schmidt, EStG, § 6, Rn. 23. Weiterhin weist Stobbe auf seine eigenen Aussagen zu den Voraussetzungen von Anschaffungs(neben)kosten hin, siehe Stobbe in: H/H/R, EStG, § 6, Anm. 297. Insofern liegt der Verdacht nahe, Stobbe meine mit funktionalem Zusammenhang lediglich, dass die allgemeinen Voraussetzungen der Anschaffungsnebenkosten auch bei nachträglichen Aufwendungen erfüllt sein müssten. Diese Annahme wird dadurch verstärkt, dass Stobbe unter Verweis auf seine Aussagen zu den Anschaffungsnebenkosten vor erreichter Betriebsbereitschaft zusätzlich anführt, dass auch Anschaffungsnebenkosten zu den nachträglichen Anschaffungskosten gehören, siehe Stobbe in: H/H/R, EStG, § 6, Anm. 297.

wendungen entsprechend der Willkür des Erwerbers, die ohne Zweifel im Widerspruch zu dem Vorsichtsprinzip stünde.

Da es dies zu verhindern gilt, ist ein Abstellen auf die begriffliche Fassung unter den Anschaffungsnebenkostenbegriff bereits aus diesen Erwägungen nicht möglich.

(2) Fehlen eines finalen Zusammenhangs zwischen nachträglichen Anschaffungsnebenkosten und Erwerb bzw. Versetzung in Betriebsbereitschaft

Abgesehen davon, ist auch zweifelhaft, ob Aufwendungen nach erreichter Betriebsbereitschaft überhaupt noch einen finalen Bezug zum Erwerb und zur Versetzung in Betriebsbereitschaft aufweisen können. Da nachträgliche Anschaffungsnebenkosten grundsätzlich nach dem Abschluss des Anschaffungsvorgangs anfallen, d.h. wenn Erwerb und Versetzung in Betriebsbereitschaft abgeschlossen sind, können diese Aufwendungen diesen beiden Vorgängen nicht mehr dienen. Insofern kann die Finalität der nachträglichen Aufwendungen nicht mehr auf Erwerb und Versetzung in betriebsbereiten Zustand bezogen sein.

Demgemäß ist ein Abstellen auf einen solchen finalen Zusammenhang bei nachträglichen Anschaffungsnebenkosten und damit die begriffliche Fassung unter den Anschaffungsnebenkostenbegriff im Gesamten äußert fraglich[562], da dies eigentlich zur Folge haben müsste, dass nur eine nachträgliche Erhöhung der Nebenkosten anzuerkennen wäre.

---

562 Den dargestellten Mangel des Finalitätserfordernis bei nachträglichen Anschaffungsnebenkosten scheint auch Nordmeyer zu erkennen, als er bei einem Sanierungszuschuss als Beispiel nur dann nachträgliche Anschaffungskosten annimmt, sofern die Aufwendungen „einen konkreten Entscheidungsbezug zum originären Erwerbsvorgang" (Nordmeyer in: FS Baetge, S. 373 (385)) aufweisen. Dies sei aber nur dann gegeben, wenn der Zuschuss im Anschaffungszeitpunkt die Höhe des Anschaffungspreises entsprechend gemindert habe, vgl. Nordmeyer in: FS Baetge, S. 373 (385). Ähnlich insofern: Walz in: Heymann, HGB, § 255, Rn. 22; ADS, 4. Aufl., § 153 AktG, Tz. 35. Allerdings kann auch dieser Voraussetzung für nachträgliche Anschaffungs(neben)kosten nicht gefolgt werden. Denn das Abstellen auf einen möglichen Einfluss auf den Anschaffungspreis würde einerseits wahrscheinlich dazu führen, dass nur nachträgliche Erhöhungen der Anschaffungsnebenkosten zu erfassen wären. Andererseits hätte dies aber auch zur Folge, dass es der Erwerber durch entsprechende Absprachen mit dem Veräußerer bezüglich des Kaufpreises weitgehend in der Hand hätte, ob die Aufwendungen gewinnmindernde Betriebsausgaben oder nachträgliche Anschaffungsnebenkosten darstellten. Dies wäre, wie schon oftmals verdeutlicht worden ist, nicht mit dem Vorsichtsprinzip zu vereinbaren.

2. Ursächlicher Zusammenhang[563] mit der Anschaffung

a) Herleitung und Inhalt des Ansatzes

Der Dritte Senat des BFH bezeichnet nachträgliche Anschaffungsnebenkosten in seinem Urteil vom 03.07.1997 als Aufwendungen, die mit dem Anschaffungsvorgang „noch in einem ursächlichen Zusammenhang stehen“[564]. Demnach könnte man einen ursächlichen Zusammenhang zwischen Anschaffung und Aufwendung als notwendige Voraussetzung zur Einordnung als nachträgliche Anschaffungsnebenkosten ansehen.[565]

Allerdings würde die Heranziehung eines allgemeinen ursächlichen Zusammenhangs Bedenken begegnen, da für nachträgliche Anschaffungsnebenkosten zu verlangen ist, dass sie Anforderungen erfüllen, die über diejenigen für Anschaffungsnebenkosten vor Beendigung des Anschaffungsvorgangs[566] hinausgehen (vgl. S. 174). Dies kann ein allgemeiner, ursächlicher Zusammenhang indes nicht leisten. Vielmehr hätte die bloße Notwendigkeit von Kausalität zwischen Aufwendung und Anschaffung zur Folge, dass nachträgliche Aufwendungen wesentlich leichter als Nebenkosten aktiviert werden könnten als diejenigen Aufwendungen, die vor erreichter Betriebsbereitschaft getätigt werden. Dies scheint auch der BFH zu erkennen. Insofern hebt er hervor, dass vor allem auch darauf abzustellen sei, ob die Aufwendungen „die Benutzbarkeit des angeschafften Wirtschaftsguts [...] erhöhen und seinen Wert steigern“[567].

Fraglich ist daher, ob ein ursächlicher Zusammenhang, der durch Erhöhung von Benutzbarkeit und Wert des Wirtschaftsguts zu Tage tritt, bei der Qualifika-

563 Herrmann bezeichnet diesen Zusammenhang unter Berufung auf die entsprechend Rspr. des BFH als „unmittelbaren ursächlichen [...] Zusammenhang“, siehe Herrmann in: Frotscher, EStG, § 6, Rz. 147.

564 Statt vieler: BFH v. 03.07.1997, Az. III R 114/95, BStBl. II 1997, S. 811 (813). Ähnlich: BFH v. 05.05.1983, Az. IV R 18/80, BStBl. II 1983, S. 559 (560), wobei der Vierte Senat in Bezug auf alle Anschaffungskosten eine Veranlassung durch die Erlangung der wirtschaftlichen Verfügungsmacht verlangt.

565 Dieser Ansicht haben sich auch Vertreter in der Lehre angeschlossen, vgl. beispielsweise Winnefeld, Bilanz-Handb., Kapitel E, Rn. 407. So nimmt Winnefeld an, dass der Anschaffungsvorgang die spätere Versetzung des Wirtschaftsguts in einen „objektiv eindeutig höherwertigen betriebsbereiten Zustand durch nachträgliche Anschaffungskosten“ erfasst, siehe Winnefeld, Bilanz-Handb., Kapitel E, Rn. 407.

566 Herrmann benennt die Aufwendungen vor erreichter Betriebsbereitschaft als „ursprüngliche Anschaffungskosten“, siehe Herrmann in: Frotscher, EStG, § 6, Rz. 147. So auch z.B. BFH v. 26.04.1995, Az. I R 92/94, BStBl. II 1995, S. 594 (596).

567 BFH v. 03.07.1997, Az. III R 114/95, BStBl. II 1997, S. 811 (813).

tion von Aufwendungen als nachträgliche Anschaffungsnebenkosten herangezogen werden kann.

b) Beurteilung der Anwendbarkeit im Hinblick auf die Erhöhung der Benutzbarkeit des Wirtschaftsguts[568]

Die Heranziehung eines ursächlichen Zusammenhangs in der Ausgestaltung des Dritten Senats setzt zunächst voraus, dass die Erhöhung der Benutzbarkeit ausreichend für die Qualifikation von Aufwendungen als nachträgliche Anschaffungsnebenkosten angesehen werden kann. Wie im Vorfeld der zu nachträglichen Anschaffungsnebenkosten vertretenen Ansätze bereits deutlich geworden ist, kann dies nur dann der Fall sein, wenn die Erhöhung der Benutzbarkeit eine zusätzliche Voraussetzung schafft, die bei Anschaffungsnebenkosten, die vor dem Ende des Anschaffungsvorgangs getätigt werden, nicht gegeben ist.

Dies ist jedoch bereits aus dem Grunde zweifelhaft, dass auch Nebenkosten, die innerhalb des herausgearbeiteten zeitlichen Rahmens getätigt werden, zu einer Erhöhung der Benutzbarkeit des angeschafften Wirtschaftsguts führen können. Gemeint sind hier insbesondere die Kosten der Versetzung des Wirtschaftsguts in betriebsbereiten Zustand. Kann das Wirtschaftsgut vor Herstellung der Betriebsbereitschaft noch nicht entsprechend der Zweckbestimmung des Erwerbers in dessen Betrieb eingesetzt werden, so erhöht die Erreichung der Betriebsbereitschaft auch die Benutzbarkeit des Wirtschaftsguts. Insofern schafft ein Abstellen auf die Erhöhung der Benutzbarkeit keine zusätzliche Voraussetzung, die nur bei nachträglichen Anschaffungsnebenkosten erfüllt wäre.

Bei der Qualifikation von nachträglichen Nebenkosten kann daher nicht auf die Erhöhung der Benutzbarkeit des Wirtschaftsguts abgestellt werden.

c) Beurteilung der Anwendbarkeit im Hinblick auf die geforderte Werterhöhung des Wirtschaftsguts

Des Weiteren sieht der Dritte Senat einen ursächlichen Zusammenhang nur dann als gegeben an, wenn die nachträgliche Aufwendung den Wert des Wirtschaftsguts steigert.[569] Zwar erweckt die kumulative Erwähnung der erforderlichen Werterhöhung mit der vorstehend bereits abgelehnten Erhöhung der Benutzbar-

568 Als Beispiel einer Erhöhung der Benutzbarkeit durch nachträgliche Anschaffungsnebenkosten führt Winnefeld die Erschließungsbeiträge für ein Grundstück an, siehe Winnefeld, Bilanz-Handb., Kapitel E, Rn. 407.

569 Dabei soll diese Werterhöhung darin wurzeln, dass die Maßnahmen nach Abschluss des Anschaffungsvorgangs dem Grundstück bzw. Wirtschaftsgut aufgrund der Erweiterung der bisherigen Nutzbarkeit ein besonderes Gepräge geben, vgl. BFH v. 03.07.1997, Az. III R 114/95, BStBl. II 1997, S. 811 (812).

keit den Eindruck, dass der ursächliche Zusammenhang nur dann bejaht werden könnte, wenn beide Anforderungen erfüllt sind.[570] Gleichwohl ist zu erwägen, ob die Werterhöhung auch in alleiniger Anwendung als zusätzliche Voraussetzung für nachträgliche Anschaffungsnebenkosten möglich ist, als dies oftmals in Lehre und Rspr.[571] vertreten wird.[572] Dabei begründet *Kupsch* die Einordnung werterhöhender Aufwendungen als nachträgliche Anschaffungsnebenkosten damit, dass „die für nachträgliche Herstellungskosten typische substantielle Veränderung fehlt, so daß für die Werterhöhung als solche nur die Aktivierung als Anschaffungsnebenkosten übrig bleibt“[573].

Allerdings scheitert die Heranziehung der Werterhöhung als zusätzliche Voraussetzung für nachträgliche Anschaffungsnebenkosten wiederum daran, dass es sich hierbei nicht um ein ausschließliches Merkmal nachträglicher Nebenkosten handelt.[574] Vielmehr wird in dieser Arbeit die Auffassung vertreten, dass jegliche Anschaffungsnebenkosten – gleich, ob sie vor oder nach erreichter Betriebsbereitschaft getätigt werden – zu einer Werterhöhung des Wirtschaftsguts führen müssen (siehe hierzu S. 103 ff., 123).

---

570 So führt der Senat aus, dass zu den Aufwendungen, die in einem ursächlichen Zusammenhang zu dem Anschaffungsvorgang stehen, vor allem auch die Aufwendungen gehören, „die die Benutzbarkeit des angeschafften Wirtschaftsguts [...] erhöhen und [Hervorhebung durch Verf.] seinen Wert steigern“, siehe BFH v. 03.07.1997, Az. III R 114/95, BStBl. II 1997, S. 811 (813).

571 So beispielsweise BFH v. 12.01.1995, Az. IV R 3/93, BStBl. II 1995, S. 632 (633). In dieser Entscheidung nimmt der Senat an, dass die Voraussetzung nachträglicher Anschaffungsnebenkosten in der Werterhöhung des Grundstücks zu sehen sei. Ferner sei erforderlich, „dass die Beiträge in einem Sachbezug zum Grundstück stehen“, um als nachträgliche Anschaffungsnebenkosten eingeordnet werden zu können, vgl. BFH v. 12.01.1995, Az. IV R 3/93, BStBl. II 1995, S. 632 (633).

572 So Kupsch, StbJb, 1989/90, S. 93 (122); Kahle in: Baetge/Kirsch/Thiele, § 255 HGB, Rn. 108;so wohl auch Glanegger, DB 1987, S. 2173 (2176). Allerdings ist die Erforderlichkeit einer Werterhöhung in der Lehre keineswegs unbestritten. So wird z.T. auch davon ausgegangen, dass eine Werterhöhung zur Qualifikation von nachträglichen Anschaffungs(neben)kosten nicht zu verlangen sei, vgl. Tiedchen in: MüKo AktG, § 255 HGB, Rn. 29. Ähnlich: Knop/Küting in: HdR, § 255 HGB, Rn. 44. Im Gegensatz dazu macht Göbel deutlich, dass eine noch weitergehende Verknüpfung als die Werterhöhung zu verlangen sei, vgl. Göbel in: Bonner Handb., § 255 HGB, Rn. 43.

573 Kupsch, StbJb 1989/90, S. 93 (122).

574 So ähnlich könnte man auch die Ausführungen des FG München in seinem Urteil vom 18.03.2008 verstehen, als die Wertsteigerung des Wirtschaftsguts durch Aufwendungen nach dem Ende des Anschaffungsvorgangs unberücksichtigt zu bleiben hat, vgl. FG München v. 18.03.2008, Az. 6 K 4293/06, DStRE 2009, S. 1049 (1049).

d) Ergebnis

Demzufolge kann ein ursächlicher Zusammenhang sowohl in allgemeiner Form als auch in der Ausgestaltung des Dritten Senats nicht zur Qualifikation von nachträglichen Anschaffungsnebenkosten herangezogen werden.

Gleiches gilt auch für die teilweise in der Lehre geforderte Werterhöhung des Wirtschaftsguts durch nachträgliche Aufwendungen.

3. Unmittelbarer wirtschaftlicher Zusammenhang mit der Anschaffung

a) Herleitung und Inhalt des Ansatzes

Ein weiterer, möglicherweise anwendbarer Ansatz zur Einordnung von Aufwendungen als nachträgliche Anschaffungsnebenkosten lässt sich beispielsweise aus dem Urteil des Ersten Senats des BFH vom 26.04.1995[575] herleiten.[576] So stellt der Senat für die Qualifikation von nachträglichen Nebenkosten auf einen „unmittelbaren wirtschaftlichen Zusammenhang“[577] der Aufwendungen mit dem Anschaffungsvorgang ab.[578] Dieser Zusammenhang soll insbesondere bei Aufwendungen gegeben sein, die „zwangsläufig im Gefolge der Anschaffung anfallen und zu einer Erhöhung des Werts des Wirtschaftsguts führen“[579].

---

575 Vgl. BFH v. 26.04.1995, Az. I R 92/94, BStBl. II 1995, S. 594 ff..

576 Die Betrachtung dieser beiden, aus der höchstrichterlichen Rspr. ableitbaren Ansätze will keineswegs den Eindruck vermitteln, dass keine weiteren Ansätze vereinzelt in der Rspr. zu finden wären. Die Zusammentragung sämtlicher Ansätze, die innerhalb der höchstrichterlichen Rspr. vertreten werden, würde jedoch den Rahmen der Arbeit überschreiten. Eine Zusammenschau der beiden vom BFH hauptsächlich vertretenen Ansätze findet sich insbesondere bei Herrmann in: Frotscher, EStG, § 6, Rz. 147. Im Rahmen der Darstellung nimmt Herrmann unter Berufung auf die Entscheidungen des BFH vom 03.07.1997 (Az. III R 114/95, BStBl. II 1997, S. 811 ff.) und vom 26.04.1995 (Az. I R 92/94, BStBl. II 1995, S. 594 ff.) jedoch an, dass ein unmittelbarer ursächlicher und wirtschaftlicher Zusammenhang bestehen müsse, vgl. Herrmann in: Frotscher, EStG, § 6, Rz. 147. Eine Differenzierung zwischen den verschiedenen Ansätzen des BFH wird von Herrmann daher nicht vorgenommen.

577 BFH v. 26.04.1995, Az. I R 92/94, BStBl. II 1995, S. 594 (596).

578 Im Hinblick auf die Frage, ob ein unmittelbarer wirtschaftlicher Zusammenhang allgemeiner Art angewendet werden könnte, sei auf die Gründe verwiesen, die gegen die Anwendung eines allgemeinen, ursächlichen Zusammenhangs angeführt worden sind (siehe S. 178).

579 BFH v. 26.04.1995, Az. I R 92/94, BStBl. II 1995, S. 594 (596). So ähnlich: BFH v. 06.07.1989, Az. IV R 27/87, BStBl. II 1990, S. 126 (127). Allerdings bezieht der Vierte Senat die genannten Voraussetzungen auf Anschaffungskosten im Allgemeinen. Da er indes im Anschluss an die Nennung dieser Voraussetzungen die Formulierung

b) Beschränkung des Ansatzes auf den zwangsläufigen Anfall im Gefolge der Anschaffung

Da die Möglichkeit der Werterhöhung als Voraussetzung für nachträgliche Anschaffungsnebenkosten vorstehend bei dem Ansatz des ursächlichen Zusammenhangs bereits abgelehnt worden ist (siehe S. 179 f.), bleibt hier nur zu fragen, ob Aufwendungen zwangsläufig im Gefolge der Anschaffung anfallen müssen, um als nachträgliche Anschaffungsnebenkosten aktiviert zu werden. Zwar legt die Aussage des Senats auch hier die Vermutung nahe, dass der BFH einen unmittelbaren wirtschaftlichen Zusammenhang mit dem Anschaffungsvorgang nur bei kumulativem Vorliegen von Werterhöhung und zwangsläufigem Anfall bejaht wissen möchte. Möglicherweise kann aber der zwangläufige Anfall im Gefolge der Anschaffung auch in alleiniger Anwendung zur Qualifikation von nachträglichen Anschaffungsnebenkosten beitragen.

c) Beurteilung der Anwendbarkeit

Voraussetzung für die Anwendbarkeit ist aber wiederum, dass der zwangsläufige Anfall ein exklusives Merkmal nachträglicher Anschaffungsnebenkosten darstellt. Dies ist indes zweifelhaft, als der BFH auch bei der allgemeinen Begriffsbestimmung der Anschaffungsnebenkosten auf den zwangsläufigen Anfall im Gefolge der Anschaffung abstellt. So führt u.a. der Vierte Senat des BFH in seinem Urteil vom 05.05.1983 aus, dass zu den Anschaffungskosten auch alle sonstigen Aufwendungen des Erwerbers gehören, „die in einem unmittelbaren wirtschaftlichen Zusammenhang mit der Anschaffung stehen, insbesondere zwangsläufig im Gefolge der Anschaffung anfallen“[580]. Aus dem Zusammenspiel der beiden, beispielhaft herangezogenen Urteile des BFH wird deutlich, dass sowohl Anschaffungsnebenkosten vor erreichter Betriebsbereitschaft als auch nachträgliche Anschaffungsnebenkosten zwangsläufig im Gefolge der Anschaffung anfallen müssen. Es wird somit an beide Arten der Anschaffungsnebenkosten die gleiche Anforderung gestellt.

„nachträgliche Anschaffungskosten in diesem Sinne“ (BFH v. 06.07.1989, Az. IV R 27/87, BStBl. II 1990, S. 126 (127)) verwendet, wird der Eindruck erweckt, der BFH wolle diese Voraussetzungen doch nur auf nachträgliche Anschaffungskosten angewendet wissen.

580 BFH v. 05.05.1983, Az. IV R 18/80, BStBl. II 1983, S. 559 (560). Ebendieser Senat geht in seinem Urteil vom 12.01.1995 noch weiter und verlangt bei Anschaffungsnebenkosten vor erreichter Betriebsbereitschaft zusätzlich zu dem zwangsläufigen Anfall im Gefolge der Anschaffung eine Werterhöhung des Wirtschaftsguts, vgl. BFH v. 12.01.1995, Az. IV R 3/93, BStBl. II 1995, S. 632 (633).

Demzufolge stellt der Aspekt des zwangsläufigen Anfalls kein ausschließliches Merkmal der nachträglichen Nebenkosten dar, so dass dieser ebenfalls nicht als zusätzliche Voraussetzung benannt werden kann.

Der seitens des BFH im Kontext nachträglicher Anschaffungsnebenkosten ebenfalls vorgebrachte Ansatz des unmittelbaren wirtschaftlichen Zusammenhangs und seine weitere inhaltliche Ausgestaltung sind daher vollumfänglich abzulehnen.

4. Wertbildende Aufwendung aufgrund eines gesonderten Entschlusses

a) Herleitung und Inhalt des Ansatzes

Nach *Mathiak* ist für die Einordnung von Aufwendungen als nachträgliche Anschaffungsnebenkosten erforderlich, dass aufgrund eines gesonderten Entschlusses beabsichtigt ist, „durch einen Zusatzerwerb oder wertbildende Aufwendung [...] eine verbesserte Einsatzbereitschaft des Wirtschaftsgutes zu erreichen."[581] Dabei lässt sich den Ausführungen von *Mathiak* auch entnehmen, dass der zeitliche Abstand zum eigentlichen Erwerb keine Rolle bei der Einordnung von nachträglichen Anschaffungsnebenkosten spielen darf.[582]

b) Beurteilung der Anwendbarkeit

(1) Erfordernis einer Werterhöhung – kein ausschließliches Merkmal nachträglicher Anschaffungsnebenkosten

Die von *Mathiak* herangezogene Wendung der wertbildenden Aufwendung kann nur so zu verstehen sein, dass die nachträgliche Aufwendung zu einer Werterhöhung des Wirtschaftsguts führen muss. Dies hat zur Folge, dass auch dieser Ansatz zur Qualifikation von nachträglichen Anschaffungsnebenkosten mit dem Hinweis darauf, dass eine Werterhöhung nach hier vertretener Ansicht auch bei sämtlichen Anschaffungsnebenkosten vorzuliegen hat (vgl. hierzu bereits S. 179 f.), abzulehnen ist. Nichts anderes gilt mit Blick auf die von *Mathiak* zuerst ge-

---

581 Mathiak, DStJG 7 (1984), S. 97 (121). Des Weiteren weist Mathiak darauf hin, dass die Begründung zu § 260 Abs. 2 HGB-E vorsehe, dass mit nachträglichen Anschaffungsnebenkosten auch eine gänzlich andere Nutzung des Wirtschaftsguts verfolgt werden könne, vgl. Mathiak, DStJG 7 (1984), S. 97 (121). Auf diesen Aspekt soll hier nicht eingegangen werden, da die Ermöglichung einer gänzlichen anderen Nutzung als Ansatz noch eigens diskutiert wird (siehe S. 191 f.).

582 So Mathiak, DStJG 7 (1984), S. 97 (121).

nannte Alternative des Zusatzerwerbs, da auch ein Zusatzerwerb eine wertbildende Aufwendung darstellen kann.[583]

(2) Fehlen eines gesonderten Entschlusses bei nachträglichen Anschaffungsnebenkosten

Das gleiche Ergebnis bezüglich der Anwendbarkeit ergibt sich auch, wenn man auf das Merkmal „Beruhen auf einem gesonderten Entschluss" abstellt. Denn nachträgliche Anschaffungsnebenkosten beruhen gerade nicht ohne weiteres auf einem gesonderten Entschluss. Dies wird bereits deutlich, wenn man bedenkt, dass Anschaffungsnebenkosten grundsätzlich als Aufwendungen definiert werden, die zwangsläufig im Gefolge der Anschaffung auftreten (siehe S. 182). Nichts anderes gilt insofern für nachträgliche Anschaffungsnebenkosten, als diese zunächst alle Voraussetzungen erfüllen müssen, die bei Nebenkosten vor erreichter Betriebsbereitschaft gegeben sind. Aus dem zwangsläufigen Anfall folgt aber, dass sämtliche Anschaffungsnebenkosten grundsätzlich nicht auf einem gesonderten Entschluss beruhen dürfen. Vielmehr müssen die Aufwendungen auf dem zu Beginn getroffenen Anschaffungsentschluss beruhen. Dies ist auch dann noch möglich, wenn der Anschaffungsvorgang bereits abgeschlossen ist, wie ein Blick auf den Fall der nachträglichen Erhöhung von Anschaffungsnebenkosten zeigt, die auf dem ursprünglichen Anschaffungsentschluss beruhen und auch unter die nachträglichen Anschaffungsnebenkosten gefasst werden.[584]

Dementsprechend beruhen nachträgliche Anschaffungsnebenkosten nicht auf einem gesonderten Entschluss, sondern knüpfen vielmehr noch an den ursprünglichen Anschaffungsentschluss an. Würde man dennoch zur Qualifikation nachträglicher Anschaffungsnebenkosten auf einen gesonderten Entschluss abstellen, so hätte dies zur Folge, dass ein Großteil der nachträglichen Aufwendungen nicht zutreffend erfasst würde.[585]

Somit ist der von *Mathiak* vorgebrachte Ansatz zur Einordnung von Aufwendungen als nachträgliche Anschaffungsnebenkosten im Gesamten abzulehnen.

---

583 Vgl. Werndl in: K/S/M, EStG, § 6, Rn. B 107.

584 Siehe beispielsweise: Werndl in: K/S/M, EStG, § 6, Rn. B 105.

585 Auch ist äußerst fraglich, wann ein gesonderter Entschluss gegeben wäre. Tätigt man Aufwendungen in Bezug auf ein zuvor angeschafftes Wirtschaftsgut, so werden diese zumeist auch auf den ursprünglichen Anschaffungsentschluss zurückzuführen sein. Insofern kann auch die zeitliche Distanz zum eigentlichen Erwerb kein Indikator sein, da dies eine willkürlich festzulegende Grenze notwendig machen würde.

5. Sicherung des ersten betriebsbereiten Zustands des Wirtschaftsguts

a) Herleitung und Inhalt des Ansatzes

Folgt man *Knop/Küting*, so kann es sich bei den nachträglichen Anschaffungs(neben)kosten nur um Aufwendungen handeln, „die erforderlich sind, um [...] den ersten betriebsbereiten Zustand des Vermögensgegenstandes zu erreichen bzw. zu sichern."[586] Da bereits erläutert worden ist, dass als nachträgliche Anschaffungsnebenkosten nur solche Aufwendungen in Betracht kommen, die nach Erreichen des betriebsbereiten Zustands, anfallen, kommt entsprechend der Aussage von *Knop/Küting* nur die „Sicherung des ersten betriebsbereiten Zustands" als Ansatz für die Zuordnung von Aufwendungen zu nachträglichen Anschaffungsnebenkosten in Betracht.[587]

b) Beurteilung der Anwendbarkeit

Wie bei den bereits untersuchten Ansätzen gilt es zu fragen, ob die Sicherung der Betriebsbereitschaft als ausreichend für die Qualifikation von nachträglichen Anschaffungsnebenkosten angesehen werden kann.

(1) Zur Erfassung von Herstellungskosten oder Betriebsausgaben als nachträgliche Anschaffungsnebenkosten im Kontext von Instandsetzung und Modernisierung

Zwar ist hier nicht zweifelhaft, dass die Sicherung der Betriebsbereitschaft ein exklusives Merkmal der nachträglichen Nebenkosten darstellt.[588]

Problematisch könnte aber sein, dass die Sicherung des betriebsbereiten Zustands in gewisser Weise an Instandsetzungs- und Modernisierungsmaßnahmen erinnert. Insofern könnte bei Heranziehung dieses Ansatzes die Gefahr bestehen, dass Instandsetzungs- und Modernisierungsaufwendungen ohne nähere Ausei-

---

586 Knop/Küting im Hinblick auf die Notwendigkeit der Abgrenzung der nachträglichen Anschaffungsnebenkosten zu nachträglichen Herstellungskosten, vgl. Knop/Küting in: HdR, § 255 HGB, Rn. 44.

587 Insofern ist das von Mathiak vorgebrachte Merkmal der verbesserten Einsatzbereitschaft ähnlich, vgl. Mathiak, DStJG 7 (1984), S. 97 (121). Ähnlich auch Göbel, der für die Annahme von nachträglichen Anschaffungs(neben)kosten verlangt, dass ohne die Maßnahme eine bestimmungsgemäße Nutzung des Vermögensgegenstands bzw. Wirtschaftsguts nicht möglich wäre, vgl. Göbel in: Bonner Handb., § 255 HGB, Rn. 43.

588 Denn bei Nebenkosten, die vor dem Ende des Anschaffungsvorgangs getätigt werden, ist die Betriebsbereitschaft erst herbeizuführen. Dementsprechend ist eine Sicherung dieses Zustands überhaupt erst möglich, wenn die Betriebsbereitschaft schon erreicht ist.

nandersetzung mit der Möglichkeit von Betriebsausgaben[589] oder Herstellungskosten als nachträgliche Nebenkosten qualifiziert würden.[590] Dies würde einen Widerspruch innerhalb der Abgrenzung zwischen Anschaffungsnebenkosten und Betriebsausgaben[591] begründen, als die Aufgabe eines Ansatzes zur Qualifikation von nachträglichen Anschaffungsnebenkosten darin besteht, diese Aufwendungen auch als solche zu erkennen, und nicht, Betriebsausgaben oder Herstellungskosten umzuqualifizieren.

Allerdings besteht die genannte Gefahr nur, wenn die Sicherung des betriebsbereiten Zustands und die Instandsetzung bzw. Modernisierung sich überschneidende Anwendungsbereiche haben. Eine Instandsetzung wird in der Regel vorgenommen, wenn das Wirtschaftsgut bereits solche Schäden aufweist, dass es nicht mehr bestimmungsgemäß genutzt werden kann.[592] Legt man hingegen das Merkmal der Sicherung der Betriebsbereitschaft nach seinem Wortlaut aus, so wird deutlich, dass das Wirtschaftsgut noch zur Benutzung fähig sein muss. Eine „Sicherung" kann somit nur dann zum Tragen kommen, wenn der Zustand der Betriebsbereitschaft überhaupt noch gesichert werden kann. Eine Überschneidung der Anwendungsbereiche zwischen Sicherung und Instandsetzung ist daher nicht möglich.

Gleiches müsste indes auch mit Blick auf Modernisierungsaufwendungen gegeben sein. Bei diesen ist allerdings im Gegensatz zur Instandsetzung rein begrifflich nicht ausgeschlossen, dass das Wirtschaftsgut noch benutzbar ist.[593] Die Anwendungsbereiche der Sicherung und der Modernisierung könnten sich demnach durchaus überschneiden. Zu bedenken ist aber, dass eine Modernisierung stets auch dazu führt, dass das Wirtschaftsgut beispielsweise in Bezug auf seinen Standard verbessert wird. Allerdings soll nicht, wie bei der Sicherung der Betriebsbereitschaft, der status quo erhalten, sondern vielmehr ein neuer, besserer

---

589 Wie bereits dargestellt worden ist, müssen anschaffungsnahe Instandsetzungs- und Modernisierungsaufwendungen nicht zwingend Herstellungskosten darstellen (vgl. S. 145). Dies bedeutet zugleich aber auch, dass diese Aufwendungen grundsätzlich Betriebsausgaben sein könnten.

590 Dass eine Umqualifikation von Herstellungskosten in Anschaffungskosten und umgekehrt nicht möglich ist, ergibt sich bereits aus den getrennten Regelungen in § 255 Abs. 1 und 2 HGB (vgl. hierzu S. 145).

591 Dass hier auf die Abgrenzung zwischen Nebenkosten und Betriebsausgaben abgestellt wird, rührt daher, dass die Qualifikation von nachträglichen Anschaffungsnebenkosten letztlich nur ein Teil dieser Abgrenzung darstellt.

592 Umkehrschluss aus Werndl in: K/S/M, EStG, § 6, Rn. Ba 31, da Instandhaltungsmaßnahmen lediglich der Aufrechterhaltung der Funktionstüchtigkeit dienen.

593 Umkehrschluss aus Werndl in: K/S/M, EStG, § 6, Rn. Ba 31, da auch Modernisierungsmaßnahmen der Beibehaltung der Funktionstüchtigkeit dienen können.

Zustand herbeigeführt werden. Demgemäß überschneiden sich auch die Anwendungsbereiche von Sicherung der Betriebsbereitschaft und Modernisierung entgegen dem ersten Anschein nicht.

Da Maßnahmen zur Instandsetzung und Modernisierung demzufolge nicht als Sicherung des betriebsbereiten Zustands erfasst werden können, würde eine Heranziehung dieses Ansatzes nicht die Gefahr der falschen Erfassung nachträglicher Anschaffungsnebenkosten begründen.[594]

(2) Zur Einbeziehung von Erhaltungsaufwendungen in die nachträglichen Anschaffungsnebenkosten

Die Heranziehung der Sicherung des ersten betriebsbereiten Zustands wäre indes gleichwohl abzulehnen, wenn dadurch bloße Erhaltungsaufwendungen, die keine Instandsetzung oder Modernisierung bezwecken, in die nachträglichen Anschaffungsnebenkosten einbezogen würden. Denn dies würde bedeuten, dass die Abgrenzung zwischen Anschaffungsnebenkosten und Betriebsausgaben nicht gelänge.

Der Definition nach werden Erhaltungsaufwendungen grundsätzlich auch getätigt, um den Zustand der Betriebsbereitschaft zu erhalten.[595] Vergleicht man hiermit die Sicherung der Betriebsbereitschaft, so liegt eine gewisse Ähnlichkeit nicht fern. So zielen beide Kategorien auf die Erhaltung des status quo der Betriebsbereitschaft ab. Trotz dieser Ähnlichkeit führt die Anwendung der Sicherung des ersten betriebsbereiten Zustands aber dennoch nicht zu einer Einbeziehung von Erhaltungsaufwendungen in die Nebenkosten, da nachträgliche Aufwendungen nicht nur ein exklusives Merkmal aufweisen müssen, um als nachträgliche Anschaffungsnebenkosten aktiviert zu werden. Vielmehr müssen die nachträglichen Aufwendungen zusätzlich zu einer Werterhöhung des angeschafften Wirtschaftsguts führen, damit sie als nachträgliche Nebenkosten aktiviert werden können (vgl. S. 180). Diese Voraussetzung ist aber bei Erhaltungsaufwendungen grundsätzlich nicht erfüllt.[596]

---

594 Zugleich bedeutet die fehlende Überschneidung der Anwendungsbereiche bei Bejahung der Sicherung der Betriebsbereitschaft als Kriterium aber auch, dass Aufwendungen zur Instandsetzung und Modernisierung allenfalls als Anschaffungsnebenkosten in Betracht kommen, wenn sie vor Ende des Anschaffungsvorgangs getätigt werden.

595 Vgl. Ordelheide, FS Felix, S. 223 (236). Beispiele für Erhaltungsaufwendungen sind Wartungs-, Instandhaltungs- und Reparaturaufwendungen, vgl. Ordelheide, FS Felix, S. 223 (236).

596 So ähnlich: Weber-Grellet in: Schmidt, EStG, § 5, Rn. 91, wonach laufender Erhaltungsaufwand nicht zu aktivieren ist, da weder Anschaffungskosten noch Herstellungskosten vorliegen.

Dementsprechend besteht keine Gefahr der Einbeziehung von Erhaltungsaufwendungen, so dass der Ansatz der Sicherung des ersten betriebsbereiten Zustands bei der Qualifikation anwendbar ist.

Es stellt sich abschließend aber noch die Frage, wie festzustellen ist, ob mit einer Aufwendung die Sicherung der Betriebsbereitschaft herbeigeführt wird. Da der Ansatz auf die Betriebsbereitschaft des Wirtschaftsguts Bezug nimmt, empfiehlt es sich, auch in diesem Kontext eine zweistufige subjektivobjektive Betrachtungsweise heranzuziehen. Eine Sicherung des betriebsbereiten Zustands wäre demnach gegeben, wenn der Erwerber mit der Maßnahme, die hinter der fraglichen Aufwendung steht, die Sicherung der Betriebsbereitschaft bezweckt und die Maßnahme zur Sicherung auch geeignet ist.

6. Ausdehnung des Leistungsgrads des Wirtschaftsguts

a) Herleitung und Inhalt des Ansatzes

Möglicherweise kann auch die bei *Hayn/Waldersee* dargestellte Ausdehnung des Leistungsgrads des Wirtschaftsguts als Ansatz für die Qualifikation von nachträglichen Anschaffungsnebenkosten herangezogen werden.[597] Ähnliches findet sich auch bei *Wohlgemuth/Radde*, als diese im Zusammenhang mit IAS 16.23 1998 annehmen, dass Aufwendungen als nachträgliche Anschaffungskosten zu aktivieren seien, sofern es wahrscheinlich ist, dass diese zu einer Steigerung der Leistungsfähigkeit des Wirtschaftsguts über das eigentlich geplante Leistungsvermögen hinaus führen.[598] So seien u.a. Aufwendungen, die „zur Verlängerung der wirtschaftlichen Nutzungsdauer einer Maschine oder einer Kapazitätserweiterung führen, als nachträgliche Anschaffungskosten zu aktivieren“[599].

b) Beurteilung der Anwendbarkeit

Zu prüfen ist also, ob bei der Qualifikation nachträglicher Anschaffungsnebenkosten zusätzlich auf eine Ausdehnung des Leistungsgrads bzw. auf eine Steigerung der Leistungsfähigkeit des Wirtschaftsguts über das ursprünglich geplante Leistungsvermögen abgestellt werden kann.

---

597 Dieser Ansatz ergibt sich aus der Übersichtsdarstellung bei Hayn/Waldersee, IAS/US-GAAP/HGB im Vergleich, S. 57.

598 So Wohlgemuth/Radde in: Beck'sches HdR, Stand 12/2007, B 162, Rn. 162.

599 Wohlgemuth/Radde, Beck'sches HdR, Stand 12/2007, B 162, Rn. 162.

(1) Anwendbarkeit im Hinblick auf die Entlehnung des IAS 16.23 1998 zugrunde liegenden Gedankens

Im Hinblick auf die Anwendbarkeit des o.g. Ansatzes ist indes zu beachten, dass sich sowohl *Hayn/Waldersee* als auch *Wohlgemuth/Radde* bei ihren Darstellungen auf die Erfassung nachträglicher Anschaffungskosten entsprechend IAS 16.23 1998 berufen. Nach diesem sind nachträgliche Ausgaben zu aktivieren, „wenn es wahrscheinlich ist, dass über die ursprünglich bemessene Ertragskraft des vorhandenen Vermögenswertes hinaus dem Unternehmen zusätzlicher künftiger wirtschaftlicher Nutzung zufließen wird."[600] Zwar lassen sich die Aussagen von *Hayn/Waldersee* und *Wohlgemuth/Radde* unzweifelhaft aus dieser Fassung des IAS 16.23 1998 ableiten. Allerdings ist IAS 16 bei der Neufassung im Jahr 2003 neu formuliert worden. So sieht IAS 16.13 i.V.m. 16.7 2003 vor, dass nachträgliche Anschaffungskosten (und Herstellungskosten) gegeben sind, wenn sie wahrscheinlich einen zukünftigen Nutzen für das Unternehmen bringen und verlässlich ermittelbar sind, also die allgemeinen Ansatzkriterien erfüllt sind.[601]

Diese Neufassung des IAS 16 hat jedoch keineswegs zur Folge, dass die aus IAS 16.23 1998 hergeleitete Erweiterung des Leistungsgrads nicht als Ansatz in Betracht kommen kann. Diesbezügliche Bedenken würden allenfalls bestehen, wenn die Regelung unmittelbar als Ansatz herangezogen werden sollte. Dies ist vorliegend aber nicht der Fall. Ausgangspunkt für den aus den Ausführungen von *Hayn/Waldersee* und *Wohlgemuth/Radde* hergeleiteten Ansatz ist vielmehr lediglich der Gedanke, der IAS 16.23 1998 zugrunde liegt. Da es sich bei diesem Gedanken aber nicht um die inhaltliche Wiedergabe der vormaligen Regelung des IAS 16 handelt, scheitert dessen Heranziehung nicht bereits daran, dass diese Regelung heute in der Weise nicht mehr existiert.

600 Vgl. ABl. L 261 v.13.10.2003, S. 108 (112).

601 Vgl. ABl. L 394 v. 31.12.2004, S. 60 (63). Dabei ist in Bezug auf IAS 16.13 i.V.m. 16.7 2003 anzumerken, dass diese Regelung nach dem hier vertretenen Verständnis von nachträglichen Anschaffungsnebenkosten nicht befürwortet werden kann. Denn nach dieser Regelung ist eine Aktivierung der nachträglichen Anschaffungs(neben)kosten bereits möglich, wenn die allgemeinen Ansatzkriterien erfüllt sind. Dies bedeutet, dass nachträgliche Anschaffungsnebenkosten nach IAS 16.13 i.V.m. 16.7 2003 kein, m.E. zu forderndes exklusives Merkmal im Vergleich zu Nebenkosten vor erreichter Betriebsbereitschaft enthalten müssen.

(2) Ausdehnung des Leistungsgrads als exklusives Merkmal der nachträglichen Anschaffungsnebenkosten

Des Weiteren erscheint eine Anwendung der Ausdehnung des Leistungsgrads auch insofern möglich, als dies unzweifelhaft ein Merkmal darstellt, welches Nebenkosten vor erreichter Betriebsbereitschaft nicht aufweisen.

Dies wird insbesondere mit Blick auf das von *Wohlgemuth/Radde* vorgebrachte Hinausgehen über das ursprünglich geplante Leistungsvermögen deutlich. Bei diesem ursprünglich geplanten Leistungsvermögen kann es sich nur um die Betriebsbereitschaft des Wirtschaftsguts handeln, nach deren Erreichen das Wirtschaftsgut vom Erwerber eingesetzt werden und damit regelmäßig die seitens des Erwerbers geplante Leistung abgeben kann.

(3) Zur Erfassung von Herstellungskosten als nachträgliche Anschaffungsnebenkosten

Eine Anwendung des Ansatzes hat aber letztlich daran zu scheitern, dass dieser Herstellungskosten als nachträgliche Anschaffungsnebenkosten erfasst und damit seiner Qualifikationsaufgabe nicht gerecht wird. Wie bei der Sicherung des ersten betriebsbereiten Zustands bereits angesprochen, würde die Heranziehung eines solchen Ansatzes zu einem Widerspruch innerhalb der Abgrenzung zwischen Betriebsausgaben und (nachträglichen) Anschaffungsnebenkosten führen (vgl. S. 185 f.).

Die bei Anwendung des Ansatzes bestehende Gefahr der Qualifikation von Herstellungskosten als nachträgliche Anschaffungsnebenkosten wird insbesondere mit Blick auf die von *Wohlgemuth/Radde* angeführten Beispiele (siehe S. 188) deutlich. So soll eine Ausdehnung des Leistungsvermögens bzw. -grads u.a. bei einer Verlängerung der Nutzungsdauer vorliegen. Eine solche Verlängerung ist als Teilaspekt der Erhöhung des Nutzungspotenzials bereits bei der Abgrenzung zwischen Versetzung in Betriebsbereitschaft und nachträglicher Herstellung erwähnt worden (vgl. S. 132). Dort war herausgearbeitet worden, dass lediglich die nachträgliche Herstellung mit einer „Erhöhung" des Nutzungspotenzials einhergeht.[602] Dem folgend, kann grundsätzlich auch nur die nachträgliche Herstellung eine Verlängerung der Nutzungsdauer (als Teilaspekt der Erhöhung des Nutzungspotenzials) bedingen.[603] Daran vermag auch der Umstand,

602 Dies stand indes unter der Prämisse, dass man die „erstmalige" Schaffung des Potenzials nicht bereits als dessen Erhöhung einordnet, d.h. dass das Nutzungspotenzial bereits vor der fraglichen Maßnahme vorhanden gewesen sein muss (vgl. S. 133).

603 Bei dem Teilaspekt der verlängerten Nutzungsdauer kommt es auch nicht auf die genannte Prämisse (vgl. Fn. 602) an, da eine „Verlängerung" der Nutzungsdauer bereits

dass das Wirtschaftsgut hier bereits betriebsbereit ist, nichts zu ändern. Stellte man nun auf die Ausdehnung des Leistungsgrads ab, so hätte dies aber zur Folge, dass Aufwendungen, die die Nutzungsdauer verlängern und, wie ausgeführt, nur Herstellungskosten sein können, entgegen dieser Wertung als nachträgliche Anschaffungsnebenkosten erfasst würden.

Da es die Erfassung von Herstellungskosten als nachträgliche Anschaffungsnebenkosten jedoch zu verhindern gilt, ist die Ausdehnung des Leistungsgrads als Ansatz zur Qualifikation von nachträglichen Anschaffungsnebenkosten abzulehnen.

7. Ermöglichung einer gänzlich anderen Nutzung

a) Herleitung und Inhalt des Ansatzes

Ein letzter möglicher Ansatz zur Einordnung von Aufwendungen als nachträgliche Anschaffungsnebenkosten könnte sich aus der Begründung zu § 260 Abs. 2 HGB-E in der Fassung des Entwurfs eines BiRiLiG vom 26.08.1983[604] herleiten lassen.[605] Dementsprechend könnten zu den Anschaffungsnebenkosten „auch Aufwendungen gehören, die erst längere Zeit nach dem Erwerb des Wirtschaftsguts anfallen, und zwar auch dann, wenn mit den nachträglichen Aufwendungen eine andere als die bisherige Nutzung des Wirtschaftsguts ermöglicht wird“[606].

b) Beurteilung der Anwendbarkeit

Zwar ergibt sich aus dem Wortlaut („gänzlich andere Nutzung“) der o.g. Begründung, dass der Ansatz unzweifelhaft ein zusätzliches Merkmal aufweist, das bei Nebenkosten vor Betriebsbereitschaft nicht gegeben ist. So ist eine gänzlich

---

dem Wortlaut nach voraussetzt, dass das Wirtschaftsgut bereits durch den Erwerber genutzt wird, d.h. dass es betriebsbereit ist. Andernfalls müsste von „Schaffung der Nutzungsdauer“ die Rede sein.

604 Vgl. BT-Drs. 10/317, S. 3 ff..

605 Im Gegensatz zu der Begründung des Gesetzesentwurfs sind die nachträglichen Anschaffungskosten in § 260 Abs. 2 HGB-E selbst nicht erwähnt worden.

606 BT-Drs. 10/317, S. 88. Auf die Begründung weist auch Mathiak hin, vgl. Mathiak, DStJG 7 (1984), S. 97 (121). Allerdings interpretiert Mathiak diese Begründung so, dass es auf die Bezweckung einer anderen Nutzung des Wirtschaftsguts ankäme, vgl. Mathiak, DStJG 7 (1984), S. 97 (121). Ähnlich: Mayer-Wegelin in: Bordewin/Brandt, EStG, § 6, Rn. 65 ohne allerdings auf die Gesetzesbegründung Bezug zu nehmen. Ähnlich auch Köhler, wobei dieser die Ermöglichung einer anderen Nutzung als Beispiel für die Änderung der ursprünglichen Betriebsbereitschaft anführt, vgl. Köhler, StBp 2008, S. 333 (337).

„andere" Nutzung nur dann möglich, wenn das Wirtschaftsgut bereits durch den Erwerber genutzt wird und damit schon betriebsbereit ist.

Indes macht der Wortlaut der Begründung deutlich, dass auch bei der Ermöglichung einer gänzlich anderen Nutzung Herstellungskosten als nachträgliche Anschaffungsnebenkosten erfasst würden.[607] Denn eine gänzlich andere Nutzung des Wirtschaftsguts wird nach dessen Inbetriebnahme regelmäßig nur dann möglich sein, wenn Maßnahmen vorgenommen worden sind, in deren Folge eine Funktionsgleichheit (siehe S. 135 f.) des Wirtschaftsguts nicht mehr gegeben ist. Auch wird die irrtümliche Erfassung von Herstellungskosten durch diesen Ansatz deutlich, wenn man die bereits abgelehnte Ausdehnung des Leistungsgrads vergleichend heranzieht. So kann man eine solche Ausdehnung dem Wortlaut nach bereits dann annehmen, wenn die Nutzung des Wirtschaftsguts lediglich „erweitert" wird. Insofern ist eine Maßnahme, die eine gänzlich „andere" Nutzung ermöglicht, wesentlich weitgehender. Da jedoch bereits die Ausdehnung des Leistungsgrads, wie beschrieben, die Gefahr der Erfassung von Herstellungskosten als nachträgliche Anschaffungsnebenkosten begründet, ist dies erst recht bei der Ermöglichung einer gänzlich anderen Nutzung der Fall.

Dementsprechend kann zur Qualifikation von nachträglichen Anschaffungsnebenkosten nicht zusätzlich auf die Ermöglichung einer gänzlich anderen Nutzung abgestellt werden.[608]

8. Ergebnis zur Qualifikation von Aufwendungen nach erreichter Betriebsbereitschaft als nachträgliche Anschaffungsnebenkosten

Ist der Anschaffungsvorgang aufgrund erreichter Betriebsbereitschaft des Wirtschaftsguts bereits abgeschlossen, so können Aufwendungen, die nach diesem Zeitpunkt getätigt werden, allenfalls noch als nachträgliche Anschaffungsnebenkosten aktiviert werden. Dies setzt jedoch voraus, dass die Aufwendungen im Vergleich zu den Nebenkosten vor erreichter Betriebsbereitschaft ein zusätzliches Merkmal aufweisen. Als ein solches Merkmal kann allein die Sicherung des ersten betriebsbereiten Zustands herangezogen werden.

---

607 Damit berührt die Ermöglichung einer gänzlich anderen Nutzung auch die Abgrenzung zu Herstellungskosten, vgl. Knop/Küting in: HdR, § 255 HGB, Rn. 44. Ebenso Werndl in: K/S/M, EStG, § 6, Rn. B 108, wobei Werndl diesbezüglich feststellt, dass es sich bereits um eine Herstellung handele, wenn durch einen Zusatzerwerb die Möglichkeit für eine gänzlich andere Nutzung geschaffen werde und dies auch vorrangig der Zweck dieses Erwerbs sei.

608 Gegen die Erwägung, dass auch bei der Ermöglichung einer anderen Nutzung nachträgliche Anschaffungskosten gegeben sind: Glade, aaO., Rn. 522.

Weiterhin müssen nachträgliche Anschaffungsnebenkosten aber auch die Grundvoraussetzungen von Anschaffungsnebenkosten erfüllen. So müssen auch nachträgliche Nebenkosten zu einer Werterhöhung des Wirtschaftsguts führen. Etwas anderes gilt insofern aber für das Finalitätserfordernis (vgl. S. 177 f.). Dieses bezieht sich entsprechend § 255 Abs. 1 Satz 1 HGB auf den Erwerb oder die Versetzung in Betriebsbereitschaft. Ein solcher Bezug ist bei nachträglichen Aufwendungen aber nicht mehr möglich, als sich das Wirtschaftsgut in der Verfügungsmacht des Erwerbers befindet und die Betriebsbereitschaft bereits eingetreten ist.

IV. Zusammenfassung zur Abgrenzung zwischen Anschaffungsnebenkosten und Betriebsausgaben anhand des zeitlichen Zusammenhangs

Grundsätzlich kommen Anschaffungsnebenkosten nur in Betracht, wenn sie in einem zeitlichen Zusammenhang mit der Anschaffung stehen, also wenn sie nach Beginn und vor Ende des Anschaffungsvorgangs getätigt werden.

Wie herausgearbeitet worden ist, beginnt der Anschaffungsvorgang, wenn Handlungen zum Erwerb eines „bestimmbaren" Wirtschaftsguts aufgenommen werden. Dies ist der Fall, wenn das anzuschaffende Wirtschaftsgut nach seinen Merkmalen und seiner Qualität schon festgelegt worden ist.

Beendet ist der Anschaffungsvorgang, wenn das Wirtschaftsgut betriebsbereit ist. Die Untersuchung der verschiedenen Betrachtungsweisen hat aufgezeigt, dass die Betriebsbereitschaft anhand einer zweistufigen subjektiv-objektiven Sichtweise festzustellen ist. Somit ist der Anschaffungsvorgang beendet, wenn das Wirtschaftsgut für den Zweck, den der Erwerber gewählt hat, einsetzbar ist und wenn es für diesen Zweck auch geeignet ist.

Wird eine Aufwendung demnach vor Beginn des Anschaffungsvorgangs getätigt, so fällt die Abgrenzung zwischen Betriebsausgaben und Anschaffungsnebenkosten unzweifelhaft zugunsten der Betriebsausgaben aus. Anders verhält es sich aber, wenn eine Aufwendung nach erreichter Betriebsbereitschaft anfällt. Hier besteht grundsätzlich noch die Möglichkeit der Aktivierung von nachträglichen Anschaffungsnebenkosten. Dies verlangt allerdings, dass die fragliche Aufwendung zusätzlich der Sicherung des ersten betriebsbereiten Zustands dient und die hinter der Aufwendung stehende Maßnahme zu dieser Sicherung auch geeignet ist.

B. Abgrenzung zu Betriebsausgaben anhand des finalen Zusammenhangs zwischen Anschaffung und Aufwendung

Ein weiterer Aspekt der Abgrenzung zwischen Anschaffungsnebenkosten und Betriebsausgaben ist mit dem sog. finalen Zusammenhang[609] zwischen Aufwendung und Anschaffung angesprochen. Im Gegensatz zu dem vorstehend untersuchten zeitlichen Zusammenhang ergibt sich das Erfordernis der Finalität unmittelbar aus dem Wortlaut des § 255 Abs. 1 Satz 1 i.V.m. Abs. 1 Satz 2 HGB.[610] Danach sind Aufwendungen Anschaffungsnebenkosten, wenn sie getätigt werden, *um* einen Vermögensgegenstand *zu* erwerben und ihn in betriebsbereiten Zustand *zu* versetzen.

Trotz dieser gesetzlichen Erfassung des finalen Zusammenhangs ist indes klärungsbedürftig, inwieweit dieses Erfordernis letztlich für die Unterstützung der m.E. zu fordernden Werterhöhung notwendig ist. Möglicherweise eignen sich andere Verknüpfungen, die in Literatur und Rspr. teilweise zu finden sind, weitaus besser zur Unterstützung des Maßstabs bei der Erfassung von Anschaffungsnebenkosten. Dem würde auch Art. 35 Abs. 2 der Vierten EG-Richtlinie nicht entgegenstehen, als dieser keinerlei Zusammenhang zwischen Aufwendung und Anschaffung vorschreibt.

I. Verständnis des Finalitätserfordernisses entsprechend der herrschenden Meinung

1. Inhalt des finalen Zusammenhangs

Bereits vor der Kodifizierung des finalen Zusammenhangs in § 255 Abs. 1 Satz 1 HGB war dessen Notwendigkeit in der einschlägigen Literatur vertreten worden. So nahmen beispielsweise bereits *Trumpler/Falk* im Jahr 1953 an, dass die Anschaffungskosten „alle Aufwendungen in Geld oder Geldwerten, die unmittelbar *für den Erwerb* [Hervorhebung durch Verf.] eines Wirtschaftsgutes zu machen sind“[611], darstellen. Nach dem heutigen, auf dem Wortlaut des § 255

609 Der finale Zusammenhang findet in IAS 16.16 2003 eine inhaltliche Entsprechung. Laut Hoffmann gilt dieser Zusammenhang aber auch in anderen Bereichen der IFRS-Rechnungslegung, in denen nur von „cost“ die Rede ist, da den dort genannten „cost“ das finale Element zu eigen sei, vgl. Hoffmann in: Haufe IFRS-Kommentar, § 8, Rn. 17.

610 Bereits vor dieser Kodifizierung entsprach die Forderung nach einem finalen Zusammenhang der allgemeinen Bilanzierungspraxis, vgl. BT-Drs. 10/317, S. 88, als eine Änderung der bestehenden Grundsätze durch die Einführung des heutigen § 255 Abs. 1 HGB bzw. des § 260 Abs. 2 HGB-E vermieden werden sollte.

611 Trumpler/Falk, aaO., S. 30. Ähnlich: Husemann, aaO., S. 90.

Abs. 1 Satz 1 HGB fußenden Verständnis der Anschaffungsnebenkosten handelt es sich bei diesen um Aufwendungen, die nach ihrer Zweckbestimmung dem Erwerb des Wirtschaftsguts und dessen Betriebsbereitschaft dienen.[612] Dabei schließe es die gesetzliche Formulierung aus, dass die nur mittelbar dem Zweck der Anschaffung und der Betriebsbereitschaft dienenden Aufwendungen als Anschaffungsnebenkosten aktiviert werden könnten.[613] Insofern verhindere das Erfordernis des finalen Zusammenhangs eine unbeschränkte Ausweitung des Anschaffungsnebenkostenbegriffs, wie *Döllerer* hervorhebt.[614]

2. Objektive oder subjektive Bestimmung der Finalität?

Obwohl innerhalb dieser h.A. Einigkeit bezüglich des finalen Charakters der Anschaffungsnebenkosten herrscht, so ist dennoch nicht abschließend geklärt, ob der finale Zusammenhang subjektiv oder objektiv zu bestimmen ist.

So wird teilweise davon ausgegangen, dass der Begriff der Anschaffungskosten aufgrund der finalen Interpretation auch eine subjektive Komponente enthalte.[615] Dieses subjektive Element müsse sich indes aus den objektiv erkennbaren Umständen des Einzelfalls ableiten lassen.[616] Im Gegensatz zu diesem subjektiven Verständnis nehmen beispielsweise *Ellrott/Brendt* an, dass die „Aufwendungen objektiv betrachtet dem Zweck der Anschaffung dienen"[617] müssen, um den finalen Zusammenhang zu erfüllen.

---

612 Statt vieler: BFH v. 12.06.1978, Az. GrS 1/77, BStBl. II 1978, S. 620 (625); BFH v. 24.02.1987, Az. IX R 114/82, BStBl. II 1987, S. 810 (812); BFH v. 03.08.2005, Az. I R 36/04, BStBl. II 2006, S. 369 (370); BFH v. 20.04.2011, Az. I R 2/10, DStR 2011, S. 1169 (1170); ADS, 6. Aufl., § 255 HGB, Tz. 8; Ellrott/Brendt in: Beck'scher Bilanzkommentar, § 255 HGB, Rn. 21; Winnefeld, Bilanz-Handb., Kapitel E, Rn. 409; Fischer in: Kirchhof, EStG, § 6, Rn. 33.

613 So in Bezug auf Anschaffungskosten im Allgemeinen: Ellrott/Brendt in: Beck'scher Bilanzkommentar, § 255 HGB, Rn. 22. Nicht ganz eindeutig: Göbel, als er zwar Aufwendungen, die nur mittelbar dem Zweck des Erwerbs dienen, ausschließt, dies allerdings wohl nur auf den Zeitraum vor der endgültigen Erwerbsentscheidung anwendet, vgl. Göbel in: Bonner Handb., § 255 HGB; Rn. 12. Lohmann/v. Goldacker/Achatz erblicken in der geforderten Zweckbestimmung einen zeitlichen Aspekt, vgl. Lohmann/v. Goldacker/Achatz, BB 2008, S. 1592 (1594).

614 So Döllerer, JbFfSt 1976/77, S. 196 (197).

615 So stellvertretend: Walz in: Heymann, HGB, § 255, Rn. 7; Ehmcke in: Blümich, EStG, Stand 11/2011, § 6, Rn. 264. So auch Peter/Graser, DStR 2009, S. 2032 (2033).

616 Stellvertretend: Ehmcke in: Blümich, EStG, Stand 11/2011, § 6, Rn. 264.

617 Elltrott/Brendt in: Beck'scher Bilanzkommentar, § 255 HGB, Rn. 22.

Wie bei der Festlegung der Betriebsbereitschaft weisen objektive und subjektive Betrachtung der Finalität sowohl Vor- als auch Nachteile auf.[618] Weiterhin erinnert das der Finalität immanente Abstellen auf den Zweck der Aufwendungen ebenfalls an die Bestimmung der Betriebsbereitschaft. Dort kam es auf den Zweck, zu dem das Wirtschaftsgut eingesetzt werden soll und inwiefern dieser Zweck bei der Feststellung der Betriebsbereitschaft zu berücksichtigen ist, an (vgl. S. 157 ff.). Insofern verfügen Finalität und Betriebsbereitschaft mit der Zweckgerichtetheit über einen gemeinsamen Nenner. Dies macht es erforderlich, die Bestimmung des Zwecks im Kontext der Betriebsbereitschaft folgerichtig auf die Finalität zu übertragen. Demnach ist auch der finale Zusammenhang zwischen Aufwendung und Anschaffung anhand einer zweistufigen subjektiv-objektiven Sichtweise zu bestimmen.

Würde man also Finalität zwischen Aufwendung und Anschaffung verlangen[619], so wäre diese gegeben, wenn die einzelne Aufwendung aus Sicht des Erwerbers getätigt wird, um das Wirtschaftsgut zu erwerben und in Betriebsbereitschaft zu versetzen. Zusätzlich wäre erforderlich, dass die Aufwendungen auch für Erwerb und Versetzung in Betriebsbereitschaft geeignet ist.

II. Weitere Möglichkeiten der Verknüpfung zwischen Aufwendung und Anschaffung

Eingangs ist bereits die Frage aufgeworfen worden, ob ein finaler Zusammenhang zwischen Aufwendung und Anschaffung zur Unterstützung des Qualifikationsmaßstabs überhaupt erforderlich ist. Dies wäre zu verneinen, sofern sich diese Unterstützung auch durch andere Verknüpfungen, die es nachfolgend zu beleuchten gilt, erreichen ließe.

---

618 So ist der subjektiven Interpretation eindeutig der Wortlaut des § 255 Abs. 1 Satz 1 HGB zugute zu halten. Die Formulierung „um [...] zu erwerben“ bringt unmissverständlich zum Ausdruck, dass es darauf ankommt, welche Aufwendungen aus Sicht des Erwerbers zu tätigen sind, um das Wirtschaftsgut zu erwerben (und in betriebsbereiten Zustand zu versetzen). Ferner gelingt nur mit einem subjektiven finalen Zusammenhang, ähnlich der subjektiven Betrachtungsweise der Betriebsbereitschaft, eine präzise Erfassung des jeweiligen Einzelfalls. Allerdings ist der objektiven Interpretation, ähnlich der objektiven Betrachtungsweise der Betriebsbereitschaft, der Vorteil der Verhinderung von Gestaltungsspielräumen zuzusprechen.

619 Ob ein finaler Zusammenhang i.d.S. zur Unterstützung des Maßstabs der Werterhöhung heranzuziehen ist, gilt es erst noch zu untersuchen.

1. Entscheidungsbezug von Aufwendungen

a) Herleitung und Inhalt des Ansatzes

Im Hinblick auf den finalen Zusammenhang gehen einige Autoren noch weiter und verlangen zusätzlich einen Entscheidungsbezug der Aufwendung.[620] Laut *Ordelheide* stellt dieser Entscheidungsbezug von Anschaffungsnebenkosten ein subjektives Merkmal dar, zu dessen Feststellung auf objektive Indikatoren abzustellen sei.[621] Dementsprechend seien nur solche Aufwendungen als Nebenkosten einzuordnen, „die im Kalkül der Erwerbsentscheidung eine Rolle gespielt haben"[622]. So könne sichergestellt werden, „daß der Wert des Vermögensgegenstandes für den Kaufmann auch diese Kosten beinhalte"[623].

b) Beurteilung der Anwendbarkeit

Allerdings ist die Heranziehung dieses beschriebenen Entscheidungsbezugs anstelle des „bloßen" Finalitätserfordernisses in Zweifel zu ziehen. Dies machen insbesondere Ausführungen von *Kupsch* deutlich, nach welchen der unmittelbare Entscheidungsbezug nicht gegeben sein soll, wenn zusätzliche Aufwendungen zu leisten sind, mit deren Anfall der Erwerber nicht gerechnet hat.[624]

Maßgeblich für die Einordnung von Aufwendungen als Anschaffungsnebenkosten wäre damit, ob der Erwerber die einzelne Aufwendung bei der Erwerbsentscheidung einkalkuliert hat oder nicht.[625] Hatte der Erwerber bei der Erwerbsentscheidung beispielsweise keine Kenntnis von dem Umstand, dass der Einsatz des Wirtschaftsguts spezieller Anpassungen bedürfen würde, so wären die Aufwendungen für eben diese Anpassungen im Anschaffungsjahr als Betriebsausgaben abzuziehen. Dies würde unabhängig davon gelten, ob es sich

---

620 Statt vieler: Ordelheide in: FS Felix, S. 223 (226). Ebenso stellt Kupsch auf das Entscheidungskalkül des Erwerbers ab, vgl. Kupsch, StbJb 1989/90, S. 93 (98). So i.E. zur Wahrung des Gebots der Erfolgsneutralität auch Werndl in: K/S/M, EStG, § 6, Rn. B 81. Dieses Argument ist indes aufgrund der hier vertretenen Ablehnung des Erfolgsneutralitätsprinzips nicht haltbar.

621 So Ordelheide in: FS Felix, S. 223 (226).

622 Ordelheide in: FS Felix, S. 223 (226). So auch: Kupsch, StbJb 1989/90, S. 93 (98).

623 Ordelheide in: FS Felix, S. 223 (226). Einen weiteren Vorteil erblickt Werndl darin, dass ein solches zielgerichtetes Normverständnis auch die Abgrenzung zu anschaffungsnahen Aufwendungen erleichtere, da diese grundsätzlich nicht mehr dem eigentlichen Anschaffungsvorgang zuzuordnen seien. vgl. Werndl in: K/S/M, EStG, § 6, Rn. B 81.

624 So Kupsch, StbJb 1989/90, S. 93 (97).

625 Vgl. auch Tiedchen in: MüKo AktG, § 255 HGB, Rn. 23, die diese Differenzierung i.E. ablehnt.

hierbei um klassische Kosten der Betriebsbereitschaft handelt.[626] Im Gegensatz dazu müsste derjenige Erwerber, der bei der Erwerbsentscheidung alle erdenklichen Aufwendungen einbezogen hat, die gleichen Aufwendungen als Nebenkosten aktivieren.

Mit Blick auf diese Konsequenzen liegt es auf der Hand, dass eine Differenzierung danach, ob der Erwerber die Aufwendung einkalkuliert hat, gleichheitsrechtlichen Bedenken, insbesondere im Hinblick auf die Gewinnermittlung entsprechend der Gleichmäßigkeit der Besteuerung, begegnet. Weiterhin weist ein Abstellen auf das Entscheidungskalkül eine erhebliche Beweisschwäche auf, die auch durch die indizielle Bedeutung der objektiven Umstände nicht beseitigt werden kann. Durch diese Beweisschwäche wird dem Erwerber ein Gestaltungsspielraum eröffnet. So könnte sich dieser durch die bloße Angabe, er habe bestimmte Aufwendungen (nicht) bedacht, je nach Bedarf ärmer oder reicher rechnen. Dass dies zu einer Darstellung der Unternehmenslage führt, die nicht mit dem hier vertretenen Vorsichtsprinzip zu vereinbaren ist, steht außer Zweifel. Diese Gestaltungsspielräume führen damit letztlich auch zu einer Verletzung des Leistungsfähigkeitsprinzips, da nicht mehr gewährleistet wäre, dass der Erwerber entsprechend seiner tatsächlichen wirtschaftlichen Leistungsfähigkeit besteuert wird.

Den o.g. Bedenken kann nur dadurch begegnet werden, dass es bei der Frage, welche Aufwendungen als Nebenkosten zu aktivieren sind, nicht darauf ankommen kann, ob der Erwerber diese einkalkuliert hat.

2. Kausale Verknüpfung zwischen Aufwendung und Anschaffung

a) Herleitung und Inhalt des Ansatzes

Im Gegensatz zu der zuvor abgelehnten Verknüpfung zwischen Aufwendung und Anschaffung lösen sich einige Autoren vollständig von dem Erfordernis der Finalität und nehmen stattdessen an, dass die Anschaffungsnebenkosten kausal interpretiert werden könnten.[627] Insofern genüge für die Annahme von Anschaf-

---

626 Dies gilt selbstredend nur, sofern die Anpassungen die Grenze zur nachträglichen Herstellung nicht überschreiten.

627 So Glanegger in: Schmidt, EStG, 28. Aufl., § 6, Rn. 81. Im Gegensatz dazu lässt Kulosa wohl eine Veranlassung durch den Erwerbsvorgang ausreichen, vgl. Kulosa in: Schmidt, EStG, Rn. 33. Indes bezeichnet er dies als „Kausalität“, vgl. Kulosa in: Schmidt, EStG, Rn. 33. Werndl weist in diesem Kontext darauf hin, dass der finale Bezug der Aufwendungen nach der Rspr. des BFH (BFH v. 02.05.1990, Az. VIII R 198/85, BStBl. II 1991, S. 448 ff.) zugunsten eines kausalen Normverständnisses zurückgedrängt werde, vgl. Werndl in: K/S/M, EStG, § 6, Rn. B 44. Der Rspr. sei

fungsnebenkosten „eine kausale Verursachung“[628] bzw. ein „kausaler Zusammenhang“[629]. Diesen kausalen Zusammenhang erblickt *Ortmann-Babel* darin, dass die Entstehung der Nebenkosten die zwangsläufige Folge des Anschaffungsvorgangs sein müsse.[630] Aufwendungen könnten daher nicht als Anschaffungsnebenkosten qualifiziert werden, sofern ihr Entstehen im Willensbereich des Erwerbers liege.[631]

b) Beurteilung der Anwendbarkeit

(1) Zur Beachtung der Folgerichtigkeit im Hinblick auf vorweggenommene Aufwendungen

Die Anwendbarkeit einer kausalen Verknüpfung zwischen Aufwendung und Anschaffung ist jedoch insbesondere mit Blick auf die vorweggenommenen Aufwendungen zweifelhaft. Nach der hier vertretenen Auffassung kommen solche Aufwendungen durchaus als Anschaffungsnebenkosten in Betracht (vgl. S. 156 f.).

Verlangt man hingegen einen kausalen Zusammenhang, so wäre festzustellen, dass vorweggenommene Aufwendungen diesem Erfordernis nicht genügen. Denn eine Aufwendung kann eigentlich erst dann durch die Anschaffung selbst verursacht sein, wenn es bereits zu dieser Anschaffung gekommen ist, d.h. wenn der Erwerber die wirtschaftliche Verfügungsmacht an dem Wirtschaftsgut erlangt hat. Der Anschaffungsvorgang würde demzufolge faktisch erst in diesem Zeitpunkt beginnen. Mit Blick auf die grundsätzliche Anerkennung vorweggenommener Anschaffungsnebenkosten ist dies indes nicht folgerichtig.

Um dem Gebot der Folgerichtigkeit hier zu genügen, darf die grundsätzliche Anerkennung vorweggenommener Aufwendungen daher nicht durch zusätzlich

---

aber dennoch keine unzulässige teleologische Ausweitung vorzuwerfen, da der Wortlaut des § 255 Abs. 1 HGB es auch zulasse, dass der finale Zusammenhang nur in Bezug auf die in Satz 1 erwähnten Kostenelemente zu gelten habe und der Gesetzgeber andere Kostenelemente durchaus in ein kausales Verhältnis zu dem Wirtschaftsgut stellen könne, vgl. Werndl in: K/S/M, EStG, § 6, Rn. B 45.

628 Herrmann in: Frotscher, EStG, § 6, Rz. 98. Hingegen nimmt u.a. Mathiak an, dass ein kausaler Zusammenhang der Aufwendung mit dem Erwerb nicht ausreichend sei, vgl. Mathiak, DStJG 7 (1984), S. 97 (117).

629 Ortmann-Babel in: Lademann, EStG, § 6, Anm. 227.

630 So Ortmann-Babel in: Lademann, EStG, § 6, Anm. 227.

631 So Ortmann-Babel in: Lademann, EStG, § 6, Rn. 227. Dabei stützt sich Ortmann-Babel auf die durch den BFH geprägte Definition der Anschaffungsnebenkosten, siehe beispielsweise BFH v. 13.09.1984, Az. IV R 101/82, BStBl. II 1985, S. 49 (49); BFH v. 17.10.2001, Az. I R 32/00, BStBl. II 2002, S. 349 (350).

zu fordernde Verknüpfungen zwischen Aufwendung und Anschaffung wieder ausgehebelt werden. Allerdings soll dies keineswegs bedeuten, dass das zum zeitlichen Zusammenhang herausgearbeitete Ergebnis dazu führt, dass Aufwendungen nach Beginn des Anschaffungsvorgangs ohne weiteres zu aktivieren wären. Zu fordern ist vielmehr lediglich, dass die in diesem Ergebnis enthaltene Wertung folgerichtig weiter verfolgt wird[632] und werterhöhende, vorweggenommene Aufwendungen nicht bereits dem Grundsatz nach von der Aktivierung ausgeschlossen sind.[633] Da eine kausale Verknüpfung dieser Forderung nicht gerecht wird, ist sie bereits aus dieser Erwägung abzulehnen.

(2) Mangelnde Praktikabilität einer kausalen Verknüpfung

Auch von der praktischen Warte aus erscheint die Anwendbarkeit einer kausalen Verknüpfung äußerst zweifelhaft.

Denn folgte man bei der Qualifikation von Anschaffungsnebenkosten diesem Ansatz, so wäre ausschließlich die reine Verursachung von Aufwendungen maßgeblich.[634] Somit könnten nur diejenigen Aufwendungen als Nebenkosten aktiviert werden, die allein durch die Anschaffung hervorgerufen sind.[635] Problematisch dürfte diesbezüglich sein, dass es sich oftmals nicht zweifelsfrei feststellen lassen wird, ob eine Aufwendung ausschließlich durch die Anschaffung verursacht ist oder ob eventuell eine Mitverursachung vorliegt. Auch wäre insofern fraglich, ab welchem Stellenwert ein Mitverursachungsbeitrag zu einer Verneinung der kausalen Verknüpfung führen würde. Da dies die Festlegung einer Grenze erfordern würde, für die der hier dargestellte Ansatz keinen Anhaltspunkt bereithält, wäre eine Ausgestaltung der Verknüpfung, die Art. 3 Abs. 1 GG genügt, schwerlich möglich.

Entsprechend diesen Erwägungen kann das Erfordernis eines kausalen Zusammenhangs zwischen Aufwendung und Anschaffung nicht befürwortet werden.[636]

---

632 Insofern kann man durchaus zu dem Ergebnis gelangen, dass eine Aufwendung, die die Anforderungen des zeitlichen Zusammenhangs erfüllt, letztlich als Betriebsausgabe zu behandeln ist, wenn z.B. die erforderliche Werterhöhung des Wirtschaftsguts nicht eingetreten ist.

633 Dies gilt auch vor dem Hintergrund, dass vorweggenommene Anschaffungsaufwendungen, die zu der geforderten Werterhöhung führen, in der Praxis selten sein dürften (vgl. S. 155 f.).

634 Dies stellt auch Stobbe fest, vgl. Stobbe in: H/H/R, EStG, § 6, Anm. 270.

635 Vgl. hierzu auch Stobbe in: H/H/R, EStG, § 6, Anm. 270.

636 So i.E. auch BFH v. 20.04.2011, Az. I R 2/10, DStR 2011, S. 1169 (1170).

3. Veranlassungszusammenhang zwischen Aufwendung und Anschaffung

a) Herleitung und Inhalt des Zusammenhangs

Schließlich könnte man statt des Erfordernisses der Finalität einen Veranlassungszusammenhang als weitere Verknüpfung zwischen Aufwendung und Anschaffung fordern. Mit der Anwendung eines solchen Zusammenhangs bei Anschaffungs(neben)kosten setzt sich insbesondere *Stobbe* auseinander und nimmt an, dass der Anschaffungskostenbegriff veranlassungsorientiert ausgelegt werden sollte.[637] Aber auch *Biergans* scheint einem solchen Veranlassungsgedanken nicht abgeneigt zu sein, als er ausführt, dass sowohl handels- als auch steuerrechtlich zu den Anschaffungskosten auch die Nebenkosten zählen, „die unmittelbar durch den Erwerb veranlaßt sind“[638].

Ein solcher Veranlassungszusammenhang, wie er von *Stobbe* und wohl auch von *Biergans* zumindest neben einem finalen Zusammenhang gefordert wird[639], findet sich im Steuerrecht vor allem im Zusammenhang mit § 4 Abs. 4 EStG[640], nach welchem Betriebsausgaben diejenigen Aufwendungen sind, die durch den Betrieb *veranlasst* sind. Dabei ist eine betrieblich veranlasste Aufwendung i.S.d. § 4 Abs. 4 EStG gegeben, wenn aus der Sicht des Unternehmers ein tatsächlicher oder wirtschaftlicher Zusammenhang mit dem Betrieb besteht.[641] Aber auch im Kontext von Werbungskosten wird heute trotz des unterschiedlichen Gesetzeswortlauts ein Veranlassungszusammenhang gefordert, um dem Gleichheits-

---

637 So Stobbe in: H/H/R, EStG, § 6, Anm. 270. Eine ähnliche Formulierung findet sich in dem Urteil des Ersten Senats des BFH vom 17.10.2001, in welchem neben dem üblichen Abstellen auf die Zweckbestimmung der Aufwendungen von einem veranlassungsorientierten Anschaffungskostenbegriff die Rede ist, vgl. BFH v. 17.10.2001, Az. I R 32/00, BStBl. II 2002, S. 349 (351). So ähnlich könnte man auch Söffing verstehen, als dieser ausführt, dass die Anschaffungskosten lediglich die Aufwendungen sind, die durch die Anschaffung veranlasst sind, vgl. Söffing, StVj 1989, S. 163 (169).

638 Biergans, aaO., S. 351. So ähnlich bereits BFH v. 06.02.1987, Az. III R 203/83, BStBl. II 1987, S. 423 (427) im Hinblick auf nachträgliche Anschaffungskosten.

639 Die alleinige Anwendung eines finalen Zusammenhangs sei laut Stobbe im Einzelfall zu eng, wenn Schlüsselungen für die Zurechnung von Aufwendungen zu den Anschaffungskosten erforderlich seien, vgl. Stobbe in: H/H/R, EStG, § 6, Anm. 270. Entsprechend sei von einem „erweiterten finalen Verständnis“ auszugehen.

640 Dies führt auch Stobbe an, vgl. Stobbe in: H/H/R, EStG, § 6, Anm. 270.

641 Vgl. Heinicke in: Schmidt, EStG, § 4, Rn. 28. Hingegen ist eine betriebliche Veranlassung zu verneinen, wenn bereits bei objektiver Betrachtung ein sachlicher Zusammenhang mit dem Betrieb nicht mehr begründet werden kann, vgl. Heinicke in: Schmidt, EStG, § 4, Rn. 30.

satz zu genügen.[642] Das Veranlassungsprinzip stellt sich insofern als ein einheitlich entfaltetes Prinzip[643] bzw. ein „übergeordnetes Prinzip der Rechtsanwendung“[644] dar. Versteht man den Veranlassungsgedanken als solch übergeordneten Grundsatz, so meint er „die Veranlassung von Aufwendungen durch eine Erwerbsleistung [...], die der Einkunftserzielung dient“[645] und soll entsprechend *Stobbe* auch bei Anschaffungs(neben)kosten Anwendung finden können.[646]

b) Beurteilung der grundsätzlichen Anwendbarkeit

Wie bei den bereits betrachteten Möglichkeiten der Verknüpfung von Aufwendung und Anschaffung ist auch hier zu fragen, ob diesem Ansatz, nach dem das übergeordnete Veranlassungsprinzip auch bei Anschaffungsnebenkosten zu gelten habe, gefolgt werden kann.

(1) Berücksichtigung vorweggenommener Aufwendungen als Anschaffungsnebenkosten

Ein Abstellen auf einen Veranlassungszusammenhang zwischen Aufwendung und Anschaffung wäre unzweifelhaft abzulehnen, wenn dieser ebenso wie der vorstehend abgelehnte kausale Zusammenhang den herausgearbeiteten Wertungen zum zeitlichen Zusammenhang nicht gerecht würde.

So liegt dem zeitlichen Zusammenhang zwischen Aufwendung und Anschaffung die Wertung zugrunde, dass auch werterhöhende, vorweggenommene Aufwendungen als Nebenkosten in Betracht kommen. Diese Wertung würde bei Heranziehung eines kausalen Zusammenhangs indes ausgehebelt, als eine Verursachung durch die Anschaffung faktisch erst nach Erhalt der wirtschaftlichen Verfügungsmacht möglich ist (vgl. S. 199).

Dem folgend wäre die Anwendbarkeit des Veranlassungszusammenhangs ebenfalls abzulehnen, wenn auch er zu einer solchen faktischen, wertungswidersprüchlichen Verkürzung des Anschaffungsvorgangs führen würde. Dass dies

---

642 Vgl. Lang in: Tipke/Lang, § 9, Rz. 214, 230.

643 So Lang in: Tipke/Lang, § 9, Rz. 214.

644 Stobbe in: H/H/R, EStG, § 6, Anm. 270.

645 Stobbe in: H/H/R, EStG, § 6, Anm. 270. So ähnlich formuliert Lang den Veranlassungsgedanken, als Erwerbsaufwendungen die Aufwendungen sind, „die durch eine Erwerbstätigkeit mit Einkünfteerzielungsabsicht veranlaßt sind“, vgl. Lang in: Tipke/Lang, § 9, Rz. 214.

646 So Stobbe in: H/H/R, EStG, § 6, Anm. 270. Gleiches gelte auch für die Herstellungskosten, vgl. Stobbe in: H/H/R, EStG, § 6, Anm. 270. Auch Raupach befürwortet eine Anwendung des Veranlassungsprinzips auf die Herstellungskosten, vgl. Raupach in: FS Moxter, S. 101 (120).

bei Maßgeblichkeit der Veranlassung durch die Anschaffung aber nicht der Fall ist, ergibt sich bereits aus dem Wortsinn des Veranlassungsgedankens. So setzt der Begriff „Veranlassung" nicht zwangsläufig voraus, dass das auslösende Ereignis, d.h. die Anschaffung selbst, bereits stattgefunden hat.[647] Vielmehr können auch bereits vorab entstandene Erwerbsaufwendungen durch die Erzielung von Einkünften veranlasst sein.[648]

Demnach scheitert die Übertragung des Veranlassungsgedankens auf die Aktivierung von Anschaffungsnebenkosten nicht bereits daran, dass die zum zeitlichen Zusammenhang erzielten Wertungen wieder ausgehebelt werden würden. Vielmehr können auch vorweggenommene Aufwendungen durchaus durch die spätere Anschaffung des Wirtschaftsguts veranlasst sein.

(2) Berücksichtigung der jeweiligen Umstände des Einzelfalls

Weiterhin könnte der Veranlassungsgedanke bei Anschaffungsnebenkosten aufgrund der fehlenden Erfassung der jeweiligen Umstände des Einzelfalls abzulehnen sein. Dies wäre in Erwägung zu ziehen, wenn es sich bei der Veranlassung um ein ausschließlich objektives Kriterium handeln würde.

Indes liegt dem Veranlassungsgedanken nicht nur ein objektives Element zugrunde, sondern vielmehr ein Zusammenspiel zwischen einer objektiven und einer subjektiven Komponente.[649] Dabei wird objektiv vorausgesetzt, dass ein tatsächlicher oder wirtschaftlicher Zusammenhang zwischen Aufwendung und Betrieb besteht.[650] Ergänzt wird dieses objektive Element durch eine subjektive Komponente, nach welcher die Aufwendung subjektiv dem Betrieb zu dienen bestimmt sein muss.[651] Überträgt man dieses Verhältnis zwischen Aufwendung und Betrieb auf die Anschaffung eines Wirtschaftsguts (als speziellen Fall der

647 Eine a.A. könnte man aus dem Urteil des Ersten Senats des BFH vom 16.12.1981 herleiten, als dieser feststellt, dass eine Veranlassung durchaus als Verursachung aufgefasst werden kann, vgl. BFH v. 16.12.1981, Az. I R 140/81, BStBl. II 1982, S. 465 (466). Diese Äußerung liegt aber wohl darin begründet, dass damals in Literatur und Rspr. umstritten war, ob der Veranlassungsgedanke kausal oder final zu verstehen ist. Der später erfolgte Beschluss des Großen Senats vom 21.11.1983 macht insofern deutlich, dass der Veranlassungsgedanke viel eher als eine von finalen und kausalen Erwägungen grundsätzlich losgelöste Kategorie der Verknüpfung aufzufassen ist, vgl. BFH v. 21.11.1983, Az. GrS 2/82, BStBl. II 1984, S. 160 (163). So auch: BFH v. 27.11.1989, Az. GrS 1/88, BStBl. II 1990, S. 160 (163), BFH v. 04.07.1990, Az. GrS 2-3/88, BStBl. II 1990, S. 817 (823).

648 Vgl. Lang in: Tipke/Lang, § 9, Rz. 233.

649 Vgl. statt vieler BFH v. 21.11.1983, Az. GrS 2/82, BStBl. II 1984, S. 160 (163).

650 So ähnlich u.a. auch BFH v. 04.07.1990, Az. GrS 2-3/88, BStBl. II 1990, S. 817 (823).

651 Vgl. u.a. BFH v. 04.07.1990, Az. GrS 2-3/88, BStBl. II 1990, S. 817 (823).

Tätigung von Aufwendungen), so muss zuerst objektiv ein tatsächlicher oder wirtschaftlicher Zusammenhang zwischen Aufwendung und Anschaffung des Wirtschaftsguts bestehen. Außerdem hat die Tätigung der Aufwendung aus Sicht des Erwerbers dem Erwerb des Wirtschaftsguts sowie dessen Versetzung in Betriebsbereitschaft dienlich zu sein. Durch diese zusätzliche Maßgeblichkeit der Sicht des Erwerbers gelingt es dem Veranlassungszusammenhang, sämtliche Umstände, die der einzelnen Anschaffung zugrunde liegen und die u.U. nicht für fremde Dritte erkennbar sind, umfassend zu berücksichtigen. Insofern verfügt die Veranlassung der Aufwendung durch die Anschaffung gerade nicht über den Mangel, der rein objektiv festzustellenden Zusammenhängen oftmals anhaftet.[652]

Demzufolge scheint eine Heranziehung des Veranlassungszusammenhangs im Rahmen von Anschaffungsnebenkosten durchaus möglich zu sein.

(3) Parallelität zwischen Betriebsausgaben und Anschaffungsnebenkosten

Für Übertragung des Veranlassungsgedankens auf die Anschaffungsnebenkosten spricht schließlich die Parallelität zwischen Betriebsausgaben und Anschaffungsnebenkosten.[653]

Betrachtet man die beiden Kategorien, so fällt auf, dass es sich bei Betriebsausgaben um Aufwendungen handelt, die nur deshalb nicht aktiviert werden dürfen, weil sie die Voraussetzungen für Anschaffungsnebenkosten nicht erfüllen. Im Umkehrschluss bedeutet dies, dass den als Nebenkosten zu aktivierenden Aufwendungen auch die Voraussetzungen für eine Einordnung als Betriebsausgaben innewohnen müssen. Da eine Aufwendung gem. § 4 Abs. 4 EStG aber nur als Betriebsausgabe qualifiziert werden kann, wenn sie betrieblich veranlasst ist, muss diese betriebliche Veranlassung auch bei derjenigen Aufwendung vorliegen, die letztlich zu aktivieren ist. Somit handelt es sich bei Anschaffungsnebenkosten nur um „zu aktivierende Betriebsausgaben“, d.h. um zu aktivierende, betrieblich veranlasste Aufwendungen.

Dieser Parallelität zwischen Anschaffungsnebenkosten und Betriebsausgaben trägt die aktuelle Ausgestaltung der Anschaffungsnebenkosten (insbesondere in § 255 Abs. 1 HGB) aber keine Rechnung. Insofern verkommt der Veranlassungsgedanke aus steuerrechtlicher Sicht zu einem ausschließlichen Merkmal der Überschusseinkunftsarten. Dies hebelt indes die dargestellte Sys-

---

652 Dies war insbesondere bei der objektiven Betrachtungsweise der Betriebsbereitschaft festgestellt worden (vgl. S. 160 f.).

653 Dies ist bereits bei der Herleitung des Veranlassungszusammenhangs angedeutet worden, indem Ausführungen zu Betriebsausgaben herangezogen worden sind, vgl. S. 201 f.).

tematik zwischen Betriebsausgaben und Anschaffungsnebenkosten aus. Daher ist grundsätzlich zu fordern, dass es auch bei der Qualifikation von Anschaffungsnebenkosten auf den Veranlassungszusammenhang ankommt.

c) Zur Vereinbarkeit des Veranlassungszusammenhangs mit § 255 Abs. 1 HGB und daraus resultierende Konsequenzen

Trotz der soeben festgestellten, grundsätzlichen Anwendbarkeit des Veranlassungszusammenhangs ist allerdings problematisch, dass sich ein solcher Zusammenhang, wie er aufgrund der Parallelität zum Betriebsausgabenbegriff zu fordern ist, nicht aus dem Wortlaut des § 255 Abs. 1 Satz 1 HGB ableiten lässt.

Zwar nimmt *Stobbe* an, dass man eine Berücksichtigung des Veranlassungszusammenhangs auch in § 255 HGB sehen könne.[654] Allerdings weist bereits der Wortlaut des § 255 Abs. 1 Satz 1 HGB mit der Formulierung „um [...] zu erwerben" unzweifelhaft auf das Erfordernis eines finalen Zusammenhangs hin.[655] Daher kommt als gesetzliche Grundlage eines Veranlassungszusammenhangs zwischen Anschaffungsaufwendung und Anschaffung allenfalls der Satz 2 des § 255 Abs. 1 HGB in Betracht. So könnte das Wort „auch" auf ein weiteres Verständnis des erforderlichen Zusammenhangs zwischen Nebenkosten und Anschaffung hindeuten.[656] Dem steht jedoch entgegen, dass der Erwähnung der Nebenkosten in § 255 Abs. 1 Satz 2 HGB lediglich klarstellende Wirkung zukommt[657], da die Nebenkosten der Auslegung nach bereits von Satz 1 erfasst werden können.[658] Daher kann aus § 255 Abs. 1 HGB ein Veranlassungszusammenhang als Voraussetzung für die Aktivierung von Anschaffungsnebenkosten nicht gewonnen werden. Für die handelsbilanzielle Sicht der Anschaffungsnebenkosten bedeutet dies, dass unter der Geltung des § 255 Abs. 1 HGB wohl an dem Erfordernis der Finalität festzuhalten sein wird.

---

654 So Stobbe in: H/H/R, EStG, § 6, Anm. 270.

655 Aus dieser von § 255 Abs. 1 Satz 1 HGB vorgegebenen Zweckgerichtetheit der Aufwendungen leitet Stobbe hingegen ab, dass bei den Anschaffungskosten auch der Veranlassungsgedanke zu berücksichtigen sei, vgl. Stobbe in: H/H/R, EStG, § 6, Anm. 270. Inwiefern diese Herleitung der Formulierung „um [...] zu erwerben [...]" allerdings genau entnehmbar sein soll, ist zweifelhaft.

656 Diese Überlegung stellt auch Engler an, vgl. Engler, BB 2006, S. 747 (749).

657 So auch Engler, BB 2006, S. 747 (749).

658 Dies ergibt sich eindeutig aus der Erwähnung der Kosten der Betriebsbereitschaft im ersten Satz des § 255 Abs. 1 HGB. Bei diesen Aufwendungen handelt es sich nach absolut herrschender und hier vertretener Meinung vollumfänglich um Anschaffungsnebenkosten (vgl. S. 18).

Ein anderes Ergebnis lässt sich auch nicht unter dem Gesichtspunkt erzielen, dass § 255 Abs. 1 HGB letztlich der Umsetzung des Art. 35 Abs. 2 der Vierten EG-Richtlinie dient. Zwar schreibt dieser nach seinem Wortlaut nicht zwingend einen finalen Zusammenhang vor. Hingegen enthält Art. 35 Abs. 2 der Vierten EG-Richtlinie überhaupt keinen Hinweis auf irgendeinen Zusammenhang zwischen Aufwendung und Anschaffung. Dies kann nur so verstanden werden, dass der nationale Gesetzgeber bei der Umsetzung dieser Regelung frei darin war, einen zusätzlichen Zusammenhang bei Bedarf zu verlangen. Die Nichterwähnung eines solchen Zusammenhangs kann hingegen nicht so aufgefasst werden, dass der europäische Richtliniengeber eine zusätzliche Voraussetzung für die Aktivierung ganz untersagen wollte. Denn hätte er diese Intention verfolgt, so wäre es ihm unbenommen geblieben, ein gesondertes Verbot für die Mitgliedsstaaten aufzustellen. Demzufolge hat es bei dem Ergebnis zu bleiben, dass handelsbilanziell wegen des Wortlauts des § 255 Abs. 1 Satz 1 HGB an dem finalen Zusammenhang zwischen Aufwendung und Anschaffung festgehalten werden muss.

Etwas anderes ergibt sich allerdings für die steuerbilanzielle Behandlung von Anschaffungsnebenkosten. So kann die gesetzliche Grundlage für den steuerrechtlich auch für Anschaffungsnebenkosten zu fordernden Veranlassungszusammenhang in § 5 Abs. 6 EStG erblickt werden.[659] Zwar bringt dieser Bewertungsvorbehalt grundsätzlich zum Ausdruck, dass die Bewertungsvorschriften des HGB heranzuziehen sind, dass also der Maßgeblichkeitsgrundsatz[660] gilt, soweit § 6 EStG keine anderen Regelung trifft.[661] Insofern liegt die Annahme nicht fern, dass auch steuerbilanziell dem Erfordernis der Finalität uneingeschränkt zu folgen wäre, da § 6 Abs. 1 Nr. 1 EStG keine Aussage hinsichtlich eines Veranlassungszusammenhangs bei Anschaffungsnebenkosten beinhaltet. Dass dies unschädlich ist, ergibt sich jedoch daraus, dass der Begriff der Anschaffungskosten als Oberbegriff der Anschaffungsnebenkosten beispielsweise in § 6 Abs. 1 Nr. 1 EStG seine eigene Erwähnung findet. Wie bereits im Zusammenhang mit der restriktiven Auslegung des Maßgeblichkeitsgrundsatzes herausgearbeitet worden ist, folgt aus dieser eigenen Erwähnung der Anschaffungskosten und damit auch der Anschaffungsnebenkosten, dass das Steuerbilanzrecht hinsichtlich der Bestimmung der Voraussetzungen, die Aufwendungen

659 So auch Stobbe in: H/H/R, EStG, § 6, Anm. 270. Auch Federmann führt an, dass die steuerrechtliche Festlegung des Wertbegriffs unter dem Bewertungsvorbehalt des § 5 Abs. 6 EStG steht, vgl. Federmann, aaO., S. 425.

660 Zur Auslegung des Maßgeblichkeitsprinzips bei der steuerbilanziellen Einordnung von Aufwendungen als Anschaffungsnebenkosten siehe S. 35 ff..

661 Vgl. Glanegger in: Schmidt, EStG, 28. Aufl., § 6, Rn. 17.

zur Erfassung als Anschaffungsnebenkosten erfüllen müssen, von den handelsbilanziellen Bewertungsvorschriften abweichen kann (siehe S. 37 f.). Insofern ergibt sich die Geltung des Veranlassungsgedankens auch für Anschaffungsnebenkosten, losgelöst von § 255 Abs. 1 HGB, aus § 5 Abs. 6 i.V.m. § 6 Abs. 1 Nr. 1 EStG.

4. Stellungnahme zur Möglichkeit der steuerbilanziellen Ersetzung des Finalitätserfordernisses durch den Veranlassungszusammenhang

Wie vorstehend herausgearbeitet worden ist, kommt als Alternative zum finalen Zusammenhang somit weder ein Entscheidungsbezug noch ein kausaler Zusammenhang in Betracht. Des Weiteren hat die Betrachtung des Veranlassungszusammenhangs deutlich gemacht, dass für den handelsbilanziellen Begriff der Anschaffungsnebenkosten an der vom Wortlaut des § 255 Abs. 1 Satz 1 HGB vorgegebenen Finalität festzuhalten ist. Es ist somit lediglich zu klären, ob für die steuerbilanzielle Einordnung von Anschaffungsnebenkosten neben dem Erfordernis der Finalität zusätzlich auf einen Veranlassungszusammenhang abzustellen ist oder ob gar gänzlich von der handelsbilanziellen Vorgabe abzurücken und nur eine Veranlassung der Aufwendung durch die Anschaffung zu fordern ist.

Eine Heranziehung des finalen Zusammenhangs neben dem Veranlassungszusammenhang wäre für die steuerbilanzielle Betrachtungsweise aber nur dann notwendig, wenn die Finalität ein Element enthielte, welches dem Veranlassungsgedanken fremd wäre. In diesem Fall bedürfte es der kumulativen Anwendung beider Zusammenhänge zur Erzielung sachgerechter Ergebnisse. Bedenkt man in diesem Zusammenhang, dass Betriebsausgaben i.S.d. § 4 Abs. 4 EStG diejenigen Aufwendungen sind, die ihre Veranlassung in einer Erwerbstätigkeit mit Einkünfteerzielungsabsicht haben[662], so wird das Folgende deutlich.

Aus der Formulierung „Erwerbstätigkeit mit Einkünfteerzielungsabsicht" geht hervor, dass die Erwerbstätigkeit darauf gerichtet sein muss, Einkünfte zu erzielen. Dementsprechend muss die Tätigkeit mit Blick auf die Einkünfteerzielung finaler Natur sein. Dies bedeutet, dass die Veranlassung die Beziehung „zwischen einer finalen Handlung und dem Erfolg von Bezügen und Aufwendungen"[663] bezeichnet. Überträgt man diesen Gedanken auf die Qualifikation von Anschaffungsnebenkosten, so ergibt sich für dessen Auslegung unter Berücksichtigung des Veranlassungsgedankens, dass die Handlung, auf der die einzelne Aufwendung beruht, finaler Natur zu sein hat. D.h. diese Handlung

662 Vgl. Lang in: Tipke/Lang, § 9, Rz. 214.
663 Lang in: Tipke/Lang, § 9, Rz. 213.

muss darauf gerichtet sein, das Wirtschaftsgut in die eigene wirtschaftliche Verfügungsmacht zu verbringen und es in Betriebsbereitschaft zu versetzen. Insofern stellt sich die Finalität als Bestandteil des Veranlassungszusammenhangs dar. Für die durch die Handlung herbeigeführte Aufwendung selbst ist von der steuerbilanziellen Warte aus ein zusätzlicher finaler Zusammenhang demnach nicht notwendig. Ausreichend ist vielmehr, wenn die Aufwendung im Veranlassungszusammenhang zur Anschaffung des Wirtschaftsguts steht.

Zu beachten ist hier aber, dass das steuerbilanzielle Erfordernis eines Veranlassungszusammenhangs keineswegs bedeuten soll, dass eine Aufwendung, die durch eine finale Handlung herbeigeführt worden ist, nicht auch final auf Erwerb und Versetzung in Betriebsbereitschaft gerichtet sein *kann*. Der Unterschied zum reinen finalen Zusammenhang liegt indes darin, dass die Aufwendung *nicht* zwingend geleistet werden *muss*, um das Wirtschaftsgut zu erwerben und um es in betriebsbereiten Zustand zu versetzen.

Da der Veranlassungszusammenhang aufgrund der Parallelität zwischen Betriebsausgaben und Nebenkosten steuerbilanziell zu fordern ist und dieser Zusammenhang die Finalität beinhaltet, kann es auf einen rein finalen Zusammenhang nicht ankommen. Demnach ist im Rahmen der steuerrechtlichen Auslegung der Anschaffungsnebenkosten gemäß § 5 Abs. 6 i.V.m. § 6 Abs. 1 Nr. 1 EStG nur auf die Veranlassung abzustellen.[664]

III. Ergebnis zur Abgrenzung zu Betriebsausgaben anhand der Finalität

Entsprechend dem Ausgeführten ist für die steuerrechtliche Auslegung der Anschaffungsnebenkosten entgegen der h.M. nicht an der Finalität zwischen Aufwendung und Anschaffung festzuhalten. Um mit den Worten von *Walz* zu sprechen: „Für die Begriffsbildung ist der finale Bezug zwischen Aufwand und Erwerb vorherrschend aber nicht alleinherrschend."[665]

Vielmehr ist für die steuerbilanzielle Einordnung von Anschaffungsnebenkosten zu fordern, dass diese durch die Anschaffung des Wirtschaftsguts veranlasst sind.

Da der Veranlassungsgedanke auch Betriebsausgaben zugrunde liegt, bedeutet die Ersetzung des finalen Zusammenhangs durch diesen zugleich, dass die Veranlassung durch die Anschaffung kein weiteres Merkmal der Abgrenzung zu den Betriebsausgaben darstellen kann.

---

664 Anders i.E. Stobbe, der den Veranlassungsgedanken ergänzend zu dem finalen Zusammenhang herangezogen wissen möchte, vgl. Stobbe in: H/H/R, EStG, § 6, Anm. 270. So wohl auch Fürst, aaO., S. 64.

665 Walz in: Heymann, HGB, § 255, Rn. 5.

C. Abgrenzung zu Betriebsausgaben anhand des Erfordernisses der Einzelzuordenbarkeit[666] von Aufwendungen

Ebenso wie der zuvor beleuchtete und letztlich für das Steuerbilanzrecht abgelehnte finale Zusammenhang ergibt sich auch das letzte Merkmal der Abgrenzung zwischen Anschaffungsnebenkosten und Betriebsausgaben aus dem Wortlaut des § 255 Abs. 1 Satz 1 HGB. So sind Aufwendungen nur Anschaffungs(neben)kosten, soweit sie dem Vermögensgegenstand einzeln zugeordnet werden können.[667]

Fraglich ist, wie dieses letzte Abgrenzungsmerkmal im Hinblick auf die Unterstützung des Maßstabs der Werterhöhung auszugestalten ist bzw. ob an dem nachstehend dargestellten Verständnis der h.M. festgehalten werden muss.

I. Auslegung des Erfordernisses der Einzelzuordenbarkeit entsprechend der herrschenden Meinung

Durch die erwähnte Formulierung des § 255 Abs. 1 Satz 1 Hs. 2 HGB sieht sich die bereits vor dem BiRiLiG h.M. in Literatur und Rspr.[668] in ihrer ausschließlichen Erfassung von Einzelkosten als Nebenkosten bestätigt.[669] Dabei handelt

---

666 Auch als Erfordernis der Einzelzurechenbarkeit bezeichnet.

667 Dies hebt auch Kusterer klarstellend hervor, vgl. Kusterer in: Heidelberger Kommentar HGB, § 255, Rn. 1. Zur Frage, ob sich das Erfordernis der Einzelordenbarkeit nur auf die Kosten der Betriebsbereitschaft oder auch die Erwerbskosten bezieht, siehe Ballwieser in: MüKo, HGB, § 255, Rn. 9. M.E. ist aber davon auszugehen, dass sich das Erfordernis auf beide Elemente des § 255 Abs. 1 Satz 1 HGB bezieht. Denn es war dem Gesetzgeber unbenommen, eine ausschließliche Geltung für die Betriebsbereitschaftskosten z.B. durch Erfassung der Einzelzuordenbarkeit in einem gesonderten Satz zum Ausdruck zu bringen.

668 Stellvertretend: BFH v. 31.07.1967, Az. I 219/63, BStBl. II 1968, S. 22 (23); BFH v. 20.04.2011, Az. I R 2/10, DStR 2011, S. 1169 (1170); Hast, aaO., S. 37; so wohl auch Hottmann, als er die Nichtberücksichtigung von Gemeinkosten seitens Rspr. und Verwaltung kritiklos darstellt, vgl. Hottmann, StBp 1981, S. 131 (134).

669 Statt vieler: ADS, 6. Aufl., § 255 HGB, Tz. 16. Anders noch: ADS, 4. Aufl., § 153 AktG, Tz. 43. Escher, aaO., S. 43; Winnefeld, Bilanz-Handb., Kapitel E, Rn. 437; van der Velde, DB 1964, S. 526 (527). So auch Hast, nach dem die Einbeziehung der Gemeinkosten ausscheidet, da diese bereits im Preis des Lieferanten eingerechnet seien, vgl. Hast, aaO., S. 37. In der Praxis spielt die begriffliche Abgrenzung zwischen Einzel- und Gemeinkosten eine herausragende Rolle bei Aufwendungen, die im Rahmen sog. interner Leistungserbringung angefallen sind. Eine solche interne Leistungserbringung liegt beispielsweise vor, wenn mit dem Transport des Wirtschaftsguts zum Betrieb des Erwerbers kein externer Dritte beauftragt wird, sondern der Erwerber den Transport mit eigenen Fahrzeugen vornimmt. In diesem Fall nimmt u.a. Kahle an, dass diese Aufwen-

sich bei Einzelkosten um Aufwendungen, „deren Maßeinheiten [...] für das einzelne Erzeugnis direkt bewertet werden können“[670], da Einzelkosten dem Wirtschaftsgut „als Kostenträger unmittelbar zugerechnet werden können“[671]. Hingegen sei bei Gemeinkosten, d.h. Aufwendungen, die für eine Mehrzahl von Kostenträgern entstehen und daher nur pauschal aufgrund einer Schlüsselung

---

dungen als Gemeinkosten einzuordnen und der h.M. folgend nicht zu den Anschaffungsnebenkosten zu zählen seien, vgl. Kahle in: Baetge/Kirsch/Thiele, § 255 HGB, Rn. 107. Aus dieser Ausführung Kahles ist zu schließen, dass er wohl sämtliche Aufwendungen, die in irgendeiner Form auf interner Leistungserbringung beruhen, als Gemeinkosten eingeordnet wissen möchte. Im Gegensatz dazu gehen andere Autoren, wie beispielsweise Knop/Küting, nicht so weit, sondern stellen lediglich fest, dass Aufwendungen, welche im Rahmen von interner Leistungserbringung anfallen, in der Regel als Gemeinkosten einzuordnen sein werden, vgl. Knop/Küting in: HdR, § 255 HGB, Rn. 38. So ähnlich auch Herrmann, als er ausführt, dass sich betriebsexterne Anschaffungsgemeinkosten aufgrund der Inanspruchnahme fremder Unternehmer eher als Einzelkosten dem angeschafften Wirtschaftsgut zuordnen lassen, vgl. Herrmann in: Frotscher, EStG, § 6, Rz. 131. Insofern besteht keine unwiderlegbare Annahme des Gemeinkostencharakters, sondern lediglich eine starke Ausgangsvermutung zugunsten von Gemeinkosten. Allerdings dürfte eine Einordnung als Einzelkosten laut Knop/Küting nur in Ausnahmefällen möglich sein, vgl. Knop/Küting in: HdR, § 255 HGB, Rn. 38. Gegen die pauschale Einordnung von Aufwendungen der internen Leistungserbringung als Gemeinkosten spricht indes, dass dies dem Steuerpflichtigen ein Gestaltungsinstrument zur Verfügung stellen würde. Dieser könnte in der Folge selbst entscheiden, ob er Aufwendungen, die in jedem Fall anfallen werden, aktiviert und als Betriebsausgaben abzieht. Dies führt zu einer verzerrten Darstellung der tatsächlichen Unternehmenslage und verstößt daher gegen das Vorsichtsprinzip. Um dies zu verhindern, bedarf es einer Prüfung des Einzelkostencharakters im Einzelfall. Daher ist anzunehmen, dass innerbetriebliche Kosten nicht in allen Fällen Gemeinkosten darstellen, so i.E. auch Wohlgemuth in: HdJ, Abt. I/9, Rn. 31; Offerhaus, DStR 1967, S. 14 (17).

670 BFH v. 31.07.1967, Az. I 219/63, BStBl. II 1968, S. 22 (23).

671 BFH v. 11.02.1988, Az. IV R 191/85, BStBl. II 1988, S. 661 (662). So auch BMF-Schreiben v. 11.11.1974, BStBl. I 1974, S. 994 (1005). Aus dieser Definition des BFH folgert beispielsweise Ehmcke, dass es sich bei Einzelkosten um Kosten handelt, „die ausschließlich und unmittelbar durch die Anschaffung verursacht wurden“, Ehmcke in: Blümich, EStG, Stand 11/2011, § 6, Rn. 269.

zugerechnet werden können[672], das Merkmal der direkten bzw. unmittelbaren Zuordenbarkeit der Aufwendung nicht gegeben.[673]

Und in der Tat scheint der Gesetzgeber die h.A. bekräftigen zu wollen. So macht die Begründung zu § 260 Abs. 2 HGB-E in der Fassung des Entwurfs des BiRiLiG deutlich, dass der Gesetzgeber die Auffassung der Nichtberücksichtigung von Gemeinkosten als Anschaffungskosten teilt.[674] Zusätzlich wird betont, dass die bisherige Bilanzierungspraxis im Interesse der Steuerneutralität aufrechterhalten werden solle.[675]

II. Betrachtung alternativer Auslegungen des Erfordernisses der Einzelzuordenbarkeit[676]

Indes tritt der Wille des Gesetzgebers hinsichtlich der Einzelzuordenbarkeit in § 255 Abs. 1 Satz 1 Hs. 2 HGB nicht ohne weiteres zu Tage.[677] Auch ist zwei-

---

672 Vgl. BMF-Schreiben v. 11.11.1974, BStBl. I 1974, S. 994 (1005); Winnefeld, Bilanz-Handb., Kapitel E, Rn. 410; ADS, 6. Aufl., § 255 HGB, Tz. 16. So ähnlich: BFH v. 31.07.1967, Az. I 219/63, BStBl. II 1968, S. 22 (23). So ähnlich: BFH v. 11.02.1988, Az. IV R 191/85, BStBl. II 1988, S. 661 (662).

673 Vgl. Umkehrschluss aus Winnefeld, Bilanz-Handb., Kapitel E, Rn. 410. Ähnlich: WP-Handb. 2006, Rn. E 248. Auch Werndl sieht das Erfordernis als nicht erfüllt an, wenn die Aufwendungen mit einer Mehrheit von Kostenträgern in ursächlichem Zusammenhang stehen und deren Maßeinheiten nur aufgrund einer Annahme bewertet werden können, vgl. Werndl in: K/S/M, EStG, § 6, Rn. B 52. Allerdings stellt Werndl im Anschluss an diese Ausführung fest, dass das Prinzip der Einzelkostenrechnung nicht durchgehend verwirklicht sei; dies sei u.a. bei Bewertungsvereinfachungen der Fall, vgl. Werndl in: K/S/M, EStG, § 6, Rn. B 53.

674 Vgl. BT-Drs. 10/317, S. 88.

675 BT-Drs. 10/317, S. 88. Des Weiteren wird hervorgehoben, der Ausschluss der Gemeinkosten geschehe vor dem Hintergrund, „den buchführungspflichtigen Unternehmen einen vermeidbaren Verwaltungsaufwand zu ersparen“ (BT-Drs. 10/317, S. 88). Dies ist indes kaum haltbar. Denn bei der Bewertung zu Herstellungskosten scheint den Unternehmen grundsätzlich ein solcher Verwaltungsaufwand durchaus zumutbar zu sein, als im Rahmen eines Wahlrechts u.a. Materialgemeinkosten berücksichtigt werden können (vgl. § 255 Abs. 2 Satz 3 HGB).

676 Hierbei wird allerdings auf die Möglichkeit einer vollständigen Erfassung von Gemeinkosten verzichtet. Eine solche Auslegung verstieße zweifelsohne gegen die Forderung des Vorsichtsprinzips nach einer den tatsächlichen Umständen entsprechenden Darstellung der Unternehmenslage.

677 Anders würde es sich verhalten, wenn der letzte Halbsatz des § 255 Abs. 1 Satz 1 HGB abgetrennt und anders formuliert wäre. So ließe beispielsweise die Formulierung „Dabei sind nur solche Aufwendungen zu aktivieren, die dem Vermögensgegenstand einzeln

felhaft, ob eine Auslegung der Einzelzuordenbarkeit, die auch die mit der Anschaffung und dem Wirtschaftsgut zusammenhängenden Gemeinkosten ausschließt, gerechtfertigt ist. Denn dem reinen Wortlaut des § 255 Abs. 1 Satz 1 Hs. 2 HGB nach müssen die Aufwendungen lediglich einzeln zugeordnet werden *können.*[678] Einen Hinweis darauf, dass die Einzelzuordenbarkeit *unmittelbarer* Natur sein muss, enthält der Wortlaut hingegen nicht. Auch Art. 35 Abs. 2 der Vierten EG-Richtlinie enthält diesbezüglich keinerlei Hinweis[679] und lässt dementsprechend seinem Wortsinn nach jede Art der Zurechenbarkeit genügen.[680]

Insofern könnte es grundsätzlich möglich sein, die von § 255 Abs. 1 Satz 1 Hs. 2 HGB vorgesehene Einzelzuordenbarkeit anders auszulegen und die Qualifikation von Anschaffungsnebenkosten im Rahmen der Abgrenzung zu Betriebsausgaben nicht an einem vollständigen Ausschluss von Gemeinkosten auszurichten.

1. Erfassung sogenannter unechter Gemeinkosten

a) Herleitung und Inhalt des Ansatzes

Eine Mindermeinung fasst unter „direkt zurechenbare Kosten" auch sog. unechte bzw. variable[681] Gemeinkosten, d.h. Aufwendungen, „die den einzelnen Wirt-

---

zuzurechnen sind." keinen Zweifel an einem umfassenden Ausschluss von Gemeinkosten.

678 Darauf weist auch Stobbe unter Rückgriff auf eine Entscheidung des BFH (BFH v. 13.04.1988, Az. I R 104/86, BStBl. II 1988, S. 892 ff.) hin, vgl. Stobbe in: H/H/R, EStG, § 6, Anm. 277.

679 Etwas anderes folgt auch nicht aus Art. 35 Abs. 3 Buchst. b der Vierten EG-Richtlinie. Nach dieser Regelung können angemessene Teile der nur mittelbar zurechenbaren Kosten, die auf den Zeitraum der Herstellung entfallen, zu den Herstellungskosten hinzugerechnet werden. Daraus könnte man einerseits ableiten, dass bei Anschaffungsnebenkosten keine Gemeinkosten berücksichtigungsfähig wären. Andererseits wäre auch denkbar, dass die Einschränkung auf den Zeitraum der Herstellung bei Herstellungskosten bedeutet, dass Gemeinkosten bei Anschaffungsnebenkosten einschränkungslos zu berücksichtigen wären. Beides kann aber mit Blick auf das Vorsichtsprinzip nicht zielführend sein.

680 Aufgrund der offenen Formulierung des Art. 35 Abs. 2 der Vierten EG-Richtlinie kann es dem Gesetzgeber im Hinblick auf die Einzelzurechenbarkeit durchaus noch zubilligen, von einer reinen Übernahme der Richtlinie in nationales Recht (vgl. BT-Drs. 10/317, S. 87) unter Aufrechterhaltung der bestehenden Grundsätze (vgl. BT-Drs. 10/317, S. 88) auszugehen.

681 Im Folgenden sei zur Wahrung der Übersichtlichkeit nur von unechten Gemeinkosten gesprochen.

schaftsgütern zugerechnet werden können, aber etwa aus Wirtschaftlichkeitsgründen des Rechnungswesens tatsächlich nicht erfasst werden“[682]. Dementsprechend sei § 255 Abs. 1 Satz 1 Hs. 2 HGB im Hinblick auf die direkte Zurechenbarkeit von Aufwendungen so auszulegen, dass auch unechte Gemeinkosten dem Erfordernis genügen.[683]

Eine solche Auslegung ist entsprechend *Stobbe* erforderlich, um Gestaltungsspielräume bei der Aktivierung von Anschaffungsnebenkosten zu vermeiden. Denn Unternehmen könnten bei vollständigem Ausschluss von Gemeinkosten aufgrund ihrer Kostenrechnung „oft selbst bestimmen [...], ob eine direkte oder indirekte Kostenzurechnung erfolgt“[684].

Doch auch wenn man sich auf den Standpunkt stellte, dass der Wortlaut des § 255 Abs. 1 Satz 1 Hs. 2 HGB eine Erfassung unechter Gemeinkosten nicht zulasse[685], so könnte dies gleichwohl aus IAS 16.17 1998 hergeleitet werden.[686]

---

682 Stobbe in: H/H/R, EStG, § 6, Anm. 277. Im Gegensatz dazu stelle sich die Ansicht der h.M. wegen der fehlenden Unterscheidung zwischen echten und unechten Gemeinkosten zu undifferenziert dar, vgl. Stobbe in: H/H/R, EStG, § 6, Anm. 277. Auch Mathiak teilt wohl die Bedenken eines umfassenden Ausschlusses, als er ausführt, dass die „Grenze zwischen Einzel- und Gemeinkosten je nach Gestaltung des Betriebs und seines Rechnungswesens unterschiedlich verlaufen kann.“ (Mathiak, DStJG 7 (1984), S. 97 (126)). I.E. nimmt Mathiak aber dennoch an, dass der Ausschluss von Gemeinkosten wegen des Vorteils einer exakten Regel mit einem beträchtlichen Vereinfachungseffekt zu befürworten sei, vgl. Mathiak, DStJG 7 (1984), S. 97 (126).

683 So Stobbe in: H/H/R, EStG, § 6, Anm. 277; Göbel in: Bonner Handb., § 255 HGB, Rn. 36. So auch Wohlgemuth/Radde, wobei diese aber feststellen, dass sich dies nicht aus dem Wortlaut des § 255 Abs. 1 Satz 1 HGB herleiten lassen, vgl. Wohlgemuth/Radde, WPg 2000, S. 903 (904). In diese Richtung können wohl auch Adler/Düring/Schmalz in der 4.Aufl. verstanden werden, als sie feststellen, dass der Transport mit eigenen Fahrzeugen den Anfall von Anschaffungsnebenkosten nicht hindert und dass die auf diese Leistungen entfallenden anteiligen Betriebs- und Verwaltungskosten mit aktiviert werden könnten, vgl. ADS, 4. Aufl., § 153 AktG, Tz. 43.

684 Stobbe in: H/H/R, EStG, § 6, Anm. 277. Des Weiteren stellt Stobbe u.a. auf den Grundsatz der Erfolgsneutralität als Argument ab, vgl. Stobbe in: H/H/R, EStG, § 6, Anm. 277. Dieses Argument kann vorliegend aber nicht gewinnbringend eingebracht werden, da bereits festgestellt worden ist, dass das Erfolgsneutralitätsprinzip der Aktivierung von Anschaffungsnebenkosten nicht zugrunde zu legen ist (vgl. S. 85).

685 So Wohlgemuth/Radde, WPG 2000, S. 903 (904), siehe bereits Fn. 683.

686 So Wohlgemuth/Radde, WPg 2000, S. 903 (907). Gegen eine Erfassung auch fixer Gemeinkosten spreche der Umstand, dass hierdurch gegen das Prinzip der Maßgeblichkeit der Gegenleistung verstoßen werde, vgl. Wohlgemuth/Radde in: Beck‘sches HdR, Stand 12/2007, B 162, Rn. 152. Ebenso Hoffmann, als dieser unter Rückgriff auf IAS 16 (wohl nach dessen Überarbeitung im Jahr 2003) betont, dass unechte Gemeinkosten

Nach dieser Regelung ist die Erfassung von Verwaltungs- und anderen Gemeinkosten nur dann möglich, wenn sie dem Erwerb des Gegenstands oder seiner Versetzung in Betriebsbereitschaft direkt zugerechnet werden können.

b) Beurteilung der grundsätzlichen Anwendbarkeit

Fraglich ist jedoch, ob die Einbeziehung unechter Gemeinkosten in die Anschaffungsnebenkosten zu befürworten ist.

Dies könnte insofern zweifelhaft sein, als IAS 16 2003 im Vergleich zu der vorgehenden Fassung erhebliche Änderungen erfahren hat. So findet sich in IAS 16 2003 keine dem IAS 16.17 1998 vergleichbare Regelung (s.o.). Zwar weist IAS 16.16 (b) 2003 darauf hin, dass zu den Anschaffungskosten alle direkt zurechenbaren Kosten gehören. Jedoch sind Verwaltungs- und andere Gemeinkosten als Beispiele für Kosten aufgeführt, welche nicht zu den Anschaffungskosten gehören (vgl. IAS 16.19 (d) 2003). Insofern wäre zu erwägen, ob diese Änderung des IAS 16 zur Folge hat, dass eine Erfassung unechter Gemeinkosten nicht mehr möglich ist.[687] Dies gilt insbesondere vor dem Hintergrund, dass die gesamte Regelung des IAS 16.17 1998 entfallen ist.

Indes gehören zu den Anschaffungskosten immer noch die „direkt zurechenbaren Kosten" (vgl. IAS 16.16 (b) 2003), zu welchen entsprechend der Auslegung von *Stobbe* u.a. auch unechte Gemeinkosten zu zählen sind (siehe S. 212 f.). Bestätigt wird dies mit Blick auf IAS 16.19 (d) 2003, wonach „andere Gemeinkosten" nicht unter die Anschaffungs(neben)kosten gefasst werden können. Im Umkehrschluss bedeutet dies, dass das IASB bestimmte Gemeinkosten im Blick hatte, die unter die Anschaffungskosten und ihre Nebenkosten gefasst werden dürfen. Bei diesen kann es sich aber nur um unechte Gemeinkosten handeln, da eine Erfassung fixer Gemeinkosten die Regelung des IAS 16.19 (d) 2003 aushebeln würde.

Demzufolge erscheint es grundsätzlich möglich, das Merkmal der Einzelzuordenbarkeit bei der Abgrenzung zwischen Betriebsausgaben und Anschaffungsnebenkosten so auszulegen, dass auch unechte Gemeinkosten, die der Anschaffung des Wirtschaftsguts zugerechnet werden *können*, zu erfassen sind.

---

an sich dem Anschaffungsvorgang direkt zurechenbar seien, mangels entsprechender Aufzeichnung aber nicht direkt erfasst würden, vgl. Hoffmann in: Haufe IFRS-Kommentar, § 8, Rn. 13.

687 A.A. Wohlgemuth/Radde, als sie annehmen, dass variable Gemeinkosten auch nach IAS 16 2003 zwingender Bestandteil der Anschaffungskosten von Sachanlagegütern seien, vgl. Wohlgemuth/Radde in: Beck'sches HdR, Stand 12/2011, B 162, Rn. 174.

2. Erfassung sogenannter produktionsbezogener Gemeinkosten

a) Herleitung und Inhalt des Ansatzes

Nach einer weiteren, in der Literatur vertretenen Auslegung der Einzelzuordenbarkeit sollen auch Gemeinkosten, die dem Prozess der Versetzung in Betriebsbereitschaft zugerechnet werden können, d.h. sog. produktionsbezogene Gemeinkosten, in die Anschaffungsnebenkosten einbezogen werden.[688]

Dabei stützt diese Auffassung ihre Argumentation jedoch nicht auf § 255 Abs. 1 Satz 1 Hs. 2 HGB oder IAS 16 (1998 oder 2003), sondern ausschließlich auf IAS 2.10 ff. 2003. So hebt *Scheinpflug* hervor, dass wegen des Grundsatzes der Neutralität des Anschaffungsvorgangs bei der Bewertung zu Anschaffungsnebenkosten auf IAS 2.10 ff. 2003 zurückzugreifen sei.[689] Dies wurzele darin, dass IAS 16.16 f. 2003 für Sachanlagegüter keine spezielle Definition dahingehend enthalte, „in welchem Umfang Gemeinkosten [...] in die Berechnung der Anschaffungsnebenkosten mit einzubeziehen sind.“[690] Indes ist zu beachten, dass die Einbeziehung produktionsbezogener Gemeinkosten laut *Scheinpflug* wohl aber nur für die Handelsbilanz gelten soll.[691]

b) Beurteilung der Anwendbarkeit

Im Hinblick auf die Argumente *Scheinpflugs* ist jedoch äußerst zweifelhaft, ob eine solche Auslegung der Einzelzuordenbarkeit bei der Abgrenzung zu den Betriebsausgaben herangezogen werden kann.

(1) Zur grundsätzlichen Rechtfertigung eines Rückgriffs auf IAS 2.10 ff. 2003

Diese Zweifel rühren zum einen daher, dass sich aus IAS 16.16 (b) 2003 aufgrund der Formulierung „alle direkt zurechenbaren Kosten“ im Zusammenspiel mit IAS 16.19 (d) 2003 durchaus ableiten lässt, in welchem Umfang Gemein-

---

688 So beispielsweise Scheinpflug in: Beck'sches IFRS-Handb., 3. Aufl., § 4, Rn. 51, § 5, Rn. 31.

689 So Scheinpflug in: Beck'sches IFRS-Handb., 3. Aufl., § 4, Rn. 51.

690 Scheinpflug in: Beck'sches IFRS-Handb, 3. Aufl., § 4, Rn. 51. Zwar tätigt Scheinpflug die zitierte Aussage im Kontext immaterieller Vermögenswerte. Indes hat der Verweis auf IAS 2.10 ff. 2003 auch im Rahmen der Anschaffung von Sachanlagen zu gelten, als sich Scheinpflug explizit auf IAS 16, welcher die Bewertung von Sachanlagen regelt, bezieht.

691 Dies lässt sich daraus ableiten, dass Scheinpflug feststellt, dass der gegenüber der Steuerbilanz erweiterte Umfang aktivierbarer Anschaffungsnebenkosten zu aktiven latenten Steuern führe, vgl. Scheinpflug in: Beck'sches IFRS-Handb., 3. Aufl., § 4, Rn. 51.

kosten in die Anschaffungsnebenkosten einbezogen werden können (siehe S. 214). Ein Rückgriff auf IAS 2 2003 ist daher nicht erforderlich.

Abgesehen davon ließe sich zum anderen aus IAS 2.10 ff. 2003 auch keine Rechtfertigung für einen solchen Rückgriff gewinnen. Dies rührt vor allem daher, dass IAS 2.10 ff. 2003 die Erfassung von Anschaffungs- und Herstellungskosten bei Vorräten regelt. Die Frage nach der Aktivierungsmöglichkeit von Gemeinkosten als Anschaffungsnebenkosten ließe sich demnach nur dann aus IAS 2 2003 gewinnen, wenn es sich bei Vorräten und Sachanlagegütern um vergleichbare Vermögenswerte handeln würde oder wenn Vorräte eine allgemeine, d.h. übergeordnete, Form der Vermögenswerte darstellen würden. Nach IAS 1.59 2003 handelt es sich bei Vorräten indes um sog. *kurzfristige* Vermögenswerte, die als Teil des gewöhnlichen Geschäftszyklus verkauft, verbraucht oder realisiert werden. Im Gegensatz dazu handelt es sich bei Sachanlagegütern entsprechend IAS 16.6 2003 um materielle Vermögenswerte, die für Zwecke der Herstellung oder Lieferung von Gütern und Dienstleistungen, zur Vermietung an Dritte oder für Verwaltungswecke *erwartungsgemäß länger* als eine Periode gehalten werden. Sachanlagegüter sind somit nicht auf einen zeitnahen Verbrauch, sondern vielmehr auf den längerfristigen Einsatz im Unternehmen ausgerichtet. Demzufolge sind Vorräte und Sachanlagegüter weder vergleichbar, noch stellen Vorräte eine allgemeine Form der Vermögenswerte dar, da die Zielrichtungen beider Arten von Vermögenswerten vollständig voneinander abweichen. Eine Heranziehung des IAS 2.10 ff. außerhalb der Anschaffung von Vorräten i.S.d. IAS 1.59 2003 scheidet insofern aus.

(2) Zur Möglichkeit der Herleitung aus IAS 2.10 ff. 2003 – Fehlen eines Hinweises auf die Einbeziehung produktionsbezogener Gemeinkosten

Unabhängig von der fehlenden Anwendbarkeit des IAS 2.10 ff. ist die Heranziehung dieser Auslegung auch daher zweifelhaft, als sich IAS 2.10 ff. 2003 kein eindeutiger Hinweis darauf entnehmen lässt, dass produktionsbezogene Gemeinkosten in die Anschaffungsnebenkosten einzubeziehen seien.

Allenfalls könnte man versuchen, IAS 2.11 2003 für eine Erfassung produktionsbezogener Gemeinkosten fruchtbar zu machen. Nach dieser Regelung zählen zu den Kosten des Erwerbs alle sonstigen Kosten, die dem Erwerb unmittelbar zugerechnet werden können. Indes enthält die in IAS 2.11 2003 verwendete Formulierung der unmittelbaren Zurechenbarkeit keine Einschränkung auf produktionsbezogene, unmittelbar zurechenbare Aufwendungen.

Schließlich geht aus IAS 2.15 2003 hervor, dass bei Herstellungskosten produktionsbezogene Gemeinkosten nicht einzubeziehen sind (vgl. Umkehrschluss aus IAS 2.15 2003). Demzufolge ist es erst recht nicht möglich, solche Gemeinkosten bei Anschaffungsnebenkosten zu erfassen. Denn hätte das IASB diese Intention der ausschließlichen Aktivierung produktionsbezogener Gemeinkosten als Anschaffungsnebenkosten verfolgt, so hätte er dies aufgrund der zweifelsfreien Regelung in Bezug auf Herstellungskosten explizit zum Ausdruck bringen müssen.

Demnach ist die Erfassung von produktionsbezogenen Gemeinkosten unabhängig von der fehlenden Herleitungsmöglichkeit aus IAS 2.10 ff. 2003 mangels expliziter Regelung abzulehnen.

3. Zwischenergebnis zu den alternativen Auslegungen des Erfordernisses der Einzelzuordenbarkeit

Aus dem Gesagten wird deutlich, dass als Alternative zum vollständigen Ausschluss von Gemeinkosten nur die Erfassung auch unechter Gemeinkosten als Anschaffungsnebenkosten in Betracht zu ziehen ist. Ob dieser Auslegung letztlich der Vorrang vor der h.M. einzuräumen ist, ist im Rahmen der folgenden Stellungnahme zu klären.

III. Stellungnahme zur Erfassung unechter Gemeinkosten als Anschaffungsnebenkosten

Zu fragen bleibt, ob der Erfassung unechter Gemeinkosten gegenüber dem vollständigen Ausschluss bei der Auslegung der Einzelzuordenbarkeit mit Blick auf die Abgrenzung zwischen Betriebsausgaben und Anschaffungsnebenkosten der Vorzug einzuräumen ist. Dies würde bedeuten, dass Aufwendungen, die lediglich aufgrund der unternehmensinternen Rechnungslegung geschlüsselt werden, nicht mehr als Betriebsausgaben zu behandeln wären.

1. Zur Vereinbarkeit mit dem Vorsichtsprinzip

Die Einbeziehung unechter Gemeinkosten ist grundsätzlich vorzugswürdig, wenn nur auf diese Weise sichergestellt werden kann, dass das Abgrenzungsmerkmal „Einzelzuordenbarkeit“ dem Vorsichtsprinzip ausreichend Rechnung trägt.

Wie bereits mehrfach betont, schreibt das Vorsichtsprinzip nach dem hier vertretenen Verständnis vor, dass Anschaffungsaufwendungen so zu aktivieren sind, dass die bilanzielle Darstellung der Unternehmenslage den tatsächlichen Umständen entspricht. Spricht man dem Erwerber aber das Recht zu, sämtliche Aufwendungen, die in der Rechnungslegung des Unternehmens geschlüsselt werden, als Betriebsausgaben abzuziehen, so schafft dies eine Gestaltungsmöglichkeit für den Erwerber. Denn aufgrund des Umstands, dass der Grund für die o.g. Schlüsselung von der h.M. nicht hinterfragt wird, können Gemeinkosten durch die unternehmensinterne Rechnungslegung gewissermaßen „erzeugt" werden. Dadurch wird es dem Erwerber ermöglicht, ein höheres Volumen an sofort abzugsfähigen Aufwendungen zu schaffen. In der Folge wird die Unternehmenslage aufgrund der Anschaffung in Handels- und Steuerbilanz u.U. wesentlich schlechter dargestellt, als sie den tatsächlichen Umständen entspricht. Insofern stellt der durch einen generellen Ausschluss von Gemeinkosten eröffnete Gestaltungsspielraum einen Verstoß gegen das Vorsichtsprinzip als grundlegendes Prinzip der Aktivierung von Anschaffungsnebenkosten dar.

Dieser Gestaltungsspielraum und der daraus folgende Verstoß gegen das Vorsichtsprinzip lassen sich jedoch verhindern, wenn Aufwendungen, die nur aufgrund der internen Rechnungslegung geschlüsselt sind, die sich aber der Anschaffung zurechnen lassen, als Nebenkosten zu behandeln sind.[692] Demzufolge genügen nur solche Anschaffungsaufwendungen von der Warte des Vorsichtsprinzips aus nicht dem Erfordernis der Einzelzuordenbarkeit, die dem angeschafften Wirtschaftsgut *tatsächlich* nicht zugerechnet werden *können.*

2. Rechtsgrundlage für die Erfassung unechter Gemeinkosten

Allerdings ist eine Erfassung unechter Gemeinkosten nur dann möglich, wenn dies auf eine Rechtsgrundlage zurückzuführen ist. Zwar kann § 255 Abs. 1 Satz 1 Hs. 2 HGB aufgrund des offenen Wortlauts durchaus so ausgelegt werden, dass auch unechte Gemeinkosten erfasst wären. Mit Blick auf die Ablehnung von Gemeinkosten durch den Gesetzgeber in der Begründung zu § 260 Abs. 2 HGB-E in der Fassung eines Entwurfs zum BiRiLiG (siehe S. 210 f.) ist eine Anwendbarkeit der herausgearbeiteten Auslegung aber nur dann zweifelsfrei möglich, wenn sich eine zusätzliche Rechtsgrundlage finden lässt. Dies gilt insbesondere vor dem Hintergrund, dass bereits der eben genannte § 260 Abs. 2 HGB-E mit identischem Wortlaut auf die Notwendigkeit der Einzelzuordenbarkeit hingewiesen hat (vgl. § 260 Abs. 2 Satz 2 a.E. HGB-E).

a) Rechtsgrundlage für die handelsbilanzielle Erfassung unechter Gemeinkosten bei Bilanzierung nach IAS

Diese Rechtsgrundlage ergibt sich für die handelsbilanzielle Sicht aus IAS 16.16 (b) i.V.m. 16.19 (d) 2003, welche bereits bei der Beurteilung der grundsätzlichen Anwendbarkeit dieses Ansatzes vorgestellt worden sind (vgl. S. 214 f.). Dem steht auch nicht entgegen, dass IAS 16 2003 ursprünglich vom IASB entwickelt worden ist, da der europäische Verordnungsgeber durch Übernahme der

---

692 Dies gilt selbstverständlich nur, sofern diese Aufwendungen auch die weiteren Aktivierungsvoraussetzungen erfüllen.

IAS in eine EG-Verordnung[693] verdeutlicht hat, dass diese unmittelbar verbindlich sind.

Demzufolge kann die Einbeziehung unechter Gemeinkosten bei Mutterunternehmen, die einen Konzernabschluss aufstellen müssen und die die Voraussetzungen des § 315a Abs. 1 oder 2 HGB erfüllen bzw. die nach § 315a Abs. 3 Satz 1 HGB freiwillig nach IAS bilanzieren, unmittelbar durch Anwendung von IAS 16.16 (b) i.V.m. 16.19 (d) 2003 herbeigeführt werden.

b) Rechtsgrundlage für die Erfassung unechter Gemeinkosten bei fehlender Bilanzierung nach IAS

Fraglich ist indes noch, ob auch in Fällen, in denen nicht nach IAS bilanziert wird, eine Rechtsgrundlage für die Einordnung unechter Gemeinkosten als Anschaffungsnebenkosten existiert. Dies betrifft vor allem den handelsbilanziellen Einzelabschluss, den Konzernabschluss, der nicht nach IAS erstellt werden muss und für den auch nicht das Wahlrecht nach § 315a Abs. 3 Satz 1 HGB ausgeübt wird, sowie die Steuerbilanz. Des Weiteren ist auch bei Beziehern von Überschusseinkünften, die nicht freiwillig Bücher führen, die Rechtsgrundlage für die Erfassung unechter Gemeinkosten als Anschaffungsnebenkosten zu klären.

(1) Zur Ableitung aus IAS 16.16 (b) i.V.m. 16.19 (d) 2003

Eine unmittelbare Berufung auf IAS 16.16 (b) i.V.m. 16.19 (d) 2003 kommt hier allerdings nicht in Betracht.

Für die handelsbilanzielle Sicht resultiert dies einerseits daraus, dass § 315a Abs. 3 Satz 2 HGB für den Konzernabschluss vorschreibt, dass die IAS nur vollständig anzuwenden sind.[694] Andererseits hat sich der deutsche Gesetzgeber für den Einzelabschluss nicht für eine Zulassung der IAS entschieden.[695]

Für die Steuerbilanz ergibt sich die fehlende Anwendung der IAS zum einen daraus, dass die entsprechende EG-Verordnung und damit letztlich IAS 16.16 (b) i.V.m. 16.19 (d) 2003 keine unmittelbare Geltung beanspruchen kann.[696]

---

693 Siehe Verordnung Nr. 2238/2004 für die Fassung IAS 2003, ABl. L 394 v. 31.12.2004, S. 1 ff.. Für Fassung IAS 1998 siehe Verordnung Nr. 1725/2003, ABl. L 261 v. 13.10.2003, S. 1 ff..

694 Im Gegensatz dazu, sieht der EU-Kommentar zur IAS-Verordnung vor, dass durchaus auch ein einzelner IAS von Unternehmen angewandt werden kann, vgl. EU-Kommentar zur IAS-Verordnung, Rechtsstand 02.12.2008, Abschn. 3.4.

695 Vgl. Hey in: Tipke/Lang, § 17, Rz. 48.

696 Zu beachten ist, dass an dieser Stelle der Untersuchung nicht auf die bereits vorgenommene Heranziehung von IAS bei der Abgrenzung zur nachträglichen Herstellung verwiesen werden kann. Denn in jenem Zusammenhang war lediglich der IAS 16.23 1998

Denn die EG bzw. EU hat im Rahmen des Steuerbilanzrechts keinen unmittelbaren[697], aus dem EG-Vertrag bzw. dem AEUV ableitbaren Harmonierungsauftrag (vgl. Umkehrschluss aus Art. 93 EGV a.F. bzw. Art. 113 AEUV). Zum anderen lässt sich die unmittelbare Geltung der in der Verordnung enthaltenen IAS nicht über § 5 Abs. 1 Satz 1 Hs. 1 EStG herbeiführen, da es sich bei diesen nicht um GoB handelt.[698]

(2) Zur Ableitung aus § 255 Abs. 1 Satz 1 Hs. 2 HGB in gemeinschaftsrechtskonformer Auslegung

Dies bedeutet allerdings keineswegs, dass für die genannten HGB-Abschlüsse und die Steuerbilanz am vollständigen Ausschluss von Gemeinkosten festzuhalten wäre. Insofern ist aber unmittelbar auf § 255 Abs. 1 Satz 1 Hs. 2 HGB zurückzugreifen (für die Steuerbilanz über § 5 Abs. 1 Satz 1 Hs. 1 EStG[699]). Dieser ist mit Blick auf Art. 35 Abs. 2 der Vierten EG-Richtlinie gemeinschaftsrechtskonform auszulegen.

Diese EG-Richtlinie stellt ebenso wie die sog. IAS-Verordnung einen Rechtsakt der Gemeinschaftsorgane innerhalb der EG bzw. EU dar (siehe Art. 249 Abs. 1 EGV a.F. bzw. Art. 288 AEUV). Im Hinblick auf diese Handlungsformen ist davon auszugehen, dass sie ihrer Zielrichtung nach grundsätzlich miteinander in Einklang stehen sollen.[700] Dies ergibt sich vor allem daraus, dass die IAS-Verordnung der Vierten EG-Richtlinie bzw. dem die Richtlinie umsetzenden nationalen Recht im Kollisionsfall vorgeht.[701] Denn nur auf diese Weise lässt sich im Bereich der Rechnungslegung sicherstellen, dass keine Be-

---

zugrunde liegende Gedanke entlehnt worden, um ein Abgrenzungskriterium zu gewinnen (vgl. S. 188 ff.). Vorliegend geht es aber um die Ermittlung einer Rechtsgrundlage.

697 Eine „stille Harmonisierung“ ergibt sich aber über das primäre Gemeinschaftsrecht, vgl. Weber-Grellet, aaO., § 22, Rn. 6.

698 So u.a. Hey in: Tipke/Lang, § 17, Rz. 61. Auch Weber-Grellet weist darauf hin, dass die Steuerbilanz nicht nach IAS erstellt werden kann, vgl. Weber-Grellet, aaO., § 23, Rn. 43. Indes sei es denkbar, zweckmäßige Einzelregelungen zu übernehmen.

699 Zur Möglichkeit der Einschränkung des Maßgeblichkeitsgrundsatzes, um Leistungsfähigkeitsprinzip und Prinzip der Gewinnermittlung entsprechend der Gleichmäßigkeit der Besteuerung zur umfassenden Geltung zu verhelfen, siehe S. 35 ff..

700 Als Beispiel für den beschriebenen Einklang innerhalb der EG-/ EU-Rechtsakte kann auch die Dienstleistungsrichtline (RL 2006/123/EG), Abl. L 376 v. 27.12.2006, S. 36 ff., angeführt werden. Nach deren Art. 3 Abs. 1 haben die Regelung der Richtlinie zurückzutreten, sofern sie im Widerspruch zu Bestimmungen eines anderen Gemeinschaftsrechtsakts stehen.

701 Dies lässt sich aus dem EU-Kommentar zur IAS-Verordnung, Rechtsstand 02.12.2008, Abschn. 3.1 herleiten.

wertungsunterschiede zwischen nach IAS bilanzierenden Unternehmen und den sonstigen bilanzierenden Unternehmen entstehen.[702] Ein solcher Bewertungsunterschied würde jedoch drohen, wenn es für sonstige bilanzierende Unternehmen beim vollständigen Ausschluss von Gemeinkosten bliebe.

Als Art. 35 Abs. 2 der Vierten EG-Richtlinie indes nicht explizit auf die Erfassung unechter Gemeinkosten hinweist, kann der Einklang der Vierten EG-Richtlinie zur genannten EG-Verordnung hier nur dadurch herbeigeführt werden, dass der in IAS 16.16 (b) i.V.m. 16.19 (d) 2003 erfasste Gehalt auch in Art. 35 Abs. 2 der Vierten EG-Richtlinie hinein interpretiert wird. Dies ist auch mit Blick auf den weiten Wortlaut des Art. 35 Abs. 2 möglich. Demzufolge ergibt sich aus Art. 35 Abs. 2 der Vierten EG-Richtlinie i.V.m. IAS 16.16 (b) i.V.m. 16.19 (d) 2003 (in der Fassung der EG-Verordnung), dass nur echte Gemeinkosten von der Aktivierung als Anschaffungsnebenkosten auszuschließen sind. Dieses Ergebnis gilt über die gemeinschaftsrechtskonforme Auslegung des § 255 Abs. 1 Satz 1 Hs. 2 HGB auch für die nicht nach IAS erstellten Abschlüsse sowie über den Maßgeblichkeitsgrundsatz für die Steuerbilanz.

Insofern ist auch keine Einschränkung des Maßgeblichkeitsgrundsatzes erforderlich. Dies resultiert daraus, dass die Erfassung unechter Gemeinkosten auch eine steuerbilanzielle Darstellung der Unternehmenslage ermöglicht, die den tatsächlichen Umständen entspricht und so der Gewinnermittlung entsprechend der wirtschaftlichen Leistungsfähigkeit sowie entsprechend der Gleichmäßigkeit der Besteuerung ausreichend Rechnung trägt.

Demnach steht einer Erfassung unechter Gemeinkosten als Anschaffungsnebenkosten auch bei HGB-Abschlüssen und Steuerbilanz nichts im Wege. Gleiches muss auch für die nicht bilanzierenden Bezieher von Überschusseinkünften gelten, da nur so dem Gebot der Gleichmäßigkeit der Besteuerung auf der Ebene der Einkünfte- bzw. Gewinnermittlung umfassend Rechnung getragen werden kann und der Einkünftedualismus nicht weiter ausgedehnt wird.[703]

IV. Ergebnis zum Erfordernis der Einzelzuordenbarkeit

Entsprechend dem Ausgeführten ist das in § 255 Abs. 1 Satz 1 Hs. 2 HGB enthaltene Erfordernis der Einzelzuordenbarkeit unter Berücksichtigung von

702 Diese Intention des europäischen Verordnungsgebers lässt sich bereits aus der erwähnten Übernahme der IAS in eine EG-Verordnung ableiten.

703 Allerdings ist hier nicht auf § 255 Abs. 1 Satz 1 Hs. 2 HGB zurückzugreifen. Die Erfassung unechter Gemeinkosten entsprechend der steuerbilanziellen Handhabung ergibt sich vielmehr aus §§ 4 Abs. 3 Satz 3, 9 Abs. 1 Satz 3 Nr. 7, 7 Abs. 1 Satz 1 EStG i.V.m. dem Gebot der Gleichmäßigkeit der Besteuerung.

Art. 35 Abs. 2 der Vierten EG-Richtlinie i.V.m. IAS 16.16 (b) i.V.m. 16.19 (d) 2003 so auszulegen, dass unechte Gemeinkosten auch unter Anschaffungsnebenkosten zu fassen sind. Wird der handelsrechtliche Jahresabschluss nach IAS erstellt, so ergibt sich dies unmittelbar aus IAS 16.16 (b) i.V.m. 16.19 (d) 2003. Nur auf diese Weise wird das Vorsichtsprinzip bei der Aktivierung von Nebenkosten ausreichend berücksichtigt.

D. Ergebnis der Abgrenzung zwischen Anschaffungsnebenkosten und Betriebsausgaben

Neben der vorstehenden Feststellung, dass bei der Abgrenzung zu Betriebsausgaben auch unechte Gemeinkosten als Anschaffungsnebenkosten in Betracht zu ziehen sind, kann zur Abgrenzung zwischen Anschaffungsnebenkosten und Betriebsausgaben weiterhin das Folgende festgehalten werden:

Aufwendungen kommen grundsätzlich nur als Anschaffungsnebenkosten in Betracht, wenn sie in einem zeitlichen Zusammenhang mit dem Anschaffungsvorgang stehen (vgl. S. 147 ff.). Dazu müssen sie nach Tätigung der ersten Handlung zum Erwerb eines bestimmbaren Wirtschaftsguts und vor Erreichen der Betriebsbereitschaft anfallen. Ob das Wirtschaftsgut den betriebsbereiten Zustand erreicht hat, ist dabei anhand der zweistufigen subjektiv-objektiven Betrachtungsweise zu bestimmen (siehe S. 174). Werden die Aufwendungen indes nach Abschluss des Anschaffungsvorgangs getätigt, so können sie trotz einer möglichen Werterhöhung des Wirtschaftsguts nur dann als nachträgliche Nebenkosten aktiviert werden, wenn durch sie der erste betriebsbereite Zustand gesichert werden soll (vgl. S. 192 f.).

Im Gegensatz zu dem erforderlichen zeitlichen Zusammenhang ist ein finaler Zusammenhang im Rahmen der Abgrenzung zu Betriebsausgaben für die steuerbilanzielle Beurteilung von Anschaffungsnebenkosten nicht erforderlich. Aufwendungen kommen demnach auch dann als Nebenkosten in Betracht, wenn sie ebenso wie Betriebsausgaben durch die Anschaffung des Wirtschaftsguts veranlasst sind (siehe S. 208 f.).

§ 5 Zusammenfassung zur Unterstützung des Maßstabs der Werterhöhung durch die Abgrenzungen zu Herstellungskosten und Betriebsausgaben

Die Abgrenzung der Anschaffungsnebenkosten zu (nachträglichen) Herstellungskosten und Betriebsausgaben ist vorstehend so ausgestaltet worden, dass sie nicht in Widerspruch zu dem Vorsichtsprinzip und dem Qualifikationsmaßstab der Werterhöhung steht. Nur auf diese Weise lässt sich die erforderliche Unterstützung des Maßstabs zur Qualifikation von Anschaffungsnebenkosten herbeiführen (vgl. S. 124 f.).

Werterhöhende Aufwendungen sind demnach nur dann als Anschaffungsnebenkosten zu aktivieren, wenn durch die hinter ihnen stehenden Maßnahmen die Funktionsgleichheit des angeschafften Wirtschaftsguts erhalten bleibt, sie in einem bestimmten, zeitlichen Zusammenhang mit dem Anschaffungsvorgang stehen und nicht als echte Gemeinkosten einzuordnen sind. Des Weiteren ist für die handelsbilanzielle Sicht zu fordern, dass die Anschaffungsaufwendungen in einem finalen Zusammenhang mit der Anschaffung stehen. Für die Aktivierung der Aufwendungen in der Steuerbilanz reicht es hingegen aus, wenn diese durch die Anschaffung veranlasst sind.

4. Teil: Anwendung der Ergebnisse zur Einordnung von Anschaffungs-nebenkosten auf die Einführung von Enterprise Resource Planning-Software (ERP-Software)

Die vorstehenden Ergebnisse zur Einordnung von Anschaffungsnebenkosten beruhen zum jetzigen Zeitpunkt einzig auf der Auseinandersetzung mit der Dogmatik und deren Grundlagen. Es handelt sich somit um nichts anderes als ein theoretisches Konstrukt.

Insofern drängt sich die Frage auf, ob dieses „Theoretikum“ auch im praktischen Fall der Anschaffung zu Lösungen führen kann. Dieser Frage wird sich im nun anschließenden Anwendungsteil gewidmet werden. Wie bereits in der Einleitung verdeutlicht worden ist, soll dies am Beispiel der Implementierung einer ERP-Software erfolgen.

Erst im Nachgang der Einordnung von Aufwendungen als Anschaffungsnebenkosten im praktischen Fall kann letztverbindlich festgestellt werden, ob die herausgearbeiteten Ergebnisse zur Dogmatik der Anschaffungsnebenkosten auch im Hinblick auf die Anwendungsfreundlichkeit befürwortet werden können.

Kapitel 1: Funktionsweise der ERP-Software und die verschiedenen Phasen der Implementierung

Grundvoraussetzung für die handels- und steuerbilanzielle Einordnung von Aufwendungen bei Einführung einer ERP-Software ist indes die Kenntnis über Funktionsweise der Software sowie die Phasen deren Implementierung.

§ 1 Funktionsweise einer ERP-Software

Im Rahmen der Einleitung ist bereits ausgeführt worden, dass es sich bei einer ERP-Software um eine integrierte Software handelt, die auf Basis standardisierter Module[704] Geschäftsprozesse des Unternehmens aus betriebswirtschaftlicher Sicht informationstechnisch unterstützt (vgl. S. 5). Das Wesensmerkmal der ERP-Software ist daher zum einen die „Funktion zur umfassenden Integration und Steuerung verschiedener Unternehmensaktivitäten“[705]. Zum anderen ist auch von besonderer Bedeutung, dass es sich bei ERP-Software um eine sog. modulare Software[706] handelt. Insofern kann ein ERP-System auch als „Baukasten“[707] bezeichnet werden.

Aufgrund dieses Baukastenprinzips ist der Anwender nicht zum Erwerb des gesamten ERP-Pakets gezwungen, sondern kann vielmehr auch nur die Lizenz für bestimmte, für sein Unternehmen notwendige Module erwerben.[708] Dabei berührt der Erwerb einer eingeschränkten Anzahl an Modulen nicht die Funktionsfähigkeit der ERP-Software.[709]

§ 2 Phasen der Implementierung einer ERP-Software und regelmäßig vorgenommene Anpassungsarbeiten

Damit die ERP-Software überhaupt ihre volle Funktionsfähigkeit beim Anwender entfalten kann, sind zuvor verschiedene Phasen der Implementierung zu

704 An dieser Stelle soll die Frage, ob jedes Modul für sich genommen ein eigenständiges Wirtschaftsgut darstellen könnte, außer Betracht gelassen werden, um nicht den Rahmen der Untersuchung zu überschreiten. Insofern sei auf die Ansicht des BMF verwiesen, nach dem grundsätzlich alle Module wegen ihres einheitlichen Funktionszusammenhangs ein Wirtschaftsgut bilden, vgl. BMF v. 18.11.2005, BStBl. I 2005, S. 1025, Tz. 2. Die Frage, ob es sich bei einer Software um ein selbständiges Wirtschaftsguts handeln kann, ist noch von Sontheimer diskutiert worden, vgl. Sontheimer, DStR 1983, S. 350 (351 f.).

705 BMF v. 18.11.2005, BStBl. I 2005, S. 1025 ff., Tz. 1. Dabei beschränkt sich die Unterstützung der Geschäftsprozesse des Unternehmens aber nicht nur auf die klassischen vier Anwendungsbereiche Finanzwesen, Logistik, Produktion und Personalwesen, sondern auch auf sog. bereichsübergreifende Funktionen, vgl. Hesseler/Görtz, aaO., S. 17 f..

706 Vgl. Wenzel, Betriebswirtschaftliche Anwendungen des integrierten Systems SAP R/3, S. 16.

707 Wenzel, aaO., S. 17. Auf diesen Vergleich greift auch Hoffmann zurück, vgl. Hoffmann, DStR 2002, S. 1458 (1459).

708 Vgl. Wenzel, aaO., S. 16. Auf diese Weise werden Branchenneutralität und Internationalität der Software gesichert, vgl. Wenzel, aaO., S. 16.

709 Erforderlich ist aber der Erwerb eines sog. Basissystems, welches die Verbindung zwischen Datenbank und angeschlossenen Modulen gewährleistet, vgl. Wenzel, aaO., S. 17.

durchlaufen. Dabei untergliedert sich die gesamte Implementierung in insgesamt sieben Phasen: Vorbereitungsphase, Organisationsphase, Analysephase, Konzeptionsphase, Anpassungsphase, Umstellungsphase und Betriebsphase.[710] Im Hinblick auf die umstrittene Anpassung[711] der ERP-Software sind indes nur Konzeptions- und Anpassungsphase von Relevanz.

In der Konzeptionsphase sind u.a. die Entwicklungsumgebung zu installieren und zu konfigurieren, die Art der Anpassung festzulegen sowie Anpassungen am ERP-System zu definieren.[712] Um die Definition der Anpassungen vornehmen zu können, wird ein sog. Fachkonzept erstellt, das im Wesentlichen der

---

710 Siehe Hesseler/Görtz, aaO., S. 116.

711 Als Folge des Meinungsstreits in der Literatur über die Einordnung der Anpassung (vgl. Fn. 726, 729 f.) herrscht auch keine Einigkeit darüber, ob eine ERP-Software als Standard- oder Individualsoftware einzuordnen ist. Dabei spricht man von Individualsoftware, wenn diese nur für die Bedürfnisse eines Anwenders (selbst-) entwickelt ist, vgl. Sauer, Bilanzierung von Software, S. 20. Hingegen ist Standardsoftware für eine Vielzahl von Anwendern gedacht, vgl. Peter, BB 2003, S. 1341 (1342). Allerdings bedeutet dies nicht, dass keine Anpassung denkbar wäre. Dies ist nur bei fixer Standardsoftware der Fall, bei der der Quellcode vom Hersteller regelmäßig nicht ausgeliefert wird, vgl. Sauer, aaO., S. 21, Köhler/Benzel/Trautmann, DStR 2002, S. 926 (926) (bezüglich Standardsoftware im Allgemeinen). Hingegen sind bei sog. variabler (modularer oder nichtmodularer) Standardsoftware bestimmte Anpassungen möglich und vom Hersteller vorgesehen, vgl. Sauer, aaO., S. 22. Mit Blick auf die verschiedenen Softwarearten hat sich der Streit um die Einordnung der ERP-Software auf die Individualsoftware (so beispielsweise Kupsch in: Bonner Handb., § 248 HGB, Rn. 24; Köhler/Benzel/Trautmann, DStR 2002, S. 926 (926)) und variable Standardsoftware (so Pergens/Niemann, StuB 2004, S. 997 (997); Wiedmann in: Ebenroth/Boujong/Joost/Strohn, HGB, § 248, Rn. 8; Pfitzer/Schwenzer in: Beck'sches HdR, Stand 12/2011, B 765, Rn. 23) konzentriert. Hingegen erkennen Peter und auch Groß/Georgius/Matheis, dass sich aufgrund der Vielgestaltigkeit der Anpassungsmöglichkeiten keine allgemeingültige Aussage über die Einordnung fällen lässt, vgl. Peter, DB 2003, S. 1341 (1342); Groß/Georgius/Matheis, DStR 2006, S. 339 (340). Ähnlich Köhler/Benzel/Trautmann, obwohl sie eine Einordnung als Individualsoftware vorziehen, vgl. Köhler/Benzel/Trautmann, DStR 2002, S. 926 (926). Demnach kann für die Einordnung als Individual- oder Standardsoftware nur maßgeblich sein, inwiefern die eingesetzte ERP-Software dem ausgelieferten Standard entspricht bzw. inwieweit sich dieser Standard wieder herbeiführen ließe. Dies bedeutet letztlich aber nichts anderes als die Einordnung des Anpassungsvorgangs als Versetzung in Betriebsbereitschaft oder als nachträgliche Herstellung. Aufgrund dieser Abhängigkeit der begrifflichen Einordnung von der Abgrenzung zwischen Herstellung und Versetzung in Betriebsbereitschaft wird die ERP-Software von Groß/Georgius/Matheis zu Recht als „technisches und rechtliches Chamäleon" (Groß/Georgius/Matheis, DStR 2006, S. 339 (340)) bezeichnet.

712 Vgl. Hesseler/Görtz, aaO., S. 123.

Ermittlung von Abdeckungsgrad und Anpassungsaufwand dient.[713] Anschließend wird ein sog. IT-Konzept entwickelt. Hierzu sind die einzelnen Anpassungen durch konkrete Änderungsaufträge mit programmspezifischen Angaben festzulegen, damit diese in der nächsten Phase im ERP-System umgesetzt werden können.[714]

Erreicht das einsetzende Unternehmen nach der Entwicklung des IT-Konzepts die Anpassungsphase, so ist zu unterscheiden zwischen Anpassung der Geschäftsprozesse und Anpassung der Software.[715] Da eine Anpassung der gesamten Geschäftsprozesse zumeist zeit- und kostenintensiver ist, ist die Anpassung der Software in der Praxis die vorherrschende Vorgehensweise.[716] In der Regel wird die Anpassung der Software durch das Customizing vorgenommen, durch welches die Aufbau- und Ablauforganisation des Unternehmens im Programm abgebildet und kundenindividuelle Einstellungen vorgenommen werden.[717] Des Weiteren ist es notwendig, die ERP-Software in Verbindung mit externen Programmen zu setzen. Dies geschieht entweder durch einmalige Datenmigration oder durch das Einrichten von Schnittstellen.[718] Allerdings kann man insgesamt nur dann von Customizing sprechen, wenn die Einstellungen am System ohne Programmierung, d.h. nur durch die Einstellung von Systemparametern, vorgenommen werden.[719]

Darüber hinaus besteht auch die Möglichkeit von Eigenentwicklungen und Modifikationen.[720] Dabei ist von Eigenentwicklungen i.d.S. die Rede, wenn mit-

---

713 Vgl. Hesseler/Görtz, aaO., S. 124.

714 Siehe Hesseler/Görtz, aaO., S. 126. Dies setzt allerdings voraus, dass ein lauffähiges Entwicklungssystem der ERP-Software zur Verfügung steht, vgl. Hesseler/Görtz, aaO., S. 126.

715 Vgl. Hesseler/Görtz, aaO., S. 124.

716 Siehe Hesseler/Görtz, aaO., S. 125.

717 Vgl. Hesseler/Görtz, aaO., S. 128.

718 Vgl. Hesseler/Görtz, aaO., S. 129 für neu zu entwickelnde, externe Programme (gleiches muss aber auch für bereits bestehende externe Programme gelten). Schnittstellen ermöglichen grundsätzlich eine offene Softwarearchitektur und sind im SAP-System standardisiert implementiert, vgl. Wenzel, aaO., S. 15.

719 Siehe Hesseler/Görtz, aaO., S. 224; Wenzel, aaO., S. 34. Anders insofern die Stellungnahme des IDW, in welcher unter Customizing auch weitere Maßnahmen zur Einbettung der Software in das betriebliche Umfeld verstanden werden, vgl. IDW RS HFA 11 v. 30.06.2004, Wpg 2004, S. 817, Tz. 17.

720 Vgl. Hesseler/Görtz, aaO., S. 229. Ferner ist auch die Anpassung durch Personalisierung möglich. Diese sei hier aber nicht gesondert erwähnt, da sie ähnlich wie das Customizing ohne Programmierung im ERP-System vorgenommen wird, vgl. Hesseler/Görtz, aaO., S. 233.

hilfe integrierter Entwicklungsumgebungen und deren Werkzeuge eigene Programme erstellt werden, die die ERP-Software jedoch unberührt lassen.[721] Unzweifelhaft wird es sich bei der Eigenentwicklung von Programmen um eine Herstellung i.S.d. § 255 Abs. 2 HGB handeln. Indes wird hier nicht auf die ERP-Software selbst eingewirkt. Anders verhält es sich bei sog. Modifikationen. Diese sind wohl als schwerwiegendste Art der Anpassung zu bezeichnen, als sie in die Programmierung des ERP-Standards, d.h. den Quellcode, eingreifen und diesen verändern.[722]

Ist die Anpassung der Software anhand der vorgestellten Möglichkeiten abgeschlossen, so sind im Rahmen der Anpassungsphase noch Schulungen für die Endanwender sowie ein abschließender Integrationstest[723] vorzunehmen, bevor in die Umstellungsphase und schließlich in die Betriebsphase eingetreten werden kann.

Kapitel 2: Abgrenzung zwischen Versetzung in Betriebsbereitschaft und nachträglicher Herstellung bei Anpassung einer ERP-Software

Entsprechend den Erläuterungen zur Abgrenzung zwischen Anschaffungsnebenkosten und Herstellungskosten (vgl. S. 128 ff.) gilt es bei Implementierung einer ERP-Software, an der eine Lizenz erworben wurde[724], zu klären, ob deren Anpassung an die betriebsspezifischen Bedürfnisse noch als Versetzung in betriebsbereiten Zustand oder schon als nachträgliche Herstellung zu werten ist.[725]

721 Siehe Hesseler/Görtz, aaO., S. 241. Ähnlich Wenzel, aaO., S. 22.

722 Vgl. Hesseler/Görtz, aaO., S. 245.

723 Siehe Hesseler/Görtz, aaO., S. 127.

724 Aufgrund des Lizenzerwerbs nimmt Babon an, dass das Wirtschaftsgut „Software-Lizenz" zu aktivieren sei, vgl. Babon, StBp 2001, S. 68 (70 f.). Zwar ist unstreitig, dass nach zivilrechtlicher Betrachtungsweise ein Lizenzvertrag abgeschlossen wird. Zu betonen ist jedoch, dass in Handels- und Steuerbilanzrecht die wirtschaftliche Betrachtungsweise zu beachten ist. Demzufolge ist nur die ERP-Software als Wirtschaftsgut zu aktivieren, vgl. statt vieler BMF-Schreiben v. 18.11.2005, BStBl. I 2005, S. 1025, Tz. 2.

725 Vgl. Hoffmann, DStR 2005, S. 2078 (2078); Kupsch in: Bonner Handb., § 248 HGB, Rn. 24. Anders insofern Babon, als dieser eine Abgrenzung zur Herstellung bei immateriellen Wirtschaftsgütern wohl nicht für notwendig hält; dem Begriff „Herstellung" sei immanent, dass es sich nur um materielle Wirtschaftsgüter handeln könne, vgl. Babon, StBp 2001, S. 68 (68).

Zwar ist diese Abgrenzung[726] auch bei der Anschaffung anderer Wirtschaftsgüter vorzunehmen. Allerdings erlangt sie erst bei immateriellen Wirtschaftsgütern – wie einer Software[727] – besondere Brisanz.[728] So können Aufwendungen in

726 Bei der Abgrenzung zur Herstellung im Kontext der ERP-Software wird vor allem diskutiert, ob noch Anschaffungs(neben)kosten möglich sind, wenn eine Anpassungsmaßnahme die Grenze zur nachträglichen Herstellung überschreitet. Die h.M. nimmt insofern regelmäßig eine Umschaffung der Software an, vgl. statt vieler: Kupsch in: Bonner Handb., § 248 HGB, Rn. 24; Scharfenberg/Marquardt, DStR 2004, S. 195 (196). So auch Bordewin, NWB Fach 17, S. 1583 (1589), wenn das Gesamtprogrammpaket erworben und vom Anwender umgearbeitet wird, vgl. Bordewin, NWB Fach 17, S. 1583 (1590). Als Folge gehe die angeschaffte ERP-Software unter und gehe in einer selbst hergestellten Individualsoftware auf, vgl. Scharfenberg/Marquardt, DStR. 2004, S. 195 (196); Pergens/Niemann, StuB 2004, S. 997 (998); IDW RS HFA 11 v. 30.06.2004, WPg 2004, S. 817, Tz. 14. Ähnlich: Hoffmann, StuB 2006, S. 56 (59). Dieser Untergang soll selbst den Anschaffungspreis betreffen, so dass der Vorgang umfassend als Herstellung anzusehen sei, vgl. Scharfenberg/Marquardt, DStR 2004, S. 195 (196). Allerdings sollen Modifikationen der ERP-Software nach einhelliger Meinung zu Erweiterung oder wesentlicher Verbesserung führen, vgl. beispielsweise IDW RS HFA 11 v. 30.06.2004, WPg 204, S. 817, Tz. 16. So ähnlich: Köhler/Benzel/Trautmann, DStR 2002, S. 926 (928 f.); Groß/Georgius/Matheis, DStR 2006, S. 339 (341). In diesem Fall bleiben allerdings Anschaffungspreis und -nebenkosten als solche erhalten, vgl. Groß/Georgius/Matheis, DStR 2006, S. 339 (341); Umkehrschluss aus Scharfenberg/Marquardt, DStR 2004, S. 195 (196). Nimmt man hingegen auch außerhalb von Modifikationen keinen Untergang der Software an, so ist eine gesonderte Betrachtung jeder Aufwendung und damit eine Aktivierung der Anschaffungsaufwendungen grundsätzlich möglich. Dieser Gedanke findet sich auch bei Haun/Golücke und Anzinger, vgl. Haun/Golücke, BB 2004, S. 651 (653); Anzinger in: H/H/R, EStG, § 5, Anm. 1734 a.E.. Ebenso bereits Stapperfend, Die steuer- und bilanzrechtliche Behandlung von Software, S. 100. So könnte man auch Werner verstehen, als dieser betont, dass Lizenzkosten „stets Anschaffungskosten im Sinne des § 255 Abs. 1 Satz 1 HGB" darstellten, vgl. Werner, BBK 2005, S. 683 (683).

727 Heute wird Software als immaterielles Wirtschaftsgut verstanden. Die Einordnung ist beispielsweise noch von Stapperfend problematisiert worden, vgl. Stapperfend, aaO., S. 15 ff.. Siehe hierzu auch Sontheimer, DStR 1983, S. 350 (352 f.).Teilweise ist auch diskutiert worden, ob es sich bei fixer Standardsoftware um ein materielles Wirtschaftsgut handelt. So z.B. Walter, DB 1980, S. 1815 (1817). Zum Meinungsstreit diesbezüglich siehe Knepper in: FS Döllerer, S. 299 (304 ff.); Bordewin, NWB Fach 17, S. 1583 (1587 f.) unter Hinweis auf die Rspr. des BFH.

728 Im Gegensatz dazu ist bei einer Bilanzierung nach IAS die o.g. Brisanz nicht gegeben, als IAS 38.24 2003 vorsieht, dass immaterielle Vermögenswerte mit Anschaffungs- oder Herstellungskosten zu bewerten sind. Insofern kommt es auf eine Abgrenzung zwischen Versetzung in Betriebsbereitschaft und nachträglicher Herstellung nicht an, da die IAS kein pauschales Ansatzverbot für selbsterstellte immaterielle Vermögensge-

Bezug auf das immaterielle Wirtschaftsgut bei unentgeltlichem Erwerb wegen § 5 Abs. 2 EStG für Zwecke der Steuerbilanz als Betriebsausgaben abgezogen werden.

Zur Frage der Abgrenzung zwischen Herstellung und Versetzung in Betriebsbereitschaft haben sich in der Literatur einige Kriterien herausgebildet, die überwiegend zu dem Ergebnis gelangen, dass bereits das bloße Customizing der Software zu einer nachträglichen Herstellung führt.[729] Indes soll hier nicht auf diese einzelnen Kriterien und ihre Vor- und Nachteile eingegangen werden. Denn einerseits lassen sich die hier vertretenen Kriterien oftmals auf die bereits untersuchten und abgelehnten Abgrenzungskriterien (vgl. S. 131 ff.) herunter brechen.[730] Andererseits gilt es vorliegend lediglich zu prüfen, ob die zur Akti-

---

genstände bzw. Wirtschaftsgüter, wie § 248 Abs. 2 HGB a.F. und § 5 Abs. 2 EStG, kennen, vgl. Scheinpflug in: Beck'sches IFRS-Handb., 2. Aufl., § 4, Rn. 113.

729 Beispielsweise legen Spohn/Peter eine funktionale Betrachtungsweise nahe, vgl. Spohn/Peter, BC 2005, S. 97 (98). Allerdings kann dieses Kriterium nicht beantworten, wann die ausgelieferte Software im Vergleich zur eingesetzten Software von „untergeordneter Bedeutung“ ist. Weiterhin nimmt das IDW zur ERP-Software an, als es auf die Art der vor und nach Implementierungen vorhandenen Funktionen der Software ankäme, vgl. IDW RS HFA 11 v. 30.06.2004, WPg 2004, S. 817, Tz. 14 (zur Entstehung eines neuen Vermögensgegenstands mittels Umschaffung). So ebenfalls IDW zum Entwurf des BMF-Schreibens bezüglich der bilanziellen Behandlung von ERP-Software, WPg 2005, S. 682 (682). Ähnlich: Kupsch in: Bonner Handb., § 248 HGB, Rn. 24. Ähnlich, wenn auch unbestimmter: Scharfenberg/Marquardt, die weiterhin auf einen Vergleich der Eigenschaften der ERP-Software abstellen, vgl. Scharfenberg/Marquardt, DStR 2004, S. 195 (197). Indes spricht gegen einen Vergleich der Funktionen bzw. Eigenschaften, dass nicht erkennbar ist, wann dieser Vergleich zugunsten einer Herstellung ausfallen soll.

730 So stellen Scharfenberg/Marquardt und Köhler/Benzel/Trautmann neben weiteren Kriterien darauf ab, ob ein unternehmensfremder Dritter die ERP-Software nach Anpassung an die betriebsspezifischen Bedürfnisse noch erwerben würde bzw. nutzen könnte, vgl. Scharfenberg/Marquardt, DStR 2004, S. 195 (197); Köhler/Benzel/Trautmann, DStR 2002, S. 926 (928). Ob dies der Fall ist, wollen Groß/Georgius/Matheis anhand der Veränderung der Marktgängigkeit feststellen, vgl. Groß/Georgius/Matheis, DStR 2006, S. 339 (341). Dabei sei die Marktgängigkeit wohl verändert, wenn die Software nicht mehr als Kaufgegenstand von Interesse ist, vgl. Groß/Georgius/Matheis, DStR 2006, S. 339 (341). Weiterhin nehmen Köhler/Benzel/Trautmann an, dass eine Anschaffung dann vorliege, wenn „im Rahmen der Implementierung kein deutlich veränderter Gebrauchswert der ERP-Software entsteht“(Köhler/Benzel/Trautmann, DStR 2002, S. 926 (929)). Da sich die Begriffe „Gebrauch“ und „Nutzung“ sprachlich ähneln, erinnert das stark an die abgelehnte Erhöhung des Nutzungswerts bzw. Nutzungspotenzials (vgl. S. 131 ff.). Als eine Veränderung des Gebrauchswerts auch bei dessen Erhöhung gegeben sein kann, ist auf die entsprechenden Ablehnungsgründe zu verweisen. Glei-

vierung von Anschaffungsnebenkosten herausgearbeiteten Ergebnisse auch für die praktische Anwendung tauglich sind.

Vor diesem Hintergrund ist dementsprechend lediglich zu fragen, ob die Abgrenzung mithilfe des BMF-Schreibens vom 18.11.2005 zur Bilanzierung von ERP-Software[731] vorgenommen werden kann, da einzig dessen Ansätze in der Praxis bis dato ausschlaggebend sein dürften.[732] Nur wenn dies nicht der Fall ist, kann die Anwendung des hier vertretenen Kriteriums der Funktionsgleichheit in Betracht gezogen werden.

§ 1 Abgrenzung zur nachträglichen Herstellung bei Anpassung einer ERP-Software entsprechend den Vorgaben des Bundesfinanzministeriums vom 18.11.2005

A. Erwägungen des Bundesfinanzministeriums zur Abgrenzung zwischen Versetzung in Betriebsbereitschaft und Herstellung

Möglicherweise lässt sich aus dem o.g. BMF-Schreiben ein speziell auf die ERP-Software zugeschnittenes Abgrenzungskriterium gewinnen.

So nimmt das BMF einerseits eine nachträgliche Herstellung an, „wenn die Software eine zusätzliche Funktionalität erhält oder ihr Anwendungsbereich über die standardmäßig vorgesehenen Einsatzgebiete hinaus ausgedehnt wird“[733]. Andererseits soll eine Herstellung nur dann geben sein, wenn wesentli-

---

ches gilt auch für das von Pergens/Niemann und Groß/Georgius/Matheis vorgebrachte Kriterium. So soll eine Herstellung vorliegen, wenn die ERP-Software eine Änderung der Funktions- und Nutzungsmöglichkeiten erfährt, vgl. Pergens/Niemann, StuB 2004, S. 997 (998) (bei Offenlegung des Quellcodes); Groß/Georgius/Matheis, DStR 2006, S. 339 (340).

731 BMF-Schreiben v. 18.11.2005, BStBl. I 2005, S. 1025 ff..

732 Laut Kuhner hat dieses Schreiben des BMF auch eine Klärung zur Frage der Bilanzierung von ERP-Software gebracht, vgl. Kuhner in: HdJ, Abt. II/1, Rn. 322.

733 BMF-Schreiben v. 18.11.2005, BStBl. I 2005, S. 1025, Tz. 8. So auch Groß/Georgius/Matheis hinsichtlich Erweiterung und wesentliche Verbesserung, vgl. Groß/Georgius/Matheis, DStR 2006, S. 339 (341); IDW RS HFA v. 30.06.2004, WPg 2004, S. 817, Tz. 19. In der Stellungnahme zum Entwurf des BMF-Schreibens führt das IDW als Beispiele für zusätzliche Funktionalitäten Auswertungen und Abfragemöglichkeiten an, vgl. IDW v. 18.05.2005, WPg 2005, S. 682 (683).

che Änderungen am Quellcode[734] der ausgelieferten ERP-Software vorgenommen worden sind.[735] Solche Änderungen am Quellcode durch Programmierungen lägen indes beim reinen Customizing nicht vor.[736]

Insofern weist das BMF darauf hin, dass bei der Vornahme von Einstellungen ohne Programmierung keine neuen Funktionen der Software geschaffen werden.[737] Daraus ist im Umkehrschluss zu folgern, dass eine Änderung am Quellcode stets mit der Schaffung neuer Funktionen einhergehen muss.

B. Verknüpfung der Erwägungen des Bundesfinanzministeriums zu einem Abgrenzungskriterium

Die Ableitung eines Abgrenzungskriteriums aus den soeben dargestellten Erwägungen des BMF gelingt jedoch nur, wenn sich diese zu einem einzigen Kriterium verknüpfen lassen.

Zwar hält das BMF im Fall der Quellcodeänderung wohl eine Umschaffung für gegeben[738], wohingegen bei einer zusätzlichen Funktionalität der ERP-Software von Erweiterung bzw. wesentlicher Verbesserung[739] die Rede ist. Dies ist aber insofern unschädlich, als es im Rahmen der Qualifikation von Anschaf-

---

734 In der Praxis wird der Quellcode dem Softwareanwender oftmals zur Verfügung gestellt. Allerdings wird dies zum einen mit der ausdrücklichen Warnung vor Umschreibungen seitens des Softwareanbieters und zum anderen mit dem Ausschluss der Gewährleistung im Fall des Eingriffs auf den Quellcode einhergehen, vgl. Hesseler/Görtz, aaO., S. 125, 245. Es wird daher geraten, eine Einwirkung auf den Quellcode „äußerst kritisch zu bewerten und nur in unumgänglichen Ausnahmefällen vorzunehmen", vgl. Hesseler/Görtz, aaO., S. 244.

735 So BMF-Schreiben v. 18.11.2005, BStBl. I 2005, S. 1025, Tz. 4. Diese Auffassung des BMF wird u.a. von Prinz zu Hohenlohe/Oblau als fiskalisch motiviert angesehen, da die meisten Aufwendungen demzufolge aktivierungspflichtige Anschaffungsnebenkosten darstellten, vgl. Prinz zu Hohenlohe/Oblau, BC 2006, S. 85 (87).

736 So BMF-Schreiben v. 18.11.2005, BStBl. I 2005, S. 1025, Tz. 4.

737 So BMF-Schreiben v. 18.11.2005, BStBl. I 2005, S. 1025, Tz. 6.

738 So BMF-Schreiben v. 18.11.2005, BStBl. I 2005, S. 1025, Tz. 4. Es ist jedoch darauf hinzuweisen, dass das BMF den Begriff der Umschaffung bzw. Wesensänderung selbst nicht nennt. Es führt lediglich aus, dass kein Herstellungsvorgang vorliegt, wenn keine wesentliche Änderung des Quellcodes vorgenommen worden ist. Dass das BMF aber auf die Wesensänderung abzielen dürfte, ergibt sich daraus, dass ohne Quellcodeänderung auch keine Entstehung einer Individualsoftware möglich sein soll, vgl. BMF-Schreiben v. 18.11.2005, BStBl. I 2005, S. 1025, Tz. 4. Indes kommt die Entstehung einer Individualsoftware überhaupt nur durch Umschaffung der ERP-Software in Frage (vgl. Fn. 726).

739 So BMF-Schreiben v. 18.11.2005, BStBl. I 2005, S. 1025, Tz. 8.

fungsnebenkosten auf eine Differenzierung zwischen den verschiedenen Herstellungsformen nicht ankommt. Denn letztlich ist bei jeder der genannten Unterformen eine nachträgliche Herstellung i.S.d. § 255 Abs. 2 HGB gegeben. Für die Möglichkeit der Zusammenfassung zu einem gemeinsamen Abgrenzungskriterium kann bei der Abgrenzung zur Versetzung in Betriebsbereitschaft vielmehr einzig bedeutsam sein, dass die genannten Aspekte des BMF-Schreibens den gleichen gedanklichen Kern aufweisen.

Dass diese Voraussetzung erfüllt ist, lässt sich aus der Aussage des BMF herleiten, die dem Erfordernis zusätzlicher Funktionalität bei Erweiterung bzw. wesentlicher Verbesserung unmittelbar nachfolgt: „Wesentliche Änderungen am Quellcode [...] sind *immer* [Hervorhebung durch Verf.] als Erweiterung anzusehen.“[740] Diese Äußerung im BMF-Schreiben kann nichts anders bedeuten, als dass bei wesentlicher Änderung des Quellcodes auch eine zusätzliche Funktionalität der ERP-Software geschaffen wird. Da eine Quellcodeänderung i.d.S. aber gleichzeitig auch neue Funktionen der Software schafft, müssen die Schaffung neuer Funktionen und der Erhalt zusätzlicher Funktionalität über den gleichen gedanklichen Kern verfügen. Demzufolge steht einer Zusammenfassung der Aussagen des BMF hinsichtlich der Herstellung einer ERP-Software zu einem gemeinsamen Abgrenzungskriteriums nichts im Wege.

C. Beurteilung der Anwendbarkeit des Abgrenzungskriteriums bei Anpassung einer ERP-Software[741]

Mit der Möglichkeit der Zusammenfassung zu einem Abgrenzungskriterium ist allerdings noch nicht entschieden, ob das Kriterium der zusätzlichen Funktionalität bzw. Schaffung neuer Funktionen aufgrund einer Quellcodeänderung auch bei der Abgrenzung zur Herstellung herangezogen werden kann.

I. Zur Einschränkung der nachträglichen Herstellung aufgrund des Erfordernisses einer Quellcodeänderung

Zweifelsohne handelt es sich bei der Änderung des Quellcodes um die wohl intensivste Einwirkung auf die ursprünglich ausgelieferte ERP-Software. Dies wird insofern deutlich, als bei einer Modifikation, d.h. einer Umprogrammie-

740 BMF-Schreiben v. 18.11.2005, BStBl. I 2005, S. 1025, Tz. 8.

741 Zu beachten ist, dass das Erfordernis einer zusätzlichen Funktionalität nicht mit dem abgelehnten Kriterium der Änderung der Funktionsmöglichkeiten (vgl. Fn. 730) übereinstimmt. Dies rührt daher, dass eine zusätzliche Funktionalität nicht bereits bei der bloßen „Möglichkeit“ einer Funktion gegeben ist.

rung des Quellcodes durch den Anwender (vgl. S. 229), regelmäßig die zivilrechtliche Gewährleistung seitens der Softwareanbieter ausgeschlossen wird.[742]

Dies wirft die Frage auf, ob das Abstellen auf eine Quellcodeänderung nicht zu einer unvertretbaren Einschränkung der nachträglichen Herstellung bei Implementierung einer ERP-Software führt.[743] Denn in der Folge wären sämtliche Einwirkungen auf die Software, die ohne Änderung des Quellcodes möglich sind, noch als Versetzung in Betriebsbereitschaft einzuordnen. Allerdings ist in der Voraussetzung einer Quellcodeänderung nur dann eine Einschränkung der nachträglichen Herstellung zu sehen, wenn ähnlich intensive Eingriffe in die Software auch ohne Einbeziehung des Quellcodes vorgenommen werden können.

Dass dies nicht der Fall ist, wird besonders am Beispiel des Customizings als dem Regelfall der Anpassung (siehe S. 228) deutlich. Das Customizing ist grundsätzlich davon geprägt, dass bestimmte Parameter des Anwenders im ERP-Programm eingestellt werden müssen, um die notwendige Abbildung des Unternehmens herbeizuführen.[744] Dieser Vorgang könnte nur dann einen der Quellcodeänderung gleichkommenden Eingriff darstellen, wenn diese Art der Anpassung ebenso wie die Umprogrammierung des Quellcodes seitens der Softwareanbieter nicht erwünscht wäre.[745] Indes ist die Parametrisierung der Software einerseits ausdrücklich vom Anbieter vorgesehen und wird andererseits auch von dem ERP-System unterstützt, indem es bereits im Auslieferungszustand unterschiedliche Einstellungsmöglichkeiten anbietet.[746] Insofern kann der Gebrauch der Anpassungsmöglichkeiten durch Einstellen der Parameter keinen solch intensiven Eingriff in die Software darstellen, der einer Quellcodeänderung, die im Programm selbst nicht vorgesehen ist und vom Softwareanbieter mit Gewährleistungsausschluss „geahndet" wird, gleichkäme.

Demgemäß stellt ein Abstellen auf eine Änderung des Quellcodes im Grundsatz keine Einschränkung im o.g. Sinn dar. Vielmehr kann die Grenze zur nachträglichen Herstellung überhaupt erst dann überschritten sein, wenn auf den

---

742 Vgl. Hesseler/Görtz, aaO., S. 245.

743 So wohl Groß/Georgius/Matheis in Bezug auf eine Wesensänderung, als die Autoren ausführen, dass nicht immer eine Quellcodeänderung vorliegen müsse, vgl. Groß/Georgius/Matheis, DStR 2006, S. 339 (340).

744 Dies geschieht durch Einrichtung des „Mandanten", vgl. Hesseler/Görtz, aaO., S. 225.

745 Zwar wird in der Praxis regelmäßig der Quellcode mit ausgeliefert (vgl. Fn. 734). Dass die Einwirkung auf diesen Quellcode von den Softwareanbietern jedoch nicht erwünscht ist, ergibt sich daraus, dass eine Änderung des Codes zu einem Ausschluss der zivilrechtlichen Gewährleistung führt.

746 Vgl. Hesseler/Görtz, aaO., S. 225; Haun/Golücke, BB 2004, S. 651 (654).

Quellcode der ERP-Software eingewirkt wird.[747] Demzufolge ist das Customizing entgegen der h.M. noch als Versetzung der Software in betriebsbereiten Zustand einzustufen[748], da es an dieser Einwirkung fehlt.

II. Erfordernis der „Wesentlichkeit" einer Quellcodeänderung – zur Bestimmbarkeit anhand der Erwägungen des Bundesfinanzministeriums

Jedoch kann nicht jede Änderung am Quellcode zu einer nachträglichen Herstellung führen.[749] Andernfalls wäre bereits die Eingabe eines zusätzlichen Buchstabens in dem Quellcodeeditierungsprogramm[750], das regelmäßig in das ERP-System integriert ist[751], als Quellcodeänderung zu qualifizieren, obwohl dies nicht zwangsläufig eine praktische Auswirkung auf das ERP-System hat.[752] Insofern verlangt das BMF zu Recht, dass eine nachträgliche Herstellung nur bei einer „wesentlichen" Änderung des Quellcodes vorliegt.[753]

Klärungsbedürftig ist jedoch, wann solch eine „wesentliche" Änderung vorliegt.[754] Hierzu führt das BMF lediglich an, dass die Auswirkung auf die zivilrechtliche Gewährleistung des Softwareanbieters ein Indiz darstelle.[755] Dies ist

---

747 Daher ist eine nachträgliche Herstellung keinesfalls möglich, wenn der Quellcode vom Softwareanbieter nicht offengelegt wird, d.h. wenn sich der Softwareanwender keinen Zugriff zu diesem verschaffen kann. Zu beachten ist, dass mit der Lizenz nicht automatisch auch der Quellcode der Software auf den Anwender übertragen wird, vgl. Petersen, NWB 2005, S. 1029 (1039).

748 So beispielsweise auch Petersen, NWB, Fach 17, S. 1999 (2000).

749 So aber wohl Scherff/Willeke, als sie darauf hinweisen, dass eine Änderung des Quellcodes eigentlich bereits durch Erstellung von neuen Programmverbindungen zu anderen Modulen oder anderen Softwarelösungen gegeben sein kann, vgl. Scherff/Willeke, BBK, Fach 12, S. 6829 (6831).

750 Für die ERP-Software von SAP ist dies die „ABAP Workbench", vgl. Hesseler/Görtz, aaO., S. 241. Innerhalb dieses Editierungsprogramms muss die jeweilige Programmiersprache benutzt werden. Für die „ABAP Workbench" ist dies die Programmiersprache „Advanced Business Application Language" (kurz: ABAP), vgl. Hesseler/Görtz, aaO., S. 241; Kühnhauser, Discover ABAP, S. 21.

751 Mit der Integration eines Editierungsprogramms sollen dem Softwarekunden Programmierungen ermöglicht werden, vgl. Hesseler/Görtz, aaO., S. 241 f..

752 So ist ein „Befehl" für das Programm erst dann verständlich, wenn dieser in entsprechender Form unter Beachtung einer bestimmten Programmierungsreihenfolge eingegeben worden ist. Siehe hierzu ein Beispiel für einen geschriebenen Quellcode bei Kühnhauser, aaO., S. 90 ff..

753 So BMF-Schreiben v. 18.11.2005, BStBl. I 2005, S. 1025, Tz. 4.

754 Ähnlich: Scherff/Willeke, BBK, Fach 12, S. 6829 (6831).

755 So BMF-Schreiben v. 18.11.2005, BStBl. I 2005, S. 1025, Tz. 4.

indes zur Bestimmung der Wesentlichkeit nicht hilfreich, als ein Abstellen auf die Gewährleistung immer auch eine Maßgeblichkeit der vertraglichen Gestaltung und damit die Möglichkeit der Einflussnahme auf Seiten des Softwareanwenders bedeutet.

Möglicherweise lässt sich die Frage nach der Ausgestaltung der Wesentlichkeit aber durch Abstellen auf die weiteren Merkmale „Erhalt zusätzlicher Funktionalität“ bzw. „Schaffung neuer Funktionen“ beantworten. Voraussetzung dafür ist jedoch, dass eine wesentliche Änderung des Quellcodes stets mit zusätzlicher Funktionalität und der Schaffung neuer Funktionen der ERP-Software einhergeht.

Dies ist indes insbesondere mit Blick auf die Schaffung neuer Funktionen zweifelhaft. Denn wird der Quellcode umgeschrieben, so hat dies immer zur Folge, dass die in der geänderten Sequenz verschlüsselte Funktion der ERP-Software verloren geht.[756] Im Gegensatz dazu setzt die „Schaffung neuer Funktionen“ nicht voraus, dass die ursprüngliche Funktion vernichtet wird. Die Schaffung einer neuen Funktion ist vielmehr auch unter Erhaltung der „alten“ Funktion möglich. Insofern ist es ausreichend, wenn eine „zusätzliche Funktionalität“ der Software herbeigeführt wird.

Demzufolge gelingt es der Schaffung neuer Funktionen bzw. der zusätzlichen Funktionalität nicht, die zwangsläufige Löschung der bisherigen Funktion durch die Quellcodeänderung zu erfassen und die Wesentlichkeit der Quellcodeänderung damit umfassend zu beschreiben. Aufgrund dessen lässt sich die Frage, wann die Quellcodeänderung so wesentlich ist, dass von einer nachträglichen Herstellung gesprochen werden muss, nicht mithilfe der Aussagen des BMF beantworten.

Das aus diesen Aussagen hergeleitete Kriterium kann daher nicht zur Abgrenzung zwischen Versetzung der ERP-Software in Betriebsbereitschaft und Herstellung herangezogen werden.

---

756 Zwar ist eine Änderung des Quellcodes vom Wortlaut her auch durch dessen Ergänzung möglich. Allerdings führt dies nicht zu einer abweichenden Bewertung des Vorgangs, da durch jede modifizierende Umprogrammierung originäre Objekte des ERP-Programms verändert werden und daher ursprüngliche Funktionen verloren gehen, vgl. Hesseler/Görtz, aaO., S. 245. Wird in der Tat nur eine Ergänzung der ERP-Software im Sinne einer weiteren Funktion gewünscht, so lässt sich dies ohne Änderung der Software selbst auf dem Wege der Integration einer Eigenentwicklung in das ERP-System herbeiführen, vgl. Hesseler/Görtz, aaO., S. 241, 245.

§ 2 Abgrenzung zur nachträglichen Herstellung bei Anpassung einer ERP-Software entsprechend der Funktionsgleichheit

Möglicherweise lässt sich die Frage nach der „Wesentlichkeit" der Quellcodeänderung aber unter Heranziehung des im Rahmen dieser Arbeit befürworteten Abgrenzungskriteriums der Funktionsgleichheit beantworten. Dem folgend wäre eine Quellcodeänderung dann wesentlich, wenn durch die Änderung neue, der ERP-Software vorher noch nicht innewohnende Funktionen hinzukommen oder bisher bestehende Funktionen nach der Anpassung gänzlich verschwunden sind (siehe S. 139 f.).

A. Beurteilung der grundsätzlichen Anwendbarkeit der Funktionsgleichheit auf die Änderung des Quellcodes

Indes kann die Funktionsgleichheit zur Bestimmung der Wesentlichkeit einer Quellcodeänderung nur dann herangezogen werden, wenn eine Änderung i.d.S. grundsätzlich mit einer Ungleichheit der Funktionen einhergeht.

Entsprechend dem Vorstehenden hat eine Änderung des Quellcodes grundsätzlich Einfluss auf die in ihm verschlüsselten Funktionen. Dies resultiert daraus, dass die in der geänderten Sequenz im Quellcode enthaltenen Informationen umgestellt oder durch andere Informationen ersetzt werden. Da die einzelne Funktion der Software aber durch ihre Position und Verknüpfung mit verschlüsselten Informationen beschrieben ist[757], führt das Umstellen oder Umschreiben dieser Informationen dazu, dass die bisherige Funktion nicht mehr aufgerufen werden kann, d.h. nicht mehr besteht. Weiterhin hat ein Umstellen oder Umschreiben der enthaltenen Informationen zur Folge, dass in der betroffenen Sequenz nunmehr eine andere Funktion beschrieben wird, die der Code zuvor noch nicht enthalten hat. Im Hinblick auf das Wirtschaftsgut ERP-Software bedeutet dies, dass bisherige Funktionen untergegangen *und* neue Funktionen hinzugekommen sind, die dem Wirtschaftsgut vorher noch nicht innegewohnt haben.

Demzufolge geht eine „wesentliche" Änderung des Quellcodes stets mit einer Ungleichheit der innewohnenden Funktionen einher. Dies gilt umso mehr, als diese Änderung sogar beiden Komponenten des Kriteriums der Funktionsgleichheit genügt, die eigentlich nur alternativ erfüllt sein müssen (siehe S. 135

757 Dass es auf die Position der einzelnen Information und deren Verknüpfung mit weiteren Informationen im Quellcode ankommt, wird mit Blick auf einen typischen Quellcode deutlich, siehe hierzu den Hinweis auf ein Quellcodebeispiel in Fn. 752.

f., 139 f.). Insofern bestehen an der Heranziehung der Funktionsgleichheit zur Festlegung der Wesentlichkeit einer Quellcodeänderung keine Bedenken.

B. Anwendung auf die Anpassung einer ERP-Software

Die Abgrenzung zwischen Versetzung in Betriebsbereitschaft und nachträglicher Herstellung richtet sich demnach auch bei Implementierung einer ERP-Software nach dem Kriterium der Funktionsgleichheit.[758] Dieses beschreibt die Wesentlichkeit der vom BMF herangezogenen Quellcodeänderung.

I. Allgemeine Voraussetzungen einer zu Funktionsungleichheit führenden Quellcodeänderung

Dem folgend, überschreitet eine Anpassungsmaßnahme bei Implementierung der ERP-Software die Intensitätsgrenze zur nachträglichen Herstellung erst, wenn eine Änderung des Quellcodes vorgenommen wird. Weiterhin muss diese Einwirkung dazu führen, dass neue, der Software zuvor nicht innewohnende Funktionen durch die im Quellcode dargestellten Informationen beschrieben werden *oder* bisher vorhandene Informationen und die durch diese beschriebenen Funktionen nicht mehr existieren.[759]

Dies bedeutet im Umkehrschluss, dass nicht jede Einwirkung auf den Quellcode wesentlich ist und damit nicht zwangsläufig die Annahme einer nachträglichen Herstellung nach sich ziehen muss (siehe dazu S. 236 f.). Denn die Änderung einer Funktion kann durch das Programm nur ausgeführt werden, wenn im Quellcode die richtige Abfolge der notwendigen Programmbefehle eingegeben worden ist.[760] Demzufolge kann eine Änderung des Quellcodes, die zur Funkti-

758 Das Abstellen auf eine „funktionsändernde“ Quellcodeeinwirkung hat zur Folge, dass das Hinzufügen neuer Funktionen mithilfe des sog. Customer-Exits keine nachträgliche Herstellung begründet. Dies ist nur folgerichtig, da eine solche Schaffung neuer Funktionen ohne Änderung des Quelltexts vonstatten geht und den ERP-Standard in der Folge ebenfalls nicht ändert, vgl. SAP NetWeaver 7.0 EHP1, Stichwort „Erweiterungen des SAP-Standards mit Customer-Exits“, http://help.sap.com.

759 Petersen nimmt allerdings an, dass die ERP-Software lediglich bestimmte Funktionen erfüllen soll, die sie bereits in der Rohversion leisten kann und auch nach der Implementierung immer noch leistet, vgl. Petersen, NWB 2005, S. 1029 (1040). Dem folgend wäre eine Funktionsungleichheit zwischen ausgelieferter und eingesetzter ERP-Software wohl nicht möglich.

760 Vgl. bereits Fn. 752. Siehe auch Petersen, NWB Fach 17, S. 1999 (2001). Ferner kommt es auf die richtige, für das Programm verständliche Schreibweise an, vgl. Kühnhauser, aaO., S. 94. Ob die erforderliche Abfolge von Befehlen eingehalten worden ist, kann anhand des sog. ABAP Debugger überprüft werden, welcher in dem ABAP Programm

onsungleichheit zwischen ausgelieferter und eingesetzter ERP-Software führt, einerseits nur durch Fachpersonal, das über Kenntnisse in Softwareprogrammierung und der jeweiligen Programmiersprache verfügt, durchgeführt werden.[761] Andererseits kann eine Herstellung nur dann bejaht werden, wenn zielgerichtet auf den Quellcode eingewirkt wird.[762]

Eine nachträgliche Herstellung bei Implementierung einer ERP-Software kann demnach nicht „aus Versehen" passieren, sondern setzt einen entsprechenden Änderungsplan und dessen zielgerichtete Umsetzung mittels Einwirken auf den Quellcode voraus.

II. Einordnung von Customizing, Schnittstelleneinrichtung und Modifikation entsprechend der Funktionsgleichheit

Überträgt man diese Ergebnisse auf die regelmäßig vorgenommenen Maßnahmen zur Anpassung einer ERP-Software an die betriebsspezifischen Bedürfnisse, so wird das Folgende deutlich:

Das reine Customizing, d.h. das Einstellen der im Programm bereits angelegten Parameter, kann mangels Einwirkung auf den Quellcode niemals zu einer nachträglichen Herstellung führen (siehe dazu S. 228). Werterhöhende Aufwendungen für diesen Vorgang stellen somit grundsätzlich Anschaffungsnebenkosten dar.

Ebenso führt die Einrichtung einer Schnittstellendatei zur Ermöglichung des Datenaustauschs zwischen dem ERP-System und externen Programmen zu keiner Herstellung.[763] Denn die endgültige Einrichtung einer Schnittstellendatei schreibt den Quellcode des ERP-Programms nicht um. Die Schnittstellendatei ermöglicht als Gerüst für die Datenübernahme[764] lediglich die Verbindung zu

---

enthalten ist. Dieser führt die eingegebenen Befehle aus und kontrolliert die Auswirkungen auf Feldinhalte und Programmlogik, vgl. Kühnhauser, aaO., S. 139.

761 Dabei kann es sich entweder um einen externen Softwareberater oder um eigene Mitarbeiter handeln.

762 Dies entspricht dem allgemeinen Gedanken, dass eine nachträgliche Herstellung nur bei einer entsprechenden Zielgerichtetheit der Maßnahme angenommen werden kann, vgl. Suchanek/Heyes, FR 2005, S. 184 (189).

763 A.A. wohl Scherff/Willeke, vgl. Fn. 749. Nicht ganz eindeutig Petersen, als sie Aufwendungen für die Programmierung von Schnittstellen zur Anbindung bereits bestehender Softwaresysteme an die neue ERP-Software ggf. als Betriebsausgaben behandeln möchte, vgl. Petersen, NWB Fach 17, S. 1999 (2001).

764 Insofern könnte man das Schnittstellenprogramm gewissermaßen als „Verbindungskabel" bezeichnen, welches nur an die ERP-Software und die externe Software angesetzt ist, um den Datenaustausch zu gewährleisten.

externen Programmen[765]. Im Hinblick auf Schnittstellen, die die ERP-Software standardisiert bereit hält[766], ergibt sich die fehlende Einwirkung auf den Quellcode bereits daraus, dass diese vom Anwender zur Ermöglichung eines Datenaustausches[767] nur noch in einer durch den Softwareanbieter bereits vorgesehenen Weise aktiviert werden muss.[768] Aber auch wenn eine Schnittstellendatei nach Vornahme einer Eigenentwicklung (siehe S. 229) selbst geschrieben werden muss, um den Datenaustausch zwischen entwickeltem Programm und ERP-System zu ermöglichen, wird nicht auf den Quellcode der ERP-Software eingewirkt. Vielmehr ist die Schnittstellendatei selbst hinsichtlich der für das ERP-System notwendigen Feldformate ggf. anzupassen.[769] Führen die Aufwendungen für die Entwicklung und Aktivierung solcher Schnittstellenprogramme somit zu einer Werterhöhung des Wirtschaftsguts ERP-Software[770], so sind diese, vorbehaltlich des Vorliegens der weiteren Voraussetzungen, als Nebenkosten zu aktivieren.[771]

Im Gegensatz dazu führt eine Modifikation der ERP-Software (vgl. S. 229) zu einer nachträglichen Herstellung. Denn von einer Modifikation kann nur dann gesprochen werden, wenn aufgrund einer Quellcodeänderung die bisherigen Funktionen der ERP-Software planvoll in der oben beschriebenen Weise geändert werden. Dabei kann es aber nicht darauf ankommen, ob die Anpassungsmaßnahme auch als Modifikation benannt wird. Maßgebend ist vielmehr, ob aufgrund der Quellcodeänderung neue Funktionen entstehen und bisherige Funktionen untergehen.

---

765 Umkehrschluss aus Kühnhauser, aaO., S. 497. Die weitere Vorgehensweise nach Generierung des Programms zur Erreichung eines Datenflusses wird bei Kühnhauser, aaO., S. 500 ff. dargestellt.

766 Die Vernetzung des ERP-Systems mit externen, im Unternehmen bereits eingesetzten Programmen wird somit vom Softwareanbieter ausdrücklich vorgesehen und entsprechend unterstützt, vgl. Hesseler/Görtz, aaO., S. 129.

767 Darstellung zur Vorgehensweise bei Fremddatenübernahme, vgl. Kühnhauser, aaO., S. 481.

768 Vgl. Kühnhauser, aaO., S. 481.

769 Vgl. Kühnhauser, aaO., S. 524.

770 Zur Werterhöhung durch Aufwendungen im Zusammenhang mit der Datenmigration vgl. S. 254 ff..

771 So für die Programmierung und Einrichtung von Schnittstellen auch Friedrich/ Wittmann, Stbg 2006, S. 74 (75).

C. Ergebnis zur Abgrenzung zwischen nachträglicher Herstellung und Versetzung in Betriebsbereitschaft bei Anpassung einer ERP-Software

Entsprechend den Ausführungen zur Abgrenzung zwischen Versetzung in betriebsbereiten Zustand und nachträglicher Herstellung ist auch bei Anpassung einer ERP-Software auf das Kriterium der Funktionsgleichheit zurückzugreifen. Dieses beschreibt die Wesentlichkeit der für eine Herstellung zwingend erforderlichen Quellcodeänderung.

Die Anpassung der ERP-Software an die betriebsspezifischen Bedürfnisse ist demzufolge noch als Versetzung in Betriebsbereitschaft einzuordnen, wenn im Zuge der Anpassung entweder nicht auf den Quellcode eingewirkt wird oder aufgrund der Quellcodeänderung keine neuen, der Software zuvor nicht innewohnenden Funktionen geschaffen und keine bisherigen Funktionen beseitigt werden.

Kapitel 3: Einordnung von Beratungs- und Planungsaufwendungen im Vorfeld der Implementierung einer ERP-Software

Wie im Überblick über die Implementierungsphasen einer ERP-Software deutlich geworden ist (vgl. S. 226 ff.), hat der eigentlichen Implementierung die Entwicklung eines Implementierungskonzepts vorwegzugehen. Des Weiteren sind das Unternehmen auf die Einführung der Software vorzubereiten[772] und vor allem das passende ERP-Produkt auszuwählen. Im Rahmen dieser Vorgänge entstehen dem späteren Anwender sog. Planungsaufwendungen. Lässt er sich bereits in diesem Stadium der Softwareeinführung von einem Berater oder einem Softwareanbieter selbst begleiten, so fallen weiterhin sog. Beratungsaufwendungen an.[773]

Fraglich ist, ob diese Aufwendungen, die regelmäßig bereits vor der Entscheidung zum Erwerb eines konkreten ERP-Produkts getätigt werden (müssen),

772 So sind im Vorfeld u.a. Konzepte zu entwickeln, anhand derer erst festgestellt werden kann, welche Unternehmensbereiche von der ERP-Software abgedeckt werden sollen.

773 In der Folge fällt ein nicht unbedingt kleiner Teil an Einführungsaufwendungen bereits an, bevor mit der eigentlichen Implementierung der ERP-Software begonnen worden ist. Dies wird auch von Groß/Georgius/Matheis angedeutet, vgl. Groß/Georgius/Matheis, DStR 2006, S. 339 (342).

als Anschaffungsnebenkosten eingeordnet werden können. Neben dem Vorliegen einer Werterhöhung setzt dies vor allem voraus, dass die Planungs- und Beratungsaufwendungen gleichwohl in einem zeitlichen Zusammenhang (vgl. hierzu S. 147 ff.) mit der Anschaffung der ERP-Software stehen. Die Aufwendungen müssen somit zunächst nach dem Beginn des Anschaffungsvorgangs getätigt worden sein.[774] Ob dies der Fall ist, ist danach festzulegen, ob der Erwerber Handlungen zum Erwerb eines bestimmbaren, d.h. nach Art und Qualität bereits festgelegten Wirtschaftsguts aufgenommen hat (vgl. S. 156 f.).

§ 1 Beurteilung der grundsätzlichen Anwendbarkeit des Ansatzes zum Beginn des Anschaffungsvorgangs

Indes kann der Beginn des Anschaffungsvorgangs ERP-Software nur dann anhand des o.g. Ansatzes bestimmt werden, wenn dessen grundsätzlicher Anwendbarkeit im Rahmen der Implementierung von ERP-Software keinen Bedenken begegnet.

A. Zur Anwendbarkeit trotz entgegenstehender Ansicht des Bundesfinanzministeriums

Die Anwendbarkeit des Ansatzes auf die Einführung einer ERP-Software könnte möglicherweise dadurch gehindert werden, dass das BMF annimmt, dass Aufwendungen erst als Anschaffungsnebenkosten in Betracht kämen, wenn sie nach der Kaufentscheidung getätigt werden.[775] Dabei folgt das BMF wohl der h.M., welche die Erwerbsentscheidung auch bei Anschaffung einer ERP-Software erst mit „der ersten Handlung zum Erwerb eines bestimmten, konkreten Gegenstan-

---

774 Selbstverständlich müssen die Aufwendungen grundsätzlich auch vor dem Ende des Anschaffungsvorgangs anfallen (vgl. S. 157 f.). Zur Frage, wann die Betriebsbereitschaft der ERP-Software erreicht ist, vgl. S. 253 ff.. Dort soll das Erreichen der Betriebsbereitschaft für die regelmäßig zu tätigenden Implementierungsaufwendungen gesondert beantwortet werden. Von der Voraussetzung der Tätigung vor erreichter Betriebsbereitschaft bleiben indes nachträglichen Anschaffungsnebenkosten ausgenommen (vgl. S. 174). Zur Problematik, ob Aufwendungen für Wartung und Updates der ERP-Software als nachträgliche Nebenkosten in Betracht kommen, vgl. S. 265 ff.

775 So BMF-Schreiben v. 18.11.2005, BStBl. I 2005, S. 1025, Tz. 5. Insofern seien die allgemeinen Grundsätze in gleicher Weise auf den Erwerb von ERP-Software anzuwenden, vgl. ausdrücklich Köhler/Benzel/Trautmann, DStR 2002, S. 926 (929).

des“[776] als gefällt ansieht. In der Folge könnten die vor Erwerbsentscheidung angefallenen Aufwendungen der Planung und Beratung[777] lediglich sofort abziehbare Betriebsausgaben darstellen, wie das BMF verdeutlicht.[778]

Indes ist bei Untersuchung des zeitlichen Zusammenhangs zwischen Anschaffung und Aufwendung bereits dargelegt worden, dass ein Abstellen auf die erste Handlung zum Erwerb eines „bestimmten“ Gegenstands nicht für den Beginn des Anschaffungsvorgangs maßgeblich sein kann (siehe S. 150 ff.). Im Hinblick auf die ERP-Software wird dies zusätzlich dadurch bestätigt, dass das Abstellen auf einen „bestimmten“ Gegenstand der Eigenschaft der ERP-Software als modulare Software nicht gerecht wird.[779] Denn aufgrund dieser Modularisierung ist nicht klar, ob es für die Entscheidung zum Erwerb einer „konkreten“ ERP-Software ausreichend ist, wenn das Unternehmen sich für das

---

776 IDW RS HFA 11 v. 30.06.2004, WPg 2004, S. 817, Tz. 25; Groß/Georgius/Matheis, DStR 2006, S. 339 (342). Demzufolge wird einhellig innerhalb der h.A. angenommen, dass Aufwendungen zum sog. Erkennen und Bewerten von Beschaffungsalternativen unter keinen Umständen als Anschaffungsnebenkosten in Frage kommen, vgl. IDW RS HFA 11 v. 30.06.2004, WPg 2004, S. 817, Tz. 27; Wiedmann in: Ebenroth/Boujong/Joost/Strohn, HGB, § 248, Rn. 8. Als Beispiel für solche Kosten führen Groß/Georgius/Matheis die Aufwendungen im Zusammenhang mit Analyse und Optimierung von Geschäftsprozessen an, vgl. Groß/Georgius/Matheis, DStR 2006, S. 339 (342). Einschränkender wohl Pergens/Niemann, als diese Aufwendungen zur Beurteilung von Beschaffungsalternativen nicht wegen ihres Anfalls vor dem Beginn des Anschaffungsvorgangs, sondern wegen ihrer Eigenschaft als Gemeinkosten als Anschaffungsnebenkosten ausscheiden, vgl. Pergens/Niemann, StuB 2004, S. 997 (999).

777 Diese werden auch als sog. Vorkosten bezeichnet, vgl. BMF-Schreiben v. 18.11.2005, BStBl. I 2005, S. 1025, Tz. 14.

778 So BMF-Schreiben v. 18.11.2005, BStBl. I 2005, S. 1025, Tz. 4, 14. So z.B. auch Kuhner in: HdJ, Abt. II/1, Rn. 324. Die Betriebsprüfung scheint grundsätzlich gleicher Ansicht zu sein, vgl. Petersen, NWB 2005, S. 1029 (1035). Allerdings werden Vorkosten als Anschaffungsnebenkosten anerkannt, wenn sie mit der später tatsächlich eingesetzten Software in Zusammenhang stehen, vgl. Petersen, NWB 2005, S. 1029 (1036). Einschränkender insgesamt wohl Köhler/Benzel/Trautmann, als sie ausführen, dass die vorgelagerten Kosten als Aufwand abgesetzt werden „können“, vgl. Köhler/Benzel/Trautmann, DStR 2002, S. 926 (929). A.A. wohl FinSen Bremen, da Aufwendungen für die EDV-Beratung Anschaffungsnebenkosten darstellen sollen, vgl. FinSen Bremen v. 13.09.2004, DB 2004, S. 2782 (2782). Indes enthalten die Ausführungen des FinSen Bremen keinen Hinweis darauf, wann der Anschaffungsvorgang ERP-Software grundsätzlich beginnen soll.

779 Es ist aber davon auszugehen, dass die verschiedenen Module keine eigenständigen Wirtschaftsgüter bilden, so statt vieler BMF-Schreiben v. 18.11.2005, BStBl. I 2005, S. 1025, Tz. 2.

ERP-Produkt an sich entschieden hat, oder ob erst der Zeitpunkt maßgebend ist, in welchem auch feststeht, welche Module im Einzelnen angeschafft werden sollen.[780]

Demzufolge scheitert die Maßgeblichkeit der ersten Handlung zum Erwerb eines „bestimmbaren" Wirtschaftsguts nicht an der gegensätzlichen Auffassung des BMF bei Einführung einer ERP-Software.

B. Zur abweichenden Maßgeblichkeit des Vertragsschlusses als Beginn des Anschaffungsvorgangs

Ein Abstellen auf die Entscheidung zum Erwerb eines „bestimmbaren" Wirtschaftsguts scheitert schließlich auch nicht daran, dass bei Implementierung von ERP-Software aufgrund der sonst schwer überprüfbaren subjektiven Einschätzung des Anwenders[781] auf den Abschluss des Kaufvertrags bzw. einer Kaufoption[782] abzustellen wäre.[783]

Dass es zur Bestimmung des Beginns des Anschaffungsvorgangs nicht auf den Zeitpunkt des Vertragsschlusses ankommen kann, ergibt sich vor allem daraus, dass dem künftigen Anwender andernfalls ein nicht zu rechtfertigender

780 Die h.M. lässt damit die Frage unbeantwortet, welchen Grad der Konkretisierung die auf die ERP-Software die bezogene Erwerbsentscheidung aufweisen muss. Offene Kritik an einem Abstellen auf die erste Handlung zum Erwerb eines konkreten Gegenstands findet sich bei Petersen, vgl. Petersen, NWB Fach 17, S. 1999 (2000). So führt Petersen aus, dass diese Handhabung aus ihrer Sicht u.a. von der höchstrichterlichen Rspr. abweiche, nach welcher die Aufwendungen während des Entscheidungsprozesses regelmäßig zu den Anschaffungskosten zu zählen seien, vgl. Petersen, NWB Fach 17, S. 1999 (2000). Die seitens der Finanzverwaltung gefundene Regelung führe lediglich dazu, dass man sich in der Praxis aufwendige Diskussionen um Einzelbeträge erspare, vgl. Petersen, NWB Fach 17, S. 1999 (2000). Diese Kritik führt Petersen indes nicht so weit, dass sie in Bezug auf die ERP-Software von dieser Ansicht abweicht. Vielmehr regt die Autorin lediglich an, dass diese Festlegung des Beginns eines Anschaffungsvorgangs auf den Erwerb anderer Wirtschaftsgüter nicht übertragbar sei, vgl. Petersen, NWB Fach 17, S. 1999 (2000)).

781 So Prinz zu Hohenlohe/Oblau, BC 2006, S. 85 (87).

782 So aber Prinz zu Hohenlohe/Oblau, BC 2006, S. 85 (87). Eine ähnliche Ansicht vertritt Babon im Hinblick auf Vorkosten, als er erst Aufwendungen nach dem Lizenzerwerb als Anschaffungsnebenkosten aktiviert wissen möchte, vgl. Babon, StBp 2001, S. 68 (71). Dies begründet Babon damit, dass sich diese Aufwendungen keinem Wirtschaftsgut zuordnen ließen, vgl. Babon, StBp 2001, S. 68 (71).

783 Gegen eine Maßgeblichkeit des Vertragsschlusses spricht sich i.E. auch Petersen aus, vgl. Petersen, NWB 2008, S. 4321 (4326).

Gestaltungsspielraum eröffnet würde.[784] So wäre es dem in der Aktivierung „zurückhaltenden“ Anwender möglich, den eigentlichen Vertragsabschluss möglichst lange hinauszuzögern und alle Aufwendungen bis auf die Anpassungsaufwendungen vorzuziehen. In der Folge kämen grundsätzlich nur noch die Aufwendungen für das Customizing als Anschaffungsnebenkosten in Frage. Auch diese Aktivierung könnte noch weiter reduziert werden, indem die mit dem Customizing zusammenhängenden Beratungsaufwendungen zeitlich vorgelagert würden. Dass eine solche willkürliche Handhabung von Anschaffungsaufwendungen aufgrund der aus ihr resultierenden Verfälschung der tatsächlichen Unternehmenslage nicht den Vorgaben des Vorsichtsprinzips entspricht, ist offensichtlich.

Des Weiteren wäre ein Abstellen auf den Zeitpunkt des Vertragsschluss auch mit dem Qualifikationsmaßstab der Werterhöhung nicht zu vereinbaren. Denn Aufwendungen, die die Implementierung unmittelbar vorbereiten und sich daher u.U. werterhöhend auf die ERP-Software auswirken, würden auf diese Weise willkürlich von der Aktivierung ausgeschlossen.

Insofern ist auch bei Implementierung einer ERP-Software an der Maßgeblichkeit der Entscheidung zum Erwerb eines „bestimmbaren“ Wirtschaftsguts zur Unterstützung von Vorsichtsprinzip und Maßstab der Werterhöhung festzuhalten.[785]

§ 2 Bestimmung des Beginns des Anschaffungsvorgangs bei Implementierung einer ERP-Software

Der Anwendbarkeit des o.g. Ansatzes folgend, kommen Aufwendungen erst dann als Anschaffungsnebenkosten in Betracht, wenn der künftige Softwarean-

---

784 Gerade dies wollten Prinz zu Hohenlohe/Oblau durch die Maßgeblichkeit des Vertragsschlusses aber verhindern, vgl. Prinz zu Hohenlohe/Oblau, BC 2006, S. 85 (87).

785 Das Ergebnis der alleinigen Maßgeblichkeit des favorisierten Ansatzes wird dadurch bestätigt, dass andernfalls die besonderen Umstände, die eine Implementierung aufgrund der anpassungsfähigen und -bedürftigen Natur der ERP-Software mit sich bringt, nicht berücksichtigt würden. Denn gerade bei Anschaffung eines solch kostenintensiven und anpassungsbedürftigen Wirtschaftsguts wird die Entscheidung zum Erwerb des ERP-Systems in der Regel lange vor Unterzeichnung des Vertrags mit dem Softwareanbieter gefällt werden. So muss vor dem Vertragsabschluss u.a. geklärt werden, welche Module benötigt werden, inwiefern die bereits angewendeten Systeme mit einem ERP-System kompatibel sind und ob die Implementierung durch den Softwareanbieter oder durch einen zusätzlichen Berater begleitet werden soll.

wender Handlungen vorgenommen hat, die auf den Entschluss zum Erwerb einer ERP-Software, die bestimmbar bzw. nach ihren Merkmalen und ihrer Qualität bereits festgelegt ist, schließen lassen.

A. Zeitpunkt des Vorliegens einer „grundsätzlichen" Erwerbsentscheidung

Entsprechend der zum Beginn des Anschaffungsvorgangs ergangenen, höchstrichterlichen Rspr. (vgl. S. 154) ist unabdingbar, dass eine „grundsätzliche" Erwerbsentscheidung seitens des Unternehmens gefällt worden ist.[786] Insofern muss sich der künftige Anwender bereits dafür entschieden haben, seine betriebsinternen Prozesse durch eine Softwarelösung miteinander zu vernetzen. Dies ist frühestens dann der Fall, wenn im Unternehmen eine positive Vorprüfung zum einen im Hinblick auf die Möglichkeit der Implementierung (sog. Machbarkeitsstudie[787]) sowie zum anderen bezüglich des Ist- und Soll-Zustands (sog. Zustandsanalyse[788]) stattgefunden hat. Dementsprechend können Aufwendungen für eine Machbarkeitsstudie und für Durchführung einer Zustandsanalyse mangels Beginns des Anschaffungsvorgangs nur als Betriebsausgaben abgezogen werden.

Wird nach der o.g. Zustandsanalyse die „grundsätzliche" Erwerbsentscheidung getroffen, so kann dies nur zum Beginn des Anschaffungsvorgangs führen, wenn der Erwerber die erwartete Qualität und die erforderlichen Merkmale der anzuschaffenden ERP-Software bereits festgelegt hat. So muss insbesondere feststehen, ob eine Komplettlösung oder eine sog. Branchenlösung[789] angeschafft werden soll. Zudem muss ergründet worden sein, welche Bereiche des Unternehmens in welcher Intensität abgedeckt werden sollen und wie diese Bereiche ggf. auf die Einführung vorzubereiten sind (sog. Change Management im Unternehmen[790]). Schließlich muss anhand der im Rahmen der Zustandsanalyse ermittelten Anforderungen bestimmt worden sein, welche Eigenschaften für den effizienten Einsatz eines ERP-Systems unentbehrlich sind.

Sind diese Punkte erfolgreich festgelegt worden, so ist die anzuschaffende ERP-Software nach ihren Merkmalen und ihrer Qualität festgelegt und eine

---

786 Dies betont auch Petersen unter Berufung auf die diese höchstrichterliche Rspr., vgl. Petersen, NWB 2008, S. 4321 (4326).

787 Vgl. Hesseler/Görtz, aaO., S. 46.

788 Vgl. Hesseler/Görtz, aaO., S. 70 ff..

789 Siehe hierzu Hesseler/Görtz, S. 58 ff..

790 Vgl. Hesseler/Görtz, aaO., S. 127.

grundsätzliche Entscheidung zum Erwerb eines „bestimmbaren“ ERP-Systems liegt vor.

B. Zeitpunkt der Tätigung der Erwerbsentscheidung nach außen

Dieser Entschluss muss zur Vermeidung von Gestaltungsspielräumen und damit zur Gewährleistung des Vorsichtsprinzips weiterhin auch nach außen getätigt worden sein. Dabei ist zu differenzieren zwischen dem Einsatz eines externen Beraters und der Durchführung des gesamten Projekts durch den Anwender selbst.

Wird ein externer Berater eingeschaltet, so ist in dem Abschluss des Beratungsvertrags bzw. in dem erstmaligen Tätig werden des Beraters für den Erwerber noch kein Beginn des Anschaffungsvorgangs i.S.d. Tätigung der Erwerbsentscheidung nach außen zu erblicken. Denn zu diesem Zeitpunkt wird in der Regel überhaupt noch keine „grundsätzliche“ Erwerbsentscheidung vorliegen, die nach außen treten könnte. Diese wird auch nicht durch die Beauftragung des Beraters impliziert, da es in diesem Stadium der Implementierung noch an der notwendigen Festlegung von Qualität und Merkmalen der anzuschaffenden ERP-Software fehlt. Denn u.a. zu diesem Zweck wird gerade der Softwareberater eingeschaltet. Daher wird erst diejenige Tätigkeit des Beraters, die nach der Bestimmung der notwendigen Qualität und der aufzuweisenden Merkmale in Bezug auf die ERP-Software nach außen tritt, den Anschaffungsvorgang ERP-Software beginnen lassen. In der Regel wird dies das Einholen entsprechender Angebote von den Softwareanbietern sein, so dass die Beratungsaufwendungen, die ab diesem Zeitpunkt anfallen, grundsätzlich Anschaffungsnebenkosten darstellen könnten.

Gleiches gilt auch, wenn kein externer Berater herangezogen wird. Hier wird der Anschaffungsvorgang beginnen, sobald der künftige Anwender – u.U. durch seine eigenen Mitarbeiter – an die verschiedenen Softwareanbieter herantritt und sich von diesen Angebote bzw. Konzepte ausarbeiten lässt, die auf seinen Wünschen hinsichtlich Qualität und Merkmale der ERP-Software beruhen.

C. Ergebnis zum Beginn des Anschaffungsvorgangs bei Einführung einer ERP-Software

Somit können Planungs- und Beratungsaufwendungen von der zeitlichen Warte aus sehr wohl als Anschaffungsnebenkosten in Betracht kommen, sofern sie sich auf eine nach Qualität und Merkmalen bereits festgelegte ERP-Software beziehen.[791]

§ 3 Zur Werterhöhung durch Beratungs- und Planungsaufwendungen bei Anschaffung einer ERP-Software

Ob Beratungs- und Planungsaufwendungen aber tatsächlich zu aktivieren sind, ist davon abhängig, ob sie zu einer, nach hier vertretener Ansicht erforderlichen Werterhöhung (vgl. hierzu S. 103 ff.) der ERP-Software führen. D.h. der Erwerber muss durch sie einen Gegenwert erhalten, der über das Potenzial zur Bildung von stillen Reserven verfügt.

Zwar ermöglichen die Planungs- und Beratungsaufwendungen erst die eigentliche Implementierung der Software und bereiten diese vor. Eventuell erhält der Erwerber dadurch auch einen Gegenwert, als die Möglichkeit der späteren Anschaffung unterstützt wird.

Indes kann die bloße Ermöglichung niemals zum Zufluss eines Gegenwerts führen, der auch über das Potenzial für stille Reserven verfügt. Denn die Bildung stiller Reserven in Bezug auf die ERP-Software wäre, wie bei anderen Wirtschaftsgütern auch, nur möglich, wenn der erhaltene Gegenwert eine gesicherte Steigerung der Werthaltigkeit bedingen würde.[792] Dabei kann von einer „gesicherten" Steigerung bereits nach dem allgemeinen Sprachgebrauch nur dann die Rede sein, wenn diese auf jeden Fall eintritt, d.h. wenn mit einem Ausfall der Wertsteigerung unter gewöhnlichen Umständen nicht (mehr) zu rechnen ist. Daran fehlt es den Beratungs- und Planungsaufwendungen aber, als sich die Einführung einer ERP-Software noch im Stadium der bloßen Anschaffungsmöglichkeit befindet.[793] Erst nach positivem Abschluss von Planung und Beratung, die sich in dieser Phase vorrangig auf die Ermöglichung der Implementierung

---

791 Wird die Software später nicht angeschafft, so liegen vergebliche Planungskosten vor, vgl. Petersen, NWB 2008, S. 4321 (4327).

792 Umkehrschluss aus Hey in: Tipke/Lang, § 17, Rz. 210. Von „Wertzuwachs" kann insofern nur die Rede sein, wenn es zu einer gesicherten Steigerung der Werthaltigkeit kommt, d.h. wenn diese auf jeden Fall eintritt. Hiervon bleibt indes unberührt, dass der höhere, gemeine Wert des Wirtschaftsguts aufgrund äußerer Umstände wieder abnehmen kann.

793 Unschädlich ist hingegen, dass das Wirtschaftsgut im Zeitpunkt der Tätigung der Aufwendungen noch nicht zum Betriebsvermögen gehört, da es durchaus vertretbar ist, sog. vorperiodische Anschaffungsnebenkosten zu aktivieren (vgl. Fn. 480).

stützen werden, ist damit zu rechnen, dass es nicht mehr zu einem Ausfall der Anschaffung und somit zu der o.g. Wertsteigerung kommt.

Insofern wird die Sicherheit im Hinblick auf Anschaffung und Steigerung der Werthaltigkeit durch Beratung und Planung der Implementierung erst herbeigeführt. Für die Annahme einer bereits „gesicherten" Steigerung der Werthaltigkeit reicht dies jedoch nicht, als von „gesichert" erst dann gesprochen werden kann, wenn die Sicherheit schon erreicht ist.[794]

Demzufolge sind Planungs- und Beratungsaufwendungen, obgleich sie unter dem zeitlichen Aspekt Anschaffungsnebenkosten darstellen könnten, mangels Werterhöhung letztendlich nicht als solche zu aktivieren[795], sondern stellen vielmehr Betriebsausgaben dar.[796]

§ 4 Zusammenfassung zur Qualifikation von Planungs- und Beratungsaufwendungen vor Implementierung einer ERP-Software

Wie deutlich geworden ist, kann auch bei Einführung einer ERP-Software zur Bestimmung des Beginns des Anschaffungsvorgangs einzig die Entscheidung zum Erwerb eines „bestimmbaren" Wirtschaftsguts maßgeblich sein. Dementsprechend wird mit dem Anschaffungsvorgang regelmäßig begonnen, nachdem die sog. Zustandsanalyse durchlaufen und mit Erwerbsabsicht an die Softwareanbieter herangetreten worden ist, damit diese entsprechende Angebote für ERP-Systeme unterbreiten.

Trotz des Umstands, dass Planungs- und Beratungsaufwendungen die Voraussetzung des zeitlichen Zusammenhangs zwischen Anschaffung und Aufwendungen erfüllen, sofern sie nach dem o.g. Zeitpunkt getätigt werden, sind diese gleichwohl nicht zu aktivieren. Insofern fehlt es an der erforderlichen Werterhöhung, da der möglicherweise erhaltene Gegenwert nicht zur Bildung stiller Reserven beitragen kann.

---

794 Insofern trifft die im Kontext des zeitlichen Zusammenhangs geäußerte Vermutung, dass es der Entscheidung zum Erwerb eines bestimmbaren Wirtschaftsguts an praktischer Relevanz fehlt (vgl. S. 155 f.), zu.

795 Wie Friedrich/Wittmann hervorheben, sind Aufwendungen der Planungsphase allerdings nach IAS aktivierungspflichtig, vgl. Friedrich/Wittmann, Stbg 2006, S. 74 (75).

796 A.A. Kuhner, als er anführt, dass u.a. Planungskosten zur Analyse von Geschäftsprozessen als Anschaffungsnebenkosten gelten, vgl. Kuhner in: HdJ, Abt. II/1, Rn. 323.

Kapitel 4: Einordnung der weiteren Aufwendungen zur Implementierung einer ERP-Software

Hat sich der künftige Anwender für ein ERP-Produkt entschieden und passt er dieses nach dem Lizenzerwerb an seine Bedürfnisse an, so fallen neben den Aufwendungen für das Customizing regelmäßig weitere Aufwendungen an, die zur Unterstützung und Vervollständigung des Anpassungsvorgangs notwendig sind. Gemeint sind hier vor allem Aufwendungen für Datenmigration, Probelauf, Piloteinsätze sowie Mitarbeiterschulungen.

Diese Aufwendungen kommen, sofern mit der Anpassung keine wesentliche, d.h. zu Funktionsungleichheit führende, Quellcodeänderung verbunden ist, grundsätzlich als Anschaffungsnebenkosten in Frage. Allerdings ist eine Aktivierung dieser Aufwendungen, abgesehen von der Möglichkeit der Qualifikation als nachträgliche Anschaffungsnebenkosten (vgl. hierzu S. 174 ff.), nur dann möglich und geboten, wenn sie in dem geforderten zeitlichen Zusammenhang zur Anschaffung der ERP-Software stehen und zu einer Werterhöhung[797] führen.[798]

---

797 Der Gedanke der Werterhöhung findet sich bezogen auf ERP-Software in Grundzügen auch bei Köhler/Benzel/Trautmann, als diese anführen, dass Schulungskosten allenfalls auf das Personal aktiviert werden könnten, da sich dessen Wert durch die Schulungen erhöht, vgl. Köhler/Benzel/Trautmann, DStR 2002, S. 926 (930). Zusätzlich differenzieren Köhler/Benzel/Trautmann zwischen software- und organisationsbezogenen Aufwendungen und betonen, dass nur softwarebezogener Aufwand aktiviert werden dürfe, vgl. Köhler/Benzel/Trautmann, DStR 2002, S. 926 (929). Die Vermutung, dass die Autoren mit dieser Aussage auf einen Ausschluss von Gemeinkosten abzielen, trifft insofern aber nicht zu. Vielmehr wollen Köhler/Benzel/Trautmann wohl nochmals auf den Gedanken der Werterhöhung hinweisen, als sie weiterhin hervorheben, dass der Bezug zur Software gegeben sei, wenn „das Lizenzrecht ohne diesen Aufwand im Unternehmen nicht nutzbar, also wirtschaftlich wertlos wäre“, vgl. Köhler/Benzel/Trautmann, DStR 2002, S. 926 (929). Dieser Gedanke der wirtschaftlichen Wertlosigkeit klingt auch bei Babon an, vgl. Babon, StBp 2001, S. 68 (71). Auch Pergens/Niemann nehmen die Unterscheidung zwischen Software- und Organisationsbezogenheit vor, vgl. Pergens/Niemann, StuB 2003, S. 997 (999)). Allerdings scheint die genannte Differenzierung bei Pergens/Niemann nur eine Ausformung des handelsbilanziellen Finalitätserfordernisses darzustellen, als die Autoren in diesem Kontext die Zweckbestimmung der Aufwendungen ansprechen, vgl. Pergens/Niemann, StuB 2003, S. 997 (999).

798 Auf die weiteren Aktivierungsvoraussetzungen (Veranlassungszusammenhang bzw. Finalität, kein Vorliegen echter Gemeinkosten) wird nachfolgend nicht eingegangen, da diese unzweifelhaft gegeben sein dürften.

§ 1 Aufwendungen zur Datenmigration

Ist die ERP-Software erfolgreich an die Bedürfnisse des anwendenden Unternehmens angepasst worden, so besteht der nächste notwendige Implementierungsschritt darin, die Daten aus Alt- oder Vorgängersystemen in das neue ERP-System zu übernehmen (sog. Datenmigration). Dies geschieht meist zu Beginn der sog. Umstellungsphase.[799]

Laut BMF und Lehre sind Aufwendungen für die Datenmigration wohl einhellig als Betriebsausgaben zu behandeln, wobei dies größtenteils einer weiteren inhaltlichen Begründung entbehrt.[800] *Groß/Georgius/Matheis* treten dieser Einschätzung bei und scheinen dies mit der Verursachung erheblicher Kosten durch die Datenübernahme in der Praxis begründen zu wollen.[801]

Indes steht diese Auffassung in Finanzverwaltung und Lehre einer Einordnung der Aufwendungen zur Datenmigration als Nebenkosten im Rahmen dieser Arbeit nicht entgegen. Denn einerseits kann die Höhe der Aufwendungen kein Qualifikationsmerkmal für die Annahme von Anschaffungsnebenkosten sein, wie bereits bei der Entwicklung von Qualifikationsmaßstäben dargelegt worden ist (siehe S. 90 f.). Andererseits kann einer Zuordnung der Aufwendungen zu den Betriebsausgaben ohne inhaltliche Begründung nicht gefolgt werden. Vielmehr ist eine Aktivierung dieser Aufwendungen nach hier vertretener Ansicht nur dann endgültig ausgeschlossen, wenn diese nach Beendigung des Anschaffungsvorgangs getätigt werden und/ oder mit ihnen keine Werterhöhung der ERP-Software einhergeht.[802]

---

799 Vgl. Hesseler/Görtz, aaO., S. 131.

800 So BMF-Schreiben v. 18.11.2005, BStBl. I 2005, S. 1025, Tz. 19. Statt vieler: Wiedmann in: Ebenroth/Boujong/Joost/Strohn, HGB, § 248, Rn. 8; Scherff/Willeke, BBK Fach 12, S. 6829 (6835); Kuhner in: HdJ, Abt. II/1, Rn. 324. Das IDW geht insofern noch weiter und fordert, dass sämtliche Aufwendungen für die Anpassung interner betrieblicher Prozesse nicht als Anschaffungsnebenkosten aktiviert werden dürften, vgl. IDW RS HFA 11 v. 30.06.2004, WPg 2004, S. 817, Tz. 33.

801 So Groß/Georgius/Matheis, DStR 2006, S. 339 (342).

802 Sollte der Anschaffungsvorgang schon abgeschlossen sein, so ist für die Annahme von Anschaffungsnebenkosten neben der Werterhöhung zusätzlich eine Sicherung des ersten betriebsbereiten Zustands durch die in Frage stehende Aufwendung zu verlangen.

A. Zur Tätigung der Aufwendungen vor Betriebsbereitschaft der ERP-Software

Für die Qualifikation der o.g. Aufwendungen als Anschaffungsnebenkosten ist zunächst bedeutsam, ob diese vor der erstmaligen Betriebsbereitschaft der ERP-Software getätigt worden sind.

Diesbezüglich merkt das BMF lediglich an, dass die Betriebsbereitschaft mit Abschluss der Implementierung hergestellt sei.[803] Auch in den Äußerungen der Praxis zur Betriebsbereitschaft der ERP-Software sowie der entsprechenden Literatur finden sich keine Ansätze, die von den im Kontext des zeitlichen Zusammenhangs bereits dargestellten Betrachtungsweisen abweichen.[804] Insofern kann auf die jeweils angeführten Kritikpunkte verwiesen und die Betriebsbereit-

---

803 So BMF-Schreiben v. 18.11.2005, BStBl. I 2005, S. 1025, Tz. 20. Sei allerdings ein Dritter mit Implementierung des Systems beauftragt worden, so sei die Betriebsbereitschaft (und damit der Beginn der AfA) mit dem Übergang der wirtschaftlichen Verfügungsmacht an den Softwarelizenzen gegeben, vgl. BMF-Schreiben v. 18.11.2005, BStBl. I 2005, S. 1025, Tz. 21; Scherff/Willeke, BBK Fach 12, S. 6829 (6835); zu Hohenlohne/Oblau, BC 2006, S. 85 (87).

804 So führt das IDW aus, dass die ERP-Software betriebsbereit sei, „wenn für sie alle Voraussetzungen erfüllt sind, damit sie entsprechend ihrer Zweckbestimmung für das Unternehmen genutzt werden kann", vgl. IDW RS HFA 11 v. 30.06.2004, WPg 2004, S. 817, Tz. 29. So auch Pergens/Niemann, StuB 2004, S. 997 (999). Dabei sei die Betriebsbereitschaft bei unternehmensspezifisch modifizierter Standardsoftware gegeben, „wenn die unternehmensspezifischen Anforderungen an die Leistungsfähigkeit der Software erfüllt werden", vgl. IDW RS HFA v. 30.06.2004, WPg 2004, S. 817, Tz. 29. Ähnlich: Suchanek/Heyes, FR 2004, S. 184 (189). Daher sei der Anschaffungsvorgang beendet, sobald die Software zu Tätigkeiten eingesetzt werde oder werden könne, die überwiegend der betrieblichen Leistungserstellung dienen oder als solche anzusehen sind, vgl. IDW RS HFA v. 30.06.2004, WPg 2004, S. 817, Tz. 34. Petersen bezeichnet dies als sog. Produktivstart, vgl. Petersen, NWB 2005, S. 1029 (1042). Gleiches gilt für Babon, als dieser den Beginn der AfA, d.h. die Betriebsbereitschaft, an die Freigabe der Programme für den geplanten Einsatz im Geschäftsbetrieb koppelt, vgl. Babon, StBp 2001, S. 68 (72). Ähnlich auf den ersten Blick Köhler/Benzel/Trautmann, als sie die Betriebsbereitschaft als eingetreten ansehen, wenn die Software zum Betrieb bereit steht, vgl. Köhler/Benzel/Trautmann, DStR 2002, S. 926 (930). Allerdings kommt es nach ihrer Ansicht auf einen tatsächlichen Produktivstart nicht an, da es unerheblich sein soll, wenn mangels qualifizierten Personals überhaupt kein Betrieb stattfinde, vgl. Köhler/Benzel/Trautmann, DStR 2002, S. 926 (930). Ähnlich wohl Pergens/Niemann, als die Betriebsbereitschaft eingetreten sei, wenn die Nutzung der Software objektiv möglich ist, vgl. Pergens/Niemann, StuB 2004, S. 997 (999).

schaft entsprechend der zweistufigen subjektiv-objektiven Betrachtungsweise bestimmt werden (vgl. S. 166 ff.).

Dem folgend ist die Software betriebsbereit, wenn sie für den vom Erwerber gesetzten Zweck einsetzbar und für diesen Zweck auch objektiv geeignet ist. Im Hinblick auf den Einsatz des ERP-Systems im eigenen Unternehmen wird der Softwareanwender dessen Zweck regelmäßig darin sehen, die unternehmensinternen Abläufe kosten- und zeiteffizienter zu gestalten. Weiterhin wird es dem Erwerber darauf ankommen, die verschiedenen Abteilungen, wie z.B. Personal- und Rechnungswesen, informationstechnisch miteinander zu vernetzen, um so einen optimalen Datenaustausch herbeizuführen. Für diesen Zweck ist die angeschaffte ERP-Software in der Regel auch objektiv geeignet.

Indes erfordert der bezweckte Datenaustausch bereits der reinen Begrifflichkeit nach zwingend, dass zuvor überhaupt Daten in die Module des ERP-Systems integriert worden sind. Demzufolge ist die Software frühestens nach erfolgreicher Übernahme der sog. Altdaten für den Zweck des Datenaustauschs einsetzbar. Vor Tätigung der Aufwendungen zur Datenmigration kann damit noch keine Betriebsbereitschaft der ERP-Software gegeben sein. Die Aufwendungen stellen damit Anschaffungsnebenkosten dar, sofern sie auch zur erforderlichen Werterhöhung führen.

B. Zur Werterhöhung der ERP-Software durch Aufwendungen zur Datenmigration

Die Aufwendungen zur Übernahme der Daten führen nur dann zu einer Werterhöhung der angeschafften ERP-Software, wenn der Softwareanwender durch sie einen Gegenwert erhält, der potenziell zu stillen Reserven führen kann.

Wie soeben erwähnt, ist die Integration der bisher verwendeten Daten zwingende Voraussetzung für die Einsatzfähigkeit des gesamten ERP-Systems entsprechend seiner Zwecksetzung. Denn nur nach erfolgter Datenmigration kann die Software ihrer Kernaufgabe, dem kontinuierlichen Datenaustausch zwischen den Modulen bzw. Unternehmensbereichen überhaupt nachkommen. Insofern führen die Aufwendungen der Datenübernahme dazu, dass der Softwareanwender einen, zu den Aufwendungen korrespondierenden Gegenwert erhält, namentlich die Annäherung an die Nutzbarkeit der Software entsprechend ihrer Zweckbestimmung.

Dieser Gegenwert kann auch potenziell zu stillen Reserven führen, da die Software ihren eigentlichen Wert erst durch die Integration der Anwenderdaten erhält. Vor der Migration ist die Software für den Erwerber hingegen nahezu wertlos, als das ERP-System ohne die integrierten Daten, wie oben dargestellt, überhaupt nicht den vorgesehenen Datenaustausch und die Vernetzung der einbezogenen Unternehmensbereiche ausführen kann. Würden die Aufwendungen zur Datenmigration somit nicht als Nebenkosten aktiviert, so entstünde aufgrund der Wertsteigerung der Software eine stille Reserve in Höhe der Aufwendungen für die Datenübernahme.

Die Aufwendungen zur Datenmigration führen somit auf Seiten des Anwenders zu dem Erhalt eines Gegenwerts und wirken sich aufgrund des festgestellten Potenzials für stille Reserven werterhöhend auf die ERP-Software aus. Daraus hat zu folgen, dass diese Aufwendungen entgegen der h.A. als Anschaffungsnebenkosten zu aktivieren sind.

§ 2 Aufwendungen für Probeläufe

Sind die Altdaten erfolgreich in das ERP-System integriert worden, so ist ein Probe- bzw. Testlauf zu absolvieren. Im Rahmen dessen wird die Funktionstüchtigkeit des Systems überprüft, da auch kleine Änderungen eines Moduls durchaus unvorhergesehene Folgen für die anderen Module und damit für die gesamte integrative Lösung haben können.[805] Insofern kann der Testlauf auch als Integrationstest[806] bezeichnet werden.

Wie bei den Aufwendungen für die Datenmigration, so gilt auch hier, dass die Aufwendungen für den Probelauf nur dann als Anschaffungsnebenkosten zu qualifizieren sind, wenn sie vor Erreichen der Betriebsbereitschaft getätigt und sie zur Werterhöhung des Wirtschaftsguts ERP-Software führen.

A. Zur Tätigung der Aufwendungen vor Betriebsbereitschaft der ERP-Software

Diejenigen Stimmen in Literatur und Praxis, die sich auch mit der Qualifikation von Aufwendungen für Probeläufe auseinandersetzen, sind überwiegend der Auffassung, dass die ERP-Software noch nicht betriebsbereit sei, wenn Probeläufe im Anwenderunternehmen durchgeführt werden.[807] Vielmehr wird ange-

---

805 Vgl. Hesseler/Görtz, aaO., S. 130.

806 So Hesseler/Görtz, aaO., S. 130; Wenzel, aaO., S. 43.

807 Hingegen beschäftigt sich das einschlägige BMF-Schreiben lediglich mit Aufwendungen für Piloteinsätze, vgl. BMF-Schreiben v. 18.11.2005, BStBl. I 2005, S. 1025, Tz. 18. Siehe hierzu S. 271 ff..

nommen, dass „Testläufe eine häufig notwendige Voraussetzung dafür sind, die erworbene Software in einen betriebsbereiten Zustand zu versetzen“[808].

Dieser Literaturauffassung ist auch nach dem hier vertretenen Ansatz zur Bestimmung der Betriebsbereitschaft uneingeschränkt beizupflichten. Ein Einsatz der ERP-Software entsprechend dem durch den Softwareanwender festgelegten Zweck (effizienter Datenaustausch und Vernetzung der vorgesehenen Unternehmensbereiche) ist erst möglich, wenn Gewissheit darüber besteht, dass das neue System fehlerfrei läuft und damit einen Datenaustausch mit anderen, im Unternehmen bereits verwendeten Systemen durchführen kann. Diese Gewissheit kann aber erst dann bestehen, wenn ein Probelauf erfolgreich gewesen ist. Demzufolge tritt nach Durchführung des ersten erfolgreichen Testlaufs die Betriebsbereitschaft der ERP-Software ein.[809]

Die Aufwendungen für Testläufe werden demnach – bis zum ersten erfolgreichen Testlauf – vor erreichter Betriebsbereitschaft getätigt[810] und kommen somit als Nebenkosten in Betracht, sofern sie sich werterhöhend auf die Software auswirken.[811]

808 IDW RS HFA 11 v. 30.06.2004, WPg 2004, S. 817, Tz. 35. So auch Groß/Georgius/Matheis, DStR 2006, S. 339 (342). Ebenso Kahle in: Baetge/Kirsch/Thiele, § 255 HGB, Rn. 102, jedoch ohne Bezug zur ERP-Software. Pfitzer/Schwenzer heben in diesem Kontext hervor, dass die Implementierung der Software erst abgeschlossen sei, wenn ein Testlauf erfolgreich absolviert worden ist, vgl. Pfitzer/Schwenzer in: Beck'sches HdR, Stand 12/2011, B 765, Rn. 23. In dem Fall, dass die Implementierung durch externe Dritte durchgeführt wird, habe der Softwareanwender den Erfolg des Testlaufs durch ein sog. Abnahmeprotokoll schriftlich zu bestätigen, vgl. Pfitzer/Schwenzer in: Beck'sches HdR, Stand 12/2011, B 765, Rn. 23. Im Gegensatz dazu gehen Knop/Küting davon aus, dass die Möglichkeit, Testläufe durchzuführen, regelmäßig ein äußeres Anzeichen für die prinzipielle Betriebsbereitschaft sei, vgl. Knop/Küting in: HdR, § 255 HGB, Rn. 30. Nur in Ausnahmefällen sollten Aufwendungen für Testläufe daher zu den Anschaffungsnebenkosten gezählt werden, vgl. Knop/Küting in: HdR, § 255 HGB, Rn. 30.

809 So auch Umkehrschluss aus Friedrich/Wittmann, Stbg 2006, S. 74 (75).

810 So auch BMF-Schreiben v. 18.11.2005, BStBl. I 2005, S. 1025, Tz. 20.

811 Im Gegensatz dazu nehmen die Vertreter der o.g. Literaturansicht ohne weitere Prüfung an, dass diese Aufwendungen zu aktivieren seien, da sie vor der Betriebsbereitschaft anfallen und dieser dienen, vgl. Groß/Georgius/Matheis, DStR 2006, S. 339 (342).

B. Zur Werterhöhung der ERP-Software durch Aufwendungen für Probeläufe

Die Einordnung als Anschaffungsnebenkosten scheitert auch nicht an dem Fehlen einer Werterhöhung.

Es ist vielmehr davon auszugehen, dass der Softwareanwender durch die Tätigung der o.g. Aufwendungen einen entsprechenden Gegenwert erhält. Dieser kann auch hier wieder auf die Ermöglichung eines Datenaustauschs zurückgeführt werden. Abweichend von den Ausführungen zur Datenmigration (vgl. S. 254) geht es vorliegend indes nicht um die Ermöglichung „irgendeines" Austauschs von Daten. Es kommt gerade auf einen „funktionsfähigen" Datenaustausch an, wie er erst durch die Vornahme eines Testlaufs festgestellt und ggf. herbeigeführt werden kann, falls das ERP-System noch fehlerbehaftet ist.

Dieser genannte Gegenwert weist auch das Potenzial zur Generierung stiller Reserven auf. Denn ein funktionstüchtiges Softwaresystem ist für den Anwender weitaus wertvoller als ein System, dessen Fähigkeit zur Funktionsabgabe ungewiss ist. Gegen diese Einschätzung spricht auch nicht, dass die Funktionsfähigkeit des Systems, falls keine Fehler gefunden werden, bereits vor der Durchführung des Tests gegeben war, so dass der Testlauf allenfalls zu einer Wertbestätigung führen würde. Zwar ist zutreffend, dass bei vollständiger Funktionstüchtigkeit nach erfolgtem Testlauf keine weiteren Maßnahmen zu ergreifen sind, um einen Einsatz der ERP-Software zu ermöglichen. Allerdings besteht auch vor einem erfolgreichen Test der Software lediglich die Vermutung, dass diese mit Blick auf die vorgenommenen Implementierungsmaßnahmen eigentlich einsatzfähig sein *müsste*. Diese Vermutung kann aber nicht zu einer Gewissheit bezüglich der Funktionsfähigkeit führen, da die Implementierung auf einer informationstechnischen Ebene durchgeführt wird, die für den Softwareanwender ohne spezielle Fachkenntnisse kaum einsehbar ist. Insofern kann man bei einem erfolgreich verlaufenden Testlauf gleichwohl nicht ernstlich annehmen, das ERP-System habe bereits zuvor seinen „Endwert" erreicht, der durch den Testlauf lediglich bestätigt werde. Erst die Beseitigung der Ungewissheit im Hinblick auf die Fähigkeit zur Leistungsabgabe schafft diesen endgültigen Wert der Software. Daher führt der Probelauf zu einer weiteren Werterhöhung des Wirtschaftsguts, welche bei Nichtaktivierung in dessen stille Reserven einfließen würde.

Somit sind die Aufwendungen für Testläufe, einschließlich des ersten erfolgreichen Testlaufs[812], als Anschaffungsnebenkosten zu aktivieren.[813]

§ 3 Aufwendungen für Piloteinsätze

Sind die Integrationstests der ERP-Software erfolgreich abgeschlossen worden, so kann mit der Umstellung auf das neue System begonnen werden.[814] Dabei kann der Anwender neben der stichtagsbezogenen Umstellung[815] und dem sog. Parallelbetrieb[816] noch einen sog. Probe- bzw. Testbetrieb[817] der Software durchführen.[818] Wird die letztgenannte Möglichkeit der Umstellung gewählt, so wird die neue Anwendung nur an einigen Arbeitsplätzen und zunächst mit alten Echtdaten betrieben.[819] Dies dient neben der beginnenden Umstellung der letzten Überprüfung der Korrektheit des Systems.[820] Insofern wird mit Bezug auf die bilanzielle Behandlung der ERP-Software zu Recht von einem sog. Piloteinsatz[821] gesprochen.

---

812 Die Aufwendungen für Probeläufe, die dem erfolgreichen Probelauf nachfolgen, sind hingegen auch nicht als nachträgliche Anschaffungsnebenkosten zu aktivieren. Denn dies würde neben der Sicherung des betriebsbereiten Zustands (vgl. S. 185 ff.) auch erfordern, dass durch die Aufwendungen für diese Testläufe eine weitere Werterhöhung des ERP-Systems eintritt. Dies ist indes nicht der Fall, da die nicht mehr erforderlichen Testläufe aufgrund der nun bestehenden Gewissheit bezüglich der Funktionsfähigkeit nun tatsächlich nur zu einer Wertbestätigung führen .

813 Dies entspricht der Handhabung bei einer Bilanzierung nach IAS, vgl. IAS 38.28 (c) 2003.

814 Vgl. Hesseler/Görtz, aaO., S. 130. Ähnlich Wenzel, aaO., S. 43 f..

815 Vgl. Hesseler/Görtz, aaO., S. 131.

816 Vgl. Hesseler/Görtz, aaO., S. 131.

817 Vgl. Hesseler/Görtz, aaO., S. 132. Dieser Vorgang kann auch als Versuchsphase bezeichnet werden, vgl. Hesseler/Görtz, aaO., S. 142.

818 Groß/Georgius/Matheis betonen insofern, dass Probelauf und Piloteinsatz voneinander abzugrenzen sind, vgl. Groß/Georgius/Matheis, DStR 2006, S. 339 (342). So auch IDW RS HFA 11 v. 30.06.2004, WPg 2004, S. 817, Tz. 35.

819 Vgl. Hesseler/Görtz, aaO., S. 132. Ein solcher Probebetrieb hat gegenüber einem Parallelbetrieb die Vorteile, dass der Aufwand deutlich geringer ausfällt und das Risiko einer fehlgeschlagenen Produktivsetzung nicht gegeben ist, vgl. Hesseler/Görtz, aaO., S. 132.

820 Vgl. Hesseler/Görtz, aaO., S. 131 f..

821 Vgl. BMF-Schreiben v. 18.11.2005, BStBl. I 2005, S. 1025, Tz. 18; IDW RS HFA v. 30.06.2004, WPg 2004, S. 817, Tz. 35; Groß/Georgius/Matheis, DStR 2006, S. 339 (342); Prinz zu Hohenlohe/Oblau, BC 2006, S. 85 (87).

Im Gegensatz zu den Aufwendungen für Testläufe, die bis zum ersten erfolgreichen Durchgang als Anschaffungsnebenkosten zu aktivieren sind, wird eine Aktivierung der Aufwendungen für den Piloteinsatz aber wohl einhellig abgelehnt.[822]

A. Zur Tätigung der Aufwendungen vor Betriebsbereitschaft der ERP-Software

Die Ablehnung der Qualifikation als Anschaffungsnebenkosten wird vornehmlich damit begründet, dass die Betriebsbereitschaft der ERP-Software bei Durchführung eines Piloteinsatzes bereits erreicht sei.[823] Das Softwaresystem werde bei Vornahme eines solchen Einsatzes bereits überwiegend für Zwecke der betrieblichen Leistungsabgabe genutzt bzw. könne genutzt werden.[824]

Dieses Ergebnis ergibt sich auch unter Hinzuziehung der zweistufigen subjektiv-objektiven Sichtweise der Betriebsbereitschaft. Wie bei den Aufwendungen für Testläufe dargelegt, kann das Softwaresystem entsprechend seiner subjektiven Zwecksetzung eingesetzt werden, sobald ein funktionsfähiger Datenaustausch innerhalb des neuen ERP-Systems sowie zwischen diesem System und den externen Programmen des Anwenders mit Gewissheit möglich ist (siehe S. 255 f.). Dies ist regelmäßig gegeben, wenn ein Testlauf erfolgreich absolviert worden ist, d.h. wenn das ERP-System und die Vernetzung zu externen Programmen fehlerfrei funktioniert. Erst im Anschluss an den erfolgreichen Testlauf kann mit der Umstellung auf das neue ERP-System mittels Piloteinsatz begonnen werden[825], ohne dass sich der Anwender in die Gefahr einer fehlgeschlagenen Produktivsetzung begäbe.[826] Insofern muss die ERP-Software bereits

---

822 So ausdrücklich: BMF-Schreiben v. 18.11.2005, BStBl. I 2005, S. 1025, Tz. 18. Aus dieser Ablehnung des BMF schließen Prinz zu Hohenlohe/Oblau, dass das BMF Aufwendungen für reine Testläufe hingegen der Implementierungsphase zuordnen wolle, vgl. Prinz zu Hohenlohe/Oblau, BC 2006, S. 85 (88). So im Hinblick auf Piloteinsätze auch Scherff/Willeke, BBK Fach 12, S. 6829 (6835); Groß/Georgius/Matheis, DStR 2006, S. 339 (342); Kuhner in: HdJ, Abt. II/1, Rn. 324.

823 So BMF-Schreiben v. 18.11.2005, BStBl. I 2005, S. 1025, Tz. 20.

824 So BMF-Schreiben v. 18.11.2005, BStBl. I 2005, S. 1025, Tz. 18; IDW RS HFA v. 30.06.2004, WPg 2004, S. 817, Tz. 35; Groß/Georgius/Matheis, DStR 2006, S. 339 (342). Ähnlich unter Berufung auf die Ausführungen des BMF: zu Hohenlohe/Oblau, BC 2006, S. 85 (87 f.).

825 Vgl. Hesseler/Görtz, aaO., S. 130.

826 So ähnlich Hesseler/Görtz, aaO., S. 132. Zwar beziehen Hesseler/Görtz die Gefahr der fehlgeschlagenen Inbetriebnahme auf Umstellung mittels Parallelbetrieb. Indes muss die

ihrer Zwecksetzung entsprechend einsatzfähig[827] und damit betriebsbereit sein, wenn mit der Umstellung im Rahmen eines Piloteinsatzes bzw. Parallelbetriebs begonnen wird.

Etwas anderes gilt hier auch nicht mit Blick darauf, dass ein Piloteinsatz auch der abschließenden Überprüfung der Funktionsfähigkeit dient. Denn mit Abschluss des ersten erfolgreichen Testlaufs hat der Softwareanwender die Gewissheit, dass das System für seine Zwecke funktionsfähig ist. Ob er sich diese Gewissheit noch mehrfach „bestätigen" lässt, muss zur Bestimmung der Betriebsbereitschaft unbeachtlich sein, da dem Erwerber andernfalls ein nicht mit dem Vorsichtsprinzip in Einklang stehender Gestaltungsspielraum eröffnet würde.

Dementsprechend fallen die Aufwendungen für einen Piloteinsatz nach Beendigung des Anschaffungsvorgangs an und können daher grundsätzlich nicht als Nebenkosten aktiviert werden.[828]

B. Zur Einordnung der Aufwendungen für einen Piloteinsatz als nachträgliche Anschaffungsnebenkosten

Es käme allenfalls in Betracht, die Aufwendungen für einen Piloteinsatz als nachträgliche Anschaffungsnebenkosten zu behandeln. Dies ist jedoch nur möglich, wenn diese Aufwendungen zu einer Werterhöhung der ERP-Software führen.[829]

Zwar könnte man noch anerkennen, dass der Softwareanwender durch die Aufwendungen für den Piloteinsatz einen Gegenwert erhält. Dieser könnte darin bestehen, dass das ERP-System nicht nur funktioniert, sondern sogar optimal an die betriebsspezifischen Bedürfnisse angepasst ist.

Allerdings kann dieser Gegenwert niemals zur Bildung stiller Reserven beitragen, als dies eine Steigerung der Werthaltigkeit erfordert (vgl. S. 108 ff., 249). Da die ERP-Software durch Anpassung, Datenmigration und Testläufe bereits einen entsprechenden Wert erhalten hat, müsste der Piloteinsatz dazu führen, dass dieser Wert noch weiter gesteigert wird. Indes wird ein Piloteinsatz

---

gleiche Gefahr gelten, wenn der Anwender auf Testläufe bzw. Integrationstests verzichtet.

827 Zur objektiven Eignung des Wirtschaftsguts ERP-Software für den vom Anwender vorgesehenen Zweck siehe S. 254.

828 Das Gleiche gilt selbstverständlich auch für die anderen Möglichkeiten der Umstellung, wie z.B. den Parallelbetrieb.

829 Zusätzlich müssten die Aufwendungen für den Piloteinsatz auch der Sicherung des ersten betriebsbereiten Zustands dienen, siehe S. 185 ff..

neben der Einleitung der Systemumstellung durchgeführt, um sich der optimalen Funktionsfähigkeit der ERP-Software zusätzlich zu versichern. Insofern soll der Piloteinsatz das durch den erfolgreichen Testlauf erzielte Ergebnis, d.h. den funktionierenden Datenaustausch, bestätigen. Gleiches muss auch für den bis zum erfolgreichen Testlauf geschaffenen Wert des Wirtschaftsguts gelten, so dass Aufwendungen für einen Probebetrieb lediglich eine Bestätigung und keine weitere Steigerung der bereits erzielten Werthaltigkeit darstellen. Bei Nichtaktivierung der Aufwendungen für einen solchen Piloteinsatz werden somit keine stillen Reserven gebildet.

Ein anderes Ergebnis ergibt sich auch nicht, wenn man die mit einem Piloteinsatz beginnende Umstellung des Unternehmens auf die neue ERP-Software in Bezug nimmt. Auch hierbei steht die Bestätigung der bereits durch die Testläufe herbeigeführten Werthaltigkeit im Vordergrund, da die Umstellung auf das neue ERP-Programm erst möglich ist, wenn dieses überhaupt zur Leistungsabgabe fähig ist.

Demzufolge kann die bei Anschaffungsnebenkosten generell erforderliche Werterhöhung bei Aufwendungen für einen Piloteinsatz nicht festgestellt werden, so dass auch die Möglichkeit der Qualifikation als nachträgliche Anschaffungsnebenkosten ausscheidet. Die Aufwendungen sind somit als Betriebsausgaben abzuziehen.

§ 4 Aufwendungen für Mitarbeiterschulungen

Letztlich bleiben noch die Aufwendungen für sog. Mitarbeiterschulungen im Hinblick auf ihre Qualifikation als Anschaffungsnebenkosten zu untersuchen.

Bei diesen Aufwendungen handelt es sich neben der Abgrenzung zwischen Versetzung in Betriebsbereitschaft und Herstellung im Hinblick auf das Customizing um das meistdiskutierte Thema im Kontext der Bilanzierung von ERP-Software. Dabei hat sich der Streit wohl vorrangig an der Auffassung *Babons* sowie des Finanzsenats Bremens erhitzt[830], als diese annehmen, dass Aufwendungen für Schulungsmaßnahmen zu den Anschaffungsnebenkosten zählen.[831]

830 Vgl. beispielsweise Köhler/Benzel/Trautmann, DStR 2002, S. 926 (930).

831 So FinSen Bremen v. 13.09.2004, DB 2004, S. 2782 (2782); Babon, StBp 2001, S. 68 (71).

A. Zur Tätigung der Aufwendungen vor Betriebsbereitschaft der ERP-Software

Innerhalb des o.g. Meinungsstreits spielt vor allem die Frage der Betriebsbereitschaft eine tragende Rolle. So wird vorwiegend angenommen, dass die ERP-Software bereits vor Tätigung etwaiger Schulungsaufwendungen ihre erstmalige Betriebsbereitschaft erreicht habe, da sie auch ohne geschulte Mitarbeiter betriebsbereit sei.[832] Dementsprechend führt das IDW aus, dass „Schulungsmaßnahmen für Administratoren oder Anwender [...] für die Fähigkeit der Software zur Leistungsgabe nicht erforderlich sind“[833]. Etwas anderes soll laut BMF indes gelten, wenn „Aufwendungen für die Schulungen des eigenen Personals für die Unterstützung der Durchführung und Mitgestaltung des Customizings“[834] getätigt werden.

Im Gegensatz dazu nimmt *Babon* unter Heranziehung eines Umkehrschlusses aus dem BMF-Schreiben vom 22.01.1998 bezüglich der Zertifizierung von Unternehmen nach ISO 9000 ff.[835] an, dass Aufwendungen für die Schulung des Personals als Nebenkosten einzuordnen seien, da „die durch die Schulung vermittelten Fertigkeiten zumeist so spezifisch sind, dass am Arbeitsmarkt niemand mit entsprechenden Kenntnissen geworben werden könnte.“[836] Die vom Unter-

---

832 So Scharfenberg/Marquardt, DStR 2004, S. 195 (196), Fn. 12. So ohne nähere Begründung auch Wiedmann in: Ebenroth/Boujong/Joost/Strohn, HGB, § 248, Rn. 8. So i.E. auch BMF-Schreiben v. 18.11.2005, BStBl. I 2005, S. 1025, Tz. 15. Auch Kahle nimmt an, dass Aufwendungen für die Schulung von Bedienungspersonal grundsätzlich nicht zu den Anschaffungsnebenkosten zu zählen ist, vgl. Kahle in: Baetge/Kirsch/Thiele, § 255 HGB, Rn. 102. Ebenso: Kuhner in: HdJ, Abt. II/1, Rn. 324.

833 IDW RS HFA 11 v. 30.06.2004, WPg 2004, S. 817, Tz. 32. So auch Scherff/Willeke, BBK Fach 12, S. 6829 (6835); Groß/Georgius/Matheis, DStR 2006, S. 339 (342). An der bereits eingetretenen Betriebsbereitschaft ändere die „Tatsache, dass u.U. die Software nicht eingesetzt werden kann, weil [...] kein Personal zu ihrer Bedienung vorhanden ist“ (IDW RS HFA v. 30.06.2004, WPg 2004, S. 817, Tz. 32), nichts. Ebenso Pfitzer/Schwenzer in: Beck'sches HdR, Stand 12/2011, B 765, Rn. 24. So auch Pergens/Niemann, StuB 2004, S. 997 (999). Ähnlich: Köhler/Benzel/Trautmann, DStR 2002, S. 926 (930); Suchanek/Heyes, FR 2005, S. 184 (189).

834 BMF-Schreiben v. 18.11.2005, BStBl. I 2005, S. 1025, Tz. 7. So auch die h.M. innerhalb der Betriebsprüfung, vgl. Petersen, NWB 2005, S. 1029 (1042). Ebenso Groß/Georgius/Matheis, DStR 2006, S. 339 (342).

835 Dabei handelt es sich um ein System zur Sicherung, Verbesserung und Zertifizierung des Qualitätsmanagements von Unternehmen, vgl. BMF-Schreiben v. 22.01.1998, DStR 1998, S. 207, Tz. 1.

836 Babon, StBp 2001, S. 68 (71).

nehmen geplante Nutzung sei somit nur möglich, „wenn ihm auch Personal zur Verfügung steht, dass mit dem Software-System umzugehen in der Lage ist."[837]

Betrachtet man diese, im Hinblick auf die Frage der erreichten Betriebsbereitschaft bei Schulungsaufwendungen vertretenen Positionen, so wird deutlich, dass es sich bei auch diesen letztlich nur um die auf die Implementierung einer ERP-Software bezogenen objektiven und subjektiven Betrachtungsweisen handelt.[838] Da diese aber nach hier vertretener Ansicht nicht zur Bestimmung des Endes des Anschaffungsvorgangs heranzuziehen sind, ist die Betriebsbereitschaft nach der zweistufigen subjektiv-objektiven Betrachtungsweise zu bestimmen. Deren Anwendung hat im Kontext der übrigen Implementierungsaufwendungen ergeben, dass die Software betriebsbereit ist, wenn der erste erfolgreiche Testlauf absolviert ist. Werden Schulungsmaßnahmen, gleich ob zur Begleitung des Customizings oder zur späteren Anwendung des Systems, vor diesem Testlauf durchgeführt, so liegen sie noch innerhalb des zeitlichen Rahmens der Anschaffung und kommen daher als Anschaffungsnebenkosten in Betracht.

Fraglich ist allerdings, wie der Fall zu beurteilen ist, dass Schulungsaufwendungen erst nach diesem Zeitpunkt getätigt werden. Man könnte insofern erwägen, dass die Aufwendungen die eigentlich bereits erreichte Betriebsbereitschaft zeitlich nach hinten verlagern. Dies wäre indes überhaupt nur dann denkbar, wenn die subjektive Intensität der zweistufigen subjektiv-objektiven Sichtweise überwiegen würde.[839] Anhand der Wertung, die der zweistufigen subjektiv-objektiven Betrachtung zugrunde liegt, wird aber deutlich, dass der subjektiven Komponente zur Bestimmung der Betriebsbereitschaft keine solch starke Intensität zukommen kann. Denn nach dieser Wertung gilt es, die Eröffnung von Gestaltungsspielräumen bei der Bestimmung der Betriebsbereitschaft zu verhindern (vgl. S. 164). Die Betriebsbereitschaft eines angeschafften Wirtschaftsguts soll vielmehr für alle Erwerber „gleich" i.S.d. Art. 3 Abs. 1 GG zu bestimmen sein. Diese Wertung würde durch die zeitliche Verlagerung der Betriebsbereitschaft aufgrund der späteren Tätigung von Schulungsaufwendungen allerdings unterlaufen. So könnte der Anschaffungsvorgang durch entsprechend zeitliche Abstimmung nach Belieben des Softwareanwenders verlängert oder verkürzt wer-

---

837 Babon, StBp 2001, S. 68 (71).

838 Dies war bereits bezüglich der Auffassungen zur Betriebsbereitschaft festgestellt worden, auf die im Kontext der Datenmigration kurz hingewiesen worden ist, vgl. S. 253 f..

839 So hat der von Babon vertretene Ansatz zur Betriebsbereitschaft im Kontext der Schulungsaufwendungen eine starke subjektive Intensität, da es ihm auf die „vom Unternehmen beabsichtigte Nutzung" ankommt und nicht nur auf den durch den Erwerber bestimmten Zweck des Wirtschaftsguts, vgl. Babon, StBp 2001, S. 68 (71).

den. Dementsprechend kann eine Tätigung von Schulungsaufwendungen nach Durchführung eines erfolgreichen Probelaufs die bereits eingetretene Betriebsbereitschaft nicht hindern.

Sofern Aufwendungen für Schulungsmaßnahmen des Personals erst nach Absolvierung des o.g. Testlaufs getätigt werden, kommen diese daher allenfalls als nachträgliche Anschaffungsnebenkosten in Frage. Anders verhält es sich hingegen, wenn die Aufwendungen zeitlich vor dem Testlauf anfallen.

B. Zur Werterhöhung der ERP-Software durch Aufwendungen für Mitarbeiterschulungen

Für die Qualifikation der Schulungsaufwendungen vor erfolgreichem Testlauf als Anschaffungsnebenkosten sowie der Schulungsaufwendungen nach erfolgreichem Testlauf als nachträgliche Anschaffungsnebenkosten ist von entscheidender Bedeutung, ob diese Aufwendungen zu der geforderten Werterhöhung führen.

Zwar dürfte der Erhalt eines entsprechenden Gegenwerts auf Seiten des Softwareanwenders in beiden Fällen, wie bei den anderen Aufwendungen auch, noch zu bejahen sein. Die Schulung der eigenen Mitarbeiter ermöglicht erst, dass diese das implementierte ERP-System bedienen können. Durch die Schulungsaufwendungen erhält der Softwareanwender folglich entsprechend fachlich versierte Mitarbeiter als Gegenwert.

Diesem Gegenwert wohnt aber in keiner Weise das Potenzial inne, in Bezug auf die ERP-Software zur Bildung stiller Reserven beizutragen. Denn dafür wäre erforderlich, dass die Schulung der Mitarbeiter den Wert der Software erhöht. Dies erscheint jedoch insofern anzuzweifeln, als es sich hierbei um eine sehr flüchtige bzw. unsichere Werterhöhung handeln würde. Der Wert des Wirtschaftsguts hinge davon ab, ob sämtliche geschulten Mitarbeiter in dem Unternehmen verbleiben. Würde auch nur einer dieser Mitarbeiter das Unternehmen während der Laufzeit der ERP-Software verlassen, so würde deren Wert um den Bruchteil der Schulungsaufwendungen sinken, der auf die Schulung dieses Mitarbeiters entfällt.[840] Indes ist das Potenzial für stille Reserven nur dann gegeben, wenn die Steigerung der Werthaltigkeit „gesichert" ist (vgl. S. 250). Da eine solche sichere Wertsteigerung aber allenfalls in Bezug auf die geschulten Mitarbeiter[841] und nicht auch im Hinblick auf die ERP-Software selbst festgestellt

840 Ein ähnlicher Gedanke findet sich bei Köhler/Benzel/Trautmann, DStR 2002, S. 926 (930).

841 So ähnlich auch Köhler/Benzel/Trautmann, DStR 2002, S. 926 (930).

werden kann, sind Schulungsaufwendungen generell nicht als Nebenkosten zu aktivieren. Daran kann auch die Tatsache nichts ändern, dass am Arbeitsmarkt möglicherweise keine Fachkräfte vorhanden sind, die mit einem solchen System arbeiten können.

Unabhängig von dem Zeitpunkt ihres Anfalls sind Schulungsaufwendungen demnach nicht als (nachträgliche) Anschaffungsnebenkosten zu aktivieren, da sie nicht zu der notwendigen Werterhöhung der ERP-Software selbst führen können.[842]

§ 5 Ergebnis der Einordnung der weiteren Aufwendungen zur Implementierung einer ERP-Software

Nach Untersuchung der bei Implementierung einer ERP-Software zumeist diskutierten Aufwendungen ist festzuhalten, dass neben den Aufwendungen für das Customizing die Aufwendungen für Datenmigration und für Testläufe der Software als Anschaffungsnebenkosten zu aktivieren sind. Für Testläufe ist dabei allerdings die Grenze der ersten fehlerfreien Durchführung zu beachten, da nach diesem Zeitpunkt der betriebsbereite Zustand des Systems erreicht ist.

Im Gegensatz dazu sind diejenigen Aufwendungen, die für Piloteinsätze und Schulungen der Mitarbeiter getätigt werden, als Betriebsausgaben zu behandeln.

Kapitel 5: Einordnung von Aufwendungen für Wartung und Updates nach erfolgreicher Implementierung einer ERP-Software

Hat die ERP-Software ihre Betriebsbereitschaft erreicht und ist ihre Produktivsetzung erfolgt, so ist die Implementierung insgesamt erfolgreich abgeschlossen worden. Um aber stets eine optimale Funktionalität des ERP-Systems zu gewährleisten, hat der Anwender für eine regelmäßige Wartung der Software zu sorgen. Des Weiteren wird der Softwarehersteller ihm auch Updates zur Verfü-

842 Das gleiche Ergebnis ergibt sich mit Blick auf die Bilanzierung nach IAS, vgl. IAS 38.29 (b) 2003.

gung stellen, um das System auf dem aktuellen Stand der Informationstechnik zu halten.

Fraglich ist, ob der Erwerber die Aufwendungen für Wartung und Update als Anschaffungsnebenkosten zu aktivieren hat. Da die Betriebsbereitschaft der Software bereits grundsätzlich[843] erreicht ist, ist allenfalls eine Einordnung als nachträgliche Anschaffungsnebenkosten zu erwägen.

§ 1 Aufwendungen für die Wartung der implementierten ERP-Software

Bei Wartungsaufwendungen[844] handelt es sich einerseits um Aufwendungen, die getätigt werden, damit die Software mit den EDV-Neuentwicklungen Schritt halten kann.[845] Andererseits verfolgt Wartung auch den Zweck, nach Auslieferung aufgekommene Fehler[846] im System zu beseitigen.[847]

Entsprechend der Auffassung des BMF bestehen keine Bedenken, Aufwendungen für die Wartung als Betriebsausgaben zu behandeln.[848] Die Literatur folgt überwiegend dieser Ansicht und geht davon aus, dass Wartungskosten keine nachträglichen Anschaffungsnebenkosten darstellen.[849]

---

843 Zur Ausnahme der Erreichung der Betriebsbereitschaft siehe S. 263 f..

844 Wird der Wartungsvertrag zusammen mit dem Lizenzvertrag geschlossen, so wird dies als sog. Bundling bezeichnet, vgl. Babon, StBp 68 (73).

845 Vgl. Babon, StBp 2001, S. 68 (73); Köhler/Benzel/Trautmann, DStR 2002, S. 926 (931); Petersen, NWB 2005, S. 1029 (1044). Ähnlich: Hesseler/Görtz, aaO., S. 359 ff..

846 Auf die Fehler, die bereits im Auslieferungszustand vorhanden sind und durch ein Update behoben werden, wird im Kontext der Aufwendungen für Update eingegangen werden, vgl. S. 271 ff..

847 Vgl. Delcker, BB 1990, S. 1097 (1098); Köhler/Benzel/Trautmann, DStR 2002, S. 926 (931); Petersen, NWB 2005, S. 1029 (1044).

848 So BMF-Schreiben v. 18.11.2005, BStBl. I 2005, S. 1025, Tz. 16. Gleichwohl sollen diese Aufwendungen auch Elemente von nachträglichen Anschaffungsnebenkosten enthalten, vgl. BMF-Schreiben v. 18.11.2005, BStBl. I 2005, S. 1025, Tz. 16 a.E..

849 So beispielsweise: Pergens/Niemann, StuB 2004, S. 997 (999); Groß/Georgius/Matheis, DStR 2006, S. 339 (342); Schreiber in: Blümich, EStG, Stand 11/2011, § 5, Rn. 640; Wolffgang in: K/S/M, EStG, § 5, Rn. C 180; Pfitzer/Schwenzer unter Verwendung des Begriffs der Instandhaltung, vgl. Pfitzer/Schwenzer in: Beck'sches HdR, Stand 12/2011, B 765, Rn. 25. Ebenso Köhler/Benzel/Trautmann, wobei diese wohl lediglich eine Abgrenzung zwischen Betriebsausgaben und Herstellungskosten vornehmen, vgl. Köhler/Benzel/Trautmann, DStR 2002, S. 926 (931); Scherff/Willeke, BBK Fach 12, S. 6829 (6835); Delcker, BB 1990, S. 1097 (1099). Nach Petersen sind derartige Aufwendungen aus praktischen Erwägungen als Erhaltungsaufwand zu behandeln, vgl.

Indes sind Aufwendungen für die Wartung der ERP-Software nach hier vertretener Ansicht nur dann als Betriebsausgaben abzuziehen, wenn sie zu keiner Werterhöhung des Wirtschaftsguts führen oder durch sie der betriebsbereite Zustand nicht gesichert wird.

A. Zur Sicherung des betriebsbereiten Zustands der ERP-Software durch Wartungsaufwendungen

Wartungsaufwendungen können nach Abschluss des Anschaffungsvorgangs nur dann aktiviert werden, wenn sie der Sicherung der Betriebsbereitschaft dienen (vgl. S. 185 ff.). Ist dies nicht der Fall, so scheidet eine Aktivierung, unabhängig von einer möglicherweise vorliegenden Werterhöhung der ERP-Software, aus.

Da Wartungsmaßnahmen u.a. der Vorbeugung von Systemfehlern dienen, werden sie zweifelsohne vorgenommen, um die Betriebsbereitschaft, d.h. den Einsatz der Software entsprechend der Zwecksetzung des Anwenders, aufrechtzuerhalten. Insofern liegt die Annahme nicht fern, dass Wartungsaufwendungen dem Erfordernis der Sicherung der Betriebsbereitschaft genügen.

Allerdings ist zu beachten, dass der Begriff der Wartung bereits nach dem allgemeinen Sprachgebrauch auch eine u.U. notwendige Reparatur bzw. Instandsetzung des ERP-Systems erfasst. Entsprechend den Ausführungen zur Sicherung der Betriebsbereitschaft als zusätzliches Kriterium nachträglicher Anschaffungsnebenkosten stellt die Instandsetzung aber keine Sicherung der Betriebsbereitschaft dar. Denn eine Instandsetzung ist erst dann vorzunehmen, wenn das Wirtschaftsgut überhaupt nicht mehr bestimmungsgemäß genutzt werden kann (siehe S. 186).

Zwar wird die bestimmungsgemäße Nutzung bei anderen Wirtschaftsgütern im Fall eines nur geringen Fehlers wohl nicht ausgeschlossen sein. Anders ver-

---

Petersen, NWB Fach 17, S. 1999 (2006). Gleicher Auffassung ist die Betriebsprüfung, vgl. Petersen, NWB 2005, S. 1029 (1045). Schreiber hält eine Einordnung als nachträgliche Anschaffungsnebenkosten für möglich, sofern die durch den Softwareanbieter vorgenommene Programmpflege wesentliche Funktionen hinzufügt oder das Programm wesentlich ändert, vgl. Schreiber in: Blümich, EStG, Stand 11/2011, § 5, Rn. 640. Indes wäre nach hier vertretener Ansicht in diesem Fall u.U keine Funktionsgleichheit der Software mehr gegeben, so dass eine nachträgliche Herstellung anzunehmen wäre. Allerdings ist fraglich, ob Wartungsmaßnahmen in der Praxis überhaupt die Intensität einer nachträglichen Herstellung aufweisen. Insofern ist die Abgrenzung zu nachträglichen Herstellungskosten im Kontext von Wartungsmaßnahmen m.E. in der Regel nicht notwendig.

hält es sich aber bei den heute sehr komplexen ERP-Systemen[850]. Tritt in einem solchen System ein nur an sich geringfügiger Fehler auf oder ist gar der Datenaustausch zwischen den einzelnen Modulen oder zu externen Programmen betroffen, so werden das Programm und seine Infrastruktur in der Regel nicht mehr in der Weise nutzbar sein, wie es der Anwender vorgesehen hat.[851] Dem Anwender kommt es gerade darauf an, dass das ERP-System verlässlich und damit fehlerfrei funktioniert. Insofern stellt jede notwendige Reparatur am ERP-System aufgrund eines nach Auslieferung entstandenen Fehlers eine Instandsetzung dar, die den Bereich der Sicherung der Betriebsbereitschaft verlässt.

Wird bei der Wartung des Programms ein Fehler festgestellt, so können die sich anschließenden Aufwendungen zur Fehlerbeseitigung demnach nicht als nachträgliche Anschaffungsnebenkosten eingeordnet werden. Die Möglichkeit der Qualifikation als nachträgliche Anschaffungsnebenkosten besteht in der Folge nur für diejenigen Wartungsaufwendungen, die im Rahmen einer turnusmäßigen Überprüfung des Systems zur Fehlerprävention getätigt werden.

B. Zur Werterhöhung der ERP-Software durch Wartungsaufwendungen

Zweifelhaft ist allerdings, ob die o.g. Aufwendungen der präventiven Wartung auch zu einer Werterhöhung der ERP-Software führen.

Zwar erhält der Softwareanwender durch die Wartungsmaßnahmen einen Gegenwert, als nur auf diese Weise die fortwährende Funktionstüchtigkeit des ERP-Systems gewährleistet ist.

Dieser Gegenwert führt jedoch nicht dazu, dass ein Potenzial für stille Reserven im Hinblick auf die ERP-Software geschaffen wird. Denn die Sicherstellung der fortwährenden Funktionsfähigkeit der Software verfolgt ausschließlich den Zweck, dass der nach Eintritt der Betriebsbereitschaft erreichte status quo erhalten bleibt. Bezogen auf die Möglichkeit der Bildung stiller Reserven bedeutet dies, dass auch der ursprüngliche Wert der implementierten ERP-Software durch die Wartungsaufwendungen lediglich erhalten werden soll. Insofern kann ein Potenzial für stille Reserven mangels Steigerung der Werthaltigkeit nicht festgestellt werden.

---

850 Vgl. Hesseler/Görtz, aaO., S. 372.

851 Dass Fehler im ERP-System solche Auswirkungen haben können, wird insbesondere durch den Umstand deutlich, dass Softwarehersteller regelmäßig Patches und Fehlerbehebungspakete vorsehen, vgl. Fn. 864.

Demzufolge erfüllen Wartungsaufwendungen nach Implementierung der ERP-Software nicht die Anforderungen des Qualifikationsmaßstabs der Werterhöhung. Auch diejenigen Aufwendungen, die auf die planmäßige Prävention von Fehlern entfallen, stellen damit keine nachträglichen Anschaffungsnebenkosten dar, sondern sind als Betriebsausgaben abzuziehen.[852]

§ 2 Aufwendungen für Programmupdates[853]

Möglicherweise lassen sich aber die Aufwendungen für sog. Updates als nachträgliche Anschaffungsnebenkosten einordnen.

A. Definition des Begriffs „Update" unter Abgrenzung von Upgrade und Generationswechsel

Bei Updates handelt es sich um durch den Softwareanbieter zur Verfügung gestellte Programme, die keine zusätzliche Funktionalität vermitteln[854], sondern lediglich der Anpassung an die veränderte Entwicklung zur Aufrechterhaltung der Funktionsfähigkeit[855] sowie der Behebung von Fehlern der ausgelieferten

---

852 Dies gilt aber nicht zwangsläufig auch bei anderen Wirtschaftsgütern. So ist es durchaus denkbar, dass ein Wirtschaftsgut auch bei kleineren Fehlern noch entsprechend der Zweckbestimmung eingesetzt werden kann. Die Beseitigung des Fehlers im Rahmen der Wartung dient dann der langfristigen Sicherung der Betriebsbereitschaft. Zudem dürfte die geforderte Werterhöhung zu bejahen sein, da die Fehlerfreiheit eines Wirtschaftsguts dessen Werthaltigkeit im Vergleich zu einem fehlerbehafteten, aber noch funktionsfähigen Wirtschaftsgut steigert. Dabei meint Steigerung der Werthaltigkeit hier aber nicht den Ausgleich eines vorgehenden Wertverlusts aufgrund des genannten Fehlers. Denn die Werthaltigkeit eines Wirtschaftsguts dürfte durch einen Fehler, der (noch) keine Auswirkungen auf dessen vorgesehene Einsetzbarkeit hat, nicht negativ beeinflusst werden.

853 Eingehend mit der Abgrenzung zwischen nachträglichen Anschaffungs(neben)kosten, nachträglichen Herstellungskosten und Erhaltungsaufwand sowie mit der damit verbundenen Frage der Teilwertabschreibung auf die Alt-Software beschäftigt sich Rätke, StuB 2003, S. 842 ff..

854 Hingegen nimmt das IDW an, dass es sich bei Updates um die verbilligte Überlassung der neusten Programmversion für Anwender der Altversion handelt, vgl. IDW RS HFA 11 v. 30.06.2004, WPg 2004, S. 817, Tz. 21. Dabei verkennt das IDW aber, dass die Überlassung der neusten Programmversion regelmäßig einen Release- bzw. Generationenwechsel darstellt.

855 Vgl. FinSen Bremen v. 13.09.2004, DB 2004, S. 2782 (2782). Ähnlich: Delcker, BB 1990, S. 1097 (1098). Rätke hat insofern wohl erkannt, dass der Begriff des Updates

Version[856] dienen. Dies wird in der Regel dann der Fall sein, wenn der Anwender die zuvor genutzten und gespeicherten Daten auch weiterhin nutzen und verarbeiten kann.[857]

Im Gegensatz dazu spricht man von einem sog. Upgrade[858] der ERP-Software, wenn dieses zu einer zusätzlichen Funktionalität der Software führt.[859] Dies geht regelmäßig mit einer Änderung hin zu einer leistungsfähigeren oder

---

uneinheitlich verwendet wird und differenziert daher zwischen unechtem und echten Update, vgl. Rätke, StuB 2003, S. 842 (844 f.). Dabei soll es sich beim unechten Update um eine Vollversion handeln, die die Voraussetzungen eines Wirtschaftsguts erfüllt, vgl. Rätke, StuB 2003, S. 842 (844). Diese Differenzierung nimmt zwar auch Delcker vor; allerdings vertritt er, dass es sich bei einem unechten Update um ein sog. Upgrade handelt, vgl. Delcker, BB 1990, S. 1097 (1099). Insofern soll die Annahme eines neuen Wirtschaftsguts wohl nicht möglich sein. Hingegen nimmt Tonner an, dass es sich bei einem Update stets um ein neues Wirtschaftsgut handelt, vgl. Tonner in: Bordewin/Brandt, EStG, § 5, Rn. 340, Stichwort „Software". Groß/Georgius/Matheis benennen Updates als „gewöhnliche Weiterentwicklungen der Software" (Groß/Georgius/Matheis, DStR 2006, S. 339 (342)). Hingegen gehen Pfitzer/Schwenzer wohl davon aus, dass Updates vorrangig der Fehlerbeseitigung dienen, vgl. Pfitzer/Schwenzer in: Beck'sches HdR, Stand 12/2011, B 765, Rn. 25. Dies mag aber daran liegen, dass die Autoren das Update als Reparatur- bzw. Wartungsmaßnahme einordnen.

856 Siehe Pfitzer/Schwenzer in: Beck'sches HdR, Stand 12/2011, B 765, Rn. 25.

857 Vgl. Delcker, BB 1990, S. 1097 (1099).

858 Vgl. Hesseler/Görtz, aaO., S. 362. Laut Hesseler/Görtz sind die Begriffe Upgrade und Releasewechsel identisch, vgl. Hesseler/Görtz, aaO., S. 362.

859 Umkehrschluss aus Pfitzer/Schwenzer in: Beck'sches HdR, Stand 12/2011, B 765, Rn. 25. Vgl. auch Peter, DB 2003, S. 1341 (1341). Mit Blick auf die Schaffung zusätzlicher Funktionalität könnte man annehmen, dass der Vorgang des Upgrades zu einer Ungleichheit der Softwarefunktionen und damit zu einer nachträglichen Herstellung führt. Zusätzlich ist im Rahmen der ERP-Software aber zu fordern, dass die Ungleichheit der Funktionen durch eine planmäßige Änderung des Quellcodes herbeigeführt wird (vgl. S. 239 f.). Daran fehlt es bei der Installation eines Upgrades aber. Zwar hat die Installation des Upgrades u.U. zur Folge, dass im Hintergrund der Quellcode der ERP-Software verändert wird. Allerdings liegt hierin kein „planmäßiges" Eingreifen in den Quellcode durch den Softwareanwender. Demzufolge können Aufwendungen für Upgrades trotz der Werterhöhung der ERP-Software lediglich Betriebsausgaben darstellen, da die Schaffung zusätzlicher Funktionalität bereits dem Wortlaut nach nicht der Sicherung des betriebsbereiten Zustands dienen kann. Leicht abweichend wohl Petersen, als diese bei Aufwendungen für Upgrades Betriebsausgaben oder nachträgliche Anschaffungskosten für möglich hält, vgl. Petersen, NWB 2005, S. 1029 (1045).

höherwertigen Konfiguration einher.[860] Noch weitgehender ist insofern ein sog. Generationswechsel, als hier regelmäßig die Nachfolgeversion der Software ausgerollt wird.[861] Das BMF sieht einen solchen Wechsel dadurch gekennzeichnet, dass eine neue Lizenz ausgegeben wird, umfassende Programmneuerungen vorgenommen werden oder die Notwendigkeit einer Datenmigration besteht.[862]

Ein Update, dessen Aufwendungen es nachfolgend auf die Qualifikation als nachträgliche Anschaffungsnebenkosten zu untersuchen gilt, stellt daher insgesamt die „mildeste" Form der durch Softwareanbieter zur Verfügung gestellten Programmversionen dar. In der Regel erfordert dies weder den Erwerb einer zusätzlichen Lizenz noch die Vornahme einer neuen Datenmigration. Es verfolgt vielmehr ausschließlich den Zweck, die Funktionstüchtigkeit der ERP-Software und seine Schnelligkeit im Hinblick auf den Datenaustausch aufrechtzuerhalten.

B. Einordnung von Aufwendungen für Updates

Ist mit Blick auf die dargestellten Aktualisierungsmöglichkeiten einer ERP-Software lediglich von einem Update auszugehen, so ist weiterhin zu klären, ob die für ein Update getätigten Aufwendungen als Betriebsausgaben oder als nachträgliche Anschaffungsnebenkosten zu behandeln sind.

---

860 Vgl. http://de.wikipedia.org/wiki/Upgrade. Zu beachten ist aber, dass es sich beim Upgrade nicht um eine neue Programmversion handelt.

861 In der Folge findet eine tief greifende Überarbeitung der ERP-Software statt, vgl. Groß/Georgius/Matheis, DStR 2006, S. 339 (342), wobei diese allerdings dafür eintreten, das Merkmal der tiefgreifenden Überarbeitung eng auszulegen.

862 So BMF-Schreiben v. 18.11.2005, BStBl. I 2005, S. 1025., Tz. 10. Ähnlich: Groß/Georgius/Matheis, DStR 2006, S. 339 (342). Die genannten Indizien sollen regelmäßig zu der Annahme eines neuen Wirtschaftsguts führen, vgl. BMF-Schreiben v. 18.11.2005, BStBl. I 2005, S. 1025, Tz. 10; Groß/Georgius/Matheis, DStR 2006, S. 339 (342). Werde die Software hingegen aufgrund der bisherigen Lizenz weiter genutzt, so seien die Aufwendungen für die neue Lizenz und die damit verbundenen zusätzlichen Nutzungsmöglichkeiten als nachträgliche Anschaffungskosten zu behandeln, siehe BMF-Schreiben v. 18.11.2005, BStBl. I 2005, S. 1025, Tz. 10. Indes erscheint eine solche Differenzierung zwischen Weiternutzung der alten Lizenz und Nutzung der neuen Lizenz wegen des sich eröffnenden Gestaltungsspielraums nicht vorzugswürdig. So wäre es dem Willen des Softwareanwenders unterstellt, ob er eine Absetzung wegen außergewöhnlicher technischer oder wirtschaftlicher Abnutzung gem. § 7 Abs. 1 Satz 7 EStG vornimmt oder nicht, vgl. hierzu: Rätke, StuB 2003, S. 842 (843 f.). Insofern ist es wohl vorzugswürdig, bei einem Generationswechsel, d.h. bei der Ausgabe einer neuen Lizenz, stets von einem neuen Wirtschaftsgut auszugehen.

Folgte man hier der wohl überwiegenden Meinung in Finanzverwaltung und Lehre, so wäre ein Abzug der Aufwendungen für das Update als Betriebsausgaben zu verlangen.[863] Wie bereits bei den Wartungsaufwendungen hervorgehoben, ist die erfolgswirksame Behandlung als Betriebsausgaben nach hier vertretener Meinung jedoch nur dann möglich, wenn die Aufwendungen entweder zu keiner Werterhöhung der ERP-Software führen oder nicht der Sicherung des betriebsbereiten Zustands dienen (vgl. S. 266 ff.).

---

863 So FinSen Bremen v. 13.09.2004, DB 2004, S. 2782 (2782); Scherff/Willeke, BBK Fach 12, S. 6829 (6835); Umkehrschluss aus Wiedmann in: Ebenroth/Boujong/Joost/Strohn, HGB, § 248, Rn. 8. So i.E. auch Rätke, StuB 2003, S. 842 (845). Das BMF ist insofern zurückhaltender und nimmt lediglich an, dass die Behandlung der Aufwendungen für Updates als Betriebsausgaben keinen Bedenken begegnet, vgl. BMF-Schreiben v. 18.11.2005, BStBl. I 2005, S. 1025, Tz. 16. Gleichwohl ist die Einordnung der Aufwendungen keineswegs unbestritten, vgl. Rätke, StuB 2003, S. 842 (844); siehe Überblick über den Meinungsstreit bei Wolffgang in: K/S/M, EStG, § 5, Rn. C 181. So sollen laut Rätke allenfalls nachträgliche Herstellungskosten möglich sein, wenn eine wesentliche Verbesserung der Software in quantitativer oder qualitativer Hinsicht gegeben sei, vgl. Rätke, StuB 2003, S. 842 (845). Hingegen kämen nachträgliche Anschaffungsnebenkosten nicht in Betracht, da ein Update nicht mehr der Versetzung in Betriebsbereitschaft diene, vgl. Rätke, StuB 2003, S. 842 (845). Dabei verkennt Rätke, dass nachträgliche Anschaffungsnebenkosten überhaupt erst in Erwägung gezogen werden können, wenn der eigentliche Anschaffungsvorgang mit Erreichen der Betriebsbereitschaft abgeschlossen ist. Noch weitgehender ist in diesem Kontext Voss, als er annimmt, dass bei einem Update ein neues Wirtschaftsgut erworben werde, siehe Voss, FR 1989, S. 358 (363). Dies liegt wohl darin begründet, dass Voss in einem Update die verbilligte Überlassung der neusten Programmversion erblickt, vgl. Voss, FR 1989, S. 358 (363). So ähnlich wohl Wolffgang, als dieser den Erwerb eines neuen Wirtschaftsguts zumindest dann annimmt, wenn eine neue Programmversion gegen Gebühr erworben wird, vgl. Wolffgang in: K/S/M, EStG, § 5, Rn. C 181. Dagegen wendet Delcker ein, dass Updates lediglich verbesserte Programmmodule seien, die nicht allein ablauffähig seien, und daher nicht als selbständig bewertbares Wirtschaftsgut aufgefasst werden könnten, vgl. Delcker, BB 1990, S. 1097 (1099). Im Gegensatz dazu ordnet Delcker die Aufwendungen für sog. echten Updates (zum unechten Update siehe Fn. 855) als nachträgliche Anschaffungsnebenkosten ein, vgl. Delcker, BB 1990, S. 1097 (1099). In eine ähnliche Richtung scheint sich auf den ersten Blick die Auffassung der Betriebsprüfung zu bewegen. Allerdings nimmt diese nur dann nachträgliche Anschaffungsnebenkosten an, wenn eine Fortsetzung der Herstellung der erstmaligen Betriebsbereitschaft einzelner Programmteile nach einer Zwischenabnahme vorliege, vgl. Petersen, NWB 2005, S. 1029 (1045).

I. Zur Werterhöhung der ERP-Software durch Aufwendungen für Updates

Unzweifelhaft erhält der Softwareanwender einen für die Bejahung einer Werterhöhung u.a. erforderlichen Gegenwert, wenn der Softwareanbieter ein Update zur Verfügung stellt. Dieser besteht darin, dass die Funktionsfähigkeit der ERP-Software auch bei technischen Neuerungen und Fehlern im Auslieferungszustand erhalten bleibt.

Allerdings ist in Zweifel zu ziehen, ob die Aufrechterhaltung der Funktionsfähigkeit auch zu stillen Reserven mittels Steigerung der Werthaltigkeit der ERP-Software führen kann. Mit Blick auf das zu Wartungsaufwendungen Ausgeführte müsste man eine Zunahme der Werthaltigkeit hier ebenfalls ablehnen. Die bloße „Gewährleistung" der Funktionsfähigkeit bei technischen Neuerungen und Fehlern im Auslieferungszustand spricht dem Wortlaut nach dafür, dass auch ein Update lediglich den bisherigen Wert der Software sichern soll und keine weitere Wertsteigerung schafft.

1. Aspekt der Anpassung an technische Neuerungen

Und in der Tat kann das Aufkommen technischer Neuerungen die Werthaltigkeit einer ERP-Software negativ beeinflussen, so dass ein entsprechendes Update der Wertminderung vorbeugen müsste und daher lediglich der Wertsicherung dienen würde.

Allerdings führen Neuerungen erst dann zu einer Wertminderung der ERP-Software, wenn diese einen bestimmungsgemäßen Einsatz der Software beim Anwender unmöglich machen. Dem beugt der Softwareanbieter aber regelmäßig insofern vor, als er ein Update bereits dann zur Verfügung stellt, sobald die technische Neuerung entwickelt ist. Zu diesem Zeitpunkt ist der Wert der betriebenen ERP-Software aber noch nicht so gefährdet, dass das Update zur o.g. Wertsicherung notwendig wäre. Vielmehr wird die Werthaltigkeit der Software bei einem zeitnah nach Entwicklung der jeweiligen technischen Neuerung durchgeführten Update gesteigert, als die Software bereits der Neuerung entspricht, bevor diese das System beeinflussen könnte.

Dementsprechend verfügt das zeitnah nach dem Aufkommen einer technischen Neuerung durchgeführte Update über das Potenzial zur Bildung stiller Reserven, so dass hier insgesamt die geforderte Werterhöhung durch die Aufwendungen bejaht werden kann.

2. Aspekt der Behebung von Fehlern des Auslieferungszustands

Das Gleiche gilt grundsätzlich auch für die Behebung eines Fehlers, der bereits im Auslieferungszustand der Software vorhanden war, durch ein Update.[864] Denn aufgrund dieses von Beginn an vorhandenen Fehlers konnte das angepasste ERP-System noch nicht seine volle Werthaltigkeit erreichen. Diese wird erst durch eine entsprechende Steigerung bei Behebung des Fehlers durch das einzelne Update herbeigeführt.

Aufgrund dessen kann die Steigerung der Werthaltigkeit auch nicht von der zeitnahen Durchführung des Updates abhängen. Die zeitnahe Durchführung zur Erreichung einer Werterhöhung dürfte allenfalls bei sog. Sicherheitslücken relevant sein, da dem ERP-System in diesem Fall bei unterbleibender zeitnaher Reaktion mittels Update ein Schaden und damit eine Wertminderung droht.[865]

3. Ergebnis zur Werterhöhung der ERP-Software durch Aufwendungen für Updates

Demzufolge liegt im Fall der Aufwendungen für ein Update die geforderte Werterhöhung der ERP-Software grundsätzlich vor.

Zu beachten ist aber, dass es im Hinblick auf technische Neuerungen und Fehler der ausgelieferten Software, deren Behebung keinen Aufschub duldet, für die Bejahung einer Werterhöhung maßgeblich auf den Zeitpunkt ankommt, in welchem das Update durchgeführt wird. In diesem Zeitpunkt darf der Wert der ERP-Software noch nicht gefährdet gewesen sein, so dass das Update noch nicht der Wertsicherung, sondern noch der Wertsteigerung dient.

II. Zur Sicherung des betriebsbereiten Zustands der ERP-Software durch Aufwendungen für Updates

Die Qualifikation der Aufwendungen für Updates als nachträgliche Anschaffungsnebenkosten gelingt aber trotz der Bejahung einer Werterhöhung nur,

---

864 Zur Beseitigung von Fehlern, die bei Auslieferung bereits vorhanden, vom Softwarehersteller aber nicht erkannt worden sind, werden zumeist sog. Patches oder Fehlerbeseitigungspakete angeboten, vgl. Hesseler/Görtz, aaO., S. 372. Problematisch ist die Fehlerbehebung allerdings, wenn ein solches Paket Modifikationen oder Eigenentwicklungen berührt, vgl. Hesseler/Görtz, aaO., S. 372.

865 Ist beispielsweise durch eine Sicherheitslücke bereits ein Computervirus o.ä. eingedrungen, so wird das Update allein der Schadensbegrenzung und -abwehr und damit der reinen Wertsicherung dienen. Hingegen führt das Update noch zu einer Steigerung der Werthaltigkeit, wenn es sofort nach dem Entdecken einer Sicherheitslücke durchgeführt wird.

wenn durch die o.g. Updates der betriebsbereite Zustand der eingesetzten ERP-Software gesichert wird.

1. Aspekt der Anpassung an technische Neuerungen

Wird ein Update durchgeführt, damit die ERP-Software den technischen Neuerungen begegnen kann, dient dies aber gerade nicht der Sicherung der Betriebsbereitschaft.

Die Betriebsbereitschaft der Software verlangt lediglich, dass diese unter Berücksichtigung der bei Anpassung vorhandenen technischen Gegebenheiten bestimmungsgemäß eingesetzt werden kann. Dieser, nach der Anpassung bestehende status quo der ERP-Software muss aufrechterhalten bzw. gesichert werden, damit die entsprechenden Aufwendungen als nachträgliche Anschaffungsnebenkosten aktiviert werden können. Wird die Software nun später mittels Update an den technischen Fortschritt angepasst, so dient dies aber nicht der Sicherung des nach Anpassung erreichten Zustands der Software, sondern vielmehr dessen Aktualisierung.

Etwas anderes kann hier auch nicht mit Blick darauf gelten, dass ein Update regelmäßig der Aufrechterhaltung der „Funktionsfähigkeit" dient (vgl. S. 269 ff.). Denn die Funktionsfähigkeit der ERP-Software soll hier nicht unter Aufrechterhaltung desjenigen Zustands gewahrt werden, den die Software unmittelbar nach abgeschlossener Anpassung aufweist. Vielmehr soll ein Update grundsätzlich die Funktionsfähigkeit der Software unter Berücksichtigung der technischen Neuerungen gewährleisten. Insofern können die Begriffe „Funktionsfähigkeit" und „Betriebsbereitschaft" bei einer ERP-Software mit Blick auf die stetigen technischen Neuerungen nicht deckungsgleich sein. Es ist daher davon auszugehen, dass Betriebsbereitschaft im Kontext der ERP-Software lediglich diejenige bestimmungsgemäße Funktionsfähigkeit meint, die unmittelbar nach der erfolgreichen Anpassung der ERP-Software an den Anwender gegeben ist.

Demzufolge können Aufwendungen für Updates, die die Software an technische Neuerungen anpassen sollen, mangels Sicherung der „Betriebsbereitschaft" nicht als nachträgliche Anschaffungsnebenkosten anerkannt werden.

2. Aspekt der Behebung von Fehlern des Auslieferungszustands

Eine Sicherung des betriebsbereiten Zustands ist auch mit Blick auf die Behebung von Fehlern des Auslieferungszustands nicht möglich.

Zwar würde es hier nicht an dem Merkmal „Sicherung" fehlen. Indes setzt eine Sicherung des „betriebsbereiten" Zustands auch voraus, dass die Betriebsbereitschaft überhaupt erreicht ist. Dies ist aber bei Fehlern, die bereits im Auslieferungszustand vorhanden sind, nicht der Fall. Denn die für die Betriebsbereitschaft u.a. maßgebliche Zweckbestimmung durch den Erwerber sieht vorrangig vor, dass das ERP-System fehlerfrei funktioniert (vgl. S. 255 f.). Dabei kann Fehlerfreiheit hier aber nur so zu verstehen sein, dass die ERP-Software keine Fehler aufweist, die der Softwareanbieter im Auslieferungszustand übersehen hat.[866] Ist ein solcher Fehler bei Auslieferung der ERP-Software jedoch vorhanden, so ist ein Einsatz entsprechend der Zwecksetzung und damit das Erreichen der Betriebsbereitschaft erst möglich, wenn der Fehler durch ein Update behoben worden ist.[867]

Problematisch ist hier aber, dass sich Fehler in der ausgelieferten Software heute nicht vermeiden lassen.[868] Mit Blick auf die Auswirkungen dieser Fehler auf die Betriebsbereitschaft der ERP-Software könnte diese streng genommen erst dann eintreten, wenn sämtliche, im Auslieferungszustand vorhandenen Fehler beseitigt wären. Da in der Praxis aber immer neue Fehler, wie vor allem Sicherheitslücken, in einer Software gefunden werden, wäre die Betriebsbereitschaft damit wohl niemals erreichbar. Dies würde jedoch dazu führen, dass auch diejenigen, werterhöhenden Aufwendungen, die in keinem Zusammenhang mit dem vorhandenen Fehler stehen, als Nebenkosten aktiviert werden könnten. Dass dies einer Darstellung des Anschaffungsvorgangs gemäß den tatsächlichen Umständen nicht förderlich wäre und daher einen Verstoß gegen das Vorsichtsprinzip darstellen würde, ist offensichtlich. Da der Erfassung der Aufwendungen zur Beseitigung der genannten Fehler als Anschaffungsnebenkosten selbst aber nichts im Wege steht[869], ist der Verstoß gegen den Vorsichtsgrundsatz dadurch vermeidbar, dass die Betriebsbereitschaft ausschließlich im Hinblick auf die Fehlerlosigkeit im Auslieferungszustand nicht gegeben ist.

Indes ist die hieraus folgende „Aufteilung" des Erreichens der Betriebsbereitschaft m.E. nicht verallgemeinerungsfähig. Vielmehr ist diese Vorgehensweise ausschließlich dem Umstand geschuldet, dass eine ERP-Software „aufgrund des menschlichen Faktors und den Zwängen einer möglichst wirtschaftli-

866 Davon abzugrenzen sind diejenigen Fehler, die später durch den Einsatz beim Anwender entstehen.

867 Insofern kann auch nicht danach differenziert werden, ob der Fehler vom Anwender erkannt worden ist. Denn die Komplexität der informationstechnischen Verarbeitung einer solchen ERP-Software macht es dem durchschnittlichen Anwender unmöglich, Fehler, wie beispielsweise Sicherheitslücken, ohne die Unterstützung von Fachpersonal zu erkennen.

868 Vgl. Hesseler/Görtz, aaO., S. 372.

869 So ist insbesondere die erforderliche Werterhöhung gegeben, siehe S. 274.

chen „Softwareproduktion““[870] schwerlich fehlerfrei ausgeliefert werden kann und die Fehler daher zwangsläufig erst vom Anwender bemerkt werden.[871]

C. Ergebnis zur Einordnung der Aufwendungen für Updates

Aufwendungen für Updates erfüllen demnach insgesamt nicht das Kriterium der Sicherung des betriebsbereiten Zustands.

Für diejenigen Aufwendungen, die auf Updates zur Anpassung an technischen Neuerungen entfallen, bedeutet dies, dass nur ein Abzug als Betriebsausgaben möglich ist.

Im Gegensatz dazu sind werterhöhende Aufwendungen für Updates zur Behebung von Fehlern des Auslieferungszustands als Anschaffungsnebenkosten zu aktivieren, da in Bezug auf diese Fehler die Betriebsbereitschaft der Software noch nicht eingetreten ist. Zu beachten ist aber, dass sich diese fehlende Betriebsbereitschaft ausschließlich auf Fehler des Auslieferungszustands und nicht auf das gesamte Wirtschaftsgut ERP-Software bezieht.

Kapitel 6: Ergebnisse der Einordnung von Aufwendungen bei Implementierung einer ERP-Software

Entgegen der in der Literatur weit verbreiteten Ansicht führt das Customizing einer ERP-Software nicht zu einer nachträglichen Herstellung. Auch wenn im Rahmen der Anpassung der Software auf den Quellcode eingewirkt wird, so ist die Grenze zur nachträglichen Herstellung erst überschritten, wenn durch die Einwirkung neue, zuvor noch nicht bestehende Funktionen geschaffen und bisherige Funktionen beseitigt werden. Da der Vorgang des Customizings aber ausschließlich in dem Einstellen der vom Softwareanbieter bereit gestellten Parameter besteht, sind die werterhöhenden Aufwendungen für die Anpassung der Software als Anschaffungsnebenkosten zu aktivieren.

Im Gegensatz dazu stellen Aufwendungen für Modifikationen im technischen Sinn aus handelsbilanzieller Sicht Herstellungskosten und aus steuerbilanzieller Sicht Betriebsausgaben dar, da diese mit einer Änderung des Quellcodes einhergehen, die zu einer für die nachträgliche Herstellung notwendigen Ungleichheit der Funktionen führen.

870 Hesseler/Görtz, aaO., S. 372.

871 Vgl. Hesseler/Görtz, aaO., S. 372.

Mit Blick auf die weiteren Aufwendungen der Implementierung einer ERP-Software hat die Anwendung des Qualifikationsmaßstabs der Werterhöhung ergeben, dass ausschließlich die Aufwendungen für Datenmigration und für Testläufe als Anschaffungsnebenkosten zu aktivieren sind. In Bezug auf Testläufe ist dies aber dahingehend zu begrenzen, dass weitere Tests nach dem ersten erfolgreichen Probelauf aufgrund der eingetretenen Betriebsbereitschaft nur noch als Betriebsausgaben abziehbar sind (vgl. Fn. 812). Aufwendungen für Planung, Beratung, Schulung sowie für Piloteinsätze sind ebenfalls als Betriebsausgaben zu behandeln.

Das Gleiche gilt grundsätzlich auch für Wartungsaufwendungen und Aufwendungen für Updates zur Anpassung an technischen Neuerungen. Diese stellen keine nachträglichen Anschaffungsnebenkosten dar.

Anders verhält es sich aber bei denjenigen werterhöhenden Aufwendungen, die auf Updates zur Behebung von Fehlern des Auslieferungszustands entfallen. Diese sind sogar als Anschaffungsnebenkosten vor erreichter Betriebsbereitschaft einzuordnen, da im Hinblick auf diese Fehler keine Betriebsbereitschaft der ERP-Software festgestellt werden konnte.

5. Teil: Abschließende Betrachtung zur Dogmatik der Anschaffungsnebenkosten

Kapitel 1: Ergebnisse der Untersuchung

Die vorliegende Untersuchung wollte die Frage beantworten, unter welchen Voraussetzungen Aufwendungen, die bei einer Anschaffung getätigt werden, als Anschaffungsnebenkosten in Handels- und Steuerbilanz zu aktivieren sind.

Mit Blick auf die der Dogmatik zugrundezulegenden Prinzipien ist festgestellt worden, dass die Aktivierungsvoraussetzungen in erster Linie dem Vorsichtsprinzip als übergeordnetem Prinzip des (Steuer-) Bilanzrechts genügen müssen. Dabei ist aber zu beachten, dass der Vorsichtsgrundsatz nicht auf seine herkömmlichen Auslegungen zu beschränken ist. Vielmehr ist dieser (zumindest) für Zwecke der Anschaffungsnebenkosten unter Bezugnahme auf das Gebot der Bilanzwahrheit so zu interpretieren, dass eine „vorsichtige" Aktivierung von Anschaffungsnebenkosten nur dann gegeben ist, wenn das dadurch geschaffene Bild der Unternehmenslage die tatsächliche Umstände wiedergibt. Dieses Verständnis entspricht – im Gegensatz zu dem einhellig hingenommenen Gebot der Erfolgsneutralität – sowohl den Zwecken der Handelsbilanz als auch denjenigen der Steuerbilanz.

Erkennt man das Vorsichtsprinzip in der o.g. Ausgestaltung als Leitprinzip der Anschaffungsnebenkosten an, so wäre die nachfolgende Regelung zu wählen, um die handelsbilanziellen Voraussetzungen für die Aktivierung von Nebenkosten eindeutig zum Ausdruck zu bringen. Dabei würde es sich anbieten, die Anschaffungskosten ganz aus § 255 HGB herauszunehmen und sie mit dem in § 253 Abs. 1 Satz 1 HGB enthaltenen Gebot, höchstens die Anschaffungskosten anzusetzen, in einer eigenständigen Vorschrift zu kombinieren.

(1) Vermögensgegenstände, die dem Betriebsvermögen im Wege der Anschaffung zugeführt worden sind, sind höchstens mit den Anschaffungskosten anzusetzen.

(2) Zu den Anschaffungskosten im Sinne des Absatzes 1 gehören neben dem Anschaffungspreis auch die Nebenkosten. Darunter sind diejenigen werterhöhenden[872] Aufwendungen zu verstehen, die dem Erwerb des Vermögensgegenstands oder dessen Versetzung in Betriebsbereitschaft dienen,

---

872 Zur genauen Ausgestaltung der Werterhöhung siehe S. 105 ff..

soweit sie dem Vermögensgegenstand unter Berücksichtigung der Rechnungslegung des Erwerbers einzeln zugeordnet werden können.

(3) Anschaffungsnebenkosten im Sinne von Absatz 2 liegen erst vor, wenn der Erwerber Handlungen aufnimmt, um einen Vermögensgegenstand zu erwerben, der bereits nach seinen Eigenschaften und seiner Qualität festgelegt ist (Beginn des Anschaffungsvorgangs).

(4) Werden die Aufwendungen nach erreichter Betriebsbereitschaft (Ende des Anschaffungsvorgangs) getätigt, so gehören sie nur zu den Anschaffungsnebenkosten, soweit sie der Sicherung der Betriebsbereitschaft dienen (nachträgliche Anschaffungsnebenkosten). Dabei ist die Betriebsbereitschaft erreicht, wenn der Vermögensgegenstand entsprechend dem vom Erwerber vorgesehen Zweck einsetzbar und für diesen Zweck auch geeignet ist.

(5) Unabhängig von dem Vorliegen der in Absatz 2 bis 4 genannten Voraussetzungen sind Anschaffungsnebenkosten nicht anzunehmen, sofern durch die Aufwendungen eine Ungleichheit der dem Vermögensgegenstand innewohnenden Funktionen herbeigeführt wird (nachträgliche Herstellung).

Um die Anwendung dieser handelsrechtlichen Regelungen auch für die steuerbilanzielle Bestimmung der Anschaffungsnebenkosten sicherzustellen und um die notwendige Abweichung vom handelsbilanziellen Finalitätserfordernis deutlich zu machen, wäre im Anschluss an § 6 Abs. 1 Nr. 1 EStG Folgendes zu ergänzen:

> Zu den Anschaffungskosten in diesem Sinne gehören auch die Nebenkosten. Zur Bestimmung der Nebenkosten ist die entsprechende Regelung im HGB mit der Maßgabe anzuwenden, dass es nicht darauf ankommt, ob die Aufwendungen dem Erwerb des Wirtschaftsguts oder dessen Versetzung in Betriebsbereitschaft dienen. Vielmehr ist einzig von Bedeutung, ob die Aufwendungen im Sinne des § 4 Abs. 4 EStG durch die Anschaffung veranlasst sind.

Legt man diese Voraussetzungen der (steuer-) bilanziellen Behandlung der Implementierung von ERP-Software zugrunde, so stellt der Vorgang des Customizings zweifelsohne keine nachträgliche Herstellung dar. Vielmehr sind die Aufwendungen für das Customizing als Anschaffungsnebenkosten einzuordnen, da sie offensichtlich zu der im Rahmen dieser Arbeit geforderten Werterhöhung der angeschafften ERP-Software führen.

Gleiches gilt für die Aufwendungen der Datenmigration sowie der Testläufe (mit den oben dargestellten Einschränkungen im Hinblick auf das Erreichen der Betriebsbereitschaft). Bei den Aufwendungen für Updates der Software handelt es sich ebenfalls um Anschaffungsnebenkosten, sofern sie der Behebung von Fehlern des Auslieferungszustands dienen. Alle übrigen untersuchten Aufwendungen zur Einführung einer ERP-Software sind hingegen als Betriebsausgaben zu behandeln.

Kapitel 2: Ausblick auf weitere Problemfälle bei der Einordnung von Aufwendungen als Anschaffungsnebenkosten

Die Anwendung der o.g. Voraussetzungen für die Aktivierung von Anschaffungsnebenkosten bleibt aber keineswegs auf die Implementierung einer ERP-Software beschränkt. Vielmehr soll der herausgearbeitete Lösungsansatz auch bei anderen Problemfällen zu einer zweifelfreien Zuordnung von Anschaffungsaufwendungen führen.

Ein solcher Problemfall im Zusammenhang mit der Bestimmung von Anschaffungsnebenkosten liegt beispielsweise bei der „Anschaffung" einer Internetseite vor. Wie bei der ERP-Software erfährt die Zuordnung von Aufwendungen zu Nebenkosten oder Betriebsausgaben hier zusätzliche Brisanz dadurch, dass eine Internetpräsenz für ein Unternehmen mit erheblichen Kosten verbunden ist.[873]

Erkennt man die Wirtschaftsgutseigenschaft einer Internetseite an[874], so dürfte diese nach heutigem Verständnis überwiegend einem Softwareprogramm gleichzusetzen sein.[875] Denn ein Internetauftritt ist regelmäßig mit dynamischen Funktionen ausgerüstet und ermöglicht dadurch interaktive und multimediale

873 Siehe Pfitzer/Schwenzer in: Beck'sches HdR, Stand 12/2011, B 765, Rn. 59.

874 Das Vorliegen der Wirtschaftsgutseigenschaft bei einer Internetseite ist allerdings im Gegensatz zu der Software streitig. Die abstrakte Aktivierungsfähigkeit wird davon abhängig gemacht, ob und in welchem Umfang eine Konkretisierung zu einem greifbaren werthaltigen Einzelobjekt vorliegt, vgl. Schreiber in: Blümich, EStG, Stand 11/2011, § 5, Rn. 644. Ähnlich: Schick/Nolte, DB 2002, S. 541 (544 f.). Eine ausreichende Konkretisierung i.d.S. soll aber auf jeden Fall zu bejahen sein, wenn es sich um eine längerfristige Präsenz im Internet handelt, siehe Schreiber in: Blümich, EStG, Stand 11/2011, § 5, Rn. 644.

875 Vgl. Pfitzer/Schwenzer in: Beck'sches HdR, Stand 12/2011, B 765, Rn. 59. Ähnlich Schreiber in: Blümich, EStG, Stand 11/2011, § 5, Rn. 644. Laut Schick/Nolte stehen Internetseiten hingegen ihrem Charakter nach zwischen Datensammlungen und Anwendersoftware, vgl. Schick/Nolte, DB 2002, S. 541 (542)

Aktionen.[876] Dabei übernimmt die Seite die zentrale Steuerungsfunktion für den ordnungsgemäßen Ablauf der Module.[877]

Insofern stellt sich hier, korrespondierend zu der Implementierung einer ERP-Software, die Frage, ob eine Herstellung oder eine Anschaffung der Internetseite vorliegt.[878] Weiterhin ist auch bei einem Internetauftritt zu klären, inwieweit die Folgeaufwendungen als Anschaffungsnebenkosten zu erwägen sind.

Zieht man auch hier den im vorstehenden Kapitel zusammengefassten Lösungsansatz heran, so liegt nur dann eine Herstellung vor, wenn es aufgrund einer Anpassungsmaßnahme zu einer Ungleichheit der der Internetseite innewohnenden Funktionen kommt. Aufgrund der Besonderheiten einer Internetpräsenz ist allerdings im Gegensatz zur ERP-Software nicht darauf abzustellen, ob die Funktionsungleichheit durch eine Änderung des Quellcodes herbeigeführt wird. Vielmehr dürfte bei der Internetseite auf den sog. Hypertext[879] abzustellen sein, über welchen Programmierungen der Seite im HTML-Format[880] vorgenommen werden. Demnach kann die Anpassung einer Internetseite dann nicht mehr als Versetzung in Betriebsbereitschaft anerkannt werden, wenn es aufgrund einer Änderung des Hypertextes mittels Programmierung zu einer Ungleichheit der o.g. Funktionen kommt. Erhält der Erwerber hingegen eine Lösung für seinen Internetauftritt, die er durch bloßes Einstellen von Parametern an seine Bedürfnisse anpasst, so dürften – ähnlich dem Customizing einer ERP-Software – die dadurch herbeigeführten Aufwendungen als Anschaffungsnebenkosten einzuordnen sein. Gleiches wäre für die Folgeaufwendungen der Einführung einer Internetpräsenz anzunehmen, sofern diese zu einer Werterhöhung der Internetseite führen. Insofern dürfte wegen der Ähnlichkeit zur Implementierung einer ERP-Software auf die entsprechenden Ergebnisse zurückzugreifen sein. So werden beispielsweise Schulungsaufwendungen im Hinblick auf die Benutzung ei-

---

876 Vgl. Pfitzer/Schwenzer in: Beck'sches HdR, Stand 12/2011, B 765, Rn. 59.

877 Vgl. Pfitzer/Schwenzer in: Beck'sches HdR, Stand 12/2011, B 765, Rn. 59.

878 Vgl. Schick/Nolte, DB 2002, S. 541 (546). Nach Fischer/Vielmeyer führt nur ein entgeltlicher Erwerb zu einem aktivierungsfähigen Vermögensgegenstand, vgl. Fischer/Vielmeyer, BB 2001, S. 1294 (1300). Dabei ist die Formulierung von Fischer/Vielmeyer insofern zu ungenau, als es in diesem Kontext an der konkreten Aktivierungsfähigkeit mangelt, wenn kein entgeltlicher Erwerb vorliegt. Die entsprechende Einordnung soll sich dabei laut Schreiber nach allgemeinen Grundsätzen richten, vgl. Schreiber in: Blümich, EStG, Stand 11/2011, § 5, Rn. 644.

879 Vgl. http://de.wikipedia.org/wiki/Hypertext.

880 Vgl. http://de.wikipedia.org/wiki/HTML-Text. Allerdings wird HTML langsam durch XHTML abgelöst.

ner Internetpräsenz ebenfalls nicht zu der geforderten Werterhöhung des Wirtschaftsguts führen.

Ein weiterer, aktuell diskutierter Problemfall stellt der Unternehmenskauf bzw. die Frage der Aktivierung von Aufwendungen für eine sog. Due Diligence[881] als Anschaffungsnebenkosten dar.[882]

In der aktuellen Literatur werden diese Aufwendungen wohl zumeist nicht als Anschaffungsnebenkosten anerkannt, sondern vielmehr als Betriebsausgaben behandelt.[883] Dem ist i.E. zuzustimmen. Indes wird diese Einordnung der Aufwendungen für die Due Diligence damit begründet, dass der Anschaffungsvorgang in der Regel erst nach Abschluss einer solchen Prüfung der Zielgesellschaft beginne.[884] Nach hier vertretener Ansicht ist es für den Beginn des Anschaffungsvorgangs jedoch ausreichend, wenn das Wirtschaftsgut (hier: Beteiligung an der Zielgesellschaft) bestimmbar ist. Abzulehnen ist die Aktivierung der Aufwendungen aber letztlich aufgrund der fehlenden Werterhöhung des Wirtschaftsguts. Zwar erhält der Erwerber durch die Aufwendungen einen entsprechenden Gegenwert, namentlich Informationen über die Zielgesellschaft und eine Aufdeckung und Begrenzung der Risiken[885]. Wieder einmal kann dieser Gegenwert jedoch nicht zu einem Potenzial für stille Reserven führen. Denn die Überprüfung der Zielgesellschaft führt nicht zu einer Steigerung der Werthaltigkeit der später angeschafften Beteiligung, sondern dient lediglich der Bestätigung der Werthaltigkeit bzw. des vom Verkäufer angegebenen Werts.

Allerdings sind bei einem Beteiligungserwerb nicht nur die Aufwendungen für die Due Diligence problembehaftet. Gleiches kann mit Blick auf die Grunderwerbsteuer der Fall sein, sofern die Gesellschaft, deren Anteile erworben werden, Grundstücke in ihrem Betriebsvermögen hält. Vereinigen sich bei dieser Ausgangskonstellation aufgrund der Übertragung von Gesellschaftsanteilen unmittelbar oder mittelbar mindestens 95 v.H. der Anteile in der Hand des Erwerbers oder in der Hand von herrschenden und abhängigen Unternehmen, so fällt gem. § 1 Abs. 3 Nr. 1 GrEStG Grunderwerbsteuer an. Ob diese, durch Anteilsvereinigung ausgelöste Steuer als Anschaffungsnebenkosten des Anteilserwerbs zu behandeln ist, ist in Literatur und Rspr. streitig.[886] Der Erste Senat des BFH

881 Zum Begriff der Due Diligence siehe Peter/Graser, DStR 2009, S. 2032 (2035).

882 Vgl. hierzu beispielsweise Engler, BB 206, S. 747 ff.; Peter/Graser, DStR 2009, S. 2032 (2033 f.).

883 So Peter/Graser, DStR 2009, S. 2032 (2036); Engler BB 2006, S. 747 (749).

884 So Peter/Graser, DStR 2009, S. 2032 (2036); Engler, BB 2006, S. 747 (749).

885 Vgl. Peter/Graser, DStR 2009, S. 2032 (2035).

886 Zum Meinungsstand siehe BFH v. 20.04.2011, Az. I R 2/10, DStR 2011, S. 1169 (1170 f.).

hat nunmehr in seinem Urteil vom 20.04.2011 entschieden, dass die Grunderwerbsteuer in diesem Fall nicht als Nebenkosten erfasst werden kann.[887] Anknüpfungspunkt für die Steuer sei nicht die Anschaffung, sondern eine spezifisch grunderwerbsteuerliche Fiktion, so dass eine Zuordnung der Aufwendung zu dem hinzuerworbenen Geschäftsanteil nicht möglich ist.[888] Der BFH macht insofern deutlich, dass die Grunderwerbsteuer – auch wenn deren Einordnung als Anschaffungsnebenkosten seitens der h.M. anerkannt ist (vgl. hierzu S. 15 f.) – im Einzelfall auch als Betriebsausgaben abzuziehen sein kann. Auch nach der hier vertretenen Auffassung wäre die Grunderwerbsteuer in dem vom BFH entschiedenen Fall nicht als Anschaffungsnebenkosten zu qualifizieren.

Die vorstehend geschilderten Problemfälle und deren kurz angerissenen Lösungen anhand des hier vertretenen Ansatzes machen abschließend deutlich, dass die Werterhöhung des angeschafften Wirtschaftsguts das wesentliche Merkmal der Anschaffungsnebenkosten darstellt. Nur durch die Anwendung des Maßstabs der Werterhöhung zur Bestimmung der Nebenkosten können die für das Vorsichtsprinzip schädlichen Gestaltungsspielräume bei Anschaffungen verhindert sowie Anwendungssicherheit und -klarheit für die (Steuer-) Bilanzierungspraxis geschaffen werden.

Dass das heutige (Steuer-) Bilanzrecht diesen Zielen bisher noch nicht gerecht wird, stellte bereits *Tipke* fest:

> „Nicht nur im Bereich der Einkunftsarten, der Erwerbsabzüge und der privaten Abzüge, auch im Steuerbilanzrecht herrscht Unübersichtlichkeit und Unordnung.“[889]

Möge der vorgestellte Lösungsansatz für den Teilbereich der Anschaffungsnebenkosten zu einem gewissen Maß an Übersichtlichkeit und Ordnung in Bilanz- und Steuerbilanzrecht beigetragen haben.

887 So BFH v. 20.04.2011, Az. I R 2/10, DStR 2011, S. 1169 (1171).

888 So BFH v. 20.04.2011, Az. I R 2/10, DStR 2011, S. 1169 (1171).

889 Tipke, StRO II, S. 694.

Literaturverzeichnis

Achenbach, Jürgen, Die Bewertung der Güter des Umlaufvermögens in der Handelsbilanz, 1954, Köln

Babon, Hermann, Aktivierung von Lizenzrechten bei Einführung neuer Software-Systeme, StBp 2001, S. 68 bis 74

Baetge, Jörg, Möglichkeiten der Objektivierung des Jahreserfolges, 1970, Düsseldorf

Baetge, Jörg/ Kirsch, Hans-Jürgen/ Thiele, Stefan, Bilanzen, 10. Auflage, 2009, Düsseldorf

Baetge, Jörg/ Kirsch, Hans-Jürgen/ Thiele, Stefan (Hrsg.), Bilanzrecht, Handelsrecht mit Steuerrecht und den Regelungen des IASB, Kommentar, Band 1, 40. Aktualisierung, Dezember 2011, Bonn/ Berlin (zitiert: Bearbeiter in: Baetge/Kirsch/Thiele)

Ballwieser, Wolfgang/ Böcking, Hans-Joachim/ Drukarczyk, Jochen/ Schmidt, Reinhard H. (Hrsg.), Bilanzrecht und Kapitalmarkt, Festschrift zum 65. Geburtstag von Professor Dr. Dr. h.c. Dr. h.c. Adolf Moxter, 1994, Düsseldorf (zitiert: Bearbeiter in: FS Moxter)

Ballwieser, Wolfgang/ Moxter, Adolf/ Nonnenmacher, Rolf (Hrsg.), Rechnungslegung – warum und wie, Festschrift für Herrmann Clemm zum 70. Geburtstag, 1996, München (zitiert: Bearbeiter in: FS Clemm)

Barz, Carl Hans/ Brönner, Herbert/ Klug, Ulrich/ Mellerowicz, Konrad/ Meyer-Landrut, Joachim/ Schilling, Wolfgang/ Wiedemann, Herbert/ Würdinger, Hans (Hrsg.), Aktiengesetz, Großkommentar, Zweiter Band, §§ 148 – 178, 3. Auflage, 1970, Berlin (zitiert: Bearbeiter in: Großkomm. AktG)

Baumbach, Adolf/ Hueck, Alfred, GmbH-Gesetz, Gesetz betreffend die Gesellschaften mit beschränkter Haftung, 18. Auflage, 2006, München (zitiert: Bearbeiter in: Baumbach/Hueck, GmbHG)

Beisse, Heinrich, Grundsatzfragen der Auslegung des neuen Bilanzrechts, BB 1990, S. 2007 bis 2012

Beisse, Heinrich/ Lutter, Marcus/ Närger, Heribald (Hrsg.), Festschrift für Karl Beusch zum 68. Geburtstag am 31. Oktober 1993, 1993, Berlin/ New York (zitiert: Bearbeiter in: FS Beusch)

Berndt, Thomas, Vorsichtsprinzip und Grundsatz der Bilanzwahrheit im Rahmen der Jahresabschlussrichtlinie, zfbf 2001, S. 366 bis 390

Biergans, Enno, Einkommensteuer, Systematische Darstellung und Kommentar, 6. Auflage, 1992, München/ Wien

Birk, Dieter, Das Leistungsfähigkeitsprinzip als Maßstab der Steuernormen, Ein Beitrag zu den Grundfragen des Verhältnisses Steuerrecht und Verfassungsrecht, 1983, Köln

Bitz, Michael/ Schneeloch, Dieter/ Wittstock, Wilfried, Der Jahresabschluß, Rechtsvorschriften, Analyse, Politik, 4. Auflage, 2003, München

Böcking, Hans-Joachim/ Castan, Edgar/ Heymann, Gerd/ Pfitzer, Norbert/ Scheffler, Eberhard (Hrsg.), Beck'sches Handbuch der Rechnungslegung, – HGB und IFRS –, Band I, 28. Ergänzungslieferung, Dezember 2007, München (zitiert: Bearbeiter in: Beck'sches HdR, Stand 12/2007)

Böcking, Hans-Joachim/ Castan, Edgar/ Heymann, Gerd/ Pfitzer, Norbert/ Scheffler, Eberhard (Hrsg.), Beck'sches Handbuch der Rechnungslegung, – HGB und IFRS –, Band I, 32. Ergänzungslieferung, Mai 2010, München (zitiert: Bearbeiter in: Beck'sches HdR, Stand 05/2010)

Böcking, Hans-Joachim/ Castan, Edgar/ Heymann, Gerd/ Pfitzer, Norbert/ Scheffler, Eberhard (Hrsg.), Beck'sches Handbuch der Rechnungslegung, – HGB und IFRS –, Band I, 37. Ergänzungslieferung, Dezember 2011, München (zitiert: Bearbeiter in: Beck'sches HdR, Stand 12/2011)

Böcking, Hans-Joachim/ Castan, Edgar/ Heymann, Gerd/ Pfitzer, Norbert/ Scheffler, Eberhard (Hrsg.), Beck'sches Handbuch der Rechnungslegung, – HGB und IFRS –, Band II, 37. Ergänzungslieferung, Dezember 2011, München (zitiert: Bearbeiter in: Beck'sches HdR, Stand 05/2010)

Bohl, Werner/ Riese, Joachim/ Schlüter, Jörg (Hrsg.), Beck'sches IFRS-Handbuch, Kommentierung der IFRS/ IAS, 2. Auflage, 2006, München/ Wien/ Bern (zitiert: Bearbeiter in: Beck'sches IFRS-Handb., 2. Aufl.)

Bohl, Werner/ Riese, Joachim/ Schlüter, Jörg (Hrsg.), Beck'sches IFRS-Handbuch, Kommentierung der IFRS/IAS, 3. Auflage, 2009, München/ Wien/ Bern (zitiert: Bearbeiter in: Beck'sches IFRS-Handb., 3. Aufl.)

Bordewin, Arno, Bilanzierung von Computer-Software, NWB Fach 17, S. 1583 bis 1590

Bordewin, Arno/ Brandt, Jürgen (Hrsg.), Kommentar zum Einkommensteuergesetz, EStG, Band 2, 319. Ergänzungslieferung, Juni 2010, Heidelberg (zitiert: Bearbeiter in: Bordewin/Brandt, EStG)

Bordewin, Arno/ Brandt, Jürgen (Hrsg.), Kommentar zum Einkommensteuergesetz, EStG, Band 3, 319. Ergänzungslieferung, Juni 2010, Heidelberg (zitiert: Bearbeiter in: Bordewin/Brandt, EStG)

Budde, Wolfgang Dieter/ Moxter, Adolf/ Offerhaus, Klaus (Hrsg.), Handelsbilanzen und Steuerbilanzen, Festschrift zum 70. Geburtstag von Prof. Dr. h.c. Heinrich Beisse, 1997, Düsseldorf (zitiert: Bearbeiter in: FS Beisse)

Budde, Wolfgang Dieter/ Steuber, Elgin, Rechnungslegung im Spannungsfeld zwischen Gläubigerschutz und Information der Gesellschafter, AG 1996, S. 542 bis 550

Büchele, Martin, Die Bilanzierung von Verpflichtungen aus Altersteilzeitverhältnissen in der Handelsbilanz, BB 1998, S. 1731 bis 1737

Bühler, Ottmar/ Scherpf, Peter, Bilanz und Steuer, vom Standpunkt des Steuerrechts und der betriebswirtschaftlichen Steuerlehre, 6. Auflage, 1957, Berlin/ Frankfurt a.M.

Canaris, Claus-Wilhelm/ Schilling, Wolfgang/ Ulmer, Peter (Hrsg.) (begründet von Staub, Herrmann), Handelsgesetzbuch, Großkommentar, Band 3, 1. Teilband, 4. Auflage, 2002, Berlin (zitiert: Bearbeiter in: Großkomm. HGB)

Carlé, Dieter/ Korn, Klaus/ Stahl, Rudolf (Hrsg.), Herausforderungen – Steuerberatung im Spannungsfeld der Teilrechtsordnungen, Festgabe für Günther Felix zum 60. Geburtstag, 1989, Köln (zitiert: Bearbeiter in: FS Felix)

Carlé, Thomas, Der anschaffungsnahe Aufwand nach der Änderung der Rechtsprechung des Bundesfinanzhofs, Stbg 2002, S. 350 bis 355

Coenenberg, Adolf G./ Haller, Axel/ Schultze, Wolfgang, Jahresabschluss und Jahresabschlussanalyse, Betriebswirtschaftliche, handelsrechtliche, steuerrechtliche und internationale Grundsätze, – HGB, IAS/IFRS, US-GAAP, 21. Auflage, 2009, Stuttgart

Curtius-Hartung, R./ Herzig, Norbert/ Niemann, Ursula (Hrsg.), Steuerberater-Jahrbuch 1989/90, Zugleich Bericht über den 41. Fachkongreß der Steuerberater, Köln, 3. und 4. Oktober 1989, 1990, Köln (zitiert: Bearbeiter, StbJb 1989/90)

Dahl, Johann, Die Aktivierung der Sachanlagegüter in Handels- und Steuerbilanz, 1959, Köln/ Opladen

Delcker, Matthias, Steuerbilanzielle Behandlung von Computer-Programmserviceverträgen, BB 1990, S. 1097 bis 1100

Döllerer, Georg, Anschaffungskosten und Herstellungskosten nach neuem Aktienrecht unter Berücksichtigung des Steuerrechts, BB 1966, S. 1405 bis 1409

Döllerer, Georg, Handelsbilanz und Steuerbilanz, nach den Vorschriften des Bilanzrichtlinien-Gesetzes, BB 1987, Beilage 12, S. 1 bis 16

Drenseck, Walter (Hrsg.), Ludwig Schmidt, Einkommensteuergesetz, 28. Auflage, 2009, München (zitiert: Bearbeiter in: Schmidt, EStG, 28. Aufl.)

Drenseck, Walter (Hrsg.), Ludwig Schmidt, Einkommensteuergesetz, 29. Auflage, 2010, München (zitiert: Bearbeiter in: Schmidt, EStG)

Drüen, Klaus-Dieter, Periodengewinn und Totalgewinn, Zum Einfluß des Totalgewinngedankens auf die steuerrechtliche Gewinnermittlung, 1999, Berlin

Doralt, Werner (Hrsg.), Probleme des Steuerbilanzrechts, Herausgegeben im Auftrag der Deutschen Steuerjuristischen Gesellschaft e.V., 1991, Köln (zitiert: Bearbeiter, DStJG 14 (1991))

Ebenroth, Carsten Thomas/ Boujong, Karlheinz/ Joost, Detlev/ Strohn, Lutz (Hrsg.), Handelsgesetzbuch, Band 1, 2. Auflage, 2008, München (zitiert: Bearbeiter in: Ebenroth/Boujong/ Joost/Strohn, HGB)

Ebling, Iris (Hrsg.), Besteuerung von Einkommen, Herausgegeben im Auftrag der Deutschen Steuerjuristischen Gesellschaft e.V., 2001, Köln (zitiert: Bearbeiter, DStJG 24 (2001))

Ellrott, Helmut/ Förschle, Gerhart/ Kozikowski, Michael/ Winkeljohann, Norbert (Hrsg.), Beck'scher Bilanz-Kommentar, Handels- und Steuerbilanz, 7. Auflage, 2010, München (zitiert: Bearbeiter in: Beck'scher Bilanzkommentar)

Engler, Sebastian, Kosten einer Due Diligence – Aufwand oder aktivierungspflichtige Anschaffungskosten?, BB 2006, S. 747 bis 750

Escher, Hans, Der Umfang der Aktivierungspflicht bei den Ausgaben für das Sachanlagevermögen in Handels- und Steuerbilanz, 2. Auflage, 1962, Düsseldorf

Fasold, Rudolf W., Fremdkapitalzinsen und 4. EG- (Bilanz-) Richtlinie, DB 1980, S. 12 bis 15

Federmann, Rudolf, Bilanzierung nach Handelsrecht, Steuerrecht und IAS/ IFRS, Gemeinsamkeiten, Unterschiede und Abhängigkeiten, 12. Auflage, 2010, Berlin

Fischer, Lothar, Abschied vom anschaffungsnahen (Herstellungs-) Aufwand, DStZ 2002, S. 860 bis 864

Fischer, Thomas M./ Vielmeyer, Uwe, Bilanzierung der Aufwendungen für die Erstellung von Internetauftritten nach US-GAAP, IAS und HGB, BB 2001, S. 1294 bis 1301

Fischer, Thomas R./ Hömberg, Reinhold (Hrsg.), Jahresabschluß und Jahresabschlussprüfung, Festschrift zum 60. Geburtstag von Jörg Baetge, 1997, Düsseldorf (zitiert: Bearbeiter in: FS Baetge)

Förschle, Gerhart/ Kaiser, Klaus / Moxter, Adolf (Hrsg.), Rechenschaftslegung im Wandel, Festschrift für Wolfgang Dieter Budde, 1995, München (zitiert: Bearbeiter in: FS Budde)

Förster, Guido/ Schmidtmann, Dirk, Steuerliche Gewinnermittlung nach dem BilMoG, BB 2009, S. 1342 bis 1346

Forster, Karl-Heinz/ Goerdeler, Reinhard/ Lanfermann, Josef/ Müller, Hans-Peter/ Müller, Welf/ Siepe, Günter/ Stolberg, Klaus/ Weirich, Siegfried (Bearb.), Adler/ Düring/ Schmaltz, Rechnungslegung und Prüfung der Unternehmen, Kommentar zum HGB, AktG, GmbHG, PublG nach den Vorschriften des Bilanzrichtlinien-Gesetzes, Band 1, 5. Auflage, 1987, Stuttgart (zitiert: ADS, 5. Aufl.)

Forster, Karl-Heinz/ Goerdeler, Reinhard/ Lanfermann, Josef/ Müller, Hans-Peter/ Siepe, Günter/ Stolberg, Klaus (Bearb.), Adler/ Düring/ Schmaltz, Rechnungslegung und Prüfung der Unternehmen, Kommentar zum HGB, AktG, GmbHG, PublG nach den Vorschriften des Bilanzrichtlinien-Gesetzes, Band 1, 6. Auflage, 1995, Stuttgart (zitiert: ADS, 6. Aufl.)

Friedrich, Rouven/ Wittmann, Markus, Die bilanziellen Auswirkungen der Anschaffung einer neuen Finanzbuchhaltungssoftware nach HGB sowie nach IAS/IFRS, Stbg 2006, S. 74 bis 75

Frotscher, Gerrit (Hrsg.), EStG Praxiskommentar, Kommentar zum Einkommensteuergesetz, Band 2, 167. Lieferung, Januar 2012, Freiburg (zitiert: Bearbeiter in: Frotscher, EStG)

Frye, Bernd, Abgrenzung der Anschaffungs-/ Herstellungskosten von Erhaltungsaufwendungen bei Immobilieninvestitionen – Neuere Entwicklungen, BC 2003, S. 121 bis 124

Fürst, Reinmar, Bilanzierungsgrundsätze in der Praxis, 1956, Essen

Glade, Anton, Rechnungslegung und Prüfung nach dem Bilanzrichtlinien-Gesetz, systematische Darstellung und Kommentar, 1986, Berlin

Glanegger, Peter, Anschaffungs- und Herstellungskosten bei Grundstücken und Gebäuden (II), DB 1987, S. 2173 bis 2176

Glanegger, Peter/ Kirnberger, Christian/ Kusterer, Stefan/ Ruß, Werner/ Selder, Johannes/ Stuhlfelner, Ulrich (Hrsg.), Heidelberger Kommentar zum Handelsgesetzbuch, Handelsrecht – Bilanzrecht – Steuerrecht, 7. Auflage, 2007, Heidelberg (zitiert: Bearbeiter in: Heidelberger Kommentar HGB)

Gottschalk, Hans-Joachim, Der Grundsatz der periodengerechten Gewinnabgrenzung im Steuerrecht, 1972, Wilhelmshaven

Gross, Gerhard (Hrsg.), Der Wirtschaftsprüfer, im Schnittpunkt nationaler und internationaler Entwicklungen, Festschrift zum 60. Geburtstag von Prof. Dr. Klaus v. Wysocki, 1985, Düsseldorf (zitiert: Bearbeiter in: FS Wysocki)

Groß, Stefan/ Georgius, Alexander/ Matheis, Philipp, Aktuelles zur bilanziellen Behandlung von ERP-Systemen, Die Gretchenfrage nach Anschaffung oder Herstellung, DStR 2006, S. 339 bis 343

Hartmann, Bernhard, Anschaffungen im Handels- und Steuerrecht anhand typischer Fälle, 1980, Freiburg

Hast, Karl, Grundsätze ordnungsmässiger Bilanzierung für Anlagegegenstände, 2. Auflage, 1935, Leipzig

Haun, Jürgen/ Golücke, Martin, ERP-Software: keine zwingende Aktivierungspflicht von Customizingkosten, BB 2004, S. 651 bis 657

Hayn, Sven/ Waldersee, Georg Graf, IAS / US-GAAP / HGB im Vergleich, Synoptische Darstellung für den Einzel- und Konzernabschluss, 3. Auflage, 2002, Stuttgart

Heibel, Reinhold, Handelsrechtliche Bilanzierungsgrundsätze und Besteuerung, Eine Analyse der erfolgsteuerlichen Implikationen des Realsteuerprinzips und des Imparitätsprinzip, 1981, Köln

Heinen, Edmund, Handelsbilanzen, 12. Auflage, 1986, Wiesbaden

Helwing, Dirk, Der anschaffungsnahe Aufwand, 1995, Castrop-Rauxel

Hennrichs, Joachim, Der steuerrechtliche sog. Maßgeblichkeitsgrundsatz gem. § 5 EStG, – Stand und Perspektiven –, StuW 1999, S. 138 bis 153

Herzig, Norbert/ Günkel, Manfred/ Niemann, Ursula (Hrsg.), Steuerberater-Jahrbuch 1994/95, zugleich Bericht über den 46. Fachkongreß der Steuerberater, Köln, 18. und 19. Oktober 1994, 1995, Köln (zitiert: Bearbeiter, StbJb 1994/95)

Heuermann, Bernd (Hrsg.), Blümich, EStG – KStG – GewStG, Band 1, 101. Ergänzungslieferung, Oktober 2008, München (zitiert: Bearbeiter in: Blümich, EStG, Stand 10/2008)

Heuermann, Bernd (Hrsg.), Blümich, EStG – KStG – GewStG, Band 1, 113. Ergänzungslieferung, November 2011, München (zitiert: Bearbeiter in: Blümich, EStG, Stand 11/2011)

Heuermann, Bernd, Anschaffungsnaher Aufwand – Überlegungen zur neusten Rechtsprechung des BFH, DB 1992, S. 600 bis 606

Hey, Johanna, Erosion nationaler Besteuerungsprinzipien im Binnenmarkt?, – zugleich zu den Rechtfertigungsgründen der „Europatauglichkeit“ und „Wettbewerbsfähigkeit“ des Steuersystems, StuW 2005, S. 317 bis 326

Hey, Johanna, Harmonisierung der Unternehmensbesteuerung in Europa, Ein Vorschlag unter Auswertung des Ruding-Berichts und der US-amerikanischen „integration debate“, 1997, Köln

Hey, Johanna/ Wendt, Michael/ Prinz, Ulrich (Hrsg.), Hermann/Heuer/Raupach, Einkommensteuer- und Körperschaftsteuergesetz, Band 4, 249. Ergänzungslieferung, Januar 2012, Köln (zitiert: Bearbeiter in: H/H/R, EStG)

Hey, Johanna/ Wendt, Michael/ Prinz, Ulrich (Hrsg.), Hermann Heuer/Raupach, Einkommensteuer- und Körperschaftsteuergesetz, Band 5, 249. Ergänzungslieferung, Januar 2012, Köln (zitiert: Bearbeiter in: H/H/R, EStG)

Hofbauer, Max A./ Grewe, Wolfgang/ Albrecht, Werner/ Kupsch, Peter/ Scherrer, Gerhard (Hrsg.), Bonner Handbuch Rechnungslegung, Textsammlung – Einführung – Kommentierung, 2. Auflage, 1994, 50. Aktualisierung, Juli 2010, Bonn (zitiert: Bearbeiter in: Bonner Handb.)

Hoffmann, Wolf-Dieter, Der EuGH als Mentor deutschen Bilanzsteuerrechts – Anmerkungen zum EuGH-Urteil vom 14.9.1999, DStR 1999, S. 1686 bis 1688

Hoffmann, Wolf-Dieter, Nochmals zur Bilanzierung von ERP-Software, DStR 2002, S. 1458 bis 1460

Hoffmann, Wolf-Dieter, Die Versetzung in einen betriebsbereiten Zustand als Bilanzierungstatbestand – insbesondere bei der ERP-Software, StuB 2004, S. 145 bis 149

Hoffmann, Wolf-Dieter, Bilanzsteuerliche Beurteilung von Aufwendungen zur Einführung eines betriebswirtschaftlichen Softwaresystems (ERP-Software) – Anmerkung, DStR 2005. S. 2078 bis 2078

Hoffmann, Wolf-Dieter, Die Finanzverwaltung und deren Sichtweite zur Bilanzierung von ERP-Software, StuB 2006, S. 56 bis 60

Hoffmann, Wolf-Dieter, Nachklang zur Debatte um die Bilanzierung von ERP-Software, BC 2007, S. 38 bis 39

Horn, Norbert (Hrsg.), Heymann, Handelsgesetzbuch (ohne Seerecht), Kommentar, Band 3, 2. Auflage, 1999, Berlin/ New York (zitiert: Bearbeiter in: Heymann, HGB)

Horschitz, Harald/ Groß, Walter/ Fanck, Bernfried, Bilanzsteuerrecht und Buchführung, 11. Auflage, 2007, Stuttgart

Hottmann, Jürgen, Anschaffungskosten – Begriff und Umfang der Anschaffungskosten, fiktive Anschaffungskosten, Minderung und Erhöhung der Anschaffungskosten, ABC der Nebenkosten, StBp 1981, S. 131 bis 137

Husemann, Karl-Heinz, Grundsätze ordnungsmäßiger Bilanzierung für Anlagegegenstände, 1970, Düsseldorf

Institut der Wirtschaftsprüfer in Deutschland e.V., Stellungnahme zur Rechnungslegung: Bilanzierung von Software beim Anwender, Stand: 30.06.2004, WPg 2004, S. 817 bis 820 (zitiert: IDW RS HFA 11 v. 30.06.2004, WPg 2004, S. 817)

Institut der Wirtschaftsprüfer in Deutschland e.V., IDW Stellungnahme: Entwurf eines BMF-Schreibens zur bilanzsteuerlichen Beurteilung von Aufwendungen zur Einführung eines neuen Softwaresystems (ERP-Software), Stand: 18.05.2005, WPg 2005, S. 682 bis 684 (zitiert: IDW, WPg 2005, S. 682)

Institut der Wirtschaftsprüfer in Deutschland e.V. (Hrsg.), WP Handbuch 2006, Wirtschaftsprüfung, Rechnungslegung, Beratung, Band I, 13. Auflage, 2006, Düsseldorf (zitiert: WP-Handb. 2006)

Institut für Steuerrecht der Rechtsanwaltschaft e.V., Jahrbuch der Fachanwälte für Steuerrecht 1976/1977, Aktuelle steuerrechtliche Beiträge, Referate und Diskussionen der 27. Steuerrechtlichen Jahresarbeitstagung, Wiesbaden vom 10. Bis 12. Mai 1976, 1976, Herne/ Berlin (zitiert: Bearbeiter, JbFfSt 1976/1977)

Jurowsky, Rainer/ Graetz, Jörg/ von Campenhausen, Otto, Bilanzsteuerecht, 2. Auflage, 2006, Stuttgart

Kirchhof, Paul (Hrsg.), EStG Kompaktkommentar, Einkommensteuergesetz, 10. Auflage, 2011, Köln (zitiert: Bearbeiter in: Kirchhof, EStG)

Kirchhof, Paul/ Söhn, Hartmut/ Mellinghoff, Rudolf (Hrsg.), Einkommensteuergesetz, Kommentar, Band 5, 226. Ergänzungslieferung, Januar 2012, Heidelberg (zitiert: Bearbeiter in: K/S/M, EStG)

Kirchhof, Paul/ Söhn, Hartmut/ Mellinghoff, Rudolf (Hrsg.), Einkommensteuergesetz, Kommentar, Band 6, 226. Ergänzungslieferung, Januar 2012, Heidelberg (zitiert: Bearbeiter in: K/S/M, EStG)

Knobbe-Keuk, Brigitte, Bilanz- und Unternehmenssteuerrecht, 9. Auflage, 1993, Köln

Knobbe-Keuk, Brigitte/ Klein, Franz/ Moxter, Adolf (Hrsg.), Handelsrecht und Steuerrecht, Festschrift für Dr. Dr. h.c. Georg Döllerer, 1988, Düsseldorf (zitiert: Bearbeiter in: FS Döllerer)

Köhler, Roland, Bilanzpolitische Gestaltungsmöglichkeiten im Rahmen der Ermittlung der Anschaffungskosten, – Einzelfragen zur Zugangsbewertung beim Anlagevermögen –, StBp 2008, S. 333 bis 340

Köhler, Stefan/ Benzel, Ute/ Trautmann, Oliver, Die Bilanzierung von ERP-Software im Internetzeitalter, DStR 2002, S. 926 bis 932

Königbauer, Frank, Das Maßgeblichkeitsprinzip im Spannungsfeld zwischen Handelsrecht und Steuerrecht, 1998, Aachen

Koller, Ingo/ Roth, Wulf-Henning/ Morck, Winfried (Hrsg.), Handelsgesetzbuch, Kommentar, 7. Auflage, 2011, München (zitiert: Bearbeiter in: Koller/Roth/Morck, HGB)

Krawitz, Norbert, Die bilanzielle Behandlung der langfristigen Auftragsfertigung und Reformüberlegungen unter Berücksichtigung internationaler Entwicklungen, DStR 1997, S. 886 bis 894

Kropff, Bruno/ Semler, Johannes (Hrsg.), Münchener Kommentar zum Aktiengesetz, Band 5, Teilband 1, 2. Auflage, 2003, München (zitiert: Bearbeiter in: MüKo AktG)

Kühnhauser, Karl-Heinz, Discover ABAP, 2. Auflage, 2008, Bonn

Küting, Karlheinz, Die Bewertungskonzeption des Bilanzrichtlinie-Gesetzes, – Eine Einführung in die Bewertungsvorschriften nach künftigem Bilanzrecht, DB 1984, S. 1 bis 7

Küting, Karlheinz/ Weber, Claus-Peter (Hrsg.), Handbuch der Rechnungslegung, Kommentar zur Bilanzierung und Prüfung, Band Ia, 4. Auflage, 1995, Stuttgart (zitiert: Bearbeiter in: HdR)

Lademann, Fritz (Hrsg.), Kommentar zum Einkommensteuergesetz, Band III, 4. Auflage, 1997, Nachtrag 185, Dezember 2011, Stuttgart (zitiert: Bearbeiter in: Lademann, EStG)

Lauth, Bernd, Endgültiger Abschied von der Einheitsbilanz?, DStR 2000, S. 1365 bis 1372

Leffson, Ulrich/ Rückle, Dieter/ Großfeld, Bernhard (Hrsg.), Handwörterbuch unbestimmter Rechtsbegriffe im Bilanzrecht des HGB, 1986, Köln (zitiert: Bearbeiter in: HuRB)

Leffson, Ulrich, Die Grundsätze ordnungsmäßiger Buchführung, 7. Auflage, 1987, Düsseldorf

Leuschner, Jana, Die Anschaffungskosten, – objektive und informative Werte –, 2005, Hamburg

Littmann, Eberhard (Begr.)/ Bitz, Horst/ Pust, Hartmut (Hrsg.), Das Einkommensteuerrecht, Kommentar zum Einkommensteuerrecht, Band 1, 94. Ergänzungslieferung, Februar 2012, Stuttgart (zitiert: Bearbeiter in: Littmann/Bitz/Pust, EStG)

Littmann, Eberhard (Begr.)/ Bitz, Horst/ Pust, Hartmut (Hrsg.), Das Einkommensteuerrecht, Kommentar zum Einkommensteuerrecht, Band 2, 94. Ergänzungslieferung, Februar 2012, Stuttgart (zitiert: Bearbeiter in: Littmann/Bitz/Pust, EStG)

Lohmann, Burkhard/ von Goldacker, Marcus/ Achatz, Melanie, Nebenkosten der Akquisition einer deutschen Kapitalgesellschaft – hauptsächlich steuerliche Betriebsausgaben, BB 2008, S. 1592 bis 1597

Lüdenbach, Norbert/ Hoffmann, Wolf-Dieter (Hrsg.), Haufe IFRS-Kommentar, 6. Auflage, 2008, Freiburg/ München/ Berlin/ Würzburg (zitiert: Bearbeiter in: Haufe IFRS-Kommentar)

Meyering, Stephan, Denkanstöße zu den Anschaffungskosten und ihre Ermittlung, Konzeptionelle Darstellung und kritische Analyse, StuW 2009, S. 42 bis 49

Moxter, Adolf, Bilanzrechtsprechung, 6. Auflage, 2006, Tübingen

Moxter, Adolf, Zur wirtschaftlichen Betrachtungsweise im Bilanzrecht, StuW 1989, S. 232 bis 241

Niehus, Rudolf J./ Scholz, Willi, Rechnungslegung und Prüfung der GmbH nach neuem Recht, Kommentar zu den die GmbH betreffenden Vorschriften des Regierungsentwurfs eines Bilanzrichtlinie-Gesetzes vom 12.2.1982, 1982, Berlin

Offerhaus, Klaus, Zum Umfang der Anschaffungskosten, DStR 1967, S. 14 bis 17

Pergens, Josef/ Niemann, Stefan, Bilanzierung von Software beim Anwender nach HGB und IFRS, StuB 2004, S. 997 bis 1001

Peter, Markus, Zwischen Standard- und Individualsoftware: Bilanzielle Behandlung von ERP-Software, DB 2003, S. 1341 bis 1344

Peter, Markus/ Graser, Gerald, Zu kurz gegriffen: Due Diligence als Anschaffungsnebenkosten beim Beteiligungserwerb, DStR 2009, S. 2032 bis 2036

Petersen, Beate, Betriebswirtschaftliche Softwaresysteme, Bilanzsteuerrechtliche Behandlung zeit- und kostenintensiver Investitionen in „neue Medien“, NWB Fach 17, S. 1999 bis 2006

Petersen, Beate, Investitionen in EDV-Großprojekte, Problemfelder bei der Betriebsprüfung, NWB 2005, S. 1029 bis 1050

Petersen, Beate, „EDV-Großprojekte“ – Aktuelle Entwicklungen, Bilanzsteuerrechtliche Behandlung von Internet Domains, Vorkosten und Geografischen Informationssystem, NWB 2008, S. 4321 bis 4328

Prinz zu Hohenlohe, Franz/ Oblau, Markus, Ertragsteuerliche Behandlung von ERP-Software – Anmerkungen zum BMF-Schreiben vom 18.11.2005, BC 2006, S. 85 bis 88

Rätke, Bernd, Steuerliche Probleme beim Update von PC-Standardsoftware, – Zugleich Anmerkungen zum Urteil des Niedersächsischen FG vom 16.1.2003 – 10 K 82/99, StuB 2003, S. 842 bis 845

Raupach, Arndt (Hrsg.), Werte und Wertermittlung im Steuerrecht, Steuerbilanz, Einheitsbewertung, Einzelsteuern und Unternehmensbewertung, Herausgegeben im Auftrag der Deutschen Steuerjuristischen Gesellschaft e.V., 1984, Köln (zitiert: Bearbeiter in DStJG 7 (1984))

Raupach, Arndt/ Uelner, Adalbert (Hrsg.), Ertragsbesteuerung, Zurechnung – Ermittlung – Gestaltung, Festschrift für Ludwig Schmidt zum 65. Geburtstag, 1993, München (zitiert: Bearbeiter in: FS L. Schmidt)

Sauer, Klaus Peter, Bilanzierung von Software, Rechnungslegung für Anwendersoftware nach Handels- und Steuerrecht unter Berücksichtigung US-amerikanischer Vorschriften, 1988, Wiesbaden

Scharfenberg, Jens/ Marquardt, Timo, Die Bilanzierung des Customizing von ERP-Software, DStR 2004, S. 195 bis 200

Scheffler, Wolfram, Besteuerung von Unternehmen, Band II: Steuerbilanz und Vermögensaufstellung, 5. Auflage, 2007, Heidelberg

Scherff, Susanne/ Willeke, Clemens, Bilanzsteuerrechtliche Beurteilung von Aufwendungen für ERP-Software, Anmerkungen zum BMF-Schreiben vom 18.11.2005, BBK Fach 12, S. 6829 bis 6836

Schick, Rainer/ Nolte, Alexander F., Bilanzierung von Internetauftritten nach Handels- und Steuerrecht, DB 2002, S. 541 bis 548

Schmaltz, Kurt/ Forster, Karl-Heinz/ Goerdeler, Reinhard/ Havermann, Hans (Bearb.), Adler/ Düring/ Schmaltz, Rechnungslegung und Prüfung der Aktiengesellschaft, Handkommentar, Band 1, Rechnungslegung, §§ 148 – 160, 311 – 313 AktG 1965, § 14 EG, 4. Auflage, 1968, Stuttgart (zitiert: ADS, 4. Aufl.)

Schmidt, Karsten/ Ebke, Werner F. (Hrsg.), Münchener Kommentar zum Handelsgesetzbuch, Band 4, 2. Auflage, 2008, München (zitiert: Bearbeiter in: MüKo HGB)

Schütz, Robert, Der Maßgeblichkeitsgrundsatz gemäß § 5 Abs. 1 EStG – ein Fossil?, 2002, Münster

Schulze zur Wiesche, Dieter, Die steuerliche Behandlung von weiteren Aufwendungen im Zusammenhang mit einer Anschaffung, FR 1982, S. 105 bis 108

Söffing, Günter, Anschaffungskosten – Herstellungskosten – anschaffungsnaher Aufwand, Die wichtigsten Punkte der BFH-Urteile vom 12. September 2001 IV R 39/97 sowie IX R 52/00 und Gedanken dazu, DStZ 2002, S. 587 bis 593

Söffing, Günter, Anschaffungsnaher Aufwand – Rechtsprechung im Wandel?, StVj 1989, S. 163 bis 174

Söffing, Günter, Der anschaffungsnahe Aufwand – Plädoyer für eine Streichung von § 6 Abs. 1 Nr. 1a EStG, DB 2004, S. 946 bis 948

Sontheimer, Jürgen, Die Besteuerung von Software, DStR 1983, S. 350 bis 356

Spindler, Wolfgang, Wie geht es weiter mit dem anschaffungsnahen Aufwand?, DB 2004, S. 507 bis 510

Spindler, Wolfgang, Zur Abgrenzung von Anschaffungskosten, Herstellungskosten und Erhaltungsaufwendungen bei grundlegenden Instandsetzungs- und Modernisierungsmaßnahmen an Gebäuden, insbesondere auch bei sog. anschaffungsnahen Aufwendungen, BB 2002, S. 2041 bis 2049

Spohn, Patrick/ Peter, Markus, ERP-Software: Bilanzielle Behandlung der Implementierungskosten bzw. späterer Anpassungsmaßnahmen an unternehmensspezifische Verhältnisse (Customizing), – Besonderheiten nach HGB und IAS/IFRS, BC 2005, S. 97 bis 100

Stapperfend, Thomas, Die steuer- und bilanzrechtliche Behandlung von Software, 1991, Köln

Stobbe, Thomas, Zweifelsfragen bei der Ermittlung von Anschaffungs- und Herstellungs-kosten bei Gebäuden, FR 1997, S. 281 bis 288

Strunk, Günther, Das Ende der Maßgeblichkeit?, – Einfluss der internationalen Rechnungslegungsstandards auf die steuerliche Gewinnermittlung –, StuB 2003, S. 397 bis 403

Suchanek, Markus/ Heyes, Martin, Aufwendungen zur Einführung eines neuen Softwaresystems, zugleich Anmerkungen zu Senator für Finanzen Bremen v. 13.9.2004, FR 2005, S. 184 bis 190

Thiel, Jochen/ Lüdtke-Handjery, Alexander, Bilanzrecht, Handelsbilanz, Steuerbilanz, 5. Auflage, 2005, Heidelberg

Tipke, Klaus, Die Steuerrechtsordnung, Band I, Wissenschaftsorganisatorische, systematische und grundrechtlich-rechtsstaatliche Grundlagen, 2. Auflage, 2000, Köln (zitiert: Tipke, StRO I)

Tipke, Klaus, Die Steuerrechtsordnung, Band II, Steuerrechtfertigungstheorie, Anwendung auf alle Steuerarten, sachgerechtes Steuersystem, 2. Auflage, 2003, Köln (zitiert: Tipke, StRO II)

Tipke, Klaus, Die Steuerrechtsordnung, Band III, Föderative Steuerverteilung, Rechtsanwendung und Rechtsschutz, Gestalter der Steuerrechtsordnung, 1993, Köln (zitiert: Tipke, StRO III)

Tipke, Klaus/ Lang, Joachim, Steuerrecht, 20. Auflage, 2010, Köln (zitiert: Bearbeiter in: Tipke/Lang)

Trumpler, Hans, Die Bilanz der Aktiengesellschaft, 1937, Berlin/ Leipzig

Trumpler, Hans/ Falk, Rudolf, Die Bilanz der Aktiengesellschaft, – Nachtrag zur Steuerbilanz, 1953, Basel

van der Velde, K., Problematisches zu den Anschaffungskosten, DB 1964, S. 526 bis 529

von Wysocki, Klaus/ Schulze-Osterloh, Joachim/ Hennrichs, Joachim/ Kuhner, Christoph (Hrsg.), Handbuch des Jahresabschlusses, Rechnungslegung nach HGB und internationalen Standards, 48. Ergänzungslieferung, Juni 2010, Köln (zitiert: Bearbeiter in: HdJ)

Voss, Jochen, Steuerbilanzielle Behandlung von PC-Software, FR 1989, S. 358 bis 363

Wahl, Albert, Offene Fragen beim umgekehrten Maßgeblichkeitsgrundsatz, DStR 1988, S. 375 bis 380

Walter, Norbert, Ertragsteuerliche Behandlung von Software (Computerprogrammen), – im Lichte der jüngsten BFH-Rechtsprechung und der neueren Datenverarbeitungstechnik –, Teil II, DB 1980, S. 1815 bis 1819

Weber-Grellet, Heinrich, Bilanzrecht im Lichte, Bilanzsteuerrecht im Schatten des EuGH, DB 1996, S. 2089 bis 2092

Weber-Grellet, Heinrich, Die Abschaffung des Maßgeblichkeitsgrundsatzes – Zur (weiteren) Emanzipation des Steuerrechts, ZRP 2008, S. 146 bis 149

Weber-Grellet, Heinrich, Europäisches Steuerrecht, 2005, München

Weber-Grellet, Heinrich, Maßgeblichkeitsgrundsatz in Gefahr?, DB 1997, S. 385 bis 391

Wehrheim, Michael/ Renz, Anette, Die Steuerbilanz, Bilanzierung, Bewertung, Gewinnermittlung, 2003, München

Wenzel, Paul (Hrsg.), Betriebswirtschaftliche Anwendungen des integrierten Systems SAP R/3, Projektstudien, Grundlagen und Anregungen für eine erfolgreiche Praxis, 2. Auflage, 1996, Braunschweig/ Wiesbaden

Werner, Eginhard, Bilanzierung von ERP-Software – Aktueller Stand der Diskussion, BBK 2005, S. 683 bis 683

Wichmann, Gerd, Anschaffung und Herstellung als Vorgänge im Wirtschaftsleben – und deren steuerrechtliche Beurteilung, DStR 1984, S. 547 bis 556

Wichmann, Gerd, Die Systematik der Anschaffungs- und Herstellungsvorgänge – dargestellt an einigen System-Verstößen, FR 1997, S. 589 bis 596

Winkler, Hartmut/ Golücke, Martin, Teilwertabschreibung bei Übertragung von Wirtschaftsgütern, BB 2003, S. 2602 bis 2605

Winnefeld, Robert, Bilanz-Handbuch, Handels- und Steuerbilanz, Rechtsformspezifisches Bilanzrecht, Bilanzielle Sonderfragen, Sonderbilanzen,

IAS/US-GAAP, 4. Auflage, 2006, München (zitiert: Winnefeld, Bilanz-Handb.)

Witt, Sven-Christian, Der Umfang der Herstellungskosten im handelsrechtlichen Jahresabschluß, 1997, Köln

Wöhe, Günter/ Mock, Sebastian, Die Handels- und Steuerbilanz, Betriebswirtschaftliche, handels- und steuerrechtliche Grundsätze der Bilanzierung, 6. Auflage, 2010, München

Wöhe, Günter/ Döring, Ulrich, Bilanzierung und Bilanzpolitik, Betriebswirtschaftlich – Handelsrechtlich – Steuerrechtlich, 9. Auflage, 1997, München

Wohlgemuth, Michael/ Radde, Jens, Der Bewertungsmaßstab „Anschaffungskosten" nach HGB und IAS, – Darstellung der Besonderheiten und kritische Gegenüberstellung, WPg 2000, S. 903 bis 911

Wolff-Diepenbrock, Johannes, Anschaffungsnahe Aufwendungen – Anmerkungen zu den BFH-Urteilen vom 12.9.2001 IX R 39/97 und IX R 52/00 –, DB 2002, S. 1286 bis 1295

Wollny, Paul, Zur Behandlung der Grunderwerbsteuer als Teil der Anschaffungskosten beim Erwerb eines bebauten Grundstücks, BB 1988, S. 1572 bis 1574

Zöllner, Wolfgang (Hrsg.), Kölner Kommentar zum Aktiengesetz, Band 4, Rechnungslegung der Aktiengesellschaft, 2. Auflage, 1991, Köln/ Berlin/ Bonn/ München (zitiert: Bearbeiter in: Kölner Kommentar AktG)